齐鲁文化经典文库

# 周易大传今注

高亨　著

齊魯書社

《齐鲁文化经典文库》

# 出版说明

齐鲁大地是中华民族主流文化的主要发祥地,数千年来,生长在这里的齐鲁人,用自己的聪明和智慧创造了璀璨的文明。首先是在中华文化的整体框架中地位突出、做出重大贡献的先秦诸子,其中影响尤著者大部分生长于斯;其后历朝历代,几乎都有引领潮流、成就卓著的思想家、文学家、科学家等,他们为中华文化的形成和发展谱写了辉煌的篇章,同时也留下了一大批千古流传、影响深远的文化典籍。将这些记录着他们的思想、积淀着丰富厚重的文化内涵、为一代代中国人所承继的典籍系统地予以整理出版,从而进一步扩大齐鲁文化的影响,提高其在当代人中的认知度,促进中华优秀传统文化的积累、传承和弘扬,无疑具有重要的意义。鉴于此,我们向读者推出了这套"齐鲁文化经典文库"。该书的出版系由山东出版集团组织,具体工作由齐鲁书社负责实施。

通过有关专家论证,确定本"文库"的收录范围是那些由齐鲁籍人士(或有一说为齐鲁籍人士)著述的、已经独立成册、在中华历史文化典籍中堪称经典的著作;对像荀子这样原籍虽非齐鲁,但其主要政治生活是在齐鲁地域、其形成影响的思想和主要著述也产生在这里的个别作家,其经典著作也酌情收录。

收录的作品均采用现代标点本,除小说、戏曲之外,其余作品尽可能加以注释,而对先秦典籍则多数予以今译,以便于读者的阅读和理解。所收部分校注本因问世较早,其中难免存有时代的痕迹,诸如高亨先生的《周易大传今注》,陆侃如、牟世金先生的《文心雕龙译注》等,但这些著作是世人公认的具有权威性的注本,仍需得到我们的尊重。

对经典著述的整理出版绝非一日之功,因此,本“文库”在最初集中推出一批后,未出品种将陆续整理出版,谨此说明。

齐鲁书社

2009 年 3 月

# 前言

《周易》本经简称《易经》，凡六十四卦，每卦六爻（《乾》、《坤》两卦各多“用”辞一条），卦有卦名与卦辞（卦名多不代表全卦之意义），爻有爻题与爻辞，是西周初年作品。原为筮（算卦）书，要在用卦爻辞指告人事的吉凶。但客观上反映出上古社会的多种情况，抒写出作者片段的思想认识，含有极简单的哲学因素；且常用形象化的语句，带有朴素的文学色彩。因而这部书是有一定价值的上古史料。

《周易大传》简称《易传》，乃《易经》最古的注解。凡七种：（一）《彖》，解释六十四卦的卦名、卦义及卦辞；（二）《象》，解释六十四卦的卦名、卦义及爻辞；（三）《文言》，解释《乾坤》两卦的卦辞及爻辞；（四）《系辞》，是《易经》之通论；（五）《说卦》，记述八卦所象的事物；（六）《序卦》，解说六十四卦的顺序；（七）《杂卦》，杂论六十四卦的卦义。均作于战国时代，不是出于一人之手。作者对《易经》一书多加以引申枝蔓甚至歪曲附会的说释，以阐述他们的世界观，可以说《易传》是借旧瓶装新酒。《易传》虽是筮书的注解，然而超出筮书的范畴，进入哲学书的领域。作者虽然不是一人，而其世界观并无矛盾。各种互相补充，构成独具特色的思想体系。其主要特色是含有古朴的辩证法因素较为突出，先秦诸子均不能与之相比。因而《易传》是先秦时代相当重要的思想史料，特别是此时代首屈一指之辩证思想史料。但作者乃是站在封建统治阶级的立场，维护封建统治阶级的权利，其借《易经》旧瓶所装新酒大都是用封建主义为曲糵而酿造的，毒素亦不少。

《易传》解经与《易经》原意往往相去很远，所以研究这两部书，应当以经观经，以传观传。解经则从筮书的角度，考定经文的原意，不拘牵于传的说释，不迷惑于传为经所涂的粉墨脸谱，这样才能窥见经的真相。解传则从哲学书的角度，寻求传文的本旨，探索传对经的理解，并看它哪一点与经意相合，哪一点与经意不合，哪一点是经意所有，哪一点是经意所无，这样才能明确传的义蕴。而自汉以后，两千余年，注释《周易》的人约有千家，都是熔经传于一炉，依传说经，牵经就传，传解经而正确，注家也就正确了，传解经而错误，注家也就错误了，不能尽得经的原意，而且失去传的本旨。

《易经》六十四卦，各有卦象，每卦六爻，各有爻象（爻的阴阳）与爻数（爻的位次）。这叫做“象数”。《易经》既是筮书，筮人自然要根据卦爻的象数来判断人事的吉凶。《易经》的卦爻辞自然有些语句和象数有联系。然而决不是句句的都有联系。象数乃筮人用以欺世的巫术。我们研究《易经》，目的在考察上古史实，能读通卦爻辞，洞晓它的原意就够了，追求古代巫术没有什么用处，我认为注释《易经》应当排除一切象数说。

先秦古籍，《论语》、《礼记》、《尸子》（辑本）、《荀子》、《吕氏春秋》、《战国策》等引用《易经》或论述《易经》，均不涉及象数（《荀子》只有一条谈象数），至于《左传》、《国语》记春秋时人用《易经》以占事或引《易经》以论事，则多谈卦象，不仅谈本卦卦象，而又谈变卦卦象，但不谈爻象与爻数，这大概是先秦《易》学的一派，似乎是春秋以前的旧《易》学。《易传》则多以本卦卦象与爻象爻数解《易经》，而不谈变卦卦象，这大概是先秦《易》学的又一派，似乎是战国时代的新《易》学。

《易传》作者多用象数以释《易经》的卦名、卦义与卦辞、爻辞，以抒写其对于自然界、社会、政治、人生诸方面的种种观点，因而《易传》成为比较难读的书。《易传》本身既有象数说，因而注释《易传》，研究其中的哲学思想，不能扫除象数说。然而《易传》解经不是尽用象数说，不用象数说的地方也不少。我以为注释《易传》，须讲明其固有的象数说，但要至此而止，不可多走一步。《易传》原无象数说的地方，宜保存其朴素的面目，切勿援用《易传》象数说的义例，增涂象数说的色彩。而历代《周易》注家则不然，不仅大谈《易传》固有的象数，而又大谈《易传》所无的象数，画蛇添足，滥加花样。其巫术的伎俩越多越巧，而《周易》经传的真谛越晦越失。读者遍览千家之言，反坠入五里之雾。注家自己走入泥潭，也引读者走入迷途。但历代注家在文字训诂考释方面，尚有许多贡献，未可一笔抹杀。

解放前，我撰有《周易古经今注》一书（又有《周易古经通说》乃《今注》之首卷）。解放后，重检旧撰，再加考索，匡谬补阙，有所增删与改正。自一九六四年开始撰写《周易大传今注》，历时数年，至今竣事。我撰《易经今注》，则力求经文之原意，不受《易传》之束缚，尽扫象数之陈说。撰《易传今注》，则力求传文之本旨，只讲《易传》固有之象数说，不讲《易传》原无之象数说。此种研究道路尚不背实事求是之精神。但以余学力不足，认识水平甚低，参考旧注有限，《今注》中误解经的原意与传的本旨的说法当然不在少数。所以这部《易传今注》仅能讲明《易传》本文，为研究者提供参考而已。

一九七〇年高亨写于北京

# 叙例

（一）拙著《周易古经今注》（包括《周易古经通说》）只解《易经》，此《周易大传今注》则解《易传》，两书相辅而行。经注用文言写成，故传注亦用文言写之，但力求浅近明白。

（二）《今注》六卷。原书《乾》卦首列全卦卦爻辞，次列《彖传》一条，次列《象传》八条，而其它六十三卦则《彖传》一条列卦辞之后，卦《象传》一条列《彖传》之后，爻《象传》诸条分列各爻爻辞之后，其体例不一。盖汉代编者用乾卦之排列方式，示经传单行之面目。我认为无此必要，且读之不便，故本书将《乾》卦《彖传》、《象传》改成与其它六十三卦相同之排列方式。

（三）经文之注，首列"经意"，即依经之原意以注经也。其注释均本之《周易古经今注》（修订本），但化繁为简，只取其结论，读者欲知其详，可查阅彼书。凡采用成说，见于已出版之《周易古经今注》，则不指明出于何人何书；如不见于已出版之《周易古经今注》，则指明出于何人何书。又《易经》卦名多不代表全卦之意义，故"经意"中不解卦名。

（四）经文之注，次列"传解"，即依传对于经之理解以注经也。其注释卦名，以《彖传》为依据。《象传》说异，附注于下，说同则不注。注释卦辞，以《彖传》为依据。注释爻辞，以《象传》为依据。皆以简要为主。

（五）"经意"与"传解"相依并列，意在两者对照，以显示经之原意与传之理解之异同。读者一览便知传之解经何者合乎经意，何者不合经意，何者为经意所有，何者为经意所无。

（六）《易传》常以象数解经，而象数之说不易掌握，不易记住。古人注《易》，为省笔墨，对于象数，往往既述于前，则略于后。此体例未尝不佳，而读之实感困难，非反复诵习，不能贯通。因此，本书《通说》中既有

《易传象数说释例》一篇,《今注》中遇有象数说,大都亦随文加以详解,不避重复,以便读者一目了然,不必回检前文。

（七）《今注》中采用古今人之解释,限于正确之训诂与考证及可备一解之说法;但遇似是而非足使人惑者,亦偶录入,而加以辨正。其有异说可以并存者,则并列之。

（八）本书经传原文依阮元校勘《十三经注疏》中之《周易注疏》本。但经传文字,因传本不同,颇有歧异。陆德明《周易释文》、李鼎祚《周易集解》、吕祖谦《古易音训》、阮元《周易注疏校勘记》等及它书所征引均可资参校。本书不重考定异文,惟遇有可以正阮校本之误或可供采用者,则录之而加以论断;其阮校本确属脱误有它本可证者,亦偶增改之,但极少也。此外异文均略而不谈。

（九）《系辞》上下篇有释《易经》爻辞者共十九条,与《象传》所释或同或异。本书重录其文,分列各卦爻辞及《象传》今注之后,以便对照。

（十）《今注》中,采用成说或自抒己见,凡属考证文字概列于各卦注文之后,以避免繁琐,并明其言之有据。读者可略而不看。

（十一）《周易》古经自战国时即分为上、下两篇。《乾》卦至《离》卦为上篇,凡三十卦。《咸》卦至《未济》卦为下篇,凡三十四卦。本书将经之上篇分为两卷,将经之下篇分为两卷,仍不失经之故有编法。《系辞》以下各篇分为二卷。

（十二）六十四别卦每一卦名,可代表一卦经传之全文,等于全书中一章之名,故本书在其旁加上书名符号。但六十四别卦卦名,有时仅是指其卦之卦形或卦象,本书亦在其旁加上书名符号,意在有一贯之标点体例,读之易于识别。至于八经卦之名,则概不加符号。

# 目录



## 周易大传今注卷首

### 《周易大传》通说



## 周易大传今注卷一

## 周易大传今注卷二



## 周易大传今注卷三

## 周易大传今注卷四

## 周易大传今注卷五



## 周易大传今注卷六

# 周易大传今注卷首

《周易大传》通说

## 第一篇 《周易大传》概述

### （一）《周易大传》之名称、篇数与编次

《周易》之卦辞（包括卦形、卦名）、爻辞（包括爻题）为经，《彖》、《象》、《文言》、《系辞》、《说卦》、《序卦》、《杂卦》为传。传乃经之最古注解。西汉人已称之为《易大传》。《史记·太史公自序》载司马谈《论六家要指》曰："《易大传》：'天下一致而百虑，同归而殊涂。'……"（《汉书·司马迁传》亦载此文）所引二句见《系辞》。按司马谈所谓《易大传》当为《易传》总称，非《系辞》之专称也。

《周易大传》如上所举共有七种。一曰《彖》，分上、下两篇；二曰《象》，分上、下两篇；三曰《文言》，一篇；四曰《系辞》，分上、下两篇；五曰《说卦》，一篇；六曰《序卦》，一篇；七曰《杂卦》，一篇。共为十篇。汉人称为《十翼》（见《易乾凿度》），言其为《易经》之羽翼也。

《周易大传》十篇原皆单行，列于经后，不与经文相杂。今本《周易》，《彖传》、《象传》皆分列于六十四卦，《文言》分列于《乾》《坤》两卦，《系辞》、《说卦》、《序卦》、《杂卦》仍独立为篇，列于经后。此种编法，或曰："始于东汉郑玄。"（见《三国志·魏志·高贵乡公传》）或曰："始于西汉费直。"（见颜师古《汉书·艺文志》注、晁公武《郡斋读书志》、马端临《文献通考》）未知孰是。

### （二）《周易大传》各篇解题

《彖传》：随经分上、下两篇，共六十四条，释六十四卦之卦名（包括卦

义，全书同此）及卦辞，未释爻辞。李鼎祚《周易集解》引刘瓛曰：“《彖》者，断也。”孔颖达《周易正义》引褚氏、庄氏云：“《彖》，断也，断定一卦之义，所以名《彖》也。”[①]三家皆训《彖》为断，盖即读《彖》为断也。《彖传》乃论断六十四卦卦名卦辞之意义，故名为《彖》。唯有一问题，不可不辨。《周易系辞》称卦辞为彖凡四见。[②]而《彖传》又称《彖》。夫卦辞称彖，属于经也。《彖传》称《彖》，属于传也。卦辞称彖，因其论断一卦之吉凶也。《彖传》称《彖》，因其论断一卦卦名卦辞之意义也。两者内容不同，而名称相同，何也？盖《彖传》与《系辞》非一人所作。《彖传》作者题其所作之传曰《彖》，并不称卦辞为彖也。《系辞》作者称卦辞为彖，并不知别有易传名《彖》也。两者各为一书，本不相谋。及编为一帙，彖字之义始易相混。后代注家误认为《十翼》出于一人之手，从而对于《系辞》中之彖字，或释为卦辞，或释为《彖传》，形成分歧，往往不能自圆其说，固不足怪。

《象传》：随经分为上、下两篇，共四百五十条。其释六十四卦卦名卦义者六十四条，未释卦辞。其释三百八十六爻爻辞者三百八十六条。[③]其释卦名卦义也，皆以卦象为根据；其释爻辞也，亦多以爻象（包括爻位）为根据。故题其篇曰《象》。

《文言》：是《乾》《坤》两卦之解说，只有两章，解《乾》卦之卦辞与爻辞者通称《乾文言》，解《坤》卦之卦辞与爻辞者通称《坤文言》。其名《文言》者，《左传》襄公二十五年：“言以足志，文以足言，……言之无文，行而不远。”然则《文言》者，谓用文字以记其言也，以记其解《乾》《坤》两卦之言也。

《系辞》：是《易经》之通论，因篇幅较长，分为上下两篇。以论述《易经》之义蕴与功用为主，亦谈及《周易》筮法、八卦起源等等，并选释《易经》爻辞十九条。其名为《系辞》者，谓作者系其论述之辞于《易经》之下也。但有一问题不可不辨。《系辞》篇中六次出现“系辞”二字。[④]所谓“系辞”谓《易经》作者系卦辞于卦下，系爻辞于爻下也。与篇名《系辞》之义不同。

《说卦》：主要是记述乾、坤、震、巽、坎、离、艮、兑八经卦所象之事物，故名《说卦》。《说卦》者，说八经卦之象也，非说六十四卦也。用八卦以象事物，含有分析事物之性质之意，则诚然矣。但《易经》原为筮书，八卦在筮人之手，则成为巫术之工具。其所象之事物，有其基本之说法及传统之说法，如《说卦》云："乾为天。坤为地。震为雷。巽为风。坎为水。离为火。艮为山。兑为泽。"是也。其他则筮人可以灵活运用，甚至信口雌黄，以售其巫术。是以八卦所象之事物，先秦人之说法已多不同。其一，《说卦》所讲八卦之象与汲冢竹书中《卦下易经》一篇所讲者多异。其二，《说卦》所讲八卦之象与《左传》、《国语》所讲者有异。其三，《说卦》所讲八卦之象与《彖传》、《象传》所讲者亦偶有不同。（详见《说卦》篇注）由此可见，《说卦》所讲八卦之象，其中有《易》学之通例，亦有一家之私言。读《易》明乎此，甚为必要。盖《说卦》一篇，对于理解《易经》及《彖》、《象》等六种《易传》，均大有助益。吾人宜以《说卦》为据，以释六十四卦之象，不可妄自穿凿。但必要时，宜参证它书，择善而从，不可固守《说卦》中一家之私言也。此外，宜指出两点：（一）《说卦》所讲八卦之象，于主要者有所缺漏，即八卦之象见于《彖传》、《象传》及《系辞》者，而《说卦》无之也。（二）《说卦》所讲八卦之象，又有琐细无用之言，即从解经解传之角度言之，其所讲者多无用处也（占筮时或有用处）。

《序卦》：乃解说《易经》六十四卦之顺序，故名《序卦》。

长沙马王堆新出土之汉帛书《易经》，六十四卦卦名与今本《易经》皆同而字有异，八经卦之顺序及六十四别卦之顺序与今本迥不相同。（单卦为经，重卦为别）[5]足证明古代《易经》之六十四卦顺序当有几种不同之编次。

今本《易经》六十四卦之顺序是何人所编次不可考见。《序卦》一篇乃作者解说此种顺序之道理。[6]其解说大都根据各卦之名义，有时运用事物向正面发展或向反面转化之朴素辩证观点，具有一定之哲学意义。但其理解各卦之名义，则多不合《易经》之原意。

《杂卦》：解说六十四卦之卦义，不依《易经》六十四卦之顺序，错杂而述之，故名《杂卦》。其解说有以卦象为根据者，有以卦名为根据者。（以

《易传》论，卦象卦名皆有密切联系）亦多不合《易经》之原意。

## （三）《周易大传》之作者与时代

《周易大传》七种，汉人以为孔丘所作（见《史记·孔子世家》、《汉书·艺文志》），先秦人无此说也。《乾文言》记有“子曰”者凡六条，《系辞》记有“子曰”者凡二十三条（二十四个“子曰”），皆引孔丘之言也。[7]孔丘弟子或再传弟子等著书，引孔丘之言，始用“子曰”二字，如《文言》、《系辞》为孔丘自著，则全篇皆孔丘之言，岂能复用“子曰”二字。至于《彖传》、《象传》、《说卦》、《序卦》、《杂卦》五篇，其中虽无“子曰”字样，然可以断言非孔丘所作。十翼虽非孔丘所作，然孔丘确曾读过《易经》（见《论语》之《述而》篇、《子路》篇，又《史记·孔子世家》曰：“孔子……读《易》，韦编三绝。”亦当有所据。），并以《易经》教授弟子。（见《史记·仲尼弟子列传》、《汉书·儒林传》）但《文言》、《系辞》引孔丘之言二十九条均不见它书，自非实录，当是作者伪托。

关于《易传》之作者与时代问题，我以为有两点可以论定：（一）《易传》七种大都作于战国时代；（二）《易传》七种不出于一人之手。

《彖传》当是最早之一篇。《彖传》仅解六十四卦之卦名卦义及卦辞，不解爻辞。《象传》解六十四卦之卦名卦义及三百八十六条爻辞，不解卦辞。《象传》何以只解爻辞，而不解卦辞哉？其因《彖传》已解卦辞，不须重述，灼然甚明。此《彖传》作于《象传》之前之明证。

《象传》作于战国时代，则无可疑。《坤》六二曰：“直方，大不习，无不利。”《象传》曰：“六二之动，直以方也。”《礼记·深衣》篇曰：“故《易》曰：‘六二之动，直以方也。’”足证《象传》作于《深衣》之前，而《深衣》则是战国儒家所撰也。《左传》昭公二年曾记晋韩宣子见《易象》一书，决非《象传》。[8]

《彖传》多有韵语，《象传》中之爻象传皆是韵语。我对此曾加以研究，知其韵字多超越先秦时期北方诗歌如《易经》卦爻辞及《诗经》等之藩篱，而与南方诗歌如《楚辞》中之屈宋赋及《老庄》书中之韵语之界畔相合。[9]先秦时期，尚无韵书，作者行文押韵，皆根据其方言读法，出于自然，非由矫作，然则《彖传》、《象传》之作者必皆是南方人。考《荀子非十二子》篇、《儒效》篇、《非相》篇均以仲尼与子弓并称，誉为“圣人”、“大儒”。《史记·仲尼弟子列传》记孔丘传《易》于鲁人商瞿，瞿传楚人馯臂子弘，弘传江东人矫疵。《汉书·儒林传》子弘作子弓，矫疵作桥庇。《史记索隐》及《正义》均谓馯臂子弓即荀子书中之子弓。则《彖传》可能是馯臂子弓所作，《象传》可能是矫疵所作。

《文言》当亦作于战国时代。《左传》襄公九年记有鲁穆姜释《易经》《随》卦卦辞“元亨利贞”之言，《文言》袭用之，以释《乾》卦卦辞之“元亨利贞”，而小有增改[10]，足证《文言》作于《左传》之后。

《系辞》亦当作于战国时代。陆贾《新语辨惑》篇：“《易》曰：‘二人同心，其义断金。’”《明诫》篇：“《易》曰：‘天垂象，见吉凶，圣人则之。’”所引均见于《系辞》上篇（今本义作利，则作象），足证《系辞》作于西汉以前，当时已称之为《易》矣。我进而考之，《系辞》篇首“天尊地卑，乾坤定矣”二十二句，《礼记·乐记》亦有此文，大致相同。彼此对勘，确是《乐记》作者抄袭《系辞》而略加改动。[11]《乐记》是孔丘再传弟子公孙尼子所作。[12]然则《系辞》作于战国时代，成书于公孙尼子之前，明矣。

《说卦》、《序卦》、《杂卦》三篇，疑亦作于战国时代，但未得确证。或曰：“此三篇乃西汉初期人所撰。”亦无确证。

晋代出土之汲冢竹书，乃战国中期魏襄王殉葬之物，其中有《易经》而无今本《易传》[13]，论者因谓《易传》七种在魏襄王死时均未写成。我认为：《易传》七种非一人所作，写成之时间有早有晚。《彖传》、《象传》、《文言》、《系辞》当写于魏襄王之前，《说卦》、《序卦》、《杂卦》可能写于魏襄王之后。总之，不可根据汲冢竹书中无《易传》论定魏襄王时无《易传》。盖先秦时代，书籍流传甚难，襄王所收藏而用以殉葬之书本是有限也。

# 附　注

①刘是南齐人，撰有《周易义疏》，已佚。褚氏名仲都，梁人，撰有《周易讲疏》，已佚。庄氏未详。

②《系辞》上篇曰："彖者，言乎象者也。爻者，言乎变者也。"下篇曰："彖者，材也。爻也者，效天下之动者也。"又曰："八卦以象告，爻彖以情言。"又曰："知者观其彖辞，则思过半矣。"孔颖达曰："彖谓卦下之辞。爻谓爻下之辞。"

③六十四卦每卦六爻，共三百八十四爻，再加《乾》卦之"用九"及《坤》卦之"用六"，为三百八十六爻。《乾》卦之"用九"及《坤》卦之"用六"本非爻也，为便于称举，故亦视为爻。

④上篇曰："观象系辞焉而明吉凶。""系辞焉以断其吉凶。"（两见）"系辞焉所以告也。""系辞焉以尽其言。"下篇曰："系辞焉而命之。"

⑤按帛书《易经》六十四卦之顺序，实分六十四卦为八组：（一）组：①《键》（《乾》）、②《妇》（《否》）、③《掾》（《遯》）、④《礼》（《履》）、⑤《讼》、⑥《同人》、⑦《无孟》（《无妄》）、⑧《狗》（《姤》）。（二）组：⑨《根》（《艮》）、⑩《泰畜》（《大畜》）、⑪《剥》、⑫《损》、⑬《蒙》、⑭《蘩》（《贲》）、⑮《颐》、⑯《箇》（《蛊》）。（三）组：⑰《赣》（《坎》）、⑱《襦》（《需》）、⑲《比》、⑳《蹇》、㉑《节》、㉒《既济》、㉓《屯》、㉔《井》。（四）组：㉕《辰》（《震》）、㉖《泰壮》（《大壮》）、㉗《余》（《豫》）、㉘《少过》（《小过》）、㉙《归妹》、㉚《解》、㉛《豊》（《丰》）、㉜《恒》。（五）组：㉝《川》（《坤》）、㉞《泰》、㉟《嗛》（《谦》）、㊱《林》（《临》）、㊲《师》、㊳《明夷》、㊴《复》、㊵《登》（《升》）。（六）组：㊶《夺》（《兑》）、㊷《诀》（《夬》）、㊸《卒》（《萃》）、㊹《钦》（《咸》）、㊺《困》、㊻《革》、㊼《随》、㊽《泰过》（《大过》）。（七）组：㊾《罗》（《离》）、㊿《大有》、51《溍》（《晋》）、52《旅》、53《乖》（《睽》）、54《未济》、55《筮嗑》（《噬嗑》）、56《鼎》。（八）组：57《筭》

（《巽》）、58《少藕》（《小畜》）、59《观》、60《渐》、61《中复》（《中孚》）、62《涣》、63《家人》、64《益》。据此，帛书《易经》八经卦之顺序是乾☰、艮☶、坎☵、震☳、坤☷、兑☱、离☲、巽☴。六十四卦之顺序是：第一组共八卦，其上卦皆为乾☰；第二组共八卦，其上卦皆为艮☶；第三组共八卦，其上卦皆为坎☵；第四组共八卦，其上卦皆为震☳；第五组共八卦，其上卦皆为坤☷；第六组共八卦，其上卦皆为兑☱；第七组共八卦，其上卦皆为离☲；第八组共八卦，其上卦皆为巽☴。此种顺序，在占筮时得到某一卦与变为某一卦，易于寻检《易经》本文，只合于巫术之需要，不具有哲学之意义。

⑥六十四卦有三种两卦对立之形态：其一，两卦六爻成彼此互倒之形态，如《屯》（䷂）与《蒙》（䷃），《小畜》（䷈）与《履》（䷉）等，可名为"倒爻对立卦"，共有二十八双。其二，两卦之六爻成阴阳相对之形态。如《乾》（䷀）与《坤》（䷁）、《颐》（䷚）与《大过》（䷛）等，可名为"对爻对立卦"，共有三十二双。其三，两卦之二经卦成彼此互倒之形态，如《屯》（䷂）（上坎下震）与《解》（䷧）（上震下坎）、《蒙》（䷃）（上艮下坎）与《蹇》（䷦）（上坎下艮）等，可名为"倒经对立卦"，共有二十八双。今本《易经》六十四卦之顺序，以"倒爻对立卦"相连编列为通例，正是二十八双；以"对爻对立卦"相连编列为特例，只有四双（《乾》与《坤》、《坎》与《离》、《颐》与《大过》、《中孚》与《小过》）。以倒经对立卦相连编列为附例，即有六双倒经对立卦相连编列（《需》与《讼》、《师》与《比》、《泰》与《否》、《同人》与《大有》、《晋》与《明夷》、《既济》与《未济》）而附属于倒爻对立卦相联编列之例中。要之，今本《易经》此种编列法是构成六十四卦顺序之主要因素。

⑦《系辞》中有一条云："子曰：'颜氏之子……有不善未尝不知，知之未尝复行也。'"《论语·雍也》篇记孔丘称颜回"不贰过"。然则《系辞》所谓"颜氏之子"即颜回，《文言》、《系辞》所谓"子曰"云云皆引孔丘之言，无可疑也。

⑧《左传》昭公二年："晋侯使韩宣子来聘，观书于太史氏，见《易象》与《鲁春秋》，曰：'周礼尽在是矣。'"《易象》为书名，乃讲《易经》卦爻之

象，维护周礼，无可疑者。《左传》之《易象》与《十翼》之《象传》其名同。《左传》之《易象》与《十翼》之《象传》皆讲《易经》卦爻之象，其内容又同。但《左传》之《易象》维护周礼。而《十翼》之《象传》则兼有儒法两家思想，其中无"周礼"字样，其实质不同。况鲁昭公二年（周景王五年、公元前五四〇年）孔丘仅十二岁，此时儒法两家尚未形成，不可能出现反映儒法思想之《象传》。

⑨以《彖传》言之：《乾彖传》用天、形、成、天、命、贞、宁押韵。《讼彖传》用中、成、正、渊押韵。《大畜彖传》用新、贤、正、贤、天押韵。此类尚有，不尽举。以《象传》言之：《姤象传》用牵、宾、牵、民、正、命吝押韵。《艮象传》用正、听、心、躬、正、终押韵。《恒象传》用深、中、容、禽、终、凶、功押韵。《革象传》用炳、蔚、君押韵。《涣象传》用顺、愿押韵。《蒙象传》用巽、顺押韵。《乾象传》用道、咎、造、久、首押韵。此类尚多，亦不尽举。《彖传》《象传》此种押韵情况，先秦时期之南方诗歌韵语中多有之，北方诗歌韵语中则无之。

⑩《左传》襄公九年："穆姜……曰：'《周易》曰："《随》：元亨利贞，无咎。"元，体之长也。亨，嘉之会也。利，义之和也。贞，事之干也。体仁足以长人，嘉德足以合礼，利物足以和义，贞固足以干事。……'"《乾文言》曰："元者，善之长也。亨者，嘉之会也。利者，义之和也。贞者，事之干也。君子体仁足以长人，嘉会足以合礼，利物足以和义，贞固足以干事。……"《左传》之"体之长"，《文言》作"善之长"，《左传》之"嘉德"，《文言》作"嘉会"，循其文义以《左传》为切合，其为《文言》抄《左传》，非《左传》抄《文言》，明矣。

⑪《系辞》上："天尊地卑，乾坤定矣。高卑以陈，贵贱位矣。动静有常，刚柔断矣。方以类聚，物以群分，吉凶生矣。在天成象，在地成形，变化见矣。是故刚柔相摩，八卦相荡，鼓之以雷霆，润之以风雨。日月运行，一寒一暑。乾道成男，坤道成女。乾知大始，坤作成物。"《礼记·乐记》："天尊地卑，君臣定矣。卑高以陈，贵贱位矣。动静有常，小大殊矣。方以类聚，物以群分，则性命不同矣。在天成象，在地成形。如此则礼者天地

之别也。地气上齐，天气下降，阴阳相摩，天地相荡，鼓之以雷霆，奋之以风雨，动之以四时，暖之以日月，而百化兴焉。如此则乐者天地之和也。”两篇所述，内容如此多同，语句如此相似。《系辞》论《易经》，其文是天衣无缝。《乐记》论《礼乐》，其文有抄袭牵改之迹。然则是《乐记》作者酌采《系辞》，事甚明显。

⑫《乐记》乃公孙尼子所作。《隋书·音乐志》引沈约曰：“《礼记》……《乐记》取公孙尼子。”徐坚《初学记》引公孙尼子云：“乐者，审一以定和，比物以饰节。”马总《意林》引公孙尼子云：“乐者，先王所以饰喜也。”语均在今《乐记》中，《公孙尼子》一书唐以前犹存，沈约、徐坚、马总皆亲见其书。则《乐记》为公孙尼子所作，被录入《礼记》，无疑也。《汉书·艺文志·诸子》儒家有“《公孙尼子》二十八篇”，班固自注：“七十子之弟子。”是公孙尼子乃孔丘之再传弟子。《荀子·强国》篇载公孙子评论楚将子发之言一段，公孙子盖即公孙尼子。

⑬《晋书·束皙传》曰：“汲冢得书：有《易经》二篇，与《周易》上下经同。……《卦下易经》一篇，似《说卦》而异。……”杜预《左传集解后序》曰：“会汲郡汲县有发其界内旧冢者，大得古书，皆简编科斗文字。……《周易》上下篇与今本同。别有《阴阳说》，而无《彖》、《象》、《文言》、《系辞》。”据此，汲冢竹书有别种易说，无今之《易传》。

# 第二篇　《易传》象数说释例

《周易大传》乃战国时代相当重要之思想史料，然其书不易读通，盖《易传》常以象数解《易经》，《彖传》、《象传》以象数解《易经》之卦名、卦辞及爻辞者，更为多见。《易传》所以不易读通，此是最大之原因。

何谓象数？简言之，象有两种：一曰卦象，包括卦位，即八卦与六十四卦所象之事物及其位置关系。二曰爻象，即阴阳两爻所象之事物。数有两种：一曰阴阳数，如奇数为阳数，偶数为阴数等是。二曰爻数，即爻位，以爻之位次表明事物之位置关系。（具体内容见后文）此是象数之主要内容。

《易传》象数说，琐碎而复杂，贯通全书之义例极少。但综合而分析之，亦可得其要领。能掌握其义例，则有助于理解传文。

## 第一章　卦象与卦位

### 第一节　卦　象

《易经》六十四卦皆由八卦两两相重组成。古称八卦为经卦，六十四卦为别卦。《周礼》春官大卜："掌三易之灋（法），一曰《连山》，二曰《归藏》，三曰《周易》。其经卦皆八，其别卦皆六十有四。"以《周易》言之：乾（☰）、坤（☷）、震（☳）、巽（☴）、坎（☵）、离（☲）、艮（☶）、兑（☱）八卦即经卦，重之为六十四卦即别卦。八经卦乃象八类事物。重为六十四卦，其同卦相重，仍象一种事物或含有重复之意义；其异卦相重，则象两种事物之联系。故六十四卦之卦象皆由八卦之卦象所构成。

首宜指出：《易传》分八卦为阳阴两类，乾震坎艮为阳卦，坤巽离兑为阴卦。乾（☰）是三阳爻组成，为纯阳之卦。坤（☷）是三阴爻组成，为纯阴之卦。震(☳)、坎(☵)、艮(☶)三卦皆一阳爻两阴爻组成，而其爻画皆为五，为奇数，为阳数，故此三卦亦为阳卦。巽(☴)、离(☲)、兑(☱)三卦皆一阴爻两阳爻组成，而其爻画皆为四，为偶数，为阴数，故此三卦亦为阴卦。[1]《易传》又分宇宙之物(包括人)为阳阴两类。认为阳物之性是刚，阴物之性是柔。从而以阳卦象阳物，即象刚性之物；以阴卦象阴物，即象柔性之物。此种义例，《彖传》常用之，《象传》则不用。

《易传》作者认为：八卦可象宇宙一切事物，每卦可象多种事物，至于某卦象某种事物，《说卦》有具体之记述，而《彖传》、《象传》等所讲之卦象则颇有超于《说卦》之外者。今综合《易传》全书，摘要略举其义例。(仅见于《说卦》者从略)

乾(☰)之卦象：㊀"乾为天"(加引号者见《说卦》，下同)，此是乾之基本卦象。㊁乾为天而以天比朝廷，此因《易传》作者视朝廷如天廷也。㊂乾为天而以天比其它。此因两者有某种共同点也。㊃"乾为君"，此因《易传》作者认为君在一国之中，尊高如天也。㊄乾为"君子"(指才德刚健之人)，此因"君子"之才德刚健，犹天道刚健也。㊅乾为阳气，此因阳气属于天也。㊆乾为刚健，此因天道刚健，运行有规律而不息也。(上七条之实例见《彖传》《象传》)㊇乾为衣，此因衣在人身上部如天在宇宙之上部也。㊈"乾为金(包括金属之刀)，"此因金是坚刚之物也。(上二条之实例见《系辞》下)

坤(☷)之卦象：㊀"坤为地"，此是坤之基本卦象。㊁坤为地而以地比人，此因地与人有某种共同点也。㊂坤为臣民，此因作者认为臣民位在君下，卑下如地也。㊃坤为"小人"(指才德柔弱之人)，此因"小人"才德柔弱，犹地道柔弱也。㊄坤为阴气，此因阴气属于地也。㊅坤为柔顺，此因地生养万物随天时而变化，地道柔弱，顺承天道也。(上六条之实例见《彖传》《象传》)㊆坤为裳，此因裳在人身之下部如地在宇宙之下部也。(此条之实例见《系辞》下)

震(☳)之卦象：㊀"震为雷"，此是震之基本卦象。㊁震为雷而以雷比刑[2]，此因作者认为刑是君之威力，犹雷是天之威力也。㊂"震为鹄"，此因鹄飞于天空而能鸣，犹雷行于天空而能鸣也。㈣震为刚，此因震为阳卦，阳卦为刚也。㈤“震，动也。”此因雷在天空行动，又能震动万物也。（上五条之实例见《彖传》《象传》）㈥“震为长男”，此因震为阳卦，第一爻为阳爻，男为阳性，长男是父母之第一子也。（此条之实例见《序卦》）㈦震为车，此因雷行于天空而有声，车行于地上而有声也。（此条之实例见《系辞》下）

巽（☴）之卦象：㈠“巽为风”，此是巽之基本卦象。㈡巽为风而以风比君上之教令[3]，此因教令能鼓动万民，犹风能吹动万物也。㈢“巽为木”，此因风吹则木动，木动则知风也。㈣巽为木而以木比人之美德，此因木有花叶之美，其材有利于人，人之美德可与之相比也。㈤巽为柔，此因巽为阴卦，阴卦为柔也。㈥巽，巽也，下巽字读为逊，谦逊也[4]。此因风力大能折木毁屋，而一般风力遇坚强之物则曲回而退让也。㈦“巽，入也。”此因风之吹物无孔不入也。（上七条之实例见《彖传》《象传》）

坎（☵）之卦象：㈠“坎为水”，此是坎之基本卦象。㈡坎为群众[5]。此因群众各地皆有，犹水各地皆有也。㈢坎为美德[6]，此因美德有利于人，犹水有利于物（包括人）也。㈣坎为水而以水比其它，此因两者有其某种共同点也。㈤坎为雨。此因雨是水之类也。㈥坎为水而以雨比恩赏；此因恩赏施于人，犹雨水润于百谷草木也。㈦坎为云而以云比未降之恩赏，此因云是未降之雨也。㈧坎为刚，此因坎为阳卦，阳卦为刚也。㈨坎，险也，此因江河之水形成险阻也。（上九条之实例见《彖传》《象传》）

离（☲）之卦象：㈠“离为火”，此是离之基本卦象。㈡离为火而以火比人之明察，此因人明察于事物，犹火照见万物也。㈢离为火而以火比其它，此因两者有某种共同点也。㈣“离为日”而以日比人之明德，此因日为最大光明之物也。㈤“离为电”而以电比人之明察，此因电亦光明之物与火同也。㈥“离为女”，此因离为阴卦，女为阴性也。㈦离为柔，此因离为阴卦，阴卦为柔也。㈧离为文，又为文明，此因日与火照见万物，始能显宇宙之文章也。㈨“离，丽也，”依附也。此因火必依附于物，始能存在也。（上九条之实例见《彖传》《象传》）㈩离为绳，此因古人常燃草绳以保

存火种也。(此条之实例见《系辞》下)

艮(☶)之卦象:㊀"艮为山",此是艮之基本卦象。㊁艮为山而以山比贵族,此因贵族高居民上,犹山高居地上也。㊂艮为山而以山比贤人,此因贤人之才德崇高坚实,可比于山也。㊃艮为山而以山比其它,此因两者有某种共同点也。㊄"艮为男",此因艮为阳卦,男为阳性也。㊅艮为阳气,此因艮为阳卦也。㊆艮为刚,此因艮为阳卦,阳卦为刚也。㊇"艮,止也,"此因山是静止不动之物也。(上八条之实例见《彖传》《象传》)㊈艮为谷实,此因谷实坚刚,其性可比于山也。(此条见《系辞》下)

兑(☱)之卦象:㊀"兑为泽",此是兑之基本卦象。㊁兑为民,此因作者认为民在社会上处于最卑下之地位,犹泽在自然界处于最卑下之地位也。㊂兑为泽而以泽比其它,此因两者有某种共同点也。㊃"兑为女",此因兑为阴卦,女为阴性也。㊄兑为阴气,此因兑为阴卦也。㊅兑为柔,此因兑为阴卦,阴卦为柔也。㊆"兑,说也。"兑读为悦。此因鱼生于泽,鸟飞于泽,兽饮于泽,人取养于泽,泽为万物之所悦也。(上七条之实例见《彖传》《象传》)㊇兑为畜牲,此因畜牲为人家最卑下之物,犹泽为自然界最卑下之物也。㊈兑为竹,此因竹多生于泽边也。(上二条之实例见《系辞》下)

## 附　注

①《系辞》下曰:"阳卦多阴,阴卦多阳,其故何也? 阳卦奇。阴卦耦。"阳卦指震、坎、艮三卦,皆两阴爻一阳爻即所谓"阳卦多阴"。其爻画皆为五,即所谓"阳卦奇"。阴卦指巽、离、兑三卦,皆两阳爻一阴爻,即所谓"阴卦多阳"。其爻画皆为四,即所谓"阴卦耦"。然则此六卦乃以一卦爻画奇偶之数定其阳阴之性也。乾卦三画,亦为奇数。坤卦六画,亦为偶数。

②古人认为雷是天之刑罚,《左传》僖公十五年,《汉书·刑法志》均有此说。

③古人认为风是天之号令,《后汉书·蔡邕传》下,《文选·东京赋》

薛综注均有此说。

④《论语·子罕》篇:“巽与之言。”皇侃疏:“巽,恭逊也。”此巽有谦逊之义之证。巽、逊古亦通用。《易巽》九二:“巽在床下。”《广韵》阳韵引巽作逊。《蒙彖传》:“顺以巽也。”《释文》:“巽,郑云:‘当作逊。’”《书·尧典》:“巽朕位。”《文选·魏都赋》张载注引巽作逊。并其证也。

⑤《国语·晋语》四论坎之卦象曰:“坎,水也,众也。”

⑥水具有人类之多种美德,《老子》八章、《管子·水地篇》、《荀子·宥坐篇》、《大戴礼·劝学篇》、《说苑·杂言篇》、《孔子家语·三恕篇》均有此说。

## 第二节 卦 位

上节所述乃八经卦之象,亦即六十四别卦之象之基础。盖每两经卦之形相重,构成六十四别卦之形,从而每两经卦之象相联系,构成六十四别卦之象。相联系之情况决定于卦位。卦位者,别卦所重之两经卦之位置也。两经卦重为一别卦,总是一经卦在上,一经卦在下,故六十四卦本皆是上下之位。但概以上下之位解之,则有时讲不通或不圆满,所以《易传》将卦位分为五种:(一)异卦相重是上下之位;(二)异卦相重是内外之位;(三)异卦相重是前后之位;(四)异卦相重是平列之位;(五)同卦相重是重复之位;(六)同卦相重而不分其位。前四种共有五十六卦。后二种只有八卦。

要之,六十四别卦各包括两经卦。每卦之两经卦各有其卦象与卦位。卦象与卦位相结合,乃构成其卦象之整体,卦位属于卦象,卦象包括卦位。《彖传》、《象传》以卦象卦位解经者极为习见,《系辞》、《序卦》、《杂卦》亦偶有之。今述其义例于下:

(一)异卦相重是上下之位:即一别卦是不同之两经卦相重,象两种事物,此两种事物是上下之关系。例如:

《蒙》(䷃)《象传》曰:“山下出泉,《蒙》。”《蒙》之上卦为艮,下卦为坎。艮为山,坎为水,泉亦水也。然则《蒙》之卦象是山下出泉。

此类,《彖传》较少,《象传》最多。

（二）异卦相重是内外之位：即一别卦是不同之两经卦相重，象两种事物，此两种事物是内外之关系。此乃《易传》以下卦为内卦，以上卦为外卦，将两经卦上下之位视为内外之位也。例如：

《明夷》（䷣）《彖传》曰："内文明而外柔顺。"《明夷》之内卦为离，外卦为坤。离，文明也；坤，柔顺也。然则《明夷》之卦象是内文明而外柔顺，谓人内有文明之德，外抱柔顺之态度。

此类，《彖传》较少，《象传》较多。

（三）异卦相重是前后之位：即一别卦是不同之两经卦相重，象两种事物，此两种事物是前后之关系。此乃《易传》以上卦为前卦，以下卦为后卦，将两经卦上下之位视为前后之位也。例如：

《需》（䷄）《彖传》曰："《需》，须也，险在前也。刚健而不陷。"（须，待也）《需》之前卦为坎，后卦为乾。坎，险也；乾，健也。然则《需》之卦象是有险在前，健者处于险后，不冒险，故未陷于险。

此类，《彖传》尚有一条（《蹇》卦），《象传》无之。

（四）异卦相重是平列之位：即一别卦是不同之两经卦相重，象两种事物，此两种事物是平列之关系。此乃《易传》将两经卦上下之位视为平列之位也。例如：

《屯》（䷂）《彖传》曰："雷雨之动满盈。"《屯》之下卦为震，上卦为坎。震为雷，坎为水，雨亦水也。然则《屯》之卦象是雷行雨降，雷雨并动，乃平列之关系。

此类，《彖传》中多有之，《象传》中盖无之。然《象传》中有似此类而非此类者，不可不辨。例如：

《屯》（䷂）《象传》曰："云雷，《屯》。"云与雷似为平列，其实仍以卦之上下之位表示卦象之上下关系。《屯》之上卦为坎，下卦为震。坎为水，云亦水也，震为雷。然则《屯》之卦象是云雷。所谓"云雷"乃云在上，雷在下，谓云行于上，雷击于下也。（与《屯彖传》说异）

（五）同卦相重是重复之位：即一别卦是相同之两经卦相重，象一种事物，此事物是重复之关系。同卦相重只有《乾》、《坤》、《震》、《巽》、《坎》、《离》、《艮》、《兑》八卦，而此例有九条：

《象传》释《巽》(䷸)曰:“重巽以申命。”巽为教命。又《象传》释《坎》(䷜)《离》(䷝),《象传》释《震》(䷲)《巽》(䷸)《坎》(䷜)《离》(䷝)《艮》(䷳)《兑》(䷹)其例同。

(六)同卦相重而不分其位:即一别卦是相同之两经卦相重,象一种事物,此事物仍为一体,不含有重复之意义。此例只有六条:

《象传》只释《乾》(䷀)为天,只释《坤》(䷁)为地,只释《震》(䷲)为雷,释《艮》(䷳)只曰:“《艮》,止也。”释《兑》(䷹)只曰:“《兑》,说也。”《象传》释《乾》(䷀)曰:“天行健。”释《坤》(䷁)曰:“地势《坤》。”

《象传》《象传》中之卦象备查表

| 八卦 | 卦　象 | 见　　于　　某　　卦 |
|---|---|---|
| 乾 | 天 | 象传见乾、履、泰、否。象传见乾、泰、无妄。 |
| | 天、比朝廷 | 象传见大畜。象传见需、小畜、大畜、遯、大壮、夬。 |
| | 天、比其它 | 象传见讼。 |
| | 君 | 象传见泰、否。象传见履、否、同人、大有、姤。 |
| | 君子 | 象传见泰、否。 |
| | 阳气 | 象传见泰、否。 |
| | 刚健 | 象传见需、讼、小畜、泰、否、同人、大有、无妄、大畜、大壮、夬。 |
| 坤 | 地 | 象传见坤、泰、否、晋、明夷。象传见师、比、泰、豫、临、观、复、晋、明夷、萃。 |
| | 地、比人 | 象传见升。 |
| | 民或臣民 | 象传见泰、否。象传见否、谦、剥。 |
| | 小人 | 象传见泰、否。 |
| | 阴气 | 象传见泰、否。 |
| | 柔顺 | 象传见师、泰、否、豫、临、观、剥、复、晋、明夷、萃、升。 |

（续表）

| 八卦 | 卦象 | 见于某卦 |
|---|---|---|
| 震 | 雷 | 彖传见屯、噬嗑、恒、解、震。象传见豫、随、复、无妄、归妹。 |
| | 雷、比刑 | 象传见屯、噬嗑、颐、恒、大壮、解、益、震、丰、小过。 |
| | 鹄 | 象传见小过。 |
| | 刚 | 彖传见随、噬嗑、恒、益。 |
| | 动 | 彖传见屯、豫、随、噬嗑、复、无妄、恒、大壮、解、益、归妹、丰。 |
| 巽 | 风 | 彖传见恒。 |
| | 风、比教令 | 彖传见巽。象传见小畜、蛊、观、恒、家人、益、姤、巽、涣、中孚。 |
| | 木 | 彖传见井、鼎、涣、中孚。象传见井、鼎。 |
| | 木、比其它 | 象传见大过、升、渐。 |
| | 柔 | 彖传见蛊、恒、益。 |
| | 巽（逊） | 彖传见小畜、蛊、观、大过、恒、益、鼎、升、渐、中孚。 |
| | 入 | 彖传见蛊、恒。 |
| 坎 | 水 | 彖传见坎、井、涣。象传见井。 |
| | 水、比民众 | 象传见师、比、涣、节。 |
| | 水、比美德 | 象传见蒙、坎、蹇。 |
| | 水、比其它 | 象传见讼、困、既济、未济。 |
| | 雨 | 彖传见屯、解。 |
| | 雨、比恩赏 | 象传见解。 |
| | 云、比恩赏 | 象传见屯、需。 |
| | 刚 | 彖传见节。 |
| | 险 | 彖传见屯、蒙、需、讼、师、坎、蹇、解、困、节。 |

（续表）

| 八卦 | 卦　象 | 见　　于　　某　　卦 |
|---|---|---|
| 离 | 火 | 彖传见睽、革。象传见睽、革、鼎。 |
| | 火、比明察 | 彖传见噬嗑、离、睽、鼎、丰、旅。象传见同人、大有、贲、离、家人、丰、旅。 |
| | 火、比其它 | 象传见既济、未济。 |
| | 日、比明德 | 彖传见晋、明夷。象传见晋、明夷。 |
| | 电、比明察 | 彖传见噬嗑。象传见噬嗑。 |
| | 女 | 彖传见睽、革。 |
| | 柔 | 彖传见噬嗑、贲。 |
| | 文与文明 | 彖传见同人、大有、贲、明夷、革。 |
| | 丽 | 彖传见离、晋、睽、旅。 |
| 艮 | 山 | 彖传见蒙、小过。 |
| | 山、比贵族 | 彖传见损。象传见谦、剥、颐。 |
| | 山、比贤人 | 彖传见大畜。象传见蛊、大畜、咸、遯、蹇、渐、小过。 |
| | 山，比其它 | 彖传见大畜。象传见蒙、贲、损、艮、旅。 |
| | 男 | 彖传见咸。 |
| | 阳气 | 彖传见咸。 |
| | 刚 | 彖传见蛊、贲、咸。 |
| | 止 | 彖传见蒙、蛊、贲、剥、大畜、咸、蹇、艮、渐、旅。 |
| 兑 | 泽 | 彖传见睽、革、中孚。象传见随、睽、革、归妹。 |
| | 泽、比民 | 彖传见损。象传见履、临、大过、损、夬、萃、中孚。 |
| | 泽、比其它 | 象传见咸、困、兑、节。 |
| | 女 | 彖传见咸、睽、革。 |
| | 阴气 | 彖传见咸。 |
| | 柔 | 彖传见随、咸、节。 |
| | 说（悦） | 彖传见履、随、临、大过、咸、睽、夬、萃、困、革、归妹、兑、节、中孚。 |

# 第二章 爻象与爻数

爻象者,《易》卦之爻所象之事物也,只有阳、阴两种。

《易》卦之基本符号是“⚊”与“⚋”。八经卦由此两种符号组成,六十四别卦亦由此两种符号组成。“⚊”象阳,故谓之阳爻。“⚋”象阴,故谓之阴爻。古人为何以“⚊”象阳,以“⚋”象阴?窃谓:最初乃以“⚊”象天,以“⚋”象地。盖古人目睹天体混然为一,苍苍无二色,故以一整画象之;地体分水陆两部分,故以两断画象之。《系辞》上论天地之数曰:“天一,地二。……”天数所以为一,因天体为一,象天之爻亦为一画也;地数所以为二,因地体分水陆两部分,象地之爻亦为两画也。足证“⚊”本象天体,“⚋”本象地体。古人又认为天为阳类之首,地为阴类之首,因而扩展之,以“⚊”象阳类之物,以“⚋”象阴类之物,于是“⚊”成为代表阳性概念之符号,“⚋”成为代表阴性概念之符号。爻象只有此阳阴两种。《易经》之爻题,用“九”字标阳爻,用“六”字标阴爻。

阳爻与阴爻乃矛盾对立之两种符号。阳性与阴性乃矛盾对立之两种事物。天下矛盾对立之两种事物不尽是一为阴性,一为阳性。然《易传》作者运用不科学之观点与方法,将天下事物分为阴阳两种,从而认为阴阳两性事物矛盾对立是事物之普遍规律。又从而认为用阴爻(或阴卦)阳爻(或阳卦)两种符号象阴性阳性两种事物,是《易经》之普遍法则。

《易传》之解《易经》,常认为阳爻象阳性之物,即象刚性之物;阴爻象阴性之物,即象柔性之物。具体言之,《易传》以阳爻象男,象有权力之君上,象有才德之君子,象强而多力之人,象刚健之德,象坚刚之物等;以阴爻象女,象受统治之臣民,象无才德之小人,象弱而少力之人,象柔顺之德,象柔软之物等。要之,其划分之阳阴刚柔,或属于自然性,或属于社会性,凡属于社会性者,多由于作者站在统治阶级之立场。关于阳爻象男、象君上及阴爻象女、象臣民,在《易传》中有其明证:

《说卦》曰："震一索而得男，故谓之长男。巽一索而得女，故谓之长女。坎再索而得男，故谓之中男。离再索而得女，故谓之中女。艮三索而得男，故谓之少男。兑三索而得女，故谓之少女。"索，数也。震（☳）之第一爻为阳爻，故一索而得男。坎（☵）之第二爻为阳爻，故再索而得男。艮（☶）之第三爻为阳爻，故三索而得男。巽（☴）之第一爻为阴爻，故一索而得女。离（☲）之第二爻为阴爻，故再索而得女。兑（☱）之第三爻为阴爻，故三索而得女。此阳爻象男，阴爻象女之证。

《系辞》下曰："阳，一君而二民，君子之道也。阴，二君而一民，小人之道也。"君子指君上。小人指民。阳谓阳卦，指震（☳）、坎（☵）、艮（☶）三卦。三卦皆一阳爻两阴爻。即所谓"一君而二民（一君统治众民）"。阴谓阴卦，指巽（☴）、离（☲）、兑（☱）三卦。三卦皆两阳爻一阴爻，即所谓"二君而一民（一民受君之层层统治）"。此阳爻象君，阴爻象民之证。

至于其它则可以类推矣。

爻数者，《易》卦各爻所居之位次，即爻位也。

六十四卦，每卦六爻，六爻位次之顺序乃自下而上。《易经》之爻题，第一爻标以"初"字，第二爻标以"二"字，第三爻标以"三"字，第四爻标以"四"字，第五爻标以"五"字，第六爻标以"上"字。

六十四卦皆两卦相重，故有六爻。但《易传》却有新说。《说卦》曰："立天之道曰阴与阳，立地之道曰柔与刚，立人之道曰仁与义。兼三才而两之，故《易》六画而成卦，分阴分阳，迭用柔刚，故《易》六位而成章。"《系辞》下亦有略同之说法。此谓六爻象三才之道，上两爻象天道之阴阳，下两爻象地道之柔刚，中两爻象人道之仁义。此说非《易经》之原意也。

按《易传》，关于爻位之情况有下列四种：

其一，天位、地位、人位：《易传》以《易》卦之"五"爻为天位，以"二"爻为地位，以"三"爻为人位，在《易传》中有其明证：

《易经·乾》九五曰："飞龙在天。"九二曰："见龙在田。"九三曰："君子终日乾乾，夕惕若。"《文言》曰："九四……上不在天，下不在田，中不在人。"足证《文言》认为"五"爻为天位，"二"爻为地位（田是地），"三"爻为人位。

此因《易传》认为：《易》卦六爻象天地人三才，"上""五"两爻象天，人所见者为天之下面，故"五"爻为天位；"二""初"两爻象地，人所处者为地之上面,故“二”爻为地位;“三”“四”两爻象人,人生在地上,故“三”爻为人位。引申其义,天位又为君位,为夫位,地位又为臣位,为妻位。

其二,上位、中位、下位:《易传》以《易》卦之上爻为上位,以上卦之中爻与下卦之中爻为中位,以初爻为下位。

其三,阳位、阴位:《易传》以《易》卦之第一爻(初爻)、第三爻、第五爻皆为阳位,因其爻位之序数为奇数,奇数为阳数,故其爻位为阳位。《易传》以《易》卦之第二爻、第四爻、第六爻(上爻)皆为阴位,因其爻位之序数为偶数,偶数为阴数,故其爻位为阴位。

其四,同位:六十四卦之上下两卦皆有上中下三爻。初爻居下卦之下位,四爻居上卦之下位,是为同位,同在下位者也。二爻居下卦之中位,五爻居上卦之中位,是为同位,同在中位者也。三爻居下卦之上位,上爻居上卦之上位,是为同位,同在上位者也。

六十四卦,每卦六爻,每爻各有其象,各有其位,爻象与爻位乃相结合而不可分割者也。《彖传》常以一卦之六爻爻象与爻位之结合或某爻爻象与爻位之结合释其卦名、卦义或卦辞。《象传》常以一卦之一爻或两爻爻象爻位之结合释其爻辞。《文言》亦以《乾》卦一爻爻象与爻位之结合释其爻辞。今略述其义例于下。

## (一) 刚柔相应

刚柔相应者,一卦六爻有阳爻,有阴爻,阳爻为刚,阴爻为柔,刚柔之位次构成彼此相应和之形态也。《彖传》有时以此种形态释其卦名、卦义或卦辞,粗略分析,有五种(《象传》无此例):

其一,五柔应一刚:一卦六爻,中间有一爻为阳爻,为刚,上下五爻皆为阴爻,为柔,成五柔围护一刚之形态。例如:

《比》(䷇):“不宁方来。”《彖传》曰:“上下应也。”《比》之九五为刚,其上下五爻皆为柔,是上下五柔应一刚,乃象上下诸侯皆服从王也。(此例有三条)

其二,五刚应一柔:一卦六爻,中间有一爻为阴爻,为柔,上下五爻皆为阳爻,为刚,成五刚围护一柔之形态。例如:

《小畜》(䷈)《彖传》曰:“柔得位而上下应之。”《小畜》之六四为柔,其上下五爻皆为刚,是上下五刚应一柔。柔象无才德之小人,刚象有才德之君子,全卦象众君子辅佐一小人也。(此例有两条)

其三,三双同位爻刚柔相应:一卦六爻之三双同位爻,初爻与四爻,二爻与五爻,三爻与上爻,皆一为阳爻,为刚,一为阴爻,为柔,刚柔相配。例如:

《恒》(䷟)《彖传》曰:“刚柔皆应。”《恒》之初六为柔,九四为刚,同位爻刚柔相应;九二为刚,六五为柔,同位爻刚柔相应;九三为刚,上六为柔,同位爻刚柔相应。是三双同位爻皆刚柔相应,此象天地之阳阴相应,国家之君臣相应,家庭之男女相应也。(此例有两条)

其四,三双同位爻刚柔敌应:一卦之三双同位爻,初爻与四爻,二爻与五爻,三爻与上爻,皆同为阳爻,为刚,或同为阴爻,为柔,非刚柔相配,而是刚与刚对立或柔与柔对立。例如:

《艮》(䷳)《彖传》曰:“上下敌应,不相与也。”《艮》之下卦初六与上卦六四皆为柔,同位爻柔柔相敌;下卦六二与上卦六五皆为柔,同位爻柔柔相敌;下卦九三与上卦上九皆为刚,同位爻刚刚相敌。是上下卦之三双同位爻皆刚与刚对立或柔与柔对立,此象上下不能合作也。(此例只有《艮》一条)

其五,两中爻刚柔相应:一卦之两中爻(二爻与五爻),一为阳爻,为刚,一为阴爻,为柔,刚柔相应。此是同位爻刚柔相应之一种。

《同人》(䷌)《彖传》曰:“中正而应。”《同人》之九五为刚,居上卦之中位,六二为柔,居下卦之中位,是两中爻刚柔相应,刚象君,五为君位。柔象臣,二为臣位。中位象正中之道,故此乃象君臣各居其位,各守正中之道以相应也。(此例有八条)

《彖传》刚柔相应之说,反映作者刚柔合作论之观点。刚柔合作包括男女合作,君臣合作,亦包括君民合作等。可见此说实质是矛盾调和论与阶级调和论。

## (二) 刚柔相胜

刚柔相胜有两种:

其一,刚胜柔:一卦六爻,下五爻为刚,上一爻为柔,刚之势力众强,柔

之势力孤弱,刚能胜柔。例如:

《夬》(䷪)《象传》曰:“刚决柔也。”《夬》之初九、九二、九三、九四、九五五爻皆为刚,上六一爻为柔。五刚连成一片,势力众强,一柔势力孤弱。刚柔斗争,则刚能胜柔,刚能决定柔。刚为君子,柔为小人,此象众君子能胜一小人也。(此例只有《夬》一条)

其二,柔胜刚:一卦六爻,下五爻为柔,上一爻为刚,柔之势力众强,刚之势力孤弱,柔能胜刚。例如:

《剥》(䷖)《象传》曰:“柔变刚也。……小人长也。”《剥》之初六、六二、六三、六四、六五五爻皆为柔,上九一爻为刚。五柔连成一片,势力众强,一刚势力孤弱。刚柔斗争,则柔能胜刚,柔能改变刚。柔为小人,刚为君子(“小人长也”一句可证),此象众小人能胜一君子也。(此例只有《剥》一条)

《象传》中刚柔相胜之说,反映作者矛盾斗争论之观点。但其所反映者,仅是统治阶级内部所谓君子与小人之矛盾斗争,其局限性甚大。且作者认为君子与小人非绝对不可调和,如上述“五刚应一柔”一例,即君子与小人之矛盾调和论。

## (三) 刚柔位当与位不当

前文已指出:第一、第三、第五三爻为阳位,第二、第四、第六三爻为阴位。刚柔位当者,阳爻居阳位,阴爻居阴位也。(传中或曰“当位”,或曰“位正”,或曰“正位”,或曰“得位”,或曰“在位”,或曰“居位”)刚柔位不当者,阳爻居阴位,阴爻居阳位也。(传中或曰“不当位”,或曰“未当位”,或曰“失位”,或曰“未得位”,或曰“非其位”)位当象人所处之地位(包括环境)相当,包括人所处之地位有利,人之才德与其职位相当,或人之行事与其职位相当。位不当与此相反。《象传》有时以位当与位不当之说释卦名、卦义或卦辞,《象传》常以位当位不当之说释爻辞,皆以位当为吉利之象,以位不当为不吉利之象。分述于下:

其一,刚柔位当:阳爻居阳位,是为刚位当。阴爻居阴位,是为柔位当。但《象传》多省去刚柔字样,盖以爻题已用“九”字标明其爻为阳爻,

为刚,用“六”字标明其爻为阴爻,为柔,可以省去刚柔字样;亦或因《象传》不注重其爻之刚柔,只注重其爻之位当。例如:

《既济》(䷾)《彖传》曰:“刚柔正而位当也。”《既济》之初九、九三、九五皆阳爻居阳位,六二、六四、上六皆阴爻居阴位,六爻皆是刚柔相当,象君臣上下所处之地位皆相当也。《否》九五:“休否,大人吉。”《象传》曰:“位正当也。”(位正指九五居上卦之中位,说见后)《否》之九五为阳爻居阳位,是一刚位当。《临》六四:“至临无咎。”《象传》曰:“位当也。”《临》之六四为阴。此例爻居阴位,是一柔位当。(此例《彖传》有九条,《象传》有十四条)

其二,刚柔位不当:阳爻居阴位,是为刚不当位。阴爻居阳位,是为柔不当位。但《象传》多省去刚柔字样,其原因同上。例如:

《未济》(䷿)《彖传》曰:“虽不当位,刚柔应也。”《未济》之九二、九四、上九皆阳爻居阴位,初六、六三、六五皆阴爻居阳位。六爻皆是刚柔不当位,象君臣上下所处之地位皆不相当。《晋》九四:“晋如鼫鼠,贞厉。”《象传》曰:“位不当也。”《晋》之九四为阳爻居阴位,是一刚位不当。《否》(䷋)六三曰:“包羞。”《象传》曰:“位不当也。”《否》之六三为阴爻居阳位,是为一柔位不当。(此例《彖传》有四条,《象传》有二十条)

综计《彖传》、《象传》言刚柔位当者二十三条,言位不当者二十四条,共四十七条。足见位当与位不当为《易传》重要义例之一。此义例反映作者重视人所处之地位与环境,并强调人在其位,任其职,宜称其职,宜尽其职。盖人之才德与其职位相当,即在其位称其职之意,人之行事与其职位相当,即在其位尽其职之意。

## (四) 刚柔得中

刚柔得中者,阳爻为刚,阴爻为柔,刚或柔居上卦之中位或下卦之中位也。每卦之第二爻为下卦之中位,第五爻为上卦之中位,故得中皆指此两爻而言。

《易传》认为:得中乃象人有正中之道德。举证如下:

《乾》(䷀)九二曰:“见龙在田。《文言》曰:‘龙,德而正中者也。’”九二爻辞之龙象有才德之君子。九二为阳爻，为刚，居下卦之中位，象人有正中之德。故曰："龙，德而正中者也。"又《易传》言"得中"之中，或曰"中道"，或曰"中行"（行亦道也），或曰"中节"。可见得中象人有正中之道德矣。

正中之道德，不偏不邪也，无过无不及也。中则必正，正则必中，中、正二名实为一义。《易传》又认为人有正中之道德，而能实践之，则能胜利，故得中为吉利之象。

《彖传》常以得中释卦名、卦义或卦辞。《象传》常以得中释爻辞。《文言》亦偶以得中释爻辞。其义有五种：

其一，一刚得中：即《易传》只指一阳爻（刚）居下卦之中位或上卦之中位而言者也。刚或为男人，或为君上，或为有才德之君子，或为强而有力之人，或为刚健之德等，须依《易传》之文而定。得中则象其人有正中之道德。例如：

《渐》（䷴）《彖传》曰："其位刚得中也。"此指九五而言。九五为刚，居上卦之中位，是为刚得中，象君得正中之道也。刚得中，《彖传》多简称刚中。《比》（䷇）《彖传》曰："以刚中也。"此指九五而言。九五为刚，居上卦之中位，是为刚中，象君得正中之道也。《夬》（䷪）九二曰："有戎勿恤。"《象传》曰："得中道也。"九二为刚，居下卦之中位，是为刚得中，象人得正中之道。（凡一刚得中，《彖传》多举刚字，《象传》皆省刚字。传文既省之，本书亦多不解刚字）（此例《彖传》有七条，《象传》有三十二条）

其二，一柔得中：即《易传》只指一阴爻（柔）居下卦之中位或上卦之中位而言者也。柔或为妇女，或为臣民，或为弱而少力之人，或为柔顺之德等，须依《易传》之文而定。得中则象其人有正中之道德。例如：

《同人》（䷌）《彖传》曰："柔得位得中。"此指六二而言。六二为柔，居下卦之中位，是为柔得中，象臣得正中之道也。（凡一柔得中，《彖传》皆举柔字，《象传》皆省柔字。传文既省之，本书亦多不解柔字）（此例《彖传》有七条，《象传》有十六条）

其三，双刚得中：即一阳爻（刚）居下卦之中位，又一阳爻（刚）居上卦之中位。《彖传》视为其卦之一种爻象，据之以释卦名、卦义或卦辞。例如：

《中孚》（䷼）《彖传》曰："柔在内而刚得中。……"刚得中乃兼指九二与九五而言。九二与九五皆为刚,居上下卦之中位,是为双刚得中,象人以刚健之德守正中之道也。(柔在内,说见本卦)(此例《彖传》有十一条,《象传》无)

其四,双柔得中:即一阴爻(柔)居下卦之中位,又一阴爻(柔)居上卦之中位。《彖传》视为其卦之一种爻象,据之以释卦名、卦义或卦辞。例如:

《小过》(䷽)《彖传》曰:"柔得中。"柔得中乃兼指六二与六五而言。六二与六五皆为柔,居上下卦之中位,是为双柔得中,象才力弱者得正中之道也。(此例《彖传》有两条,《象传》无)

其五,刚柔分中:即一阳爻(刚)居上卦之中位,一阴爻(柔)居下卦之中位。《彖传》视为其卦之一种爻象,据之以释卦名、卦义或卦辞。例如:

《观》(䷓)《彖传》曰:"中正以观天下。"中正乃兼指六二与九五而言。六二为柔,居下卦之中位,又是居臣位,九五为刚,居上卦之中位,又是居君位,是为刚柔分中,象君臣各居其位、各守正中之道也。(此例《彖传》有四条,《象传》无)上述"两中爻相应"一例,实际皆是刚柔分中,但立说之重点不同耳。

此外,一卦之初、三、四、上各爻皆非中位,如其爻为刚,是为刚不中。《易传》亦有以刚不中释卦辞或爻辞者,见《小过》(䷽)《彖传》,《乾文言》,不具述。

《易传》刚柔得中之说,反映作者之中道思想。《易传》作者是战国时代之儒家,所以用中道解《易经》。其所谓中道,乃以封建制度为准则,维护地主阶级之统治也。

## (五) 刚柔居尊位或居上位或居下位

前文已指出:每卦之第五爻为天位,为君位,为尊位,第六爻为上位,第一爻为下位。《易传》认为:阳爻(刚)或阴爻(柔)居此三位,各有其意义。

其一,刚柔居尊位:一卦之第五爻居乾卦之上或乾卦之中,则此爻为尊位。此爻为阳爻,是为刚居尊位;此爻为阴爻,是为柔居尊位。《易传》认为,居尊位象人居帝王之位。例如:

《需》(䷄)《彖传》曰:“位乎天位以正中也。”此指九五而言。《需》之下卦为乾;九五为刚,居上卦之中位,居一卦之天位,又在乾卦之上(乾为朝廷),是为刚得中,居天位。乃象君居帝王之位,又守正中之道也。此刚居尊位之例。《大有》(䷍)《彖传》曰:“柔得尊位,大中,而上下应之。”此指六五而言。《大有》之下卦为乾;六五为柔,居上卦之中位(大中),居一卦之天位,又在乾卦之上,是为柔得大中居尊位。乃象臣取得帝王之位,又得正中之道也。此柔得尊位之例。(此例《彖传》只有三条)

其二,刚柔居上位:上位指第六爻,即上爻。第六爻为阳爻,是为刚居上位;第六爻为阴爻,是为柔居上位。《象传》认为居位之意义有三(《彖传》无此类):

(一)第六爻居一卦最高之位,象人居高贵之上位。例如:

《履》(䷉)上九曰:“元吉。”《象传》曰:“元吉在上,大有庆也。”《履》之上九居一卦之上位,象人居高贵之位也。(此例《象传》有十三条)

(二)第六爻居一卦之尽头,象人处穷困之境。例如:

《节》(䷻)上六曰:“苦节,贞凶。”《象传》曰:“其道穷也。”《节》之上六居一卦之尽头,象人处穷困之境也。(此例《象传》有五条)

(三)第六爻是一卦之盈满,象人处于极盛之势位而骄傲自满。例如:

《乾》(䷀)上九曰:“亢龙有悔。”《象传》曰:“盈不可久也。”(传意:极高曰亢)《乾》之上九为刚,居一卦盈满之位,象飞到天空极高处之龙,以喻有富贵权势而自骄满之贵族大官,必将衰落也。(此例《象传》只有一条)

其三,刚柔居下位:下位指等一爻,即初爻。初爻为阳爻,是为刚居下位;初爻为阴爻,是为柔居下位。《象传》认为居下位象人或物处于低下之地位。例如:

《乾》(䷀)初九曰:“潜龙,勿用。”《象传》曰:“阳在下也。”《乾》之初九为阳爻,居一卦之下位,是“阳在下”,象龙潜于水底,以喻君子居于民间。此刚居下位之例。《大过》(䷛)初六曰:“藉用白茅。”《象传》曰:“柔在下也。”《大过》之初六为阴爻,为柔,居一卦之下位,是“柔在下”,象白茅垫于祭品之下。此柔居下位之例。(此例《象传》有五条)

## （六）柔从刚与柔乘刚

《易传》又有柔从刚与柔乘刚之说，乃比较重要之两种义例，分述于下。

其一，柔从刚：或谓之柔顺刚，即阴爻（柔）在阳爻（刚）之下，成柔者顺从刚者之象也。《彖传》以此释卦名、卦义或卦辞，《象传》以此释爻辞，或指臣民顺从君上，或指妇女顺从男人等等。要之，皆以柔从刚为吉利，乃肯定其事。例如：

《巽》（䷸）《彖传》曰："柔皆顺乎刚。"《巽》之下卦初六为柔，九二、九三为刚。初六在九二、九三之下。上卦六四为柔，九五、上九为刚。六四在九五、上九之下。是为"柔皆顺乎刚"，乃象臣民皆顺从君上也。《家人》（䷤）六二曰："无攸遂，在中馈，贞吉。"（遂借为坠）《象传》曰："六二之吉，顺以巽也。"（巽，伏从也）六二为柔，九三为刚。六二在九三之下，是为柔从刚，乃象妇女顺从男人也。（此例《彖传》有两条，《象传》有十二条。其中指臣民顺从君上者有八条）

其二，柔乘刚：即阴爻（柔）在阳爻（刚）之上，成柔者凌乘刚者之象也。《彖传》以此释卦名、卦义或卦辞，《象传》以此释爻辞，或指臣民凌乘君上，或指女子凌乘男人等等。要之，皆以柔乘刚为不吉利，乃否定其事。例如：

《噬嗑》（䷔）六二曰："噬肤灭鼻。"《象传》曰："乘刚也。"《噬嗑》之六二为柔，初九为刚。六二在初九之上，是为柔乘刚。传意谓庶民因吃肉而受割鼻之刑，以其以柔乘刚，以民凌君上也。《屯》（䷂）六二曰："女子贞不字，十年乃字。"《象传》曰："六二之难，乘刚也。"《屯》之六二为柔，初九为刚。六二在初九之上，是为柔乘刚。传意谓女子贞正而难于许嫁，以其以柔乘刚，以女凌男也。《夬》（䷪）《彖传》曰："扬于王庭，柔乘五刚也。"《夬》之上六为柔，其下五爻皆为刚。上六在五刚之上，是为柔乘五刚。传意：扬于王庭乃是柔乘五刚，一小人举用于王庭，位居众君子之上也。（此例《彖传》有两条，《象传》有六条。其中指臣民凌乘君上者两条，指女子凌乘男人者两条。）

《易传》中柔从刚与柔乘刚两例，反映作者拥护君权统治与男权统治之思想。简言之，作者在肯定柔从刚中，特肯定臣民顺从君上，即赞同上级统治下级（包括阶级统治），此拥护君权统治之一面也。在否定柔乘刚中，特否定臣民凌乘君上，即反对下级违抗上级，此拥护君权统治之又一面也。作者在肯定柔从刚中，特肯定妇女顺从男人，即赞同男人统治妇女，此拥护男权统治之一面也。在否定柔乘刚中，特否定妇女凌乘男人，即反对妇女违抗男人，此拥护男权统治之又一面也。后世“君为臣纲”与“夫为妻纲”之说，先秦时代尚无之，但已有此种思想。《易传》中柔从刚与柔乘刚之说正是此种思想之反映。

## （七）

《易传》以爻象与爻位相结合释经之义例，除上述六种外，《彖传》尚有若干杂例：（一）刚长（《复》）；（二）刚浸长（《临》）；（三）刚自外来（《无妄》）；（四）柔浸长（《遯》）；（五）柔上升（《晋》、《噬嗑》、《睽》、《升》、《鼎》）；（六）柔在内（《中孚》）；（七）柔在外（《兑》）；（八）柔在本末（《大过》）等等，此种杂例皆不重要，解见本卦，今不具述。

《彖传》《象传》中之爻象爻数备查表

| 爻象爻数义例 | 见　于　某　卦　某　爻 |
|---|---|
| 五柔应一刚 | 师、比、豫之彖传 |
| 五刚应一柔 | 小畜、大有之彖传 |
| 三双同位爻刚柔相应 | 恒、未济之彖传 |
| 三双同位爻刚柔敌应 | 艮之彖传 |
| 两中爻刚柔相应 | 同人、鼎、临、无妄、遯、睽、萃、升之彖传 |
| 刚胜柔 | 夬之彖传 |
| 柔胜刚 | 剥之彖传 |
| 刚柔位当 | 小畜、同人、遯、家人、蹇、渐、涣、节、既济之彖传。需上六、比九五、履九五、否九五、随九五、临六四、贲六四、家人六四、蹇六四、巽九五、兑九五、涣九五、节九五、中孚九五之象传。 |

（续表）

| 爻象爻数义例 | 见于某卦某爻 |
| --- | --- |
| 刚柔位不当 | 噬嗑、归妹、小过、未济之彖传。履六三、否六三、豫六三、临六三、噬嗑六三、恒九四、大壮六五、晋九四、睽六三、解九四、夬九四、萃九四、困九四、震六三、丰九四、旅九四、兑六三、中孚六三、小过九四、未济六三之象传。 |
| 一刚得中 | 蒙、需、比、履、解、渐、涣之彖传。需九五、讼九五、比九五、小畜九二、履九二、九五、否九五、同人九五、随九五、蛊九二、大畜九二、坎九二、九五、恒九二、遯九五、大壮九二、蹇九五、解九二、损九二、夬九二、九五、姤九五、困九二、九五、井九五、巽九二、九五、兑九五、涣九五、节九五、中孚九五、未济九二之象传。 |
| 一柔得中 | 同人、大有、噬嗑、鼎、旅、既济、未济之彖传。师六五、泰六五、谦六二、豫六二、六五、临六五、噬嗑六五、复六五、离六二、晋六二、萃六二、鼎六五、震六五、艮六五、归妹六五、既济六二之象传。 |
| 双刚得中 | 讼、小畜、大过、坎、姤、困、井、巽、兑、节、中孚之彖传。 |
| 双柔得中 | 离、小过之彖传。 |
| 刚柔分中 | 观、家人、蹇、益之彖传。 |
| 刚柔居尊位 | 需、履、大有之彖传。 |
| 刚柔居上位 | (一)居高贵之位:履上九、大有上九、豫上六、随上六、贲上九、无妄上九、恒上六、姤上九、萃上六、升上六、井上六、鼎上九、旅上九之象传。(二)居穷困之位:随上六、无妄上九、姤上九、巽上九、节上六之象传。(三)居满盈之位:乾上九之象传。 |

（续表）

| 爻象爻数义例 | 见于某卦某爻 |
| --- | --- |
| 刚柔居下位 | 乾初九、剥初六、大过初六、益初九、井初六之象传。 |
| 柔从刚 | 巽、旅之象传。蒙六五、需六四、讼六三、比六四、颐六五、咸六二、明夷六二、家人六二、六四、鼎初六、渐六四、涣初六之象传。 |
| 柔乘刚 | 夬、归妹之象传。屯六二、蒙六三、豫六五、噬嗑六二、困六三、震六二之象传。 |

# 周易大传今注卷一

## 《乾》第一

䷀(下乾上乾)

[原文] 《乾》:元亨。利贞。

[经意] 《乾》,卦名。元,大也。亨即享字,祭也。利即利益之利。贞,占问。卦辞言:筮遇此卦,可举行大享之祭,乃有利之占问。

[传解] 传之读法是:"《乾》:元,亨,利,贞。"《乾》,卦名,天也。元,善也。亨,美也。利,利物也。贞,正也。天有善、美、利物、贞正之德,故曰:"《乾》:元,亨,利,贞。"《文言》谓君子亦有此德。

[原文] 《彖》曰:大哉乾"元",万物资始,乃统天。

《乾》卦象天,故《彖传》以天之德释卦辞。资犹赖也。"大哉乾元,万物资始",谓大哉天德之善,万物赖之而有始。《坤彖传》曰:"至哉坤元,万物资生",谓至哉地德之善,万物赖之以生长。《易传》认为:天地如男女,天创始万物,地生长万物。《三国志·管辂传》裴注载《管辂别传》引此三句而释之曰:"统者,属也。""乃统天",谓万物属于天。

[原文] 云行雨施,品物流形。

施犹降也。品物,各种品类之物。流犹动也。水动曰流,引申之,他物之动亦曰流。流形谓运动其形体。此二句言天有云行雨降,万物受其滋育,始能运动形体于宇宙之间。

[原文] 大明终始,六位时成,时乘六龙以御天。

《集解》引侯果曰:"大明,日也。"甚是。日为宇宙间最大之光明之物,故古人称之为大明。① 终谓日入。始谓日出。"大明终始"犹言日入日出。六位,上下四方之位。俞樾曰:"《尔雅释诂》:'时,是也。'"按上时字,于是也;下时字,时间也。成犹定也。"六位时成"犹言六位是定。日运行于天空,而后宇宙光明,天在上方,地在下方,日出处为东方,日入处为西方,向日处为南方,背日处为北方,于是上下四方之位乃定。故曰:"大明终始,六位时成。"乘,驾也。《集解》引荀爽曰:"御者,行也。"上古神话:日行于天空,乘车,车上驾六龙,其母羲和御之。② 余谓《彖传》借用此神话,言日驾六龙以时运行于天空,故曰:"时乘六龙以御天。"非相信实有其事也。此三句言天有日之运行,以定上下四方,以成昼夜四时。

[原文] 乾道变化,各正性命。

乾道,天道,即天象之自然规律(《易传》所言之自然规律或社会规律皆甚简单而粗浅)。变化指四时、昼夜、风云、雷雨、霜雪、阴晴、寒暖之种种变化。"各正性命"之主语是万物。性,属性。命,寿命。万物如人与鸟兽虫鱼草木等皆受天道变化之支配,适应天道变化而运动。各得其属性之正,如鸟能飞、鱼能游。亦各得其寿命之正,如蜉蝣寿短、龟鹤寿长。故曰:"乾道变化,各正性命。"

［原文］ **保合大和，乃“利贞”。**

保，保持。合犹成也。大读为太。太和非谓四时皆春，乃谓春暖、夏热、秋凉、冬寒，四时之气皆极调谐，不越自然规律，无酷热，无严寒，无烈风，无淫雨，无久旱，无早霜，总之，无特殊之自然灾害。天能保合太和之景象，乃能普利万物，乃为天之正道，故曰：“保合大和，乃利贞。”

［原文］ **首出庶物，万国咸宁。**

首，始也。出犹生也。庶，众也。咸，皆也。宁，安也。此二句言天始生万物，人类从而备有生活之物质，而万国皆安矣。故曰：“首出庶物，万国咸宁。”（在阶级社会中，从无“万国咸宁”之事，此乃《彖传》作者之幻想。）总之，《彖传》认为：天有元、亨、利、贞之德，故卦辞曰：“元，亨，利，贞。”天有云雨之行施，大明之运行，四时昼夜等等之变化，而皆有其规律，保合太和之景象，故能始生万物，普利万物，使万物各得性命之正，以活动于宇宙之间，以达于万国皆安之境。然则天为善，是天德之元；天为美，是天德之亨；天能利物，是天德之利；天有正道，是天德之贞。四者乃相结合而不可分割。（《彖传》未点出亨字，而内容则已释之。）

［原文］ **《象》曰：天行健。君子以自强不息。**

天行有二解：孔颖达曰：“行者运动之称。”王引之曰：“行，道也。天行谓天道也。”③按两解均通，以王说为长。《易传》中之君子乃有才德之人之称，无论其有爵位与无爵位。本卦是两乾相重，乾为天，本卦之卦象仍为天。天道刚健，君子观此卦象，以天为法，从而自强不息。故曰：“天行健，君子以自强不息。”

［原文］ 初九：潜龙，勿用。

［经意］ 初九，爻题也。《易经》之爻题，以“九”字标明阳爻，以“六”字标明阴爻；以“初”、“二”、“三”、“四”、“五”、“上”各字标明六爻之顺序，自下而上。全经同此，后不复释。潜，藏于水中。用，施行。勿用犹今语所谓“勿动”。潜龙比喻人隐居不出，静处不动，故筮遇此爻，不可有所作为。

［传解］ 与经意同，但认为龙比君子。按《易经》皆从占筮之角度立言，而《易传》皆不从占筮之角度解经，此异点乃全书之通例。

［原文］ 《象》曰：“潜龙勿用”，阳在下也。

传意：爻辞云“潜龙勿用”，因初九为阳爻，居一卦之下位也。阳爻象龙，居一卦之下位象潜，故曰“潜龙”。潜龙比喻君子隐居不出，静处不动，故曰“勿用”。

［原文］ 九二：见龙在田，利见大人。

［经意］ 见读为现。大人，《易经》中之大人是贵族（王侯、大夫）之通称。龙出现于田中，比喻大人活动于民间，人见之则有利，故筮遇此爻，利见大人。

［传解］ 大人，《易传》认为大人是有大才德之人，无论其有爵位与无爵位。余与经意同。

［原文］ 《象》曰：“见龙在田”，德施普也。

亨按此普字非普遍之义，当读为溥。《说文》："溥，大也。"溥是雨泽广大。④传意：爻辞云"见龙在田"，比喻大人活动于民间，其德泽施于人者广大也。人见此大人则有利，故曰："利见大人。"

［原文］ 九三：君子终日乾乾，夕惕若，厉无咎。

［经意］ 君子，《易经》中之君子是贵族与士之通称。乾乾，勤勉努力。惕，警惕。若，语助词，惕若犹惕然。厉，危也。咎，灾也。爻辞言：君子昼则勤勉，夜则警惕，虽处危境，亦无咎灾。

［传解］ 君子，《易传》认为君子是有才德之人，无论其有爵位与无爵位。余与经意同。

［原文］ 《象》曰："终日乾乾"，反复道也。

反复，往来行之而不舍。道，正道。传意：爻辞云"君子终日乾乾，夕惕若，厉无咎"，言君子反复行道而不舍，昼则勤勉不惰，夜则警惕反省，故虽处危境，亦无咎也。（言外之意，如所行非道，则有咎。）

［原文］ 九四：或跃在渊，无咎。

［经意］ "或跃在渊"，承上文省龙字。渊，龙之安利住处。龙或跃在渊，比喻人或活动于安利环境，自无咎灾，故筮遇此爻无咎。

［传解］ 与经意同，但亦认为龙比君子。

[原文] 《象》曰:"或跃在渊",进"无咎"也。

传意:爻辞云"或跃在渊,无咎",龙跃在渊比喻君子或活动于安利环境,前进自无咎也。

[原文] 九五:飞龙在天,利见大人。

[经意] 飞龙在天,比喻大人居高贵之位,有所作为,人见之则有利,故筮遇此爻,利见大人。

[传解] 与经意同。

[原文] 《象》曰:"飞龙在天","大人"造也。

孔颖达曰:"造,为也。"朱熹曰:"造犹作也。"传意:爻辞云"飞龙在天",比喻大人居高贵之位有所作为。人见此大人则有利,故曰"利见大人"。

[原文] 上九:亢龙,有悔。

[经意] 亢读为沆,池也。沆龙,池中之龙。悔,较小之不幸。池中之龙实处困境,比喻人处困境,乃较小之不幸,故筮遇此爻有悔。

[传解] 《集解》引王肃曰:"极高曰亢。"此解合于传意。《文言》释"亢龙有悔"曰:"贵而无位,高而无民,贤人在下位而无辅,是以动而有悔也。"此谓亢龙比喻居极高之位,而脱离臣民之统治者。《文言》又曰:"亢之为言也,知进而不知退,知存而不知亡,知得而不丧。"此谓亢龙比喻居极高之位,而骄傲自满

之统治者。然则《易传》认为:亢龙是飞至天空极高处之龙,自逞其能,脱离云层,比喻居极高之位之统治者,骄傲自满,脱离臣民。如此则有悔。

[原文] 《象》曰:“亢龙有悔”,盈不可久也。

盈,满也。传意:爻辞云“亢龙有悔”,亢龙比喻居极高之位之统治者骄傲自满,则不可长久也。《象传》此释乃以上九之爻位为据。上九居一卦最高且满之爻位,象人居极高之位而自满。

[原文] 用九:见群龙无首,吉。

[经意] “用九”,汉帛书《周易》作“迵九”。按用当读为迵。迵,通也。“用九”是《乾》卦特有之爻题。依古筮法,筮遇《乾》卦,六爻皆七,则以卦辞断事;六爻皆九,则以用九爻辞断事。用九犹通九,谓六爻皆九也。见亦读为现。爻辞言:群龙出现于天空,其头被云遮住。此比喻众人俱得志而飞腾,自为吉。

[传解] 首,首领,谓龙王也。蜂有蜂王,蚁有蚁王,则古代传说当是龙有龙王。爻辞言:群龙出现,其中无龙王,但龙各有刚健之德,故吉。

[原文] 《象》曰:“用九”天德,不可为首也。

传意:爻辞云“见群龙无首,吉”,因“用九”是《乾》卦六爻皆九,纯阳皆动,乃象“天德”。六爻象群龙并出,各秉刚健之天德,其中不可能有龙王为之首领也。此乃比喻诸侯并立,各秉天德,德齐力均,不可能有帝王为之首领;但以其各秉天德,

故吉。(否则不吉)

[原文] 《文言》曰:"元"者,善之长也。

此下为第一段,释《乾》卦卦辞。善之长犹言善之首。"亨"者,嘉之会也。

《说文》:"嘉,美也。会,合也。"嘉之会犹言美之集合。

[原文] "利"者,义之和也。

《说文》:"和,相应也。"始歌为唱,随歌为和。有唱而后有和,有义而后有利,故利是义之和。

[原文] "贞"者,事之干也。

《师象传》曰:"贞,正也。"干读为幹,木株也,今语所谓主干即主幹。正是百事之主干。

[原文] 君子体仁足以长人,

体读为履,践也,行也。君子行仁,是为元德。有元德足以为人君长。

[原文] 嘉会足以合礼,

君子有亨德足以合礼。

[原文] 利物足以和义,

利物实指利人。此言利德即是利人。君子利人足以和义。

[原文] 贞固足以干事。

贞固，正而坚，即坚持正道。干是动词，主持，主办。君子有贞德足以干事。

［原文］ **君子行此四德者，故曰："《乾》：元，亨，利，贞。"**

四德，仁、礼、义、正也。君子行仁始能善，是为元；行礼始能美，是为亨；行义始能利物，是为利；行正始能干事，是为贞。君子法天以行此四德，故曰："《乾》：元，亨，利，贞。"（按《象传》以天德释《乾》之"元亨利贞"，属于天道观之范畴。《文言》以君子之德释《乾》之"元亨利贞"，属于人生观之范畴。彼此互异，亦彼此相成。）

［原文］ **初九曰："潜龙勿用。"何谓也？**

此下为第二段，以人事释各爻爻辞。

［原文］ **子曰：**

子，孔丘。此乃伪托孔丘所说。全书皆同。

［原文］ **"龙，德而隐者也。**

此言"潜龙"之龙乃比喻有才德而隐居之君子也。《文言》此释，乃以初九之爻象爻位为据。初九为阳爻，居一卦之下位，象君子隐居于社会下层。

［原文］ **不易乎世，**

易犹移也。君子德操坚定，不为时人所转移。

［原文］ **不成乎名，**

君子隐居，不求成名。

［原文］

**遯世无闷，**

《楚辞·离骚》王注："遯，隐也。"君子甘心隐居，故无烦闷。

［原文］

**不见是而无闷，**

不见是，君子之言行不为世人所赞同。

［原文］

**乐则行之，忧则违之，**

违，避也。君子于其所乐之事则行之，于其所忧之事则避之。

［原文］

**确乎其不可拔，潜龙也。"**

确，坚定。拔犹移也。潜龙指隐居之君子。

［原文］

**九二曰："见龙在田，利见大人。"何谓也？子曰："龙，德而正中者也。**

此言"在田"之龙乃比喻有才德而行正中之道之大人也。《文言》此释乃以九二之爻象爻位为据。九二为阳爻，居下卦之中位，象大人行正中之道。

［原文］

**庸言之信，庸行之谨，**

李鼎祚曰："庸，常也。"按庸由正中而来。正中者，无过，无不及，无偏，无邪也。正中之言乃为庸言。正中之行乃为庸行。之犹是也。此二句犹云庸言是信，庸行是谨，即信于庸言，谨于庸行。

［原文］　**闲邪存其诚，**

《集解》引宋衷曰："闲，防也。"

［原文］　**善世而不伐，**

善世，使世人归于善。《左传》襄公十二年杜注："自称其能为伐。"伐即今语所谓夸。善世而不自夸，是谦虚。

［原文］　**德博而化。**

博，广大。化，教导人，感化人。

［原文］　**《易》曰：'见龙在田，利见大人。'君德也。"**

君德，指上文之正中、信谨、诚谦、善世、化人而言。此谓"见龙在田"比喻大人在民间，虽不在人君之位，而有人君之德。

［原文］　**九三曰："君子终日乾乾，夕惕若，厉无咎。"何谓也？子曰："君子进德脩业。**

脩借为修，《集解》本正作修，下文同。

［原文］　**忠信所以进德也。脩辞立其诚，所以居业也。知至至之，可与言幾也。**

今本与下无言字。阮元曰："古本、足利本与下有言字。"按《集解》本亦有言字，依文意有言字是也，今据补。知至，预知事业之发展将到某种地步。至之，作到某种地步。与犹以也。《系辞》下曰："幾者，动之微，吉凶之先见者也。"（今本无凶字，据孔疏引古本补）《广雅·释诂》："幾，微也。"事业之发展皆由微小以至巨大,有其客观规律性。君子预知其将发展到某种地步,从而努力为之,作到某种地步,知之不误,行之有恒,是可以谈事业之幾微矣。故曰:“知至至之,可与言幾也。”

［原文］ 知终终之,可与存义也。

知终,预知事业将有某种结果。终之,作到某种结果。君子预知其将有某种结果,从而努力为之,作到某种结果,知之不误,行之有恒,是可以存事业之正义矣。故曰:“知终终之,可与存义也。”

［原文］ 是故居上位而不骄,在下位而不忧。故乾乾因其时而惕,虽危无咎矣。”

因时犹随时也。

［原文］ 九四曰:“或跃在渊,无咎。”何谓也?子曰:“上下无常,非为邪也。进退无恒,非离群也。君子进德脩业,欲及时也。故无咎。”

爻辞之言龙,或潜,或见在田,或跃在渊,或飞在天,乃比喻君子之或在上位,或在下位,或进,或退。君子上下无常,进退无恒,进德修业,志欲及时而动。

［原文］ 九五曰:“飞龙在天,利见大人。”何谓也?子曰:“同声相应,同气相求。水流湿,火就燥。云从龙,风从虎。圣人作而万物覩。

朱熹曰:“物犹人也。”亨按覩当读为著。二字同声系,古通用。《国语·晋语》:“底著滞淫。”韦注:“著,附也。”《太玄·玄攡》篇:“必著乎情。”范注:“著,附也。”此句言圣人作起,则万人皆亲附之。

[原文] **本乎天者亲上,本乎地者亲下。**

本犹今语所谓“扎根”也。扎根在天者如日月星辰则亲附上天,扎根在地者如鸟兽草木则亲附下地。

[原文] **则各从其类也。”**

万物各从其类。圣人在上位,有所作为,则万民附从,各蒙其利。故爻辞云:“飞龙在天,利见大人。”

[原文] **上九曰:“亢龙有悔。”何谓也?子曰:“贵而无位,高而无民,贤人在下位而无辅,是以动而有悔也。”**

此言:爻辞以亢龙比喻统治者居高贵之位,无人君之德,民不拥护,朝无贤臣,所以动而有悔也。

《系辞》上:“‘亢龙有悔。’子曰:‘贵而无位,高而无民,贤人在下位而无辅,是以动而有悔也。’”文与此同。

[原文] **“潜龙勿用”,下也。**

此下为第三段,又以人事释各爻爻辞。“下也”二字意不完整。“下”字上疑脱“处”字。王弼曰:“潜龙勿用,何乎?必穷处于下也。”似王本原有处字。“潜龙勿用”比喻君子隐居于下,无所作为,故曰:“处下也。”

[原文] **“见龙在田”,时舍也。**

《太玄·去》首:“舍彼枯园。”范注:“舍,居也。”“见龙在田”比喻大人活动于民间,乃暂时居住,故曰:“时舍也。”

[原文]

**"终日乾乾",行事也。**

"终日乾乾"乃言君子行事勤勉,故曰:"行事也。"

[原文]

**"或跃在渊",自试也。**

龙"或跃在渊"比喻君子活动于社会下层,自试其才能,故曰:"自试也。"

[原文]

**"飞龙在天",上治也。**

"飞龙在天"比喻大人在上位治国临民,故曰:"上治也。"

[原文]

**"亢龙有悔",穷之灾也。**

"亢龙有悔",比喻高居上位之统治者脱离臣民,招致穷困之灾难,故曰:"穷之灾也。"《文言》此释乃以上九之爻象爻位为据。上九为阳爻,居一卦之尽头,象君上处于穷困之境。

[原文]

**乾元"用九",天下治也。**

乾元,天之元德,即天之善德。用九爻辞云:"见群龙无首,吉。"比喻诸侯分国而治,其中无天子,然各秉天之元德,天下亦能治安。故曰:"乾元用九,天下治也。"

[原文]

**"潜龙勿用",阳气潜藏。**

此下为第四段,以天道四时之变化释各爻爻辞。《文言》似将一年十二月分配于六爻,每爻占两月。认为:《乾》卦之六个阳爻循位次而上升,乃象天之阳气循时序而上升。而龙之活动则以阳气之上升为转移,故各爻爻辞又代表天道四时之变化。此近于先秦阴阳家之说矣。初九是阳爻在下,象阳气藏于地下。此时约当周历之正月二月、夏历之十一月十二月，龙潜于水中而不动。故曰："潜龙勿用，阳气潜藏。"

［原文］ "见龙在田"，天下文明。

九二是阳爻上升一位，象阳气出于地面。此时约当周历之三月四月、夏历之正月二月，草木始生，大地成文绣而光明，龙亦出现于田野。故曰："见龙在田，天下文明。"

［原文］ "终日乾乾"，与时偕行。

《说文》："偕，俱也。"九三是阳爻又上升一位，象阳气又上升。此时约当周历之五月六月、夏历之三月四月，草木与时俱长。君子终日乾乾，亦与时并进而不息。故曰："终日乾乾，与时偕行。"

［原文］ "或跃在渊"，乾道乃革。

乾道，天道也。革，改也。九四是阳爻又上升一位，象阳气又上升而更盛。此时约当周历之七月八月，夏历之五月六月，由暖而热，天道乃变，龙有时跃入渊中，以避热气。故曰："或跃在渊，乾道乃革。"

［原文］ "飞龙在天"，乃位乎天德。

位当读为立。《广雅·释诂》："立，成也。"《庄子·天地》篇："德成之谓立。"立乎天德谓成乎天德。九五是阳爻上升至甚高之位，象阳气上升而大盛。此时约当周历之九月十月、夏历之七月八月，草木长成，天德之功已成，龙飞于天空。故曰："飞龙在天，乃位乎天德。"

［原文］ “亢龙有悔”，与时偕极。

偕极，俱达于最高点。上九是阳爻上升至一卦之最高位，象阳气达于极盛。盛极必衰，此时约当周历之十一月十二月、夏历之九月十月，阳气由极盛而衰，草木亦由极盛而衰，龙亦由亢而有悔，皆是与时偕极。故曰：“亢龙有悔，与时偕极。”

［原文］ 乾元“用九”，乃见天则。

乾元亦谓天之元德。天则，天之法则，即天道运行之规律。《文言》认为：天之元德具于用九。用九是《乾》卦六个阳爻之综合。六个阳爻循位次上升，象阳气循时序上升，故用九可以体现天则。用九爻辞曰：“见群龙无首，吉。”谓龙皆依天则以活动，但非有龙王支配之。故曰：“乾元用九，乃见天则。”（按此段《文言》以阴阳说释《乾》卦之爻辞，逻辑性不强）

［原文］ 《乾》“元”者，始而亨者也。

此下为第五段：以天德释《乾》之卦辞与卦义。王念孙曰：“《乾》元下亦当有亨字。”是也。始谓始生万物。本卦《彖传》曰：“大哉乾元，万物资始。”《系辞》上曰：“乾知大始。”是其义。“《乾》元亨者始而亨者也”，谓《乾》卦辞云“元亨”者，言天始生万物，是其元德，又有亨德也。此释《乾》卦辞之“元亨”，故先举“《乾》元亨”三字，则“《乾》元”下当有“亨”字明矣。

［原文］ “利贞”者，性情也。

卦辞云“利贞”者，天之利德是利物。天之贞德是有其规律之正。此乃天之性情。

［原文］ 乾始能以美利利天下，不言所利，大矣哉！

此特赞天德之利物。盖天德之元善、亨美、贞正,皆以利物为准。

[原文] **大哉乾乎!刚健中正,纯粹精也。**

色不杂曰纯,米不杂曰粹,米至细曰精。此用以形容天德,是其引申义。此言天之刚健中正之德达于纯粹而精之地步。

[原文] **六爻发挥,旁通情也。**

《广雅·释诂》:"挥,动也。旁,广也。"此言《乾》卦之六爻发动,广通于天道、物类、人事之情状。

[原文] **时乘六龙,以御天也。**

本卦《彖传》曰:"大明终始,六位时成,时乘六龙以御天。"《文言》盖重述《彖传》也。《彖传》之"时乘六龙"指大明而言,则《文言》此句亦指大明而言,审矣。但前文无大明,此句无主语,当有脱误。疑"时"当作"明",形似而误,亦或是读者据《彖传》而妄改。《易传》称日为大明,又简称为明。(见附考①)"明乘六龙以御天",言日乘六龙以行于天空也。

[原文] **云行雨施,天下平也。**

按《文言》仅言天下平之自然条件,未言天下平之社会条件。

[原文] **君子以成德为行,日可见之行也。"潜"之为言也,隐而未见,行而未成,是以君子弗"用"也。**

此下是第六段,又以人事释各爻爻辞。此数句释初九之"潜龙勿用"。

［原文］

**君子学以聚之，问以辩之，宽以居之，仁以行之。《易》曰："见龙在田，利见大人。"君德也。**

此数句释九二爻辞。辩读为辨。君子学以聚积知识，问以辨明是非，宽以存心，仁以行事。

［原文］

**九三重刚而不中，上不在天，下不在田，故"乾乾"因其时而"惕"，虽危"无咎"矣。**

此数句释九三之"君子终日乾乾，夕惕若，厉无咎"。九二为阳爻、为刚，九三又为阳爻、为刚，是为"重刚"，乃又象龙或君子。九三不居上下卦之中位，是为"不中"，乃象人不得行正中之道。上卦之中位是第五爻，为天位，故本卦九五云："飞龙在天。"下卦之中位是第二爻，为地位，故本卦九二云："见龙在田。"第三爻为人位，故下文曰："九四……中不在人。"九三上不在天位，下不在地位，乃在人位，乃象人上不在朝，下不在野，而在小官之位。君子做小官，不得行正中之道，但乾乾然而奋勉，因其时而警惕，虽处危境，亦无咎矣。

［原文］

**九四重刚而不中，上不在天，下不在田，中不在人，故"或"之。或之者，疑之也。故"无咎"。**

此数句释九四之"或跃在渊，无咎"。九三为阳爻、为刚，九四又为阳爻、为刚，是为"重刚"，乃又象龙或君子。九四亦不居上下卦之中位，是为"不中"，乃象人不得行正中之道。九四上不在天位，下不在地位，中不在人位，乃象龙"上不在天，下不在田，中不在人"。则此龙可能在渊中，可能在河中，可能在泽中，故爻辞言"或跃在渊"。用"或"字者，以示其疑而未定也。此比喻君子上不在朝，下不在野，中不在小官之位，或者隐于深僻之乡，与人隔绝，是亦无咎矣。

［原文］ **夫“大人”者与天地合其德，与日月合其明，与四时合其序，与鬼神合其吉凶，先天而天弗违，后天而奉天时。天且弗违，而况于人乎，况于鬼神乎。**

此数句释九五之“飞龙在天，利见大人”。“飞龙在天”比喻居高位之大人有所作为也。“夫大人者与天地合其德”，谓其使人皆安其生，皆得其养。“与日月合其明”，谓其明察普照一切事物。“与四时合其序”，谓其政令循四时之顺序。“与鬼神合其吉凶”，谓其赏善罚恶与鬼神福善祸恶一致。（《文言》作者犹迷信鬼神）“先天而天弗违”，谓其走在天象之前而天不违反其预见。“后天而奉天时”，谓其走在天象之后而依天时以行事。要之，传文在说明“利见大人”之义。（极力美化大人）

［原文］ **“亢”之为言也，知进而不知退，知存而不知亡，知得而不知丧。其唯圣人乎。知进退存亡而不失其正者，其唯圣人乎。**

此数句释上九之“亢龙有悔”。上“圣人”二字，《释文》云：“王肃本作愚人。”按王肃本是也。愚人、圣人相对为文。愚人承亢者而言，圣人承不亢者而言。今依王肃本释之。唯犹是也（王引之《经传释词》有此例）。《文言》之意：亢者，在龙则言其飞至天空极高之处，自逞其能也；在统治者则言其居于极高之位，骄傲自满也。骄傲自满，则认为自己之家国事业，有进无退，有存无亡，有得无丧，仅知进、存、得之一面，不知退、亡、丧之一面，则是愚人也。至于知进退存亡之两面，保持警惕，不失其正道者，则是圣人也。

[附考]

①《象传》:“大明终始。”古人称日为大明。《礼记·礼器》:“大明生于东。”郑注:“大明,日也。”《素问六元正纪大论》:“大明不彰。”王注:“大明,日也。”并其证。《晋象传》:“顺而丽乎大明。”大明亦谓日。《易传》又称日为明。《离象传》曰:“明两作,《离》。”谓日今朝出,明朝又出也。《晋象传》曰:“明出地上,《晋》。”谓日出地上也。《明夷象传》曰:“明入地中,《明夷》。”谓日入地中也。是其证。 ②《象传》:“时乘六龙以御天。”此用日乘六龙之神话。《山海经·大荒南经》:“羲和者,帝俊之妻,生十日。”《初学记·天部》上引《淮南子》曰:“爰止羲和,爰息六螭,是谓悬车。”(此《天文》篇文,今本稍异)又引注曰:“日乘车,驾以六龙,羲和御之。”(疑是许慎注)此乃上古神话。《楚辞·离骚》:“吾令羲和弭节兮,望崦嵫而勿迫。”即用此神话。《楚辞》刘向《九叹远游》:“维六龙于扶桑。”《文选》曹子建《与吴季重书》:“思欲抑六龙之首,顿羲和之辔。”亦用此神话。《象传》亦然也。 ③《象传》:“天行健。”天行有二解:孔颖达曰:“行者运动之称,健者强壮之名。万物壮健皆有衰怠,唯天运动未曾休息。故曰:‘天行健。’”古人不知运行者为地球及行星,而认为运行者为天体、日月星辰皆附属于天之物,故有此说。此一解也。王引之曰:“《尔雅》:‘行,道也。’天行谓天道也。《晋语》:‘岁在大梁,将集天行。’韦昭注曰:‘集,成也。行,道也。言公将成天道也。’是古人谓天道为天行也。天行健,地势坤,相对为文,言天之为道也健,地之为势也顺耳。若解为运行之行,则与地势之势文不相当矣。《蛊象传》曰:‘终则有始,天行也。’《剥象传》曰:‘君子尚消息盈虚,天行也。’《复象传》曰:‘反复其道,七日来复,天行也。’皆谓天道。《临象传》曰:‘大亨以正,天之道也。’与此同义。《同人象传》曰:‘同人于野,亨,利涉大川,乾行也。’亦谓乾道。《乾象传》曰:‘乾道变化。’与此同义。”此又一解也。按两解均通,以王说为长。 ④《象传》:“德施普也。”亨按此普字非普遍之义,当读为溥。二字古通用。《诗·北山》:“溥天之下。”《左传》昭公七年引溥作普。《韩奕》:“溥彼韩城。”《潜夫论·志氏姓》篇引溥作普。《老子》:“其德乃普。”傅奕本普作溥。皆其证。《说文》:“溥,大也。”雨泽广大为溥。

# 《坤》第二

☷(下坤上坤)

［原文］ 《坤》：元亨。利牝马之贞。君子有攸往，先迷后得主，利，西南得朋，东北丧朋。安贞吉。

［经意］ 《坤》，卦名。元，大也。亨即享字，祭也。贞，占问。迷，迷失道路。主，主人。朋，朋友。安贞，占问安否。卦辞言：筮遇此卦，可举行大享之祭；利于乘驾牝马以远行或出征之占问；君子有所往，先迷路后得主人以客礼相待，亦有利，但往西南则得到朋友，往东北则损失朋友；占问安否则吉。（或曰："十贝曰朋。贝是上古之货币。"）

［传解］ 《坤》，卦名，地也。元，善也。亨，美也。"元亨"言地有善美之德。贞，正也。"利牝马之贞"言牝马驾车行路，利在牝马驰驱之正而不乱。"安贞吉"言人安于正道则吉。余与经意同。

［原文］ 《彖》曰：至哉坤"元"，万物资生，乃顺承天。

《坤》卦象地。《说卦》曰："坤，顺也。"朱熹曰："至，极也。"坤元，地德之善也。资犹赖也。《说文》："承，奉也，受也。""乃顺承天"谓地顺受天道之变化，以生养万物。

［原文］ 坤厚载物，德合无疆。

亨按合借为迨。二字同声系，古通用。《说文》："迨，遝也。"(逮,及也)《方言》三:"迨,及也。""德迨无疆"谓地德普及万物而无边。

[原文] **含弘光大,品物咸"亨"。**

《尔雅·释诂》:"弘,大也。"含弘谓地含容弘大。光借为广。①广大谓地体广阔。《尔雅·释诂》:"咸,皆也。"亨亦美也。传意:本卦所以名《坤》而卦辞云"元亨"者,坤为地,又为顺,地能生养万物;能顺承天道;体厚能载万物,面广能包容万物,万物得以皆美。是地之德又元善又亨美也。

[原文] **"牝马"地类,行地无疆,柔顺"利贞"。**

"牝马地类",谓牝马是阴性之物,与地同类。"行地无疆",谓牝马行于地上,可远至无疆。"柔顺",谓牝马之性柔顺,听人之指挥。"利贞",谓牝马有利于人,利在其驰驱得正,不惊不乱。传意:卦辞云"利牝马之贞",言牝马有行远之能力、柔顺贞正之美德。

[原文] **"君子"攸行,"先迷"失道,"后"顺"得"常。**

常谓常道,即正路也。卦辞云:"君子有攸往,先迷后得主,利。"言君子有所行,先迷惑而失路,后则顺利,得主人之招待,得其正路。

[原文] **"西南得朋",乃与类行。**

《象传》以类字释朋字,朋与类义相近。《广雅·释诂》:"朋,类也。"《兑象传》曰:"君子以朋友讲习。"《集解》引虞翻曰:"同类为朋。"盖同业、同僚、同学之人皆可谓之朋。传意:卦辞云"西南得朋",言往西南则得同类之朋与之同行。

[原文] “东北丧朋”，乃终有庆。

庆，吉庆也。传意：卦辞云“东北丧朋”，诚为不利，然其结果则有吉庆。（吉庆之来，由于“安贞”。见下文。）

[原文] “安贞”之“吉”，应地无疆。

传意：卦辞云“安贞吉”，言安于正道，则能适应地之广大无边，西南也，东北也，无往不利，故吉。

[原文] 《象》曰：地势坤。君子以厚德载物。

《说卦》曰：“坤，顺也。”《释名·释地》曰：“坤，顺也，上顺乾也。”然则“地势坤”犹言地势顺。本卦是两坤卦相重，坤为地，本卦卦象仍为地。地顺承天道，其势是顺于天，其体厚，能载万物。君子观此卦象，从而取法于地，以厚德载物，即以厚德育人，故曰：“地势坤，君子以厚德载物。”

[原文] 初六：履霜，坚冰至。

[经意] 履，践也。人方在履霜之时，而坚冰将至，此比喻人事之吉凶皆由渐而来。

[传解] 与经意同。

[原文] 《象》曰：“履霜坚冰”，阴始凝也。驯致其道，至“坚冰”也。

“履霜坚冰”一句，《三国志·魏志·文帝纪》许芝引作“初六履霜”。朱熹、项安世、惠栋等皆从之。按《魏志》所引是也。《象传》乃以“阴始凝”释“履霜”二字，非释“坚冰”二字，若坚冰则是阴已大凝，不得云“阴始凝”。可见此句当作“初六履霜”。《集解》引《九家易》曰：“驯犹顺也。”按驯借为顺，二字同声系，古书常通用。致犹推也。传意：“初六”云“履霜”，言阴气始凝而成霜也；云“坚冰至”，言顺推其自然规律，则坚冰将至也。

［原文］ 六二：直方，大不习，无不利。

［经意］ 大字疑是衍文。直读为《诗·宛丘》“值其鹭羽”之值，持也。方，并船也。习，熟练也。爻辞言：人操方舟渡河，因方舟不易倾覆，虽不熟练于操舟之术，亦无不利。（闻一多曰：“方谓方国。古‘直’‘省’同字，直方疑即省方。……省方犹后世之巡狩，其事劳民耗财，不宜常行，故曰：‘不习，无不利。’”按省，视察也。方犹邦也。）

［传解］ 方，正也。直方，人之德行直且正。不习，不熟习于其事或环境。

［原文］ 《象》曰：“六二”之动，“直”以“方”也；“不习无不利”，地道光也。

以犹且也。光借为广。地道广，谓地道广大，兼载万物，无所不容。传意：六二云“直方”，言人之行动直且方也；云“不习，无不利”，言人又能取法地道之广大，无所不容，则不熟习其事或环境亦无不利也。《象传》此释乃以六二之爻象爻位为据。六二为阴爻，象地，第二爻又为地之正位，故曰：“地道光。”（亨按《象传》举经文未及“大”字，似其所据经文本无

“大”字）

［原文］ 六三：含章，可贞。或从王事，无成有终。

［经意］ 含当读为戗，戗与戡同，克也，战胜也。章当读为商（《兑》九四：“商兑。”汉帛书《周易》商作章，可证二字古通用），殷商也。戗商谓周武王克商。贞，占问。可贞，所占之事可行，与利贞之义同。终，事有好结果为终。（说见《比》卦）爻辞言：筮遇此爻，前途如武王克商，所占之事可行，或从王事，不能成功，但亦有好结果。

［传解］ 含章，含有文章。贞，正也。“含章可贞”，言人含有文章，行事可归于正。余与经意同。

［原文］ 《象》曰：“含章可贞”，以时发也；“或从王事……”知光大也。

知读为智。光借为广。传意：爻辞云“含章可贞”，言人有文章在内，则必以时发之于外，见之于行事，可归于正也。云“或从王事、无成有终”，因人有文章，则才智广大，故虽无成亦有终也。

［原文］ 六四：括囊，无咎无誉。

［经意］ 括，束结也。束结囊口，则内无所出，外无所入，此喻人遇事缄口不言，塞耳不闻。如此则无咎亦无誉。

［传解］ 与经意同。

[原文]

《象》曰:"括囊无咎",慎不害也。

传意:爻辞云"括囊无咎",乃以括囊比喻人谨慎,谨慎故无灾害也。

[原文]

六五:黄裳,元吉。

[经意]

元,大也。裳,裙也,裤也。周人认为黄裳是尊贵吉祥之服,代表吉祥之征,故筮遇此爻大吉。(裳,汉帛书《周易》作常。常,大旗也。《周礼》春官司常:"日月为常。"又曰:"王建大常。"据此,常旗上书日月之形,帝王所建,故曰:"黄常元吉。")

[传解]

黄裳黄裙内服之美,比喻人内德之美,故大吉。

[原文]

《象》曰:"黄裳元吉",文在中也。

《广雅释诂》:"文,饰也。"衣与裳皆身之文饰。《左传》闵公二年:"衣,身之章也。"昭公十二年:"裳,下之饰也。"以章释衣,以饰释裳,是其证。中犹内也。古人穿长衣,衣掩覆下裳。王夫之曰:"衣著于外,裳藏于内,故曰在中。"是也。传意:爻辞云"黄裳,元吉",乃以黄裳比喻人有美德在其内心,故大吉。

[原文]

上六:龙战于野,其血玄黄。

[经意]

玄,青色。玄黄,青黄混合之色。爻辞言:二龙搏斗于野,流血染泥土,成青黄混合之色。比喻人两方战争,俱有牺牲。

（亨又按：玄黄亦可读为泫潢，血流甚多之貌。）

［传解］ 与经意同。

［原文］ 《象》曰："龙战于野"，其道穷也。

穷，困穷。传意：爻辞云"龙战于野，其血玄黄"，乃比喻人之两方战争，俱有牺牲，其所走者乃困穷之道也。《象传》此释乃以上六之爻位为据。盖上六居一卦之尽头，象人走困穷之路。（观此爻爻辞及《象传》，有反对战争之意味。按人类有正义之战争，有非正义之战争，宜肯定前者，否定后者，不可一概反对。正义与非正义宜以民族及人民之利益判断。）

［原文］ 用六：利永贞。

［经意］ "用六"，汉帛书《周易》作"迵六"。按用当读为迵。迵，通也。用六是《坤》卦特有之爻题。依古筮法，筮遇《坤》卦，六爻皆八，则以卦辞断事；六爻皆六，则以用六爻辞断事。用六犹通六，谓六爻皆六也。永贞，占问长期之吉凶。爻辞言：筮遇用六，利于永贞。

［传解］ 贞，正也。利永贞，利在永远正直。

［原文］ 《象》曰："用六永贞"，以大终也。

传意：用六云"利永贞"，言永远正直，则得德业广大之结果，故为利也。

［原文］ 《文言》曰：坤至柔而动也刚，

此下数句以地德释《坤》之卦义。地永远顺承天，是其德之至柔。故曰："坤至柔。"地之运动（非地体动）是生养万物，有永恒之规律，是其动之刚。故曰："动也刚。"

[原文] **至静而德方，**

先秦人不知地球运转，认为天动而地静，见天之日月星辰等皆往复旋转，因而谓天道圆（非谓天体圆），又见地之山陵、原野、江河、湖海等皆不移位，不能旋转，因而谓地道方或地德方（非谓地体方）。故曰："至静而德方。"②

[原文] **后得主而有常，**

卦辞曰："君子有攸往，先迷后得主。"本指人行路而言。《文言》则以地道释之，意谓：地道先天而动，如春未至而桃李生花等，是为迷失正道，即"先迷"也。（此层《文言》未讲）地道后天而动，是为得天以为主，即"后得主"。有常谓地生养万物有规律。天者，地之主宰亦万物之主宰。天道有春夏秋冬之变化，而后地道有水土暖热凉寒之变化，而后草木有生长成老之变化，动物亦适应天道之变化而变化其生活。可见地与万物皆以天为主。地后天而动，自是得主，故曰"后得主。"天道之变化，一年一循环，有其规律。地道顺天，亦有其规律，故曰："有常。"（《文言》之意：君子先天时而动则迷；后天时而动则得主。）

[原文] **含万物而化光。**

光借为广。地包万物，而化生之，甚广大。

[原文] **坤道其顺乎，承天而时行。**

地道上承天道而四时运动。

[原文] **积善之家必有馀庆。积不善之家必有馀殃。**

此下数句释初六爻辞“履霜,坚冰至”。

[原文] **臣弑其君,子弑其父,非一朝一夕之故,其所由来者渐矣。由辩之不早辩也。**

弑,杀也,以下杀上也。辩读为辨,察也。

[原文] **《易》曰:“履霜,坚冰至。”盖言顺也。**

顺,古语称事物发展之必然顺序为顺。《庄子·养生主》篇:“适来夫子,时也。适去夫子,顺也。”夫子指老聃。此言生而来之老聃乃是偶然时机,死而去之老聃乃是必然顺序。《文言》顺字亦此义。《文言》之意:“履霜,坚冰至”,乃言自然界之一种必然顺序也。以比喻人事,善渐积而福庆至,恶渐积而祸殃至,君臣父子间之罪恶渐积而臣子之弑至,乃社会上之几种必然顺序也。

[原文] **“直”其正也。“方”其义也。**

此下数句释六二爻辞“直方,大不习,无不利”。其犹乃也(《经传释》词有此例)。“直”乃存心之正。“方”乃行事之义。

[原文] **君子敬以直内,义以方外,敬义立而德不孤。“直方,大不习,无不利,”则不疑其所行也。**

此文大字当亦是衍文。爻辞云“直方,不习,无不利”,言君子存心以敬而内直,行事以义而外方,则人皆信其所行而不疑。得人之信任,即得人之赞助,虽不熟习其事或环境,亦无不利。

［原文］

**阴虽有美，“含”之以从王事，弗敢成也。地道也，妻道也，臣道也。地道“无成”而代“有终”也。**

此数句释六三爻辞“含章可贞，或从王事，无成有终”。美指文章与贞正。《说文》：“代，更也。”六三为阴爻，阴象地，又象妻，又象臣。“阴虽有美，含之以从王事，弗敢成也”，谓臣虽有文章之美才与可贞之美德，含此二美，以为王干事，事成而不敢有其成也。此释爻辞之“含章可贞，或从王事，无成”。“地道也，妻道也，臣道也”，谓地道即是妻道，亦即是臣道，地顺天，妻顺夫，臣顺君也。“地道无成而代有终也”，谓地道无所成，成在于天；但地亦能顺承天道，年年更代取得生养万物之结果。推之，臣道亦无所成，成在于君；但臣亦能顺承君命，时时更代取得干完王事之结果也。此申释爻辞之“无成有终”。

［原文］

**天地变化，草木蕃。**

此下数句释六四爻辞“括囊，无咎无誉”。《说文》：“蕃，茂也。”《文言》以天地变化，阴阳相交，比喻君臣同力，上下通情；以草木茂盛比喻百业兴隆。

［原文］

**天地闭，贤人隐。**

《文言》以天地闭，阴阳不交，比喻君臣乖背，上下隔塞。此时也，贤人隐居不仕。

［原文］

**《易》曰：“括囊，无咎无誉。”盖言谨也。**

《易经》此爻辞盖言贤人隐居于乱世，言行谨慎之道也。

括囊比喻人对事不闻不问，抱谨慎之态度。无咎无誉，则谨慎之结果。

［原文］ **君子"黄"中通理，**

此下数句释六五爻辞"黄裳元吉"。黄裳者，黄色之内服，此是服之黄中。黄为美丽之色，故黄裳比喻人美其内心，此是德之黄中。通理，通达事理。

［原文］ **正位居体，**

正位，以正道居其位，如居君位尽君道，居臣位尽臣道，居父位尽父道，居子位尽子道等是。体疑借为礼，居体即居礼，犹言守礼。③《文言》正位之说乃以六五之爻位为据。六五居上卦之中位，象人以正道居其位。

［原文］ **美在其中，而畅于四支，发于事业，美之至也。**

畅，达也。支借为肢。四肢，手足也。畅于四肢，表现于行动。君子黄中通理，正位居礼，便是美德存于内心，表现于行动，发挥于事业，是为极美，故大吉。

［原文］ **阴疑于阳必"战"，**

此下数句释上六爻辞"龙战于野，其血玄黄"。朱熹曰："疑，谓钧(均)敌而无小大之差也。"王引之曰："疑之言拟也。"皆是也。疑当读为拟，拟犹比也。《韩非子·说疑》篇："孽有拟適(嫡)之子，配有拟妻之妾，廷有拟相之臣，臣有拟主之宠，此四者国之所危也。"诸拟字皆比拟之义。《坤》之六爻皆为阴爻，上六居一卦之上位，乃象阴达于极盛之地位，与阳势均力敌，即阴拟于阳矣。阴阳势均力敌，则必相与斗争，正如人或物两方矛盾对立，势均力敌，则必相与斗争。故曰：“阴疑于阳必战。”

[原文] **为其嫌于无阳也，故称“龙”焉。**

《集解》无“无”字，乃据荀爽本也。王引之曰：“荀本为长。《说文》：‘嫌，疑也。’嫌于阳即上文之疑于阳也。疑之言拟也。阴盛上拟于阳，故曰嫌于阳。……”亨按：王说是也，王弼本衍“无”字。两物相似谓之嫌，故嫌可训疑。然则嫌于阳谓《坤》上六之阴达于极盛，其势力等于阳也。《文言》之意：上六为阴爻，而龙为阳类之物，爻辞言“龙”者何也？因上六乃极盛之阴，其势力等于阳也。故曰：“为其嫌于阳也，故称龙焉。”上三句释爻辞之“龙战于野”。

[原文] **犹未离其类也，故称“血”焉。**

朱熹曰：“血，阴属。”是也。《文言》之意：爻辞言“血”者何也？因上六之阴虽嫌于阳，然其本身仍属阴类而未离乎阴类，血亦阴类也，故曰：“犹未离其类也，故称血焉。”

[原文] **夫“玄黄”者，天地之杂也。天玄而地黄。**

阮元曰：“古本杂下有色字。”按杂下当有色字。《说文》：“杂，五采相合也。”五色相配合为杂，五色相混合亦为杂。此云“杂色”，即混合之色。《文言》之意：爻辞言“其血玄黄”者何也？非谓龙血或玄或黄，乃谓龙血成为玄黄混合之色，即天色与地色相混合之色，盖天色玄而地色黄也。故曰：“夫玄黄者，天地之杂色也。天玄而地黄。”上句释爻辞之“其血玄黄”。（按《文言》以阴阳释此爻辞，极为迂曲）

[附考] ①《彖传》:“含弘光大。”《易传》之光有二义:其一,光即光明。《履彖传》曰:“刚中正,履帝位而不疚,光明也。”《大畜彖传》曰:“辉光日新。”《萃彖传》曰:“志未光也。”皆其例。其二,光借为广。光、广古通用。《书·尧典》:“光被四表。”《隶释成阳灵台碑》光作广。《荀子·礼论》篇:“积厚者流泽广。”《大戴礼·礼三本》篇广作光。并其证。《坤彖传》曰:“含弘光大。”《坤象传》曰:“不习无不利,地道光也。”又曰:“或从王事,知光大也。”《坤文言》曰:“含万物而化光。”《屯象传》曰:“屯其膏,施未光也。”《颐象传》曰:“颠颐之吉,上施光也。”《咸象传》曰:“憧憧往来,未光大也。”《夬象传》曰:“中行无咎,中未光也。”《兑象传》曰:“上六引兑,未光也。”《涣象传》曰:“涣其群元吉,光大也。”皆借光为广之例。(此采王引之说而补正之) ②《文言》:“坤……至静而德方。”古有天动地静之说。《庄子·天运》篇:“天其运乎?地其处乎?”(处,止也。)是其证。又有天道圆、地道方之说。《大戴礼·曾子天圆》篇:“单居离问于曾子曰:‘天圆而地方者,诚有之乎?’曾子曰:‘如诚天圆而地方,则是四角之不相掩也。参尝闻之夫子曰:天道曰圆,地道曰方。’”天道之为圆,地道之为方,《大戴礼》无圆通之解说。《吕氏春秋·圜道》篇:“天道圜,地道方。何以说天道之圜也:精气一上一下,圜周复杂(匝),无所稽留,故曰天道圜。何以说地道之方也?万物殊类殊形,皆有分职,不能相为,故曰地道方。”《周髀算经》:“方属地,圆属天。天圆地方也。”《淮南子·天文》篇:“天道曰圆,地道曰方。”《大戴礼》卢辩注引《白虎通》曰:“天镇也,其道曰圆。地谛也,其道曰方。”并其证。盖古人见天之日月星辰等皆往复旋转,故曰天道圆,非谓天体圆也。又见地之山陵、原野、江河、湖海皆不移位,不能旋转,故曰地道方,非谓地体方也。《吕氏春秋》所说尚未尽其义。《文言》亦主天动地静、天道圆地道方之说,故曰:“至静而德方。”德方犹道方也。 ③《文言》:“正位居体。”体借为礼,二字古通用,《易》中亦有之。《系辞》上曰:“知崇礼卑。”《释文》:“礼,蜀才作体。”《集解》本作体。又曰:“而行其典礼。”《释文》:“典礼姚作典体。”是其证。

# 《屯》第三

䷂(下震上坎)

[原文] 《屯》:元亨。利贞。勿用有攸往。利建侯。

[经意] 《屯》,卦名。元,大也。亨即享字,祭也。贞,占问。建侯,天子封侯授国或命新侯嗣位。卦辞言:筮遇此卦,可举行大享之祭;乃有利之占问;不可有所往;又利于建立诸侯。

[传解] 《屯》,卦名,难也。(释卦名依据《彖传》,各卦传解同此。本卦《象传》释《屯》为聚,与《彖传》异。)“元亨利贞”,《易传》之读法是:“元,亨,利,贞。”元,大也。亨,美也。利,利物也。贞,正也。《屯》之卦象是雷雨并作,形成天地间险难之象,故卦名曰《屯》。但雷雨有元大、亨美、利物、贞正之德。人处险难之境,不可有所往。王处于险难之境,利于建立诸侯。

[原文] 《彖》曰:《屯》:刚柔始交而难生。

此释卦名之《屯》。陆德明曰:“《屯》,难也。”孔颖达说同。此解合于《彖传》。《说文》:“屯,难也。”可证屯字古有难义。阳为刚,阴为柔,“刚柔始交”谓阳阴二气始相交接。《屯》之下卦为震,上卦为坎。震为雷,坎为雨。然则《屯》之卦象是雷雨并作。先秦、两汉有人认为雷雨是阳阴二气相交而生。《大戴礼·曾子天圆》篇:“阴阳之气……和则雨。”《淮南子·天文》篇:“阴阳相薄感而生雷。”《说文》:“靁(雷),阴阳薄动靁雨,生物者也。”并其证。《彖传》亦主此说,认为

《屯》之卦象是雷雨并作，雷雨并作是阳阴二气始交，发生斗争，出现艰难，所以卦名曰《屯》。

［原文］ **动乎险中，大“亨贞”。**

此释卦辞之“元亨贞”。《屯》之内卦为震，外卦为坎。震，动也。坎，险也。然则《屯》之卦象又是“动乎险中”。雷雨作即雷雨动。雷雨动，则震惊百里，冲击万物，形成天地间险而不平常之现象，是雷雨动于险中。但万物之生长，赖乎“雷以动之，雨以润之”（二语见《说卦》），是雷雨有元大、亨美之德。雷雨之动在春、夏、秋三季，有规律性，是雷雨又有贞正之德。所以卦辞曰：“元，亨，贞。”

［原文］ **雷雨之动满盈，天造草昧。**

此释卦辞之“利”。章炳麟说：“草昧借为草木。”[①]是也。雷雨之动满盈于天下，乃天以雷雨创造草木，以利人与鸟兽昆虫，是雷雨有利物之德，所以卦辞曰“利”。

［原文］ **宜“建侯”而不宁。**

此释卦辞之“利建侯”。亨按传文此句与经文相矛盾，经文以建侯为利，传文何能云建侯不宁哉？《释文》：“郑读而为能，能犹安也。”则“而不宁”犹“安不宁”也。[②]但余疑不当读为丕。古书常以不为丕。《尔雅·释诂》：“丕，大也。”丕宁，大安也。《屯》卦有险难之象，王国有险难，则宜建立诸侯，以卫护王朝，而后大安。所以卦辞曰：“利建侯。”而传释之曰：“宜建侯而丕宁。”按《彖传》未释卦辞“勿用有攸往”一句。

［原文］ **《象》曰：云雷，《屯》。君子以经纶。**

《广雅·释诂》:“《屯》,聚也。”《象传》乃训《屯》为聚。(九五《象传》可证)经纶犹经纬也。[3]《屯》之上卦为坎,下卦为震。坎为云,震为雷。然则《屯》之卦象是为云雷聚,云行于上,雷动于下,是以卦名曰《屯》。按《象传》乃以雨比恩泽(云是未降之雨),以雷比刑,以云行于上,雷动于下而未有雨,比君之恩泽未降于民,而刑罚已施于下。君子观此卦象及卦名,则善于兼用恩泽与刑罚,以经纬国家。故曰:“云雷,《屯》。君子以经纶。”

[原文] 初九:磐桓,利居贞,利建侯。

[经意] 磐,大石。桓疑借为垣,墙也。居贞,占问居处,与后世所谓“卜居”同意。爻辞言:以大石为院墙,是居处安固之象,又是诸侯围护王朝之象,故筮遇此爻,占问居处则利,建立诸侯亦利。(何楷说:“磐,大石也。桓,柱也。磐桓,以大石为柱。”[4]亦通。)

[传解] 《释文》:“磐本亦作盘,又作槃。马云:‘槃桓,旋也。’”合于传意。磐桓,徘徊也,徬徨也,回旋不进也。贞,正也。“磐桓,利居贞”言人当徘徊之时,利在居于正道。余与经意同。

[原文] 《象》曰:虽“磐桓”,志行正也。

传意:爻辞云:“磐桓,利居贞”,言人虽徘徊,而思想正,行为正,故利也。

[原文] 以贵下贱,大得民也。

“以贵下贱”,谓贵者以谦虚之态度对待庶民,听取庶民之意见。(古代统治者无此等事)传意:爻辞云“利建侯”,言建侯之利在于所建之侯能以贵下贱,大得民心也。《象传》此释乃以初九及六二、六三、六四之爻象爻位为据。初九为阳爻,六二、六三、六四皆为阴爻。阳为君、为贵,阴为民、为贱。初九居六二、六三、六四之下是以贵下贱之象。

[原文] 六二:屯如邅如,乘马班如,匪寇,婚媾。女子贞不字,十年乃字。

[经意] 屯,聚也。邅,转也。班读为般,旋也。匪借为非。婚媾,犹婚姻也。贞,占问。字,许嫁。爻辞言:有多人屯然而拥至,邅然而转行,乘马般然而回旋,非劫掠之寇贼,乃求女之婚媾,可以许嫁矣。女子占筮遇此爻,而不许嫁,则十年乃能许嫁。

[传解] 贞,正也。余与经意同。爻辞言:有多人乘马而来求婚,但终未订婚,女子有贞正之操,而不得许嫁于人,十年乃能许嫁。

[原文] 《象》曰:“六二”之难,乘刚也。“十年乃字”,反常也。

乘刚,柔乘刚也。因本爻为阴为柔,故省柔字。乘,凌也。柔乘刚谓以女凌男。传意:六二云“女子贞不字,十年乃字”,乃言女子有贞正之操而许嫁,则难,此以其人以女凌男,以柔乘刚,无柔顺之德,无人敢娶也。其人直至十年,始能许嫁,以其人违反男尊女卑、男健女顺之常道也。《象传》此释乃以六二及初九之爻象爻位为据。六二为阴爻,初九为阳爻。阴为柔,阳为刚。六二在初九之上,是为柔乘刚。

［原文］

六三：即鹿无虞，惟入于林中，君子几不如舍，往吝。

［经意］

即鹿犹逐鹿也。虞，官名，为贵族掌管鸟兽，在贵族行猎时，为之驱出鸟兽。几，求也。舍借为捨，弃也。吝，难也。爻辞言：君子逐鹿而无虞官助之，鹿入于林中，则求之不如舍之，仍往求之，亦难得鹿。此象人有所追求，无人相助，而所追求者又难得，则宜知难而止。

［传解］

与经意同。

［原文］

《象》曰："即鹿无虞"，以从禽也。"君子舍"之，"往吝"穷也。⑤

《说文》："从，随行也。"引申为追逐之义。又《说文》："禽，走兽总名。"此禽字指鹿。穷，穷于术，即今语所谓"没办法"。传意：爻辞云"即鹿无虞"，言逐鹿无虞官助之以追此兽也。云"君子几不如舍，往吝"，言君子舍鹿不追，因往求亦难得，穷于捕之之术也。

［原文］

六四：乘马班如，求婚媾，往吉，无不利。

［经意］

乘马般旋，将求婚媾，筮遇此爻，则往吉，无不利。

［传解］

与经意同。

［原文］

《象》曰："求"而"往"，明也。

明者，王弼曰："见彼之情状也。"传意：爻辞云"求婚媾，往吉，无不利"，因男家求婚而往，明晓女家之情况也。明晓女家之情况，则能达目的，结良缘，吉而无不利。

［原文］ 九五：屯其膏，小贞吉，大贞凶。

［经意］ 屯，聚也，即屯积。膏，肥肉。贞，占问。小贞，占问小事。大贞，占问大事。爻辞言：人屯积肥肉，不以予人，正如屯积货财，不以施人，其吝啬甚矣。以此占问小事则吉，以其不须他人辅助也；占问大事则凶，以其无他人辅助也。

［传解］ "屯其膏"句与经意同。贞，正也。小贞，小事得其正。大贞，大事得其正。爻辞言：屯其膏，不施予，为小事得其正，尚可成；为大事得其正，亦必败。

［原文］ 《象》曰："屯其膏"，施未光也。

《象传》训屯为聚。光借为广。（说见《坤》卦）传意：爻辞云"屯其膏"，此喻人屯积货财，少有施予，其施予未广也。

［原文］ 上六：乘马班如，泣血涟如。

［经意］ 泣血犹流泪也。《礼记·檀弓》上："高子皋之执亲之丧也，泣血三年。"郑注："言泣无声，如血出。"涟如犹涟然，流泪不断之貌。乘马盘旋，流泪不止，是其行徘徊，其心悲痛，当是凶象。

［传解］ 与经意同。

［原文］

象曰："泣血涟如"，何可长也。

传意：爻辞云"泣血涟如"，当是遇灾凶，临危亡，不可长久也。

［附考］

①《彖传》："天造草昧。"草昧旧解皆误，从略。章炳麟曰："《说文》：'未，味也，象木重枝叶也。'未为木重枝叶。易言'天造草昧'则草木之借也。"(《章氏丛书文始》卷二)亨按章说是也。未《说文》作，金文作(《史兽鼎》)，作(《守敦》)，甲骨文作(《殷虚书契后编》上第八叶)，作(《龟甲兽骨文字》卷一第十五叶)。皆从木，象枝叶重复之形。进而考之，未甲骨文又作(《殷虚书契前编》卷二第九叶)，作(《殷虚书契后编》下第一叶)，作(同上)。直是木字。木未双声，木未似古为一字。天造草昧即天造草木，谓雷雨之动是天造成草木也。《解彖传》曰："雷雨作而百果草木皆甲坼。"与此意同。　②《彖传》："宜建侯而不宁。"《释文》："郑读而为能。能犹安也。"马国翰曰："推寻郑义，能当如《书·舜典》'柔远能迩'之能，不宁即《比》卦之'不宁方'也。亨按《诗·民劳》亦曰："柔远能迩。"能迩即安迩也。能训安实借为宁。(能、宁古通用。《诗·正月》曰："宁或灭之。"王应麟《诗考》谓《汉书·谷永传》引《诗》宁作能。是其证。)然则而不宁即能不宁，能不宁即宁不宁，言定国家之不宁也。此说可备一解。　③《象传》："君子以经纶。"《说文》："经，织也。纶，青丝绶也。"绶是绳属，因而编丝成绳亦谓之纶。《诗·采绿》："之子于钓，言纶之绳"纶之绳即编丝成钓鱼绳也。是其例。织布帛为经，编丝成绳为纶，引申之，人经纬国家如创兴礼教、建立法度等，古亦谓之经纶。《礼记·中庸》："唯天下至诚为能经纶天下之大经，立天下之大本。"经纶二字义与此同。　④初九："盘桓，利居贞，利建侯。"何楷曰："盘，大石也。桓，亭邮表也。(按桓训见《说文》)《汉书》注云：'亭邮四角建大木，贯以方板，名曰桓表，陈宋间言桓声如和，今犹谓之和表。'(按《酷吏尹赏传》颜注引如淳说)即《檀弓》所

谓‘桓楹’也。”依此说，则盘桓是以盘为桓，即以石为柱也。贵族宫殿以石为柱，则更坚固，故曰：“利居贞。”诸侯如王朝之石柱，故曰：“利建侯。”此解亦通。　⑤《象传》：“即鹿无虞，以从禽也。君子舍之，往吝穷也。”郭京本以上有何字。程迥曰：“蔡邕石经、郭京《举正》：‘即鹿无虞，何以从禽也。’皆有何字。今本脱。”按石经有何字，其义较长。但无何字亦通，故不据补。

# 《蒙》第四

䷃(下坎上艮)

[原文] 《蒙》:亨。匪我求童蒙,童蒙求我。初筮告,再三渎,渎则不告。利贞。

[经意] 《蒙》,卦名。亨即享字,言筮遇此卦,可举行享祭。匪借为非。蒙借为矇,目生翳而视不明也,引申为愚昧之义。童蒙即幼稚愚昧之人。“匪我求童蒙,童蒙求我”,乃筮人之辞,言非我去求童蒙为之占筮,乃童蒙来求我为之占筮,即非我往筮,是人来筮。渎借为嬻,轻侮不敬也。“初筮告,再三渎,渎则不告”,亦筮人之辞,言童蒙以某事初来筮,则为之筮而告以吉凶;若不相信,以此事再三来筮,是轻侮筮人,则不为之筮。以上五句乃筮人之守则,因有蒙字,故系在《蒙》卦。贞,占问,“利贞”言筮遇此卦,乃有利之占问。

[传解] 《蒙》,卦名,昧也,不明也。(《象传》释《蒙》为蒙盖或蒙昧。)亨,美也。贞,正也。余与经意同。

[原文] 《彖》曰:《蒙》,山下有险,险而止。《蒙》。

此释卦名。上《蒙》字乃举卦名。《蒙》之上卦为艮,下卦为坎。艮为山,坎为险。然则《蒙》之卦象是“山下有险”。又艮,止也。然则《蒙》之卦象又是“险而止”。人见山下有险,遇险而止,不敢冒险以进,因其不明于险之情况也。是以卦名曰《蒙》。故曰:“《蒙》,山下有险,险而止,《蒙》。”

［原文］ 《蒙》"亨"，以亨行时中也。

此下释卦辞。中，正也。《蒙》之卦象卦义是不明于事物之情况，遇险而止。卦辞云"亨"者以人有亨美之行，进止得其时又得其正也。

［原文］ "匪我求童蒙，童蒙求我"，志应也。

应犹合也。卦辞云"匪我求童蒙，童蒙求我"，因我通占筮之术，与童蒙求筮之志相合也。

［原文］ "初筮告"，以刚中也。"再三渎，渎则不告"，渎蒙也。

刚，健也。中，正也。卦辞云"初筮告"，因求筮者占问刚健正中之事也。（若其占问阴贼邪僻之事，虽是初筮而亦不告。）云"再三渎，渎则不告"，因求筮者轻侮筮人，而又愚昧也。《彖》传以刚中为释，乃以九二之爻象爻位为据。九二为阳爻，为刚，居下卦之中位，是为刚中，象人有刚健正中之德。

［原文］ 蒙以养正，圣功也。

《蒙》卦辞云"利贞"者，言人不明于事物之情况，而能养贞正之德，即是圣人之修养工夫，利在于正也。

［原文］ 《象》曰：山下出泉，《蒙》。君子以果行育德。

《象传》释《蒙》为蒙盖。《论语·雍也》篇："由也果。"《集解》引包曰："果谓果敢决断也。"《蒙》之上卦为艮，下卦为坎。艮为山，坎为泉。然则《蒙》之卦象是"山下出泉"。山下出泉，其源被山蒙盖，是以卦名曰《蒙》。按《象传》以泉水比人之美德，认为：泉水以其流果决不回，终能冲破山之压盖而流出，成为渊河，正如人有美德，以其行果决不回，终能冲破外界之压盖而贯彻，成其事业。君子观此卦象及卦名，从而果其行以育其德。故曰："山下出泉，《蒙》。君子以果行育德。"

［原文］ 初六：发蒙，利用刑人，用说桎梏，以往吝。

［经意］ 发，除去也。蒙借为矇，目生翳不明也。发蒙，医去其目翳而复明也。利用犹利于也。说读为脱。用说犹以脱也。桎、梏皆刑具，在足曰桎，在手曰梏。吝，难也。爻辞言：除去目之蒙翳，乃去黑暗之境、入光明之域之象。刑人脱桎梏，出牢狱，亦是去黑暗之境，入光明之域。故筮遇此爻，利于刑人，以脱桎梏。但矇者不能见路，发矇虽能见路，而不知由某处至某处之路，以其无经验。故筮遇此爻，有所往则困难。

［传解］ 与经意同。

［原文］ 《象》曰："利用刑人"，以正法也。

传意：爻辞云"利用刑人，用说桎梏"，言君上依法律释放拘囚之刑人，以正其法律也。

［原文］ 九二：包蒙吉，纳妇吉，子克家。

［经意］ 包疑借为庖，主炊食之厨人也。蒙借为矇。蒙下吉字疑当作吝，形似而误。吝，难也。纳妇，为子娶妻。克，成也。爻辞言：厨人目矇失明，则厨事废，有困难。为子娶妻，有人主炊食，则吉，子亦因而成家。

[传解] 与经意同。

[原文] 《象》曰:"……子克家",刚柔接也。

传意:爻辞云"纳妇吉,子克家",男为阳刚,女为阴柔,子娶妻是男女相配,刚柔相接也。《象传》此释乃以九二及六三之爻象爻位为据。九二为阳爻、为刚,六三为阴爻、为柔。九二在六三之下,是为"刚柔接",象男女相配。

[原文] 六三:勿用取女,见金,夫不有躬,无攸利。

[经意] 取借为娶。金,铜也,非黄金。周初铜为珍贵之财物,故女家用之陪嫁。夫不有躬,夫丧其身。筮遇此爻,勿举行娶女之事,娶女但见陪嫁之金,而女之夫将有丧身之祸,无所利。(闻一多曰:"疑夫当为矢,躬当为弓,并字之误也。金矢即铜矢,谓铜镞之矢。不有弓即无有弓。有矢无弓,不能射,故占曰:'无攸利。'")

[传解] 与经意同。

[原文] 《象》曰:"勿用取女",行不顺也。

传意:爻辞云"勿用取女……",因女子之行悖逆不顺,以女凌男也。《象传》此释乃以六三及九二之爻象爻位为据。六三为阴爻、为柔,九二为阳爻、为刚。六三居九二之上是为柔乘刚,象以女凌男。

[原文] 六四:困蒙,吝。

[经意] 蒙借为曚，愚昧也。吝，难也。困蒙，处于困境之愚昧之人。如此人者有艰难。

[传解] 与经意同。

[原文] 《象》曰："困蒙"之"吝"，独远实也。

传意：爻辞云"困蒙吝"，因其人愚昧，所见远离于客观事实，故招致艰难。

[原文] 六五：童蒙，吉。

[经意] 蒙借为曚，愚昧也。童蒙是年幼无知之人。童蒙在大人爱护教养之下，故吉。

[传解] 童蒙顺从大人，故吉。

[原文] 《象》曰："童蒙"之"吉"，顺以巽也。

《杂卦》曰："《巽》，伏也。"伏而服从为巽。①"顺以巽"谓柔顺而服从。

传意：爻辞云"童蒙，吉"，因童蒙柔顺而服从大人，故吉也。《象传》此释乃以六五及上九之爻象爻位为据。六五为阴爻、为柔，上九为阳爻、为刚。六五在上九之之下，象人之柔者服从刚者。

[原文] 上九：击蒙，不利为寇，利御寇。

［经意］ 蒙借为矇，愚昧也，错乱也。击蒙，攻击愚昧之人或昏乱之国。为寇，侵略性之进攻。御寇，自卫性之抵抗。爻辞言：击蒙易于取胜，然为寇则不利，御寇则利。

［传解］ 与经意同。

［原文］ 《象》曰："利"用"御寇"，上下顺也。

传意：爻辞云"利御寇"，因御寇是自卫，上自大臣，下至庶民，皆顺从而支持之，必能胜利也。

［附考］ ①《象传》："童蒙之吉，顺以巽也。"亨按《杂卦》曰："《巽》，伏也。"此乃巽之本义。《巽》九二曰："巽在床下。"是也。考巽即𢀜字。𢀜篆文作𢀜，甲骨文作𢀜（《龟甲兽骨文字》卷一第二十四叶），从二卩。卩，古跽字，象人跪形。𢀜象二人跪形，跪而服从之意也。巽篆文作𢀜，作𢀜，并从𢀜。疑殷周古文当作𢀜，象二人跪于地上之形，即𢀜之重文。要之，伏于床下谓之巽，跪于地上亦谓之巽，其义一也，而稍有别。巽字又引申为谦逊之义，《易传》常用之。

# 《需》第五

䷄(下乾上坎)

[原文] 《需》:有孚,光。亨。贞吉。利涉大川。

[经意] 《需》,卦名。孚即俘字,虏夺人口与财物。亨即享字,祭也。贞,占问。卦辞言:筮遇此卦,战争有所俘虏,是光荣;可举行享祭;所占之事吉;利于渡大川。

[传解] 《需》,卦名,待也。(《彖传》亦释《需》为待,又释《需》为驻。)"有孚光亨贞吉",《易传》之读法是"有孚光亨贞,吉。"孚,信也。光,光明。亨,美也。贞,正也。此言人有诚信、光明、亨美、贞正之德,故吉也。余与经意同。

[原文] 《彖》曰:《需》,须也。险在前也,刚健而不陷。其义不困穷矣。

此释卦名。须,待也。①义读为宜。②《彖传》之意:《需》卦之需,即是须待,谓须待时机也,故曰:"《需》,须也。"《需》之前卦(即上卦)为坎,后卦(即下卦)为乾。坎,险也;乾,健也。然则《需》之卦象是人有刚健之德,遇有险在前,而处于险后,不去冒险,以须待时机,如此则不陷于险,宜其不困穷矣。故曰:"险在前也,刚健而不陷,其义不困穷矣。"

[原文] 《需》,"有孚光亨贞吉",位乎天位,以正中也。

此下释卦辞。《需》,重举卦名也。上位字当读为立,立犹处也。天位，最尊贵之位，即王位。《需》卦辞云“有孚光亨贞吉”，言其人处于王位，有孚信③、光明、亨美、贞正之德，所以为吉。但孚信也，光明也，亨美也，皆以贞正为准则，因而其吉也实出于正中。故曰：“有孚光亨贞吉，位乎天位，以正中也。”《彖传》此释乃以卦象及九五之爻象爻位为据。需之下卦为乾，乾为天。九五为阳爻，阳象君。九五居上卦之中位，又在乾卦之上，象人处于王位，有正中之德。

［原文］ **“利涉大川”，往有功也。**

卦辞云“利涉大川”，言其顺利渡过，往而有功。

［原文］ **《象》曰：云上于天，《需》。君子以饮食宴乐。**

《象传》亦训需为待。宴，安也。《需》之上卦为坎，下卦为乾。坎为云，乾为天。然则《需》之卦象是“云上于天”，待时而降雨，是以卦名曰《需》。按《象传》以雨比德泽（云是未降之雨），以天比朝廷，以云上于天，喻德泽在朝廷之上，待时以降于民。君子观此卦象及卦名，从而饮食安乐，待时见用。故曰：“云上于天，《需》。君子以饮食宴乐。”

［原文］ **初九：需于郊，利用恒，无咎。**

［经意］ 需，停驻。（不必有所待，下同。）郊，邑外称郊，平旷之野地。恒，久也。爻辞言：停驻于旷平之郊野，比喻人停驻于平安广阔之环境，久处之有利而无咎。

［传解］ 与经意同。

［原文］ 《象》曰："需于郊"，不犯难行也。"利用恒无咎"，未失常也。

《象传》亦训需为停驻。按需待必停驻，停驻是需之引申义，故《象传》既训需为待，又训需为停驻。传意：爻辞云"需于郊"，言人停驻于郊野，不犯险难以行动也。云"利用恒，无咎"，言郊野利于久处，未失其常道，故无咎也。

［原文］ 九二：需于沙，小有言，终吉。

［经意］ 沙，难行而可以走出之地。言，谴责。爻辞言：停驻于难行而可以走出之沙上，比喻人停驻于艰难而可以脱离之环境，则小受他人之谴责，因而离去，其结果乃吉。

［传解］ 与经意同。

［原文］ 《象》曰："需于沙"，衍在中也。虽"小有言"，以"吉""终"也。

今本吉终作终吉，误。终字协韵。《校勘记》曰："石经、岳本、监、毛本作吉终。"《集解》本同。今据改。孔广森说：衍借为愆。④是也。愆过也。中犹内也，指其人之自身。传意：爻辞云"需于沙"，言其地不可停驻而停驻，可离去而不离去，过失在其人之自身也。云"小有言，终吉"，言其人停驻于沙上，虽小受谴责，但因而离去，终归于吉也。

［原文］ 九三：需于泥，致寇至。

［经意］ 泥，污秽难行之地。致，使之至。爻辞言：停驻于泥中，比

喻人停驻于污秽难行之环境，则招致贼寇来矣。

［传解］ 与经意同。

［原文］ 《象》曰："需于泥"，灾在外也。自我"致寇"，敬慎不败也。

传意：爻辞云"需于泥"，此将有灾自外来也。云"致寇至"，乃自我招致贼寇，然能敬慎以防御之，亦可不败也。

［原文］ 六四：需于血，出自穴。

［经意］ 需于血，停驻于血泊之中。出自穴，由穴窦中逃出。此疑是古代故事。盖有人在杀人流血之变乱中，初停驻于血泊中，后由穴窦逃出。爻辞借此故事，以示此爻是先遇险凶而后幸免之象。《左传》哀公元年记夏代寒浞之子浇杀夏帝相。帝相之后缗方在孕期，逃出自窦，归于有仍，生少康。少康后立为夏帝。与此故事相类。

［传解］ 与经意同。

［原文］ 《象》曰："需于血"，顺以听也。

王弼曰："见侵则辟（避），顺以听命者也。"是也。传意：爻辞云"需于血，出自穴"，言其人在有权势者杀戮之下，不奋力反抗，乃踏血泊，出穴窦，以逃避之，是顺以听命者也。《象传》此释乃以六四及九五之爻象爻位为据。六四为阴爻，九五为阳爻。阴为柔，阳为刚。六四居九五之下，象人之弱者听命于强者。

［原文］ 九五：需于酒食，贞吉。

［经意］ 贞，占问。人停驻于酒食之前，面临醉饱之利，自是吉象。故筮遇此爻，所占问之事吉。

［传解］ 贞，正也。停驻于酒食之前，以正得之乃吉。

［原文］ 《象》曰："……酒食贞吉"，以中正也。

传意：爻辞云"需于酒食，贞吉"，以其人有正中之德，而得醉饱之福也。《象传》此释又以九五之爻位为据。九五居上卦之中位，象人有正中之德。

［原文］ 上六：入于穴，有不速之客三人来，敬之终吉。

［经意］ 穴，山洞。古人住山洞，谓之穴居，入于穴犹言入于室。速，召也，延请也。此疑古代故事。盖有人入其所居山洞之内，忽有未延请之客三人来，其人敬而礼之，终得吉福。爻辞借此故事，以示筮遇此爻，当以敬客而得利。

［传解］ 与经意同。

［原文］ 《象》曰："不速之客来，敬之终吉"。虽不当位，未大失也。

王念孙曰："吉下当有也字。"⑤是也。亨按上六是阴爻居阴位，正是当位，可见传文有误。疑虽当读为唯。不当作其，篆文其作、不作，形相近，故误。⑥传意：爻辞云"有不速之客三人来，敬之终吉”，言主人敬客，恰当其位，唯其当位，不为大失，所以终吉。故曰：“不速之客来，敬之终吉也。虽其当位，未大失也。”《象传》此释乃以上六之爻象爻位为据。上六为阴爻，第六爻为阴位，阴爻居于阴位，是为当位。象人所行之事与其所处之地位相当。

［附考］ ①《彖传》：“《需》，须也。”须可训待。《仪礼·士昏礼》：“某敢不敬须。”郑注：“须，待也。”须训为待，实借为䇓。须䇓同声系，古通用。《说文》：“䇓，待也，从立，须声。” ②《象传》：“其义不困穷矣。”《易传》常以义为宜。义、宜古通用。《旅象传》曰：“以旅在上，其义焚也。”《释文》：“一本作宜其焚也。”此本书义、宜通用之证。《复象传》曰：“频复之厉，义无咎也。”《解象传》曰：“刚柔之际，义无咎也。”《渐象传》曰：“小子之厉，义无咎也。”《既济象传》曰：“曳其轮，义无咎也。”义无咎即宜无咎。《贲象传》曰：“舍车而徒，义弗乘也。”义弗即宜弗。《姤象传》曰：“包有鱼，义不及宾也。”义不即宜不。《小畜象传》曰：“复自道，其义吉也。”《随象传》曰：“随有获，其义凶也。”《旅象传》曰：“以旅与下，其义丧也。”《鼎象传》曰：“鼎耳革，夫其义也。”其义即其宜。上举诸例，义皆当读为宜。（此采王引之说而加以改动） ③《彖传》：“有孚光亨贞吉，位乎天位，以正中也。”《易经》之孚，《易传》皆训为信。《坎》曰：“有孚。”《彖传》释之曰：“行险而不失其信。”《革》曰：“巳日乃孚。”《彖传》释之曰：“革而信之。”《中孚》曰：“中孚豚鱼吉。”《彖传》释之曰：“信及豚鱼也。”《大有》六五曰：“厥孚交如。”《象传》释之曰：“信以发志也。”《丰》六二曰：“有孚发若。”《象传》释之曰：“信以发志也。”《革》九四曰：“有孚改命吉。”《象传》释之曰：“信志也。”《兑》九二曰：“孚兑吉。”《象传》释之曰：“信志也。”皆以信释孚，是其证。唯《比》初六曰：“有孚盈缶。”《象传》当读孚为宝，不释为信。 ④《象传》：“需于沙，衍在中也。”孔广森曰：“衍盖古文愆字之省。二爻云‘衍在中’，三爻云‘灾在外’，意正相对。《周易》多古文。《损象传》：‘惩忿窒欲。’《释文》惩作征。《系辞》：‘言天下之至赜而不可恶也。’荀爽本恶作亚。并省不

著心者。”(《经学卮言》)亨按孔读衍为愆,是也。衍、愆同声系,古通用。《左传》昭公二十一年:“乐大心、丰愆、华牼御诸横。”《释文》:“愆,本或作衍。”即其证。 ⑤《象传》:“不速之客来,敬之终吉。”王念孙曰:“吉下当有也字。《象传》无连三句不用也字者。且入韵之字,其下皆有也字。此传吉字与失为韵,不得独无。传之以吉失为韵者,如《讼象传》:‘食旧德,从上吉也。复即命渝,安贞不失也。’《比象传》:‘《比》之初六,有它吉也。比之自内,不自失也。’《小畜象传》:‘复自道,其义吉也。牵复在中,亦不自失也。’《随象传》:‘官有渝,从正吉也。出门交有功,不失也。’吉下皆有也字。此一证也。《象传》称经文即以为韵者,其韵下皆有也字。如《比象传》:‘比之初六,有它吉也。’《大有象传》:‘《大有》初九,无交害也。’此类不可枚举。其有上二句称述经文,下二句统释其义者,亦如之。如《讼象传》:‘不克讼,归逋窜也。自下讼上,患至掇也。’《归妹象传》:‘帝乙归妹,不如其娣之袂良也。其位在中,以贵行也。’与此传正同,而第二句末皆有也字。此又一证也。唐石经已脱也字。” ⑥《象传》:“虽不当位,未大失也。”亨按《易传》之例,阳爻居阳位,阴爻居阴位,谓之当位。阳爻居阴位,阴爻居阳位,谓之不当位。上六为阴爻居阴位,正是当位,何能云“虽不当位”哉?《象传》有误字,明矣。余谓虽当读为唯。虽、唯同声系,古书多通用。《礼记·少仪》:“虽有君赐,肃拜。”郑注:“虽或为唯。”《杂记》下:“虽三年之丧可也。”郑注:“虽或为唯。”《庄子·庚桑楚》篇:“唯虫能虫。”《释文》:“一本唯作虽。”并其证。不当作其,篆文形似而误。说已见前。

# 《讼》第六

䷅(下坎上乾)

[原文] 《讼》:有孚,窒惕,中吉终凶。利见大人。不利涉大川。

[经意] 《讼》,卦名。孚,古俘字。窒借为恎,惧也。(窒义采闻一多说)惕,警惕。卦辞言:筮遇此卦,战争中有所俘虏,但须恐惧警惕,其过程是中段吉、终段凶;利于见大人;不利于渡大川。

[传解] 《讼》,卦名,争讼也。孚,信也。余与经意同。

[原文] 《彖》曰:《讼》,上刚下险,险而健,《讼》。

此释卦名。上《讼》字,举卦名也。《讼》之上卦为乾,下卦为坎。乾,刚也,健也;坎,险也。然则《讼》之卦象是"上刚下险,险而健"。人阴险而又刚健,则争讼,所以卦名曰《讼》。

[原文] 《讼》,"有孚窒惕中吉",刚来而得中也。

卦辞云"有孚,窒惕,中吉",言人之争讼,有忠信之德,存惧惕之心,事之中段乃吉。其所以如此,因其人刚健而得正中之道,气壮不挠,理直不曲也。《彖传》此释乃以九五及九二之爻象爻位为据。九五为阳爻、为刚,居上卦之中位,九二亦为阳爻、为刚,居下卦之中位,是为"刚来得中",象刚健之人得正中之道。

［原文］

**“终凶”，讼不可成也。**

卦辞云“终凶”，因讼事无所谓成功，讼而败固有损失，讼而胜亦有损失。

［原文］

**“利见大人”，尚中正也。**

卦辞云“利见大人”，因其人尊尚正中之道，取得大人之敬重，从而得利也。《彖传》此释亦以九五及九二之爻象爻位为据。九五及九二分居上下卦之中位，象人得正中之道，前文已言之矣。

［原文］

**“不利涉大川”，入于渊也。**

卦辞云“不利涉大川”，言渡大川时与人争讼（吵架），则坠入渊中也。

［原文］

**《象》曰：天与水违行，《讼》。君子以作事谋始。**

违行，相背而行。《集解》引荀爽曰：“天自西转，水自东流，上下违行，成讼之象也。”古人对于天象缺乏科学之理解，见日月星辰之运行皆由东向西，遂认为天向西转①，而水则向东流，天与水相背而行。《讼》之上卦为乾，下卦为坎。乾为天，坎为水。然则《讼》之卦象是天运于上，水流于下，天与水相背而行。人与人相背而行，则有矛盾与斗争，而讼事起。是以卦名曰《讼》。君子观此卦象及卦名，从而作事必考虑其始，以杜争讼之端。故曰：“天与水违行，《讼》。君子以作事谋始。”

［原文］ 初六：不永所事，小有言，终吉。

［经意］ 不永所事，从事未久而中止。言，谴责。筮遇此爻，所作之事中止，将小受他人谴责，但结果是吉。

［传解］ 事，指讼事。言，指官吏谴责。余与经意同。

［原文］ 《象》曰："不永所事"，讼不可长也。虽"小有言"，其辩明也。

辩，谈判也。传意：爻辞云"不永所事"，因讼事累人，不可长为也。云"小有言，终吉"，言兴讼而罢讼，虽小受官吏之谴责，然双方是非曲直之谈判已明，各得其平，故终吉也。

［原文］ 九二：不克讼，归而逋，其邑人三百户无眚。

［经意］ 克，胜也。克讼犹今语之"胜诉"。逋，逃也。眚，灾也。爻辞言：奴隶主虐其邑人，邑人讼之于上级奴隶主，其人败诉，将受惩罚，乃归而逃走，其邑人三百家得免于灾难。此是古代故事。（闻一多曰："疑逋当读为赋。赋，敛取其财物也。'不克讼，归而赋其邑人三百户，无眚'者，盖讼不胜而有罪，乃归而赋敛其邑人，于是财用足而得以自赎，故曰无眚也。"）

［传解］ 与经意同。

［原文］ 《象》曰："不克讼"，"归逋"窜也。自下讼上，患至掇也。

陆德明曰："窜，逃也。"《说文》："窜，匿也，从鼠在穴中。"

是鼠逃入穴中为窜。至,止也。掇当读为辍,辍亦止也。传意:爻辞云"不克讼,归而逋",言其人败诉,归而逃窜也。云"其邑人三百户无眚",言邑人自下讼上,灾患因而辍止也。②

［原文］ 六三:食旧德,贞厉,终吉。或从王事,无成。

［经意］ 食借为饬,修也。旧德,故有之美德。贞,占问,厉,危也。爻辞言:人修其旧德,所占之事虽属危险,亦终吉。又筮遇此爻,或为王干事,则无成。

［传解］ 上句之读法是:"食旧德,贞,厉终吉。"贞,正也。余与经意同。

［原文］ 《象》曰:"食旧德",从上"吉"也。

传意:爻辞云"食旧德,贞,厉终吉",言修其旧德,是为正道,正道在于服从君上,服从君上则虽危亦终吉也。《象传》此释乃以六三及九四之爻象爻位为据。六三为阴爻,象臣下;九四为阳爻,象君上。六三在九四之下,象臣下服从君上。

［原文］ 九四:不克讼,复即命渝。安贞吉。

［经意］ 复,返也。即犹从也。渝读为谕。《说文》:"谕,告也。"贞,占问。安贞,占问安否。爻辞言:人不胜诉,则返而从君上之命令告谕。又筮遇此爻,占问安否则吉。

［传解］ 贞,正也。安贞,安于正道。余与经意同。

[原文] 《象》曰:"复即命渝","安贞"不失也。

传意:爻辞云"不克讼,复即命渝,安贞吉",言人不胜诉,返而从君上之命令告谕,是安于正道而不失,故吉也。

[原文] 九五:讼元吉。

[经意] 元,大也。筮遇此爻,讼事大吉。

[传解] 与经意同。

[原文] 《象》曰:"讼元吉",以中正也。

传意:爻辞云"讼元吉",以讼者行其正中之道也。《象传》此释乃以九五之爻位为据。九五居上卦之中位,象人守正中之道。

[原文] 上九:或锡之鞶带,终朝三褫之。

[经意] 锡借为赐。鞶带,以革制成之腰带,大夫以上始得系之。终朝犹终日。褫,夺也。爻辞言:筮遇此爻,王侯或赐其人以鞶带,然在一日之间,三次下令夺回之,其宠荣不可保。

[传解] 或锡之鞶带,王侯以其人兴讼争功而赐之。余与经意同。

[原文] 《象》曰:以讼受服,亦不足敬也。

传意:爻辞云"或锡之鞶带,终朝三褫之",言其人以争讼而受鞶带之服,非有足敬之功德,所以王侯赐而复悔,一日三夺之也。

[附考]

①《象传》:“天与水违行,《讼》。”《逸周书·武顺》篇:“天道尚左,日月西移。地道尚右,水道东流。”与“天与水违行”之说相合。　②《象传》:“自下讼上,患至掇也。”亨按至有止义。《诗·泮水》:“鲁侯戾止。”毛传:“止,至也。”止训至,则至亦可训止。《荀子·礼论》篇:“社止于诸侯。”《史记·礼书》作“社至乎诸侯。”可证至有止义。(详见拙著《韩非子新笺》)掇当读为辍。二字同声系,古通用。《文选·魏都赋》:“剞劂罔掇。”李注“辍掇古字通。”是其证。《尔雅·释诂》:“辍,已也。”《论语·微子》篇:“耰而不辍。”《集解》引郑云:“辍,止也。”患至掇犹言患辍止,谓灾患停止也。又按《象传》以归逋窜释经之“归而逋”,以患至掇释经之“无眚”,足以证明传之读法。《易传》作者认为:君上残暴无道,臣下即可以下伐上,故《革彖传》曰:“汤武革命,顺乎天而应乎人。”人民即可以下讼上,故本爻《象传》曰:“自下讼上,患至掇也。”《周礼·大司寇》:“以肺石达穷民,凡远近惸独老幼之欲有复于上而其长弗达者,立于肺石,三日士听其辞,以告于上,而罪其长。”是《周礼》作者订出自下讼上之制度。又按劳动人民反抗统治者,用暴动、起义等种种手段,然则邑人自下讼上,亦是反抗统治者之一种斗争手段,虽统治者之法令不允许,劳动人民亦敢为之。在统治者上级下级矛盾之情况下,劳动人民讼上取得胜利,亦属可能。

# 《师》第七

☷☵(下坎上坤)

[原文] 《师》:贞丈人吉,无咎。

[经意] 《师》,卦名。贞,占问。丈人,《集解》引《子夏传》作大人,是也。《易经》中之大人皆贵族之称。筮遇此卦,大人有所占问,则吉而无咎。

[传解] 《师》,卦名,众也。(《彖传》亦释《师》为众,又释《师》为军队。)贞,正也。大人指国君。“师贞,大人吉,无咎”,言众人皆正,则国君吉而无咎。

[原文] 《彖》曰:《师》,众也。“贞”,正也。能以众正,可以王矣。

《序卦》曰:“《师》者,众也。”与《彖传》之训同。“能以”之以,犹使也(裴学海《古书虚字集释》有此例)。王,动词,成王业也。① 传意:《师》卦辞云,“贞,大人吉无咎”,《师》,众也。贞,正也。《师》贞,众人皆正也。大人能使众人皆正,则可以成王业矣。

[原文] 刚中而应,

此句据《师》卦之爻象爻位以为释。卦之九二为阳爻,为刚,居下卦之中位,是为“刚中”。大人为刚。刚中象大人守正中之道。初六、六三、六四、六五、上六皆为阴爻,为柔,围绕九二之刚，是为五柔应一刚，是为上下皆应，简称曰“应”，象上下之人皆应和大人。“刚中而应”，言大人守正中之道，上下之人皆应和之，亦归于正。

［原文］ 行险而顺，

此句据《师》之卦象以为释。《师》之下卦为坎，上卦为坤。坎，险也；坤，顺也。然则《师》之卦象是“行险而顺”，即大人行动于险难之中，顺乎客观形势、国家礼法。

［原文］ 以此毒天下，而民从之，“吉”又何“咎”矣。

《释文》引马云：“毒，治也。”俞樾曰：“毒读为督，治也。”②王引之曰：“矣犹乎也。”大人正而众人皆应之，又行险而顺，以此治天下，则民从之，自是吉而无咎，故卦辞云：“贞，大人吉，无咎。”

［原文］ 《象》曰：地中有水，《师》。君子以容民畜众。

《象传》亦训师为众。《释文》引王肃注：“畜，养也。”《师》之外卦为坤，内卦为坎。坤为地，坎为水，然则《师》之卦象是“地中有水”。按《象传》，以水比群众。地中有水，象大地之内有群众，是以卦名曰《师》。大地之内有群众，国君宜容纳之，畜养之。君子观此卦象及卦名，从而容民畜众。故曰：“地中有水，《师》。君子以容民畜众。”（实际是群众容畜统治者，非统治者容畜群众。）

［原文］ 初六：师出以律，否臧凶。

［经意］ 师，军队。律，纪律。否，汉帛书《周易》作不。按否读为

不。臧读为遵。③爻辞言:师出须有纪律,有人不遵守纪律则凶。

［传解］ 与经意同。

［原文］ 《象》曰:"师出以律",失律"凶"也。

传意:爻辞云"师出以律,否臧凶",言有人不遵守纪律,是为失律,失律则凶也。

［原文］ 九二:在师中吉,无咎,王三锡命。

［经意］ 锡借为赐。王对其臣赐以奖赏之命令,谓之"锡命"。爻辞言:筮遇此爻,身在师中,吉而无咎,王三次锡命以奖赏之。

［传解］ 与经意同。

［原文］ 《象》曰:"在师中吉",承天宠也。"王三锡命",怀万邦也。

承,受也。宠,爱也。《尔雅·释言》:"怀,来也。"谓招来。传意:爻辞云"在师中吉",言其受天之宠爱而佑之也。云"王三锡命",言王赏一人以励其臣,招来万国也。

［原文］ 六三:师或舆尸,凶。

［经意］ 舆,以车载之也。尸读为屍。筮遇此爻,军队出征,或载屍而归,是凶矣。

［传解］ 与经意同。

［原文］ 《象》曰："师或舆尸"，大无功也。

传意：爻辞云"师或舆尸，凶"，言师出战败，将士死亡，大无功也。

［原文］ 六四：师左次，无咎。

［经意］ 次，舍也，驻也。筮遇此爻，军队驻于左方则无咎。

［传解］ 与经意同。

［原文］ 《象》曰："左次无咎"，未失常也。

常谓常道。军队驻于左方或右方，视其地理环境与敌我形势而定，此是行军之常道。传意：爻辞云"师左次无咎"，因左次未失行军之常道，故无咎也。

［原文］ 六五：田有禽。利执言，无咎。长子帅师，弟子舆尸，贞凶。

［经意］ 田，猎也。有犹得也。禽，鸟兽之总名。执言，《集解》引荀爽曰："执行其言。"弟子，次子。贞，占问。爻辞言：筮遇此爻，田猎得禽兽；利于执行其言，将无咎；长子为主将，帅师出征，次子战败，以车载尸，是任用亲人，遗误戎机，所占者凶。

［传解］ 贞，正也。贞指"长子帅师"。凶指"弟子舆尸"。

此言用长子得其正，用次子招凶祸，虽正亦凶。余与经意同。

［原文］

《象》曰："长子帅师"，以中行也。

中，正也。传意：爻辞云"长子帅师"，言长子有将材，其父使之帅师，是以正道行事，故爻辞言"贞"也。《象传》此释乃以六五之爻位为据。六五居上卦之中位，象人行事得其正。

［原文］

"弟子舆尸"，使不当也。

传意：爻辞云"弟子舆尸"，言次子非其材而任其事，其父用之不当，以致战败损兵，故爻辞言"凶"也。《象传》此释亦以六五之爻象爻位为据。六五为阴爻居阳位（第五爻为阳位），是为位不当，象用人不称其职位。

［原文］

上六：大君有命，开国承家，小人勿用。

［经意］

命，封赏之命令。开国，被封为诸侯，始有邦国。承，受也。承家，被封为大夫，承受家邑。小人，《易经》中之小人皆庶民之通称。用，施行也。筮遇此爻，大君将有封赏之命令加于其人，或开国为诸侯，或受邑为大夫；但庶民则不可有所作为。

［传解］

小人，《易传》认为是无才德之人。用，任用也。余与经意同。

［原文］

《象》曰："大君有命"，以正功也。

传意：爻辞云"大君有命，开国承家"，言大君封赏之，命令所以正群臣之功，功大者开国，功小者受邑也。

[原文]

“小人勿用”，必乱邦也。

传意：爻辞云“小人勿用”，因小人无才德，用之必乱国家也。

[附考]

①《彖传》：“能以众正，可以王矣。”战国时代，七国诸侯皆称王，但此王字非称王之谓也，乃统一天下（当时人称中国为天下），成就王业之谓也。《吕氏春秋·下贤》篇：“王也者，天下之往也。”《风俗通·皇霸》篇引《尚书大传》：“王者往也，为天下所归往也。”《韩诗外传》五：“王者往也，天下往之谓之王。”《白虎通·号》篇：“王者往也，天下所归往。”《说文》：“王，天下所归往也。”是其义。《孟子》、《荀子》等书多用王字代表统一天下之意。　②《彖传》：“以此毒天下，而民从之。”王引之曰：“《广雅》：‘毒，安也。’毒天下者，安天下也。《孟子·梁惠王》篇：‘……文王一怒而安天下之民。’是其义。……《老子》曰：‘亭之毒之。’亦谓平之安之也。”俞樾曰：“《尚书·微子》篇：‘天毒降灾，荒殷邦。’《史记·宋世家》毒作笃。昭二十二年《左传》：‘司马督’《汉书古今人表》作‘司马笃’。是毒通作笃，笃通作督，皆声近而义同。此传毒字当读为督。《尔雅·释诂》：‘督，正也。’以此督天下，言以此正天下也。《吕氏春秋·顺民》篇：‘汤克夏而正天下。’高注曰：‘正，治也。’正有治义，故督亦有治义。马氏训治，于传义为近。”亨按俞读毒为督，训督为治，是也。古之治民者乃以政治权力以监督、督促人民，使之服从礼法命令，故谓之督也。　③“初六：师出以律，否臧凶。”余撰《周易古经今注》读臧为壮。否臧凶言师出不以律，师虽强壮亦凶。此解亦圆通。今按否可读为不。《古易音训》引晁说之曰：“否，刘、荀、陆、一行作不。”臧当读为遵。臧、遵双声相转，古通用。《易豫》：“勿疑朋盍簪。”《释文》：“簪马作臧，荀作宗。”《左传》成公五年：“晋伯宗。”《谷梁传》作伯尊。是其佐证。否臧即不遵，谓不遵守纪律也。《左传》宣公十二年引《易》此文而释之曰：“执事顺成为臧，逆为否。”执事顺成即遵循纪律，逆即不也。然则读否为不，读臧为遵，与《左传》之说合。今补释于此。

# 《比》第八

䷇(下坤上坎)

[原文]

《比》:吉。原筮元。永贞无咎。不宁方来,后夫凶。

[经意]

《比》,卦名。原筮,原有之占筮。元下当有亨字。《左传》昭公七年引作"元亨",可证。元,大也。亨即享字,祭也。永贞,占问长期之吉凶。宁,安也。方犹邦也。后夫,后至之人。卦辞言:筮遇此卦则吉。原有之占筮是:可举行大享之祭;占问长期之吉凶则无咎;反侧不安之国来朝,后至之人有凶祸。按"不宁方来,后夫凶",疑是古代故事。《国语·鲁语》:"昔禹致群神于会稽之山,防风氏后至,禹杀而戮之。"是其类也。

[传解]

《比》,卦名,辅佐也。《易传》所据本元下亦当有亨字。"元亨永贞无咎",传作一句读。元,大也。亨,美也。贞,正也。此句言人有元大、亨美、永远贞正之德,则无咎。余与经意同。

[原文]

《彖》曰:《比》,"吉"也:《比》,辅也,下顺从也。

朱熹及王念孙并谓吉下也字衍。①是也。"《比》吉"二字乃举卦名及卦辞吉字以便申释。《比》之卦辞云"吉"者,《比》,辅也,臣下辅佐其君也,即下顺从其上也。君有臣下辅佐顺从,自是吉。

[原文] “原筮元永贞无咎”,以刚中也。

此处元下亦当有亨字。卦辞云:“原筮元亨永贞无咎,”言君有元大、亨美、永远贞正之德,则无咎,而主要则以其有正中之德也。《彖传》此释乃以九五之爻象爻位为据。九五为阳爻,为刚(君为刚),居上卦之中位,是为刚中,象君有正中之德。

[原文] “不宁方来”,上下应也。

卦辞云“不宁方来”,言上而大国公侯,下而小国子男,皆应和君王而来朝,故不安之国亦来朝也。《彖传》此释亦以《比》之爻象爻位为据。九五为阳爻,居一卦之尊位,其余上下五爻皆为阴爻,围绕阳爻,是为“上下应”,象上下诸侯应和其君。

[原文] “后夫凶”,其道穷也。

卦辞云“后夫凶”,言诸侯皆尊重王朝,争先而来,后至之人是轻慢王朝,必受诛罚,其所走之路乃穷困而不通也。

[原文] 《象》曰:地上有水,《比》。先王以建万国,亲诸侯。

《象传》亦训《比》为辅佐。《比》之下卦为坤,上卦为坎。坤为地,坎为水。然则《比》之卦象是“地上有水”。按《象传》以水比群众,以地上有水比大地之上有群众。王须分封诸侯,以辅佐王朝,分区统治。是以卦名曰《比》。先王观此卦象,从而建立万国,亲近诸侯。故曰:“地上有水,《比》。先王以建万国，亲诸侯。”

[原文] 初六：有孚。比之无咎。有孚盈缶，终来有它，吉。

[经意] 上孚字即俘虏之俘。比，辅也。下孚字指俘掠之宝物，亦可读为宝，如贝玉黄金之类。② 缶，陶器，如瓦盆瓦罐之类。来，语助词。它，古语称意外之患为它。爻辞言：筮遇此爻，出征将得俘虏；臣辅其君则无咎；有宝物充满缶中；最后有意外之患亦吉。（于省吾曰：“来疑未字之讹，古文来未二字形近。终未有它，故言吉也。”按《象传》曰：“有它吉也。”可见，《象传》作者所据本作来。）

[传解] 上孚字，信也。“有孚比之无咎”为一句，言人有诚信之德辅其君，则无咎。余与经意同。

[原文] 《象》曰：《比》之“初六”，“有它吉”也。

传文对经未加申释。

[原文] 六二：比之自内，贞吉。

[经意] “比之自内”，臣在朝内辅其君。贞，占问。臣在朝内辅其君，筮遇此爻则吉。

[传解] 贞，正也。余与经意同。

[原文] 《象》曰：“比之自内”，不自失也。

传意:爻辞云“比之自内,贞吉”,言臣在朝内辅君,不失贞正之道,故吉也。

[原文] 六三:比之匪人。

[经意] 匪,汉帛《周易》作非(全经皆同)。按匪读为非。《释文》引王肃本句末有凶字,是也。“比之非人”言所辅佐之君不贤。此自是凶。

[传解] 与经意同。

[原文] 《象曰》:“比之匪人”,不亦伤乎。③

《集解》引干宝说,释伤为伤害。孔疏释伤为悲伤。按干说为胜。传意:爻辞云“比之匪人,凶”,言辅佐暴君,将受其伤害。

[原文] 六四:外比之,贞吉。

[经意] “外比之”,臣在朝外辅其君,如大将出征,大臣出使等是。贞,占问。臣在朝外辅其君,占筮遇此爻则吉。

[传解] 贞,正也。余与经意同。

[原文] 《象》曰:“外比”于贤,以从上也。

传意:爻辞云“外比之,贞吉”,言臣在朝外辅佐贤君,顺从其上,乃是正道,故吉也。《象传》“从上”之说乃以六四及九五之爻象爻位为据。六四为阴爻,象臣。九五为阳爻,象君。

六四在九五之下,象臣服从君。

［原文］ 九五:显比,王用三驱,失前禽,邑人不诫,吉。

［经意］ 显,光明。显比,臣以光明之道辅佐其君。禽,鸟兽之总名。诫读为骇,不骇谓不惊走鸟兽。④此似古代故事:有某王行猎,三度驱车逐在前之禽,而终失之。王以为禽被邑人惊走,大怒,欲杀之。某臣以光明之道事君,判定邑人不曾惊走此禽。邑人因而免祸,故曰吉。(又按:诫,惩罚也。邑人不诫谓邑人惊走鸟兽,王不惩罚邑人。此解亦通。)

［传解］ 与经意同。

［原文］ 《象》曰:"显比"之"吉",位正中也。舍逆取顺,"失前禽"也。"邑人不诫",上使中也。

位犹立也。舍读为捨。兽向猎人而来,以与猎人对抗为逆。兽背猎人而逃,不与猎人对抗为顺。猎人射其逆者则易获得,逐其顺者则多不及。使疑借为吏,二字古通用。⑤传意:爻辞云"显比……吉",因臣以光明辅其君,立于正中之道,故吉也。云"王用三驱,失前禽",因王舍兽之逆者而不射,取兽之顺者而逐之,故失前禽也。云"邑人不诫",因王之官吏正直,判明邑人不曾惊走此禽也。《象传》此释乃以九五之爻位为据。九五居上卦之中位,象人立于正中之道。

［原文］ 上六:比之无首,凶。

［经意］ "比之无首",臣辅其君被杀而头落地,是凶矣。

[传解] 与经意同。

[原文] 《象》曰:“比之无首”,无所终也。

古语称有好结果为终。⑥传意:爻辞云“比之无首,凶”,言其无好结果也。

[附考] ①《彖传》:“《比》吉也:《比》,辅也。”朱熹曰:“‘《比》吉也’,也字衍。当云‘《比》吉:《比》辅也,下顺从也。’‘《比》,辅也’解比字。‘下顺从也’解吉字。”(《朱子语类》)王念孙曰:“‘《比》,吉也’,也字涉下文‘《比》,辅也’而衍。” ② 初六:“有孚盈缶。”按孚乃谓俘掠之宝物,如贝玉黄金之类。但孚亦可读为宝,孚、宝古通用。《左传》庄公六年经:“齐人来归俘。”《公羊》、《谷梁》经并俘作宝。即其证。“有孚盈缶”谓有宝物满于缶中也。 ③《象传》:“比之匪人,不亦伤乎。”亨按乎似当作也。也犹耶(古书多用邪字),亦犹乎(《经传释词》有此例),盖浅人不知其义而改之也。《易经》三百八十六爻爻辞,《象传》作释,句法皆相类,有三百八十三爻句尾皆用也字,有两爻句尾用矣字,不宜此爻独是例外而用乎字,可证其为误字矣。进而考之,《象传》中也字义与乎同者亦甚多。《屯》上六、《否》上九、《豫》上六、《中孚》上九《象传》并曰:“何可长也。”《同人》初九、《解》六三、《节》六三《象传》并曰:“又谁咎也。”《大过》九五、《离》九三、《既济》上六《象传》并曰:“何可久也。”《同人》九三《象传》曰:“安行也。”《恒》九四《象传》曰:“安得禽也。”《遯》初六《象传》曰:“不往何灾也。”《鼎》九四《象传》曰:“信如何也。”《小过》九三《象传》曰:“凶如何也。”以上诸条,也字义皆与乎同,《象传》绝不用乎字。然则此爻乎字当作也,明矣。 ④ 九五:“显比,王用三驱,失前禽,邑人不诫,吉。”俞樾曰:“诫当读为骇。邑人不骇,言不惊骇也。”闻一多从之,亦谓邑人不自惊骇。亨按诫读为骇,可从,但邑人不骇乃谓邑人不惊骇鸟兽,上文禽字是骇字之宾语。古代统治者追逐鸟兽,有人民惊骇之,则统治者将杀其人。《晏子春秋》内篇《杂》下:“昔

者先君灵公畋（田猎），五丈夫罟（用网打鱼）而骇兽，故杀之，断其头而葬之，命曰五丈夫之丘。”又内篇《谏》上：“景公射鸟，野人骇之。公怒，令吏诛之。”因晏子谏，乃不诛。并其证。　⑤《象传》：“邑人不诫，上使中也。”亨按使当读为吏，使、吏古通用。《左传》襄公三十年：“吏走问诸朝。”《释文》吏作使，云：“王肃本作吏。”《墨子·备城门》篇：“所为吏人各得丌（古其字）任。”孙诒让曰：“吏、使古字亦通。”（《墨子閒诂》）并其证。　⑥《象传》：“比之无首，无所终也。”亨按古语谓好结果为终。《坤》六三曰：“无成有终。”《谦》曰：“君子有终。”《谦》九三曰：“君子有终，吉。”《困》九四曰：“吝，有终。”《巽》九五曰：“无初有终。”有终皆谓有好结果。《归妹象传》曰：“君子以永终知敝。”永终者，长有好结果也。更考古语亦称善死曰终。《礼记·文王世子》：“文王九十乃终。武王九十三而终。”终指善死，如横死则不谓之终矣。因事有好结果为终，故《大戴礼·小辨》篇曰：“乐义曰终。”《国语·周语》曰：“纯明则终。”韦注：“终，成也。”又曰：“高朗令终。”韦注：“终犹成也。”事有好结果有时是成功，故韦注训终为成；有时尚未成功，故《坤》六三曰：“无成有终。”此文云：“比之无首，无所终也。”释为不得善死，更切合矣。

# 《小畜》第九

☴(下乾上巽)

[原文] 《小畜》:亨。密云不雨,自我西郊。

[经意] 小畜二字当重。上《小畜》二字乃卦名,下小畜二字乃卦辞也。小畜犹小牲也。亨即享字,祭也。"小畜亨",言筮遇此卦,可用小牲举行享祭也。"密云不雨,自我西郊",乃事在酝酿之象。筮遇此卦,所占之事在酝酿中。

[传解] 《小畜》,卦名。《释文》:"畜本又作蓄,积也。"此解合于传意。(《序卦》亦释畜为积蓄)《小畜》谓积蓄者小也。亨,通也。"《小畜)亨",言积蓄虽小而事业亦亨通。余与经意同。

[原文] 《彖》曰:《小畜》,柔得位而上下应之,曰《小畜》。

此释卦名。上《小畜》二字举卦名也。《小畜》之六四为阴爻,为柔,处于阴位(第四爻为阴位),是为"柔得位"。六四之上下五爻皆为阳爻,为刚。是为五刚应一柔,是为"上下应之"。柔指无才德之小人,刚指有才德之君子。"柔得位而上下应之",象小人得位,上下有众君子应和而辅佐之,事业自有积蓄;但以小人无才德,不能大有作为,其积蓄尚小。是以卦名曰《小畜》。

[原文] 健而巽,刚中而志行,乃"亨"。

传意：卦辞云“亨”者，以其多君子也。《小畜》之下卦为乾，上卦为巽。乾，健也；巽，巽也，谦逊也。然则《小畜》之卦象是刚健而谦逊，此君子之德也。《小畜》之九二为阳爻，为刚，居下卦之中位。九五亦为阳爻，为刚，居上卦之中位。是为“刚中”。象君子有正中之德也。众君子有刚健、谦逊、正中之德，则其志得行而亨通矣。

［原文］ “密云不雨”，尚往也。“自我西郊”，施未行也。

尚读为上。施，布也。卦辞云“密云不雨”，言云向上往而密集也。云“自我西郊”，言云布于西郊，而雨未行也。[1]

［原文］ 《象》曰：风行天上，《小畜》。君子以懿文德。

《象传》亦训畜为积蓄。《集解》引虞翻曰：“懿，美也。”《小畜》之上卦为巽，下卦为乾。巽为风，乾为天。然则《小畜》之卦象是“风行天上”。按《象传》以风比德教，以天比朝廷，以风行天上比德教行于朝廷之上。德教行于朝廷之上，其成功是逐渐积蓄。但其德教仅及于朝廷，未及于民间，其积蓄尚小，是以卦名曰《小畜》。君子观此卦象及卦名，从而美其文德，以推行或接受或协助朝廷之德教。故曰：“风行天上，《小畜》。君子以懿文德。”

［原文］ 初九：复自道，何其咎，吉。

［经意］ 复，返也。道，正路。人由正路返故居，有何咎哉，自为吉矣。

［传解］ 与经意同。

［原文］ 《象》曰："复自道"，其义"吉"也。

义读为宜。说见《需》卦。

［原文］ 九二：牵复，吉。

［经意］ 牵，挽引也。被人牵引而返，虽是被动，亦吉。

［传解］ 与经意同。

［原文］ 《象》曰："牵复"在中，亦不自失也。

中，正也。传意：爻辞云"牵复吉"，言牵复在于正道，亦不失之，故吉也。《象传》"在中"之说乃以九二之爻位为据。九二居下卦之中位，象人得正中之道。

［原文］ 九三：舆说辐。夫妻反目。

［经意］ 舆，车也。说读为脱。辐借为輹，《释文》及《集解》本正作輹。《释文》引马云："輹，车下缚也。"即缚车身与车轴使之相联之绳。车脱輹，比喻协作之人失其相结合之纽带，彼此乖离，则不能成事。"夫妻反目"，夫妻相憎，面目相背而不相视。夫妻失其相结合之纽带，彼此乖离，则不成家。爻辞所示者乃人与人相乖离之象。（《释文》又引郑云："輹，伏菟。"按菟与兔同。輹即车身下夹轴之木，形如伏兔。此解亦通。）

［传解］ 与经意同。

[原文] 《象》曰："夫妻反目"，不能正室也。

传意：爻辞云"夫妻反目"，言不能使家中之人得其正也。

[原文] 六四：有孚，血去，惕出无咎。

[经意] 孚，古俘字。血借为恤，忧也。惕借为逖，远也。爻辞言：筮遇此爻，可得俘虏；忧患将去；远出可以无咎。

[传解] 孚，信也。余与经意同。

[原文] 《象》曰："有孚惕出"，上合志也。

上读为尚。传意：爻辞云"有孚，血去，惕出无咎"，言人有诚信，则他人助之，其忧患可去，远出亦无咎，尚能符合志愿也。

[原文] 九五：有孚挛如，富以其邻。

[经意] 孚，古俘字，俘虏。挛如犹挛然，拘系相连之貌。以，因也。爻辞言：筮遇此爻，出征将有所俘虏，得男女牛羊等甚多，以绳系之，挛然相连，以掠夺邻国或邻邑而致富。

[传解] 孚，信也。《释文》引马云："挛，连也。"是则有孚挛如，谓人有信连续一贯，非忽而有信，忽而无信。《集解》引虞翻曰："以，及也。"王引之、俞樾并从之。此二解盖合于传意。②爻辞言：人有信挛然而一贯，则能以其财物资助邻人，其富及于邻人。

［原文］

《象》曰："有孚挛如"，不独富也。

传意：爻辞云"有孚挛如，富以其邻"，言其人能富及其邻，非一人独富也。

［原文］

上九：既雨既处，尚德载。妇贞厉。月几望，君子征凶。

［经意］

处，止也。德，汉帛书《周易》作得。按德读为得；得载，得他人以车载之。贞，占问。厉，危也。几读为既。古人称每月十六日至二十三日为既望。爻辞言：天既雨，雨既止，路难行，但尚得载，此出行遇艰难而得助之象。唯妇人行路遇雨得载，有被骗劫之危险，故贞厉；君子出征遇雨得载，是自丧其车甚至被俘，故凶。（闻一多曰："载读为菑。《说文》曰：'菑，才（今误作不）耕田也。'是菑即耕。德载读为得菑，言雨后尚得施耕也。"解亦通。）

［传解］

贞，正也。"妇贞厉"，谓妇人行路遇雨得载，虽有贞正之德操，亦有被骗劫之危险。余与经意同。

［原文］

《象》曰："既雨既处"，"德"积"载"也。"君子征凶"，有所疑也。

德亦读为得。积载谓积物于车中而载之。[3]传意：爻辞云"既雨既处，尚德载"，言得积物于车中而载之也。云"君子征凶"，言君子对于敌我形势、地理环境、战争策略等有所疑惑，犹豫不决，则将战败，故凶也。

［附考］ ① 卦辞："密云不雨，自我西郊。"《象传》曰："密云不雨，尚往也。自我西郊，施未行也。"亨按传文当作"密云不雨，施未行也。自我西郊，尚往也。"盖传写误窜。《文选》潘安仁《闲居赋》："阴谢阳施。"李注："施，布也。"《大戴礼·曾子天圆》篇："阳施而阴化也。"义同。施未行谓云布而雨未行。施字正释密云，未行正释不雨，则"施未行也"当在"密云不雨"之下，明矣。尚读为上，二字古书常通用。尚往即上往，谓云向上往。自何处向上往？自西郊。上往正释自西郊，则"尚往也"当在"自我西郊"之下，明矣。《小过》六五亦云："密云不雨，自我西郊。"《象传》曰："密云不雨，已上也。"《释文》："上郑作尚。"可证《小畜》之尚当读为上。《小过象传》乃以"已上也"释"密云不雨，自我西郊，"两句，谓密云已自西郊上升于天也。彼此可以互证。今仍依《小畜象传》原文作解，而附管见于此。 ② 九五："有孚挛如，富以其邻。"《象传》曰："有孚挛如，不独富也。"《释文》："挛《子夏传》作恋。"亨按《易传》皆释孚为信。（只有一条例外）则传释挛字必与信有密切联系，马融训挛为连，可通。但余谓：依传意，挛当读为烂，明也。挛、烂古通用。（《说文》："䦨，妄入宫掖也。读若阑。"《玉篇》："䦨今作阑。"《汉书·成帝纪》："阑入上方掖门。"颜注："无符籍妄入宫门曰阑。"正以阑为䦨。此䜌阑两声系字相通之例证。）《文选·西都赋》："登降炤烂。"李注："烂亦明也。"《诗·女曰鸡鸣》："明星有烂。"《韩奕》："烂其盈门。"《楚辞·九歌·云中君》："烂昭昭兮未央。"烂皆明也。此烂有明义之证。《说文》："烂，孰（熟）也。"《玉篇》："暕，明也。"然则烂训明，乃借为暕也。挛如即烂如，犹烂然，昭明之貌。有孚烂如，犹言有信昭然，尽人皆见，即今语"信用昭著"之意。《大有》六五曰："厥孚交如。"《象传》曰："厥孚交如，信以发志也。"依传意，交读为皎，皎亦明也。"有孚烂如"与"厥孚皎如"同意，可以互证。《中孚》九五曰："有孚挛如。"传意同此。又"富以其邻"，王引之曰："以犹及也。"（《经传释词》）俞樾亦曰："以犹及也，言富及其邻也。"（《易贯》）按《象传》释之曰："不独富也。"则传释以为及，明矣。《泰》六四、《谦》六五并曰："不富以其邻。"传意同此。 ③《大有》九二："大车以载。"《象传》曰："大车以载，积中不败也。"亦释载为积物车中，可以互证。

# 《履》第十

☰☱(下兑上乾)

[原文]　〔《履》〕:履虎尾,不咥人。亨。

[经意]　履字当重。上《履》字乃卦名,下履字乃卦辞也。履,践也。咥,噬也。人践在虎尾上,而虎不噬人,乃比喻触犯强暴之人,而强暴之人不伤害之。亨即享字,祭也。筮遇此卦,触犯强暴而不凶,可举行享祭。

[传解]　《履》,卦名,践也。亨,通也。余与经意同。履虎尾,不咥人,是亨通矣。

[原文]　《彖》曰:《履》,柔履刚也。说而应乎乾,是以"履虎尾,不咥人"。

此释卦名及卦辞之"履虎尾,不咥人"。《履》之下卦六三为阴爻,为柔。九二、初九皆为阳爻,为刚。六三在九二、初九之上,是为"柔履刚",是以卦名曰《履》。人与虎相比,人为柔,虎为刚,然则柔履刚可象人履虎尾。其次,《履》之下卦为兑,上卦为乾。兑,说也(说读为悦,和悦也);乾,健也,指强者。兑在乾下,是为"兑而应乎乾",象人以和悦之态度应和强暴之人。以和悦之态度应和强暴之人,虽偶有触犯,亦不致挑起其怒火,招致其伤害,正如履虎尾而虎不咥人。总之,《履》之爻象卦象,是柔弱者触犯强暴者,而以和悦之态度对待强暴者,则强暴者自不伤害之。是以卦辞曰:"履虎尾,不咥人。"

[原文] “亨”，刚中正，履帝位而不疚，光明也。

此释卦辞之“亨”。履帝位，处帝王之位。《释文》引马云：“疚，病也。”此指灾害。《履》卦云“亨”者，《履》之九五为阳爻，为刚，象君，又居上卦之中位，是为“刚中正”，乃象国君有正中之德。其次，《履》之上卦为乾，乾为天，九五居乾卦之中位，即居天之正位，是为“履帝位”，乃象人处帝王之位。国君有正中之德，处帝王之位而无疚灾，其事业自“光明”，是亨通矣。

[原文] 《象》曰：上天下泽，《履》。君子以辩上下，定民志。

辩读为辨，分别也。《履》之上卦为乾，下卦为兑。乾为天，兑为泽，然则《履》之卦象是“上天下泽”。按《象传》以天比君，以泽比民，以上天下泽比君处于上，民处于下。君处于上，民处于下，表现为封建社会之礼，即阶级制度与等级制度。礼乃当时人人所当践履者，是以卦名曰《履》。君子观此卦象及卦名，从而制礼明礼，以分别上下之地位，限定人民之志愿，使人民不存非分之想。故曰：“上天下泽，《履》。君子以辩上下，定民志。”

[原文] 初九：素履往，无咎。

[经意] 素，白色无文彩。履，鞋也。“素履往”比喻人以朴素坦白之态度行事，此自无咎。

[传解] 与经意同。

［原文］ 《象》曰："素履"之"往"，独行愿也。

传意：爻辞云"素履往"，比喻人以朴素坦白之态度行事，则能独行其志愿，故无咎也。

［原文］ 九二：履道坦坦，幽人贞吉。

［经意］ 履，践也。坦坦，平也。幽，囚也。贞，占问。足踏大路坦坦而平，比喻人进入平安之环境。囚人离去监牢，获得自由，有似于此。故囚人占得此爻则吉。

［传解］ 贞，正也。余与经意同。

［原文］ 《象》曰："幽人贞吉"，中不自乱也。

中，正也。传意：爻辞云"幽人贞吉"，言囚人在监牢之中，刑威之下，守正道而不自乱，则能出狱而归于吉也。《象传》此释乃以九二之爻位为据。九二为阳爻，为刚，居下卦之中位，象人守正中之道。

［原文］ 六三：眇能视，跛能履，履虎尾，咥人，凶。武人为于大君。

［经意］ 眇，目盲。能读为而，《集解》本正作而。履，践也。爻辞言：目盲而视物，足跛而走路，以视不明而踏虎尾，以行不便而被虎噬，是凶矣。此比喻人无其才能而任其职事，致遭祸败。如武人无治国之才能，而做大国之君，是其类。（武人是奴隶社会之武人）

［传解］ 与经意同。

［原文］ 《象》曰："眇能视"，不足以有明也。"跛能履"，不足以与行也。"咥人"之"凶"，位不当也。"武人为于大君"，志刚也。

裴学海曰："与犹有也。"（《古书虚字集释》）传意：爻辞云"眇而视"，其目不足以见物也；云"跛而履"，其足不足以行路也。云"履虎尾，咥人凶"，因其无视与行之能力，而干视与履之事，以致履虎尾而被噬，即其人之能力与其所处之地位不相当，是以凶也。云"武人为于大君"，因武人之志刚愎，遇事不量力而逞强，不能当大君之任也。《象传》"位不当"之说乃以六三之爻象爻位为据。六三为阴爻，居阳位（第三爻为阳位），是为位不当。象人无其才能而居其位，任其事。

［原文］ 九四：履虎尾，愬愬，终吉。

［经意］ 愬愬，恐惧也。"履虎尾"比喻人触犯强暴之敌人，踏上危险之境地。然能恐惧警惕，严加防备，终归于吉。

［传解］ 与经意同。

［原文］ 《象》曰："愬愬终吉"，志行也。

志行，志愿得行，目的得达。

［原文］ 九五：夬履，贞厉。

［经意］ 夬与决通，裂也，破也。履，鞋也。贞，占问。厉，危也。人著破鞋以行路，则有伤足、跌倒之危险。比喻人用破劣之工具（包括无能之人），则有败事之危险。故占得此爻则厉。

［传解］ 贞，正也。余与经意同。

［原文］ 《象》曰："夬履贞厉"，位正当也。

传意：爻辞云"夬履贞厉"，比喻人用破劣之工具，行事虽正，亦有危险；然而不至于咎凶者，因其人以正道守其职位，又有才德称当其职位也。《象传》此释乃以九五之爻象爻位为据。九五居上卦之中位，是为位正，象人以正道守其职位。九五为阳爻，居于阳位（第五爻为阳位），是为位当，象人之才德称其职位。

［原文］ 上九：视履考祥，其旋元吉。

［经意］ 考，登也。祥借为庠。庠，周代贵族子弟之学校，亦贵族行养老之礼之处所。旋，还也。元，大也。爻辞言：视焉履焉，以登于庠，其还也大吉。因其所往者是吉善之地。考祥，古本亦作考详。旧说有五：荀爽、郑玄说：详，周密也。考详，考察周密也。王弼说：祥，征兆也。考祥，考察吉兆之征兆也。虞翻说：详，善也。考详，考察其事之为善也。毛奇龄说：祥，吉也。考祥，考察其事之为吉也。俞樾说：考，成也。祥，善也。考祥，成其事之善也。均可通。[①]

［传解］ 考，考察也。祥借为详，周密也。余与经意同。

[原文]

《象》曰:"元吉"在上,大有庆也。

传意:爻辞云"视履考祥,其旋元吉",言在上位之贵族一视一行,考察周密,则胜利而返,大有吉庆也。《象传》"在上"之说乃以上九之爻位为据。上九居一卦之上位,象人居于上位。

[附考]

① 上九:"视履考祥,其旋元吉。"《集解》本祥作详,《古易音训》引晁说之曰:"祥荀作详,审也。郑作详,云:'考正详备。'"荀、郑释考为考察,释详为详审详备,谓人视履先考察详备而后动,则其还也大吉。此古说之一。王弼曰:"祸福之祥,主乎所履,……故可视履而考祥也。"孔颖达曰:"祥谓征祥。……考其祸福之征祥。"王、孔释考为考察,训祥为征祥。征祥者,祸福之征兆。谓人视履先考察其祸福之征兆而后动,则其还也大吉。此古说之二。(《左传》僖公十六年:"陨石于宋五,陨星也。六鹢退飞过宋都,风也。周内史叔兴聘于宋。宋襄公问焉,曰:'是何祥也?吉凶焉在?'……"杜注:"祥,吉凶之先见者。"然则王、孔释祥为祸福之征兆,其言有据。)《集解》引虞翻曰:"考,稽也。详,善也。乾为积善,故考详。"虞训考为稽,训详为善(善恶之善),谓人视履先考察其为善事而后动,则其还也大吉。此古说之三。毛奇龄用虞翻之说,而曰:"盖祥即吉也。"谓人视履先考察其为吉祥而后动,则其还也大吉。此古说之四。俞樾曰:"《尔雅·释诂》曰:'考,成也。'祥者,善也。"谓人视履以成其善事,则其还也大吉。此古说之五。此五说均通。但依五说,则经文只言"视履考祥,元吉"即可,何必言"其旋"哉。

# 《泰》第十一

☷☰(下乾上坤)

[原文] 《泰》:小往大来,吉。亨。

[经意] 泰字当重,上《泰》字乃卦名,下泰字乃卦辞也。泰与汰同,淘汰也,清洗也。小指渺小之庸人。大指高大之贤人。亨即享字,祭也。卦辞云:"泰,小往大来,吉。亨。"谓统治者淘汰不称职之官吏,则庸劣之官吏去,贤能之官吏来,自是吉。① 又筮遇此卦,可举行享祭。

[传解] 《泰》,卦名。序卦曰:"《泰》者,通也。""小往大来"指事业由小而大,由衰而盛。亨,通也。卦辞言:事业由小而大,由衰而盛,是吉矣,是亨通矣。

[原文] 《彖》曰:"《泰》:小往大来,吉,亨。"则是天地交而万物通也;上下交而其志同也;内阳而外阴;内健而外顺;内君子而外小人,君子道长,小人道消也。

《泰》卦辞云:"小往大来,吉,亨。"《泰》,通也。其卦象是天地万物,国家事业,个人事业皆通泰也。《泰》之下卦为乾,上卦为坤。乾为天,坤为地。然则《泰》之卦象是天气下降,地气上升,天地相交。天地相交,则万物各遂其生。故曰:"则是天地交而万物通也。"此是自然界之泰。乾又为君上,坤又为臣下。然则《泰》之卦象又是君上之意达于下,臣下之意达于上,上下相交。上下相交,则上下同心。故曰:“上下交而其志同也。”君臣上下关系如此,则国家昌隆,此是国家之泰。其次,《泰》之内卦为乾,外卦为坤。乾为阳卦,象阳气;坤为阴卦,象阴气。然则《泰》之卦象又是阳气进入宇内,阴气退出宇外。故曰:“内阳而外阴。”此亦是自然界之泰。再次,乾,健也;坤,顺也。然则《泰》之卦象又是内有刚健之德,外抱柔顺之态度。故曰:“内健而外顺。”人能如此,则可得志。此是个人之泰。又次,乾为阳卦,象有才德之君子;坤为阴卦,象无才德之小人。然则《泰》之卦象又是君子在朝内,小人在朝外,君子之道盛长,小人之道衰消。故曰:“内君子而外小人,君子道长,小人道消也。”朝廷有此现象,则国家昌隆,此亦是国家之泰。

[原文] **《象》曰:天地交,《泰》。后以财成天地之道,辅相天地之宜,以左右民。**

《象传》亦训《泰》为通。《集解》引虞翻曰:“后,君也。”《释文》:“财,荀作裁。”《汉书·食货志》引亦作裁。按财借为裁。裁成谓裁度以成之也。《集解》引郑玄曰:“辅、相,助也。”左右,支配也,支配之向左或向右也。天地之道指天地之四时变化及生长万物之规律。天地之宜指雨露霜雪各有宜至之时,山川丘陵原隰各有宜产之物等。《泰》之下卦为乾,上卦为坤。乾为天,坤为地。然则《泰》之卦象是“天地交”。天地交则万物通,是以卦名曰《泰》。国君观此卦象及卦名,从而用其政令,裁成天地之规律,辅助天地之所宜,支配万民从事生产,安排生活,因野而田,因材而工,因山而猎,因水而渔,因四时而耕耘获藏。故曰:“天地交,《泰》。后以财成天地之道,辅助天地之宜,以左右民。”

[原文] 初九:拔茅茹以其汇,征吉。

[经意] 茅,草也。《集解》引虞翻曰:“茹,茅根。汇,类也。”王引之曰:“以犹及也。”茅草及其同类之物,有害于禾稼,必须连根拔去之,亦易于拔去之。比喻国事,茅类生于田中犹敌国入侵本国,茅类必须拔去犹敌国必须征伐,茅类易于拔去犹敌国易于驱走。其结果必能胜利,故筮遇此爻征吉。

[传解] 与经意同。

[原文] 《象》曰:“拔茅征吉”,志在外也。

志在外,志在征伐外国。

[原文] 九二:包荒,用冯河,不遐遗朋,亡,得尚于中行。

[经意] 包借为匏,瓠也,今语谓之葫芦。荒,大也。冯借为淜,浮水渡河。缚大瓠于腰间,以浮水渡河,虽不善游泳,亦可不沉。遐,远也。遗,弃也。朋,朋友,伴侣。《汉》帛书《周易》“朋亡”作“弗忘。”(亡忘古通用)按帛书脱朋字,今本脱弗字。弗亡谓未死。尚借为赏。行,道也。中行即道中。(或曰:“中行,人名。”参见《益》卦。)此是古代故事。有人行至河边,见大瓠,遂缚之于腰,浮水以渡,又不远弃其友,甘冒危险,携之共渡,二人均未被水淹死。因其有此义举,在路中得到其友之赏赐。爻辞借此故事,以示行义之有利。

[传解] 与经意同。

[原文]　《象》曰："包荒得尚于中行"，以光大也。

传意：爻辞云"包荒用冯河，不遐遗朋，亡，得尚于中行"，其人所以得赏，因其冒险携友渡河之义行光明正大也。

[原文]　九三：无平不陂。无往不复。艰贞无咎。勿恤其孚，于食有福。

[经意]　陂，坡也，倾也。复，返也。艰贞，占问艰难之事。恤，忧也。孚，古俘字，掠夺也。爻辞言：宇宙事物未有平而不坡者，未有往而不返者，故筮遇此爻，占问艰难之事则无咎，艰难将去而平坦即来矣。勿忧被人掠夺，在饮食且有福可享，灾患将去而幸运即来矣。

[传解]　贞，正也。"艰贞无咎"，处艰难而持正则无咎。"勿恤其孚于食有福"，传之读法是"勿恤，其孚于食有福"。孚，信也。此谓勿忧，能诚信则于食有福。余与经意同。

[原文]　《象》曰："……无往不复"，天地际也。

"无往不复"《释文》作"无平不陂"，云"一本作无往不复。"《集解》本亦作"无平不陂"。要之，皆"无平不陂、无往不复"之省文。亨按际当读为蔡。《小尔雅·广诂》："蔡，法也。"②传意：爻辞云"无平不陂，无往不复"，此乃天地之法则，自然之规律。（或曰："天地际也谓此理贯于天地之间。"）

[原文]　六四：翩翩，不富以其邻，不戒以孚。

[经意] 翩翩，鸟疾飞之貌，比喻人之游荡。③以，因也。孚，古俘字，掠夺也。爻辞言：此游荡者本是富人，今则不富矣，因其邻掠夺其财物也，其人游荡，不自戒备，故被掠夺也。

[传解] 翩翩当读为谝谝，巧言欺人也。④上以字，及也。（说见《小畜》卦）下以字，用也。戒，告，告戒也。孚，信也。爻辞言：此谝谝者耗尽自家之财物而不富矣，又骗取其邻之财物，累及其邻，则不告戒以诚信，因告戒亦无益也。

[原文] 《象》曰："翩翩不富"，皆失实也。"不戒以孚"，中心愿也。

实，财物也。⑤愿疑借为傆，同声系古通用。《说文》："傆，黠也。"即狡猾之意。传意：爻辞云"翩翩，不富以其邻"，言其人与其邻皆丧失财物，故皆不富也。云"不戒以孚"，谓不告戒之以孚信，因其内心狡猾也。

[原文] 六五：帝乙归妹以祉，元吉。

[经意] 帝乙，殷帝名乙，纣之父。归，嫁也。妹，少女之通称。祉，福也。元，大也。殷帝乙嫁少女于周文王，为周邦之王妃，因而得福，是大吉之事也。（亨又按祉疑当作咥。古代贵族嫁女，常以嫁者之咥女陪嫁。）

[传解] 与经意同。

[原文] 《象》曰："以祉元吉"，中以行愿也。

中，正也。传意：爻辞云"帝乙归妹以祉，元吉"，盖其事结两国婚姻之好，得其正矣，又出于两君之所愿，故得福而大吉也。《象传》此释乃以六五之爻位为据。六五居上卦之中位，象人行事得其正。

［原文］ 上六：城复于隍，勿用师，自邑告命，贞吝。

［经意］ 复读为覆，倾倒也。隍，城下沟。无水称隍，有水称池。告命犹请命也（《尔雅·释言》："告，请也。"）。贞，占问。吝，难也。此疑是古代故事。某国君下令用兵出征，值邑城崩而倒于隍中，邑人请命不要用兵。此故事所示者是面临困难，故筮遇此爻，将有困难之事。

［传解］ 贞，正也。余与经意同。

［原文］ 《象》曰："城复于隍"，其命乱也。

其命乱谓国君用师之命令错乱失当也。传意：爻辞云"城复于隍，勿用师，自邑告命，贞吝"，言城覆于隍，则退不可守，不可用兵，用兵虽是正义，亦有困难，故用兵之命令乃错乱失当也。

［附考］ ①《泰》云："小往大来，吉，亨。"按泰字当重。上《泰》字乃卦名，下泰字乃卦辞也。《说文》："大[illegible]（泰），滑也，从廾水，大声。"又"[illegible]（汏），淅𣸣也，从水，大声。"泰汏是一字。《广雅·释诂》："泰，洒（洗）也。"洗涤乃泰之本义，其字从大，从廾，从水，象双手掬水洗人身之形，大象人形，亦声。字变作汏，今字作汰，所谓"淘汰"即洗涤污秽也。《泰》卦云"泰，小往大来，吉"者，谓淘汰庸劣之官吏，则渺小之庸人去其职位，高大之贤人来就职位，结果自是吉矣。今本脱一泰字，以为《泰》只是卦名，失《周易》之原意。 ②《象传》："无往不复，天地际也。"

亨按际当读为蔡。二字同声系，古通用。《小尔雅·广诂》："蔡，法也。"《书·禹贡》："二百里蔡。"伪孔传："蔡，法也。"此蔡有法义之证。进而考之，蔡与臬、艺古音相近。《小尔雅·广诂》："臬，法也。"《书·康诰》："汝陈时臬。"伪孔传："汝当布陈是法。"《左传》昭公十六年："而共无艺。"杜注："艺，法也。"昭公二十年："布常无艺。"杜注："艺，法制也。"盖蔡与臬、艺乃一音之转，故均可训法。　③ 六四："翩翩，不富以其邻。"余旧说翩翩借为頨頨。《说文》："頨，头妍也，从页，翩省声。读若翩。"在《周易古经今注》中已言之矣。今按《集解》引虞翻曰："飞故翩翩。"程颐曰："翩翩，疾飞之貌。"王弼注等大意同此。《说文》："翩，疾飞也。"《诗·泮水》："翩彼飞鸮。"毛传："翩，飞貌。"翩翩本是形容鸟之飞翔，此处乃喻富贵者之游荡。此解亦甚圆通，故用之。　④ 六四："翩翩，不富以其邻。"亨按翩翩解为游荡，亦通。但依传意，翩似借为谝。翩、谝同声系，古通用。《说文》："谝，便巧言也，从言，扁声。"谝即欺骗之骗，语言巧诈以欺人也。《书·秦誓》："惟截截善谝言。"是其例。《诗·巷伯》："缉缉翩翩，谋欲谮人。"马瑞辰曰："缉缉即咠咠之假借。翩翩即谝谝之假借。"(《毛诗传笺通释》)是也。此古书以翩翩为谝谝之例。爻辞云："翩翩，不富以其邻，不戒以孚。"传意此谝谝巧言欺人者，使自己不富，又累及其邻，则不告戒之以孚信也。《象传》训孚为信，则当训翩翩为不信。然则依传意当读翩为谝矣。《小畜》九五云："有孚挛如，富以其邻。"彼文之富出于有孚，此文之不富出于翩翩。传训孚为信，则当训翩翩为不信。然则依传意亦当读翩为谝矣。　⑤《象传》："翩翩不富，皆失实也。"失实犹言丧财也。《说文》："实，富也，从宀，从贯。贯，货贝也。"是实本财富充实之义。引申之，财物亦称实。《左传》文公十八年："聚敛积实。"杜注："实，财也。"《国语·晋语》："吾有卿之名而无其实。"韦注："实，财也。"《礼记·表记》："耻费轻实。"郑注："实谓财货也。"皆其证。《象传》此处用实字，以与上文之外、大、际谐韵。《蹇象传》曰："当位实也。"《鼎象传》曰："中以为实也。"实皆当训富。

# 《否》第十二

☷(下坤上乾)

[原文] 〔《否》〕:否之匪人,不利君子贞,大往小来。

[经意] 否字当重。上《否》字乃卦名,下否字乃卦辞也。否,闭也,塞也。匪读为非。此君子指天子诸侯大夫。贞,占问。大指高大之贤人,小指渺小之庸人。卦辞言:君子不用贤人,贬斥贤人。闭贤人使不通,是否之非其人也。否之非其人,对于君子不利,因贤能之官吏去,庸劣之官吏来,则政乱而国危矣。

[传解] 《否》,卦名,闭也。①君子指有才德之人,即贤人。贞,正也。"大往小来"指事业由大而小,由盛而衰。卦辞言:统治者闭塞非其人,则不利于君子之正道,事业由大而小,由盛而衰矣。

[原文] 《彖》曰:"否之匪人,不利君子贞,大往小来。"则是天地不交而万物不通也;上下不交而天下无邦也;内阴而外阳;内柔而外刚;内小人而外君子,小人道长,君子道消也。

《否》卦辞云:"否之匪人,不利君子贞,大往小来。"否,闭塞也。其卦象是天地万物、国家事业、个人事业皆闭塞也。《否》之上卦为乾,下卦为坤。乾为天,坤为地。然则《否》之卦象是天气不下降,地气不上升,天地不交。天地不交,则万物不能遂其生。故曰:"则是天地不交而万物不通也。"此是自然界之否。乾又为君上,坤又为臣下。然则《否》之卦象又是君上之意不通于下,臣下之意不通于上,上下不交。上下不交,则其国将亡,天下无此邦矣。故曰:“上下不交而天下无邦也。”此是国家之否。其次,《否》之内卦为坤,外卦为乾。坤为阴卦,象阴气;乾为阳卦,象阳气。然则《否》之卦象又是阴气进入宇内,阳气退出宇外。故曰:“内阴而外阳。”此亦是自然界之否。再次,坤为阴卦,为柔;乾为阳卦,为刚。然则《否》之卦象又是内柔懦而外刚健,外强中干。故曰:“内柔而外刚。”人若如此,则事业失败。此是个人之否。又次,坤为阴卦,象无才德之小人;乾为阳卦,象有才德之君子。然则《否》之卦象又是小人在朝内,君子在朝外,小人之道盛长,君子之道衰消。故曰:“内小人而外君子,小人道长,君子道消也。”朝廷有此现象,则国家危亡,此亦是国家之否。

[原文] **《象》曰:天地不交,《否》。君子以俭德辟难,不可荣以禄。**

《象传》亦训《否》为闭。君子指有才德之人。辟借为避。荣,《集解》本作营。王引之曰:“荣读为营,惑也。”② 谓诱惑也。《否》之上卦为乾,下卦为坤。乾为天,坤为地。然则《否》之卦象是天地不交。天地不交,则万物不能遂其生,乃自然界之闭塞。是以卦名曰《否》。按《象传》以天比君上,以地比臣下。天地不交象君臣上下之情隔阂而不相通。此乃国家之否。君子观此卦象及卦名,当国家方否不可进仕之时,从而崇尚俭德,以安贫贱,以避祸难,不为利禄所诱惑,而苟图富贵。故曰:“天地不交,《否》。君子以俭德辟难,不可荣以禄。”

[原文] 初六：拔茅茹以其汇，贞吉。亨。

[经意] 茅，草也。茹，根也。王引之曰："以犹及也。"汇，类也。贞，占问。亨字当是六二爻辞。爻辞言：治田者拔去茅草之根与茅之类，以免其害禾稼，此乃拔其所宜拔，拔其所易拔也，自是吉。故占筮遇此爻则吉。

[传解] 传之读法是："拔茅茹以其汇，贞，吉，亨。"贞，正也。亨，通也。此言其事是正，其结果是吉，行之能通。

[原文] 《象》曰："拔茅贞吉"，志在君也。

传意：爻辞云"拔茅茹以其汇，贞吉"，比喻大臣除去朝中之奸恶小人，其志在君，为君谋利益，故为贞正之行，得吉利之结果也。

[原文] 六二：包承，小人吉，大人否。亨。

[经意] 初六爻辞之"亨"当在"包承"上。亨即享字，祭也。包，裹也。承借为脀，烝肉也。享包晋，谓祭祀时以物包烝肉也。《易经》中之小人是庶民之通称，大人是贵族之通称。否，闭也，穷困也。亨字当是六三爻辞。爻辞言：祭祀鬼神，庶民无牲可献，尚有包脀可供，是小裕之象，故为吉。贵族无牲可献，只有包脀可供，是没落之象，故为否。

[传解] 包借为抱。心有所怀谓之抱，如今语所谓"抱歉"、"抱愧"、"抱恨"、"抱憾"，皆其类。承借为惩，戒也，即"惩前毖后"之惩。③"大人否亨"，《易传》做一句读。亨，通也。爻辞

言：人能心怀惩戒，庶民可转为吉利，贵族虽处否困之境，亦有亨通之时。

［原文］ 《象》曰："大人否亨"，不乱群也。

不乱群，谓别贵贱上下，使臣民群众各守职位，不相乱也。传意：爻辞云"包承，……大人否亨"，因大人心怀惩戒，不使群众相乱，故否困亦将亨通也。

［原文］ 六三：包羞。

［经意］ 六二爻辞之"亨"当在"包羞"上。亨即享字，祭也。包，裹也。羞，熟肉也。享包羞，谓祭祀时以物包裹熟肉也。

［传解］ 包借为抱。心有所怀谓之抱。羞，《集解》引荀爽注、王弼注皆读为羞耻之羞，此解合于传意。按《恒》九三曰："不恒其德，或承之羞。"羞即羞耻。则传解亦非无据。抱羞谓心怀羞耻。

［原文］ 《象》曰："包羞"，位不当也。

传意：爻辞云"包羞"，因其人之才德不称其职位，故招致耻辱也。《象传》此释乃以六三之爻象爻位为据。六三为阴爻，居阳位（第三爻为阳位），是为位不当。象人之才德不称其职位。

［原文］ 九四：有命，无咎，畴离祉。

［经意］ 命，天命。畴借为寿。离借为丽，附也。祉，福也。爻辞

言:筮遇此爻,已有天命安排,无灾咎,寿附于福,高年之寿附于富贵之福。

［传解］ 与经意同。

［原文］ 《象》曰:“有命无咎”,志行也。

志行,志愿得行。

［原文］ 九五:休否,大人吉。其亡其亡,系于苞桑。

［经意］ 休犹怵也,恐惧也。[4]否,闭塞也。大人,《易经》中之大人是贵族之通称。王引之曰:“其犹将也。”系借为磐。磐,坚固也。苞,茂也。爻辞言:常恐惧否运之来,则能勤勉谨慎,大人如此则吉。曰:“我将亡!我将亡!”则其人及其家国坚固如茂桑矣。

［传解］ 与经意同。

［原文］ 《象》曰:“大人”之“吉”,位正当也。

大人,《易传》中之大人是有才德之人。传意:爻辞云“休否,大人吉”,因大人以正道守其职位,又有才德称其职位,故吉也。《象传》此释乃以九五之爻象爻位为据。九五居上卦之中位,是为位正,象人以中正之道守其职位。九五为阳爻居阳位,是为位当,象人之才德称其职位。(《系辞》下:“子曰:危者,安其位者也。亡者,保其存者也。乱者,有其治者也。是故君子安而不忘危,存而不忘亡,治而不忘乱,是以身安而国家可保也。《易》曰:‘其亡其亡,系于苞桑。’”可以补充《象传》。)

[原文] 上九:倾否,先否后喜。

[经意] 倾借为顷。顷,顷刻之时间。否,闭塞也。筮遇此爻,只有顷刻之否运,先否而后喜。

[传解] 与经意同。

[原文] 《象》曰:"否"终则"倾",何可长也。

传意:爻辞云"倾否,先否后喜",言否运已届终段,则只是顷刻而已,何能长久哉。《象传》此释乃以上九之爻位为据。上九是否卦之终爻,象人之否运届于终段。

[附考] ① 陆德明曰:"否,闭也,塞也。"《序卦》论《泰》《否》二卦之顺序曰:"《泰》者,通也。物不可以终通,故受之以《否》。"《杂卦》曰:"《否》《泰》反其类也。"《泰》之义为通,而《否》与《泰》义相反,则《易传》认为《否》是闭塞不通,明矣。 ②《象传》曰:"不可荣以禄。"《集解》本荣作营。王引之曰:"营字是也。高诱注《吕氏春秋·尊师》篇、《淮南子·原道》篇并曰:'营,惑也。'不可营以禄者,世莫能惑以禄也。……《楚策》曰:'好利可营也。'言可得而惑也。《大戴礼·文王官人》篇曰:'临之以货色而不可营。'言不可得而惑也。《汉书叙传》曰:'四皓遯秦,古之逸民。不营不拔,严平郑真。'应劭曰:'爵禄不能营其志,威武不能屈其身也。《易》曰:不可营以禄。又曰:确乎其不可拔也。'汉《娄寿碑》曰:'安贫守贱,不可营以禄。'(今本《隶释》营作荣,后人所改也。都氏《金薤琳琅》及顾氏《隶辨》所载双钩本正作营。)《老子铭》曰:'乐居下位,禄执弗营。'《费凤碑》曰:'退己进弟,不营荣禄。'是两汉相传之本多作营惑之营。其作荣者假借字也。《商子·农战》篇曰:'上作壹,故民

不荣。'谓民不营惑也。《韩子·内储说》曰:'乃遗之屈产之乘、垂棘之璧、女乐二八,以荣其意而乱其政。'谓营惑其意也。借荣为营,并与此同。"　③ 六二:"包承。"亨按六三之"包羞",《象传》释为抱羞耻,则此爻之"包承",《象传》当读包为抱,读承为惩。承、惩古通用。《左传》哀公四年:"诸大夫恐其又迁也,承。"杜注:"承音惩,盖楚言。"孔疏:"承、惩音相近,盖是楚人之言,声转而字异耳。"是其证。　④ 九五:"休否。"余谓休犹怵也,恐惧也。(详见《周易古经今注》)陆德明曰:"休,美也。"孔颖达曰:"休否者,休,美也,谓能行休美之事于否塞之时。"此训休为美,其解一。陆又曰:"休,息也。"此训休为息,谓止息其否运,使否去而泰来。其解二。此二解似可通而实非。爻辞下文曰:"其亡其亡,系于苞桑。""其亡其亡"正是恐惧否运之来,与"怵否"之意合,可见经文之休当训怵。一证也。《系辞》下释此二句曰:"君子安而不忘危,存而不忘亡,治而不忘乱,是以身安而国家可保也。"不忘危亡与乱,正是恐惧否运之来,与"怵否"之意合,可见《易传》亦训休为怵。二证也。陆、孔之说似是而非,足滋人惑,故附辨于此。

# 周易大传今注卷二

## 《同人》第十三

☰☲(下离上乾)

［原文］ 《同人》:同人于野,亨。利涉大川。利君子贞。

［经意］ 同人二字当重。上《同人》二字乃卦名,下同人二字乃卦辞也。同犹聚也。野,郊外之地称野。"同人于野,"谓统治者聚众于野。(似指练习武事。本卦经文似均与战争有关。)亨即享字,祭也。君子,贵族之称。贞,占问。筮遇此卦,可聚众于野,从而举行享祭;利于渡大川;利于君子之占问。

［传解］ 《同人》,卦名,赞同、应和他人也。①"同人于野,"似谓臣民赞同、应和其君,为田猎、战争等事而出于野。亨,通也。君子,有才德之统治者。贞,正也。余与经意同。

［原文］ 《彖》曰:《同人》,柔得位得中,而应乎乾,曰《同人》。

此释卦名。传首《同人》二字举卦名也。本卦名《同人》者,以其卦爻象含有同人之义也。六二为阴爻,为柔,居阴位(第二爻为阴位),是为"柔得位",象臣民在适当之地位。六二居下卦之中位,是为柔"得中",象臣民得正中之道。《同人》之上卦为乾,乾为君。六二居乾卦之下,是为柔"应乎乾”，象臣民应和其君。然则《同人》之卦爻象是臣民得职位，守正道，以应和、赞同其君，是以卦名曰《同人》。

［原文］ **《同人》曰：“同人于野，亨，利涉大川，”乾行也。**

此释卦辞“同人于野，亨，利涉大川”。“同人曰”三字，朱熹曰：“衍文。”按其它六十三卦《彖传》皆无此类语句，朱说是也。此同人二字乃经文窜入传文，曰字乃后人妄加。乾行，王引之释为乾道（说见《乾》卦），是也。此乾道谓君道也。《同人》之上卦为乾，下卦为离。乾为君，离为阴卦，为臣民。然则《同人》之卦象是君在上，臣民在下，臣民赞同其君。君以田猎、战争等事而出于野，臣民皆赞同之，则所行亨通，涉大川之险亦利。是为“乾行”，换言之，是为君道。

［原文］ **文明以健，中正而应，“君子”正也。唯君子为能通天下之志。**

此释卦辞“利君子贞”。《同人》之下卦为离，上卦为乾。离为文明，乾为刚健。然则《同人》之卦象是“文明以健”，即有文明与刚健之德。其次，九五为阳爻，为刚，居上卦之中位，是为“中正”，象君守正中之道。六二为阴爻，为柔，居下卦之中位，象臣民守正中之道。六二与九五为同位爻，六二之柔应九五之刚，是为“应”，象臣民应和其君。总之，《同人》之卦象与爻象是君子有文明、刚健之德，守正中之道，臣民亦守正中之道而应和之，要在君子之正。惟君子能以正为准，辨察天下人心之好恶、是非、取舍，而尽知之。故曰：“唯君子为能通天下之志。”君子如此，则能有利于事业，有利于人民，是以卦辞曰：“利君子贞。”（《彖传》极力美化君子）

［原文］ 《象》曰:天与火,《同人》。君子以类族辨物。

类犹分也。《系辞》下曰:“以类万物之情。”类字与此同义。族,种类也。类族即分析事物之种类。②《同人》之上卦为乾,下卦为离。乾为天,离为火。然则《同人》之卦象是“天与火”,即上天下火。按《象传》以天比君,以火比人之明察,以上天下火比君之明察及于下。君之明察及于下,首在洞知臣民之是非善恶,因而赞同其是与善者,是以卦名《同人》。君子观此卦象及卦名,从而运用其明察,分析事物之种类,辨别事物之情况,以求同人得正。故曰:“天与火,《同人》。君子以类族辨物。”

［原文］ 初九:同人于门,无咎。

［经意］ 同人,聚众也。统治者聚众于门,盖以大事(似与战争有关)告谕臣民,上情下通,可以无咎。

［传解］ 《同人》,赞同应和他人。“同人于门”谓同于门外之人。

［原文］ 《象》曰:“出门同人”,又谁“咎”也。

传意:爻辞云“同人于门,无咎”,言出门即能同人,与之协作,又有谁咎之哉。

［原文］ 六二:同人于宗,吝。

［经意］ 同人,聚众。宗,祖庙。吝,难也。统治者聚众于宗庙,盖以面临艰难(似与战争有关)有所祈祷,故曰“吝”。

[传解] 同人，赞同应和他人。宗，宗族。《左传》昭公三年：“肸之宗十一族。”杜注：“同祖曰宗。”是其例。“同人于宗”谓仅同于宗族之人。

[原文] 《象》曰：“同人于宗”，“吝”道也。

传意：爻辞云“同人于宗，吝”，言同人之范围仅在宗族，与之协作，其所同者甚狭，族外人则不助之，此自招困难之道也。

[原文] 九三：伏戎于莽，升其高陵，三岁不兴。

[经意] 伏，埋伏。戎，兵也。莽，丛草。升，登也。陵，岭也。爻辞言，作战时，设伏兵于草莽中，意在不使敌人见之。而有人登于其高陵之上，敌人正可见之。此乃自泄戎机，将致大败，三年不能振作。

[传解] 与经意同。

[原文] 《象》曰：“伏戎于莽”，敌刚也。“三岁不兴”，安行也。

安犹何也。行，作为。传意：爻辞云“伏戎于莽”，因敌人兵强，故设伏兵以求胜也。云“升其高陵，三岁不兴”，言战败之后，何能有所作为哉。

[原文] 九四：乘其墉，弗克，攻吉。

[经意] 乘，登也。墉，城墙。克，取城曰克。爻辞言，攻人之城，已登其城墙，而守者未退，城犹未下，则继攻之，乃吉。如中止

不攻，予守者以缮修之暇，则不易攻矣。

[传解] 与经意同。

[原文] 《象》曰："乘其墉"，义"弗克"也。其"吉"，则困而反则也。

义，道义。则借为侧；反侧，反复无常也。[③] 传意：爻辞云"乘其墉，弗克"，盖守者声请降服，在道义上不宜取其城，非力不足以取其城也。云"攻吉"，盖守者在围困之中，请降而又不降，反复无常，故攻之乃吉也。

[原文] 九五：同人先号咷而后笑，大师克，相遇。

[经意] 同人，聚众。号咷，大哭。克，胜也。此疑是古代故事。盖有军队被敌人围攻，将就败亡。乃聚众大哭，而又转为喜笑。因别有大军战胜敌人，彼此会师，转祸为福。爻辞借此故事，以示筮遇此爻，先危后安，先悲后喜。

[传解] 同人，赞同应和他人。"同人先号咷而后笑"，谓有军队随同别一军队出征，结果是先悲后喜。余与经意同。

[原文] 《象》曰："同人"之"先"以中直也。"大师相遇"，言相"克"也。

王引之曰："直者，正也。变正言直，以与克为韵耳。"[④] 克亦胜也。传意：爻辞云"同人先号咷而后笑"，言此随同他人出征之军队所以逢凶化吉，先悲后喜，乃以其行之正中，进行正义之战争也。云"大师克，相遇"，言大军战胜，与此军相会，乃两方相与战胜敌人，非一方之力也。《象传》"中直"之说乃以九五之爻位为据。九五居上卦之中位，象人得正中之道。(《系辞》上："'同人先号咷而后笑。'子曰：'君子之道，或出或处，或默或语。二人同心，其利断金。同心之言，其臭如兰。'"乃以二人同心释同人，谓两方同心，始能转败为胜，转悲为喜。)

[原文] 上九：同人于郊，无悔。

[经意] 同人，聚众。郊，邑外之地称郊。统治者聚众于郊，疑指祭祀天帝而言。古人祭天在郊，故其祭名曰郊。《吕氏春秋·季夏纪》："以给郊庙祭祀之服。"高注："郊，祀天。"是其例。得天保佑，所以无悔。(祭天似与战争有关)

[传解] 同人，赞同应和他人。"同人于郊"谓仅同于近郊之人。

[原文] 《象》曰："同人于郊"，志未得也。

志未得犹言不得志。传意：爻辞云"同人于郊，无悔"，言同人之范围仅在近郊，与之协作，其所同者甚近，远地人则不助之，只能无悔，不能得志也。

[附考] ①《序卦》释《同人》曰："与人同者，物必归焉。"《杂卦》曰："《同人》，亲也。"然则《易传》认为《同人》是与人同也，即赞同他人，随同他人，与他人协作也。但《易传》又认为同人以"得中"(得正道)为准，非无原则之苟同盲从，同恶合污。《象传》言之甚明。 ②《象传》："君子以类族辨物。"王引之曰："类族辨物乃对文。类，比类也。族，类也(此与类族之类异义)。善恶各有其类，君子法天火之高明，以比类之。《学记》：'知类通达。'郑注曰：'知类，知事义之比也。'《缁衣》：'义不

壹,行无类。'注曰:'类谓比式。'因而比方事物亦谓之类。《乐记》:'律小大之称,比终始之序。'《史记·乐书》律作类,类亦比也。襄九年《左传》:'晋君类能而使之。'谓比类其才能而使之也。《周语》曰:'象物天地,比类百则。'又曰:'度之天神,比之地物,类之民则,方之时动。'是类与比方同义。故《系辞》传曰:'以类万物之情'也。《祭法》:'非此族也。'《淮南子·俶真》篇:'万物百族。'郑高注并曰:'族,类也。'(与类族之类异义)为善为恶,各如其类,以比类之,则谓之类族。各如其品,以辨别之,则谓之辨物。……"　③《象传》:"其吉,则困而反则也。"反则释为违反法则规约,亦通,但不甚切合。余谓则当借为侧。则、侧同声系,古通用。《庄子·列御寇》篇:"醉之以酒而观其侧。"《释文》:"侧或作则。"是其证。反则即反侧,反复邪僻无常也。《书·洪范》:"无反无侧,王道正直。'冯融注:"侧,倾侧也。"《周礼》夏官匡人:"使无敢反侧。"义同。　④《象传》:"同人之先,以中直也。"王引之曰:"直者,正也。《说文》:'直,正见也。'《文言》曰:'直其正也。'《曲礼》:'直而勿有。'《郊特牲》:'直祭祝于主。'郑注并曰:'直,正也。'以中直也者,以中正也。《讼象传》曰:'讼元吉,以中正也。'《豫象传》曰:'不终日贞吉,以中正也。'《艮象传》曰:'艮其辅,以中正也。'是也。《同人》九五位居中正,故曰中直。变正言直,以与克为韵耳,其实一也。……《困象传》曰:'乃徐有说,以中直也。'中直亦中正也。变正言直,以与得福为韵耳。……"

# 《大有》第十四

☲☰(下乾上离)

[原文] 《大有》:元亨。

[经意] 大有二字疑当重,上《大有》二字乃卦名,下大有二字乃卦辞也。卦辞云"大有"者,古语称年谷丰收为大有,谓筮遇此卦,将得丰年也。元,大也。亨即享字,祭也。"元亨"谓筮遇此卦,可举行大享之祭。

[传解] 《大有》,卦名,所有者大也。①元,大也。亨,美也。传谓人之所有者大,则其事业大且美矣。

[原文] 《彖》曰:《大有》,柔得尊位大中,而上下应之,曰《大有》。

此释卦名。传首《大有》二字举卦名也。《大有》之六五为阴爻,为柔,居上卦之中位,又在乾卦之上(下卦为乾为天,为朝廷),是为"柔得尊位",柔得"大中"。象大臣处于尊贵之位,守大正之道。其次,六五为柔,其上下五爻皆为阳爻,为刚,上下五刚应一柔,是为"上下应之",象上下之有才德之君子皆应和此大臣。《大有》之卦爻象具此三特点,则此大臣所有者盛多而丰厚矣。是以卦名曰《大有》。

[原文] 其德刚健而文明,应乎天而时行,是以"元亨"。

此释卦辞。卦辞云“元亨”者,元,大也;亨,美也。《大有》之下卦为乾,上卦为离。乾为刚健,离为文明。然则《大有》之卦象是“其德刚健而文明”,即人有刚健、文明之德。其次,离为明察,乾为天。然则《大有》之卦象又是人明察于天道。明察于天道则能适应之,以时行事,是为“应乎天而时行”。大臣有此两特点,则其事业大而美矣。是以卦辞曰:“元亨。”

[原文] 《象》曰:火在天上,《大有》。君子以遏恶扬善,顺天休命。

《尔雅·释诂》:“遏,止也。”迎而止之为遏,即制止之义。又《尔雅·释诂》:“休,美也。”休命谓使己之命运美好。《大有》之上卦为离,下卦为乾。离为火,乾为天。然则《大有》之卦象是“火在天上”。按《象传》以火比人之明察,以天比君,以火在天上比明察在于君身。君有明察,则知朝廷百官之贤奸,任其贤而黜其奸,政治于是清明,国家于是乎昌盛,所有者大矣。是以卦名曰《大有》。君子观此卦象及卦名,从而遏止奸恶,扬举贤善,以顺赏善罚恶之天道,求命运之嘉美。故曰:“火在天上,《大有》。君子以遏恶扬善,顺天休命。”

[原文] 初九:无交害匪咎,艰则无咎。

[经意] 交害,相害。匪借为非。人与人无相贼害,此非咎也。不仅非咎,若处艰难,必能彼此互助,可以无咎。

[传解] 与经意同。

[原文] 《象》曰：《大有》"初九"，无交害也。

传文对经未加申释。

[原文] 九二：大车以载，有攸往无咎。

[经意] 用大车以载人与物，有所往则无咎。此比喻人作事有良好之工具，则不失败。

[传解] 与经意同，但以载为专指载物。

[原文] 《象》曰："大车以载"，积中不败也。

积中，积物于车中。

[原文] 九三：公用亨于天子，小人弗克。

[经意] 亨即享字。此享当读为飨，宴会也。② 小人，庶民之通称。弗克，不能也。筮遇此爻，公侯将受天子之宴飨，庶民则不能。

[传解] 亨，通也。余与经意同。

[原文] 《象》曰："公用亨于天子"，"小人"害也。

传意：爻辞云"公用亨于天子，小人弗克"，亨，通也；此言公侯可直达于天子，庶民则不能。如庶民越级以直达于天子，则有罪得祸矣。

[原文] 九四：匪其彭，无咎。

[经意] 匪借为非，排斥、反对之义。彭借为尪，《集解》本正作尪。尪，邪曲也。反对邪曲之人与邪曲之事，自无咎。

[传解] 与经意同。

[原文] 《象》曰："匪其彭无咎"，明辩哲也。

明犹察也。《尔雅·释训》："明明，察也。"足证明可训察。辩借为辨。《小尔雅·广诂》："辨，别也。"《说文》："哲，昭明也，从日，折声。"（哲亦作晣，音哲，非晰字。）明辨哲谓考察辨别明确也。传意：爻辞云"匪其彭无咎"，以其察辨明确也。盖反对邪曲之人与邪曲之事，察辨明确，方能无咎。申言之，察辨其人之行事是否邪曲，察辨己之力量能否胜利，得明确之结论，而后反对之，动得其正，操必胜之算，方能无咎。反之，察辨不明，倒置其是非，迷误于利害，则其反对适足以致败招灾，岂能无咎哉。

[原文] 六五：厥孚交如威如，吉。

[经意] 厥，其也，指统治者。孚，罚也。交借为皎。皎如犹皎然，明察之貌。威如犹威然，威严之貌。统治者之刑罚，既明察而得当，又威严而可畏，则臣民服，是吉矣。

[传解] 孚，信也。交亦读为皎，著明也。爻辞言：其人诚信，皎然而坦白，又威然而严厉，故吉。

[原文] 《象》曰："厥孚交如"，信以发志也。"威如"之"吉"，易而无备也。

发，明也。③易，平安也。备借为惫，病困也。④传意：爻辞云“厥孚交如”，言其人诚信以明其志也。云“威如吉”，言其人信立而威亦立，众人畏服，遂能平安而无困惫，所以得吉也。《象传》乃以“信”释“孚”，以“发志”释“交如”，以“易而无备”释“吉”。

［原文］ 上九：自天祐之，吉，无不利。

［经意］ 祐与佑同，助也。筮遇此爻，自天保佑，吉而无不利。

［传解］ 与经意同。

［原文］ 《象》曰：《大有》“上”吉，自天祐也。

上谓在上位之人。上吉谓在上位之人得吉也。《象传》此释乃以上九之爻位为据。上九居一卦之上位，象在上位之人。《系辞》上：“《易》曰：‘自天祐之，吉无不利。’子曰：‘祐者，助也。天之所助者，顺也；人之所助者，信也。履信，思乎顺，又以尚贤也，是以自天祐之，吉无不利也。’”

［附考］ ①《序卦》论《同人》、《大有》、《谦》三卦之顺序曰：“与人同者，物必归焉，故受之以《大有》。有大者不可以盈，故受之以《谦》。”《杂卦》曰：“《大有》，众也。”然则《易传》认为卦名《大有》之含义是所有者大，明矣，不释《大有》为丰年也。 ② 九三：“公用亨于天子。”此亨字亦即享字，但当读为飨。享、飨古通用，其例甚多，从略。《说文》：“飨，乡人饮酒也。”乡人饮酒即众乡人聚而宴会，为古礼之一。按古语，其它宴会亦谓之飨。公用飨于天子，谓天子以宴席礼待公侯也。《左传》僖公二十五年记周王避乱出走，晋文公将出兵勤王，使卜偃筮之遇《大有》此爻。卜偃曰：“吉。遇‘公用享于天子’之卦也。战克而王飨，吉孰大

焉。”正以飨释享。 ③《象传》：“信以发志也。”亨按《广雅·释诂》：“发，明也。”《诗·载驱》：“齐子发夕。”《释文》引《韩诗》曰：“发，旦也。”《小宛》：“明发不寐。”明发犹明旦也（天明为旦）。可证发有明义。信以发志，谓诚信以明其心也。《丰》六二《象传》曰：“有孚发若，信以发志也。”其义同。 ④《象传》：“易而无备也。”亨按《礼记·中庸》：“君子居易以俟命。小人行险以徼幸。”郑注：“易犹平安也。”《中庸》易与险对文，可见郑注之确。本书《系辞》上：“辞有险易。”《系辞》下：“危者使平，易者使倾。”又曰：“德行恒易以知险。”《集解》引陆绩曰：“易，平易也。”《系辞》易与险或危对文，可见陆注亦确。此《象传》之易即平安之义也。备借为惫。二字古通用。《遯象传》曰：“有疾惫也。”《释文》：“惫，荀作备。”《既济象传》曰：“三年克之，惫也。”《释文》：“惫，陆作备。”并其证。《遯》卦《释文》引郑注：“惫，困也。”《庄子·山木》篇：“何先生之惫也？”《释文》：“惫司马本作病。”是惫又有病义。此《象传》之备即惫，病困之义也。易而无惫，谓平安而无病困也。

# 《谦》第十五

☷(下艮上坤)

[原文] 《谦》:亨。君子有终。

[经意] 《谦》,卦名。亨即享字,祭也。君子,贵族之通称。终,古语谓好结果为终(说见《比》卦)。筮遇此卦,可举行享祭,君子有好结果。

[传解] 《谦》,卦名,谦虚也。亨,通也。君子,有才德之人。终,亦是好结果。此言人谦虚则亨通,君子行之有好结果。

[原文] 《彖》曰:《谦》,"亨"。

人能谦则亨通。理由如下文。

[原文] 天道下济而光明。

《尔雅·释言》:"济,成也。"天道下行以成万物,如日光下射以暖万物,雷下震以动万物,风下行以吹万物,雨下降以润万物是也。光明指日月。天道下济是天道之谦,天道光明是天道之亨。此句以天道说明谦则亨之理。

[原文] 地道卑而上行。

地道卑,地之位置卑下。上行,地气上升,与天气相交,以生成万物。地道卑是地道之谦,地道上行是地道之亨。此句以地道说明谦则亨之理。

［原文］

**天道亏盈而益谦。**

亏，损也。天道亏盈，例如日中则下降，月满则渐亏。天道益谦，例如日出则上升，月虚则渐实。此句以天道说明谦则亨、不谦则不亨之理。

［原文］

**地道变盈而流谦。**

俞樾曰："变，毁也。"①流犹益也，水与沙土流动至于洼处，使洼处有所增益也。地道毁盈，例如丘高则渐损，河溢则堤决。地道益谦，例如地洼则渐平，沟虚则水至。此句以地道说明谦则亨、不谦则不亨之理。

［原文］

**鬼神害盈而福谦。**

此句以神道说明谦则亨、不谦则不亨之理。

［原文］

**人道恶盈而好谦。**

骄满者人则恶之，谦虚者人则爱之，乃社会之一般规律。此句以人道说明谦则亨、不谦则不亨之理。

［原文］

**谦，尊而光，卑而不可踰，"君子"之"终"也。**

《说文》："踰，越也。"此踰谓凌越。人能谦，处于尊位则光荣，处于卑位则不可凌越，②是即君子之好结果。

［原文］

**《象》曰：地中有山，《谦》。君子以裒多益寡，称物平施。**

《释文》："裒，郑、荀、董、蜀才作捊。云：'取也。'"按裒借为捊。《说文》："捊，引取也。"又《说文》："称，铨也。铨，衡也。”（铨即权衡之权）称即今之秤字，此处是衡量之义。施，予也。《谦》之外卦为坤，内卦为艮。坤为地，艮为山。然则《谦》之卦象是“地中有山”。地卑而山高，地中有山是内高而外卑。谦者，才高而不自许，德高而不自矜，功高而不自居，名高而不自誉，位高而不自傲，皆是内高而外卑，是以卦名曰《谦》。按《象传》又以地比庶民，以山比贵族，以地中有山比广大庶民中间有少数贵族。贵族财多，庶民财寡或无财，此乃不平之现象。君子观此卦象，从而捋取其财多者以益其财寡与无财者，称量其财物之多寡，以定其公平之施予。故曰：“地中有山，《谦》。君子以裒多益寡，称物平施。”

［原文］ 初六：谦谦，君子用涉大川吉。

［经意］ 谦谦，谦而又谦。君子，贵族之通称。谦谦则小心谨慎，君子以此态度涉大川之险，则吉。

［传解］ 传读“谦谦君子”为句。君子，有才德之人。余与经意同。

［原文］ 《象》曰：“谦谦君子”，卑以自牧也。

牧犹守也。“卑以自牧”，谓卑以自守也。③

［原文］ 六二：鸣谦，贞吉。

［经意］ 鸣，名也。鸣谦，有名而谦。贞，占问。鸣谦则所占问之事吉。

［传解］ 《象传》亦训鸣为名。贞，正也。有名而谦，得正乃吉。

[原文] 《象》曰："鸣谦贞吉"，中心得也。

中心得即心得中。不言心得中而言中心得，乃以得字为韵耳。中，正也。传意：爻辞云"鸣谦贞吉"，言鸣谦而心得其正，则吉也。《象传》以"中"字释爻辞之"贞"。《象传》此释乃以六二之爻位为据。六二居下卦之中位，象人得正中之道。

[原文] 九三：劳谦，君子有终，吉。

[经意] 劳，功劳。劳谦，有功劳而谦。君子，贵族之通称。终，好结果。劳谦则君子有好结果，是吉矣。

[传解] 传读"劳谦君子"为句。君子，有才德之人。余与经意同。

[原文] 《象》曰："劳谦君子"，万民服也。

传意：爻辞云"劳谦君子，有终吉"，盖有功劳而谦之君子，万民敬服，可以长享富贵，有终吉矣。(《系辞》上："'劳谦君子有终吉。'子曰：'劳而不伐，有功而不德，厚之至也。语以其功下人者也。德言盛。礼言恭。谦也者，致恭以存其位者也。'")

[原文] 六四：无不利，抝谦。

[经意] 抝，施也。抝谦，施德惠于人而谦。爻辞言：无不利者是抝谦也。

[传解] 《释文》："抝郑读为宣。"宣，明智也。抝谦，明智而谦。

明智而谦,不自以为是,则无不利。④

[原文] 《象》曰:"无不利㧑谦",不违则也。

传意:爻辞云"无不利㧑谦",以其不违反法则也。盖人有明智而能谦,不自骄满,不敢违反法则,自无不利。

[原文] 六五:不富以其邻,利用侵伐,无不利。

[经意] 以,因也。不富以其邻,本国不富,因其邻之掠夺财物也。此则罪在邻国,我侵伐之,合乎正义,可得胜利,无有不利。

[传解] 以犹及也(说见《小畜》卦)。"不富以其邻",谓强暴统治者出兵掠夺其邻国(或邻邑)之财物,劳民丧财,自己不富,又使邻国亦不富。此乃害人又害己,大为不义,有人侵伐之,则有利而无不利。

[原文] 《象》曰:"利用侵伐",征不服也。

传意:爻辞云"不富以其邻,利用侵伐",因是征讨不服从王侯之制度命令,敢于掠夺邻国之财物之人也。

[原文] 上六:鸣谦,利用行师征邑国。

[经意] 鸣谦,即名谦,有名而谦也。行师,出兵。邑国,大夫之邑,诸侯之国。有名而谦,有美誉威声而不骄傲,出兵征伐邑国,自获胜利。

[传解] 与经意同。

［原文］

《象》曰："鸣谦"，志未得也。可"用行师"，征邑国也。

可用犹可以。传意：爻辞云"鸣谦利用行师征邑国"，言有名而谦，犹未能得志，邑国犹有不服，则可以出兵征伐邑国，以求得志也。

［附考］

①《象传》："地道变盈而流谦。"俞樾曰："《吕氏春秋·至忠》篇：'颜色不变。'高注曰：'变，毁也。'是变有毁义。地道变盈与天道亏盈义正相近。"此说可从。改变物之原形，即毁坏物之原形，故变可训毁。

②《彖传》："谦，尊而光，卑而不可踰。"尊字有二解：孔颖达曰："尊者有谦而更光明盛大，卑者有谦而不可踰越。（今本《正义》卑下脱"者有"二字，据《集解》引补。）此读尊为尊卑之尊，一说也。王引之曰："尊读撙节退让之撙。撙之言损也。……《系辞》传曰：'谦尊而光。谦以制礼。'《曲礼》曰：'君子恭敬撙节退让以明礼。'其义一而已矣。刘昼《新论诫盈》篇曰：'未有谦尊而不光，骄盈而不毙者也。'以谦尊对骄盈，则读尊为撙可知，盖当时《易》说有如是解者，故刘氏用之也，正与经旨相合。尊与退让同义，故书多言尊让者。《儒行》：'儒皆兼此而有之，犹且不敢言仁也。其尊让有如此者。'《乡饮酒义》：'三揖而后至阶，三让而后升，所以致尊让也。'又曰：'君子尊让则不争。'《聘义》：'三让而后传命，三让而后入庙门，三揖而后至阶，三让而后升，所以致尊让也。'《管子·五辅》篇：'夫人必知礼然后恭敬，恭敬然后尊让，尊让然后少长贵贱不相踰越。'《淮南子·泰族》篇：'恭敬尊让者，礼之为也。'尊与撙同。尊让即撙节退让也。《说文》无撙字，故多借尊为之。或通作僔。《荀子·不苟》篇：'恭敬僔绌以畏事人。'杨倞注曰：'僔与撙同。绌与黜同。谓自撙节贬损。'又通作僔。《荀子·仲尼》篇：'恭敬而僔。谨慎而嗛。'（嗛与谦同）注曰：'僔与撙同，卑退也。'"此读尊为撙让之撙。二说也。亨按两解均通。但此文似尊与卑相对为义，故从孔说。 ③《象传》："谦谦君子，卑以自牧也。"王弼曰："牧，养也。"俞樾曰："《荀子·成相》

篇:‘请牧基,贤者思。’杨倞注曰:‘牧,治也。’然则卑以自牧者,卑以自治也。《方言》曰:‘牧,司也。’又曰:‘牧,察也。’司、察二义皆与治义相近。”亨按依王说,卑以自牧谓以谦卑为自我修养;依俞说,卑以自牧谓以谦卑克制自己。皆勉强能通,而不甚切。余谓牧犹守也,卑以自牧谓以谦卑自守也。《说文》:“牧,养牛人也,从攴,从牛。”养牛人谓之牧,养牛亦谓之牧。养牛者必看守之,故牧有守义。　④ 六四:“无不利㧑谦。”《象传》释之曰:“不违则也。”亨按《释文》:“㧑郑读为宣。”盖合于传意。宣,明也,智也。《左传》僖公七年:“未宣其用。”杜注:“宣,明也。”《国语·晋语》:“武子宣法以定晋国。”韦注:“宣,明也。”《管子·心术》篇:“去欲则宣。”尹注:“宣,通也。”《诗·文王》:“宣昭义问。”《雍》:“宣哲维人。”王引之曰:“宣,明也。宣昭犹明昭,宣哲犹明哲也。”(《经义述闻》)可证宣有明智之义。然则㧑谦即宣谦,谓明智而谦也。明智而谦,则不自以为是,知深识远,而动循法则,自无不利。故《象传》曰:“不违则也。”此解以释经释传皆可通也。此外有二解可备参考:其一,《集解》引荀爽曰:“㧑犹举也。”惠栋、姚配中、张惠言等皆从之。然则㧑谦谓举动能谦也。其二,王弼曰:“指㧑皆谦,不违则也。”陆德明曰:“㧑,指㧑也。义与麾同。《书》云:‘右秉白旄以麾’是也。”朱熹曰:“㧑与挥同。”程颐、毛奇龄等说同。《说文》:“㧑,一曰:指㧑也。”指㧑即指挥。然则㧑谦谓指挥臣下作事而能谦也。此二说均勉强可通,故录之。尚有异说,皆误,从略。

# 《豫》第十六

䷏(下坤上震)

[原文] 《豫》:利建侯行师。

[经意] 《豫》,卦名。建侯,建立诸侯,封侯建国,新侯嗣位,皆曰建侯。行师,出兵。筮遇此卦,建侯、行师皆有利。

[传解] 《豫》,卦名。《释文》引马云:"《豫》,乐也。"①余与经意同。

[原文] 《彖》曰:《豫》,刚应而志行,顺以动,《豫》。

此释卦名。传首《豫》字举卦名也。《豫》,乐也。《豫》之九四为阳爻,为刚。其上下五爻皆为阴爻,为柔。上下五柔应一刚,是为"刚应",象君上得众臣民之拥护应和,如此则君上之志得行矣。其次,《豫》之下卦为坤,上卦为震。坤,顺也;震,动也。然则《豫》之卦象是"顺以动"。顺以动者,如适应自然规律,遵循社会制度等以行事也。君上既得众臣民之拥护应和,其志得行,其行也又能顺以动,则君臣皆乐。是以卦名曰《豫》。

[原文] 《豫》顺以动,故天地如之,而况"建侯行师"乎。

此释卦辞。《说文》:"如,随从也。"《豫》之卦象是顺以动。国君能顺以动,则天地亦随从其志愿,无事不利,而况建俟行师哉。

［原文］ **天地以顺动，故日月不过，而四时不忒。圣人以顺动，则刑罚清而民服。《豫》之时，义大矣哉。**

此申释卦义。《释义》引郑注云："忒，差也。"天地以顺动，所以日月之运行无过误，四时之循环无差错。圣人以顺动，则刑罚清明，万民服从。然所谓以顺动者，乃应其时而动也。动应其时则为顺。动不应其时则为逆。所以《豫》之为乐，在乐得其时，乐得其时，其意义甚大。

［原文］ **《象》曰：雷出地奋，《豫》。先王以作乐崇德，殷荐之上帝，以配祖考。**

《集解》引郑玄曰："奋，动也。殷，盛也。荐，进也。"亨按崇犹尊也。崇德谓尊崇其德而歌颂之也。配犹献也。《汉书·艺文志》引配作享，享亦献也。②《豫》之上卦为震，下卦为坤。震为雷，坤为地。然则《豫》之卦象是"雷出地"上而"奋"动也。《易传》对于雷有不科学之谬说，认为大陆地区，天暖时雷出于地上，天寒时雷返于地中。③雷出地上，震动万物，时为春季，万物皆欢乐，是以卦名曰《豫》。雷声可以震动万物，音乐可以感动天神人鬼。先王观此卦象，从而创作音乐，歌颂功德，洋洋而盛，进之上帝，献之祖考，以娱乐之。故曰："雷出地奋，《豫》。先王以作乐崇德，殷荐之上帝，以配祖考。"

［原文］ **初六：鸣豫，凶。**

［经意］ 鸣，名也。豫借为娱，享乐也。人有名而享乐，则将荒淫，弃德而废事，身败而名裂，是凶矣。

[传解] 与经意同。

[原文] 《象》曰："初六鸣豫"，志穷"凶"也。

传意：爻辞云"鸣豫凶"，言有名而享乐，则其志必穷，志在保其功名富贵，而功名富贵不可保，志在过享乐生活，而享乐生活不得过，是凶矣。

[原文] 六二：介于石，不终日，贞吉。

[经意] 《释文》："介古文作砎。"按介借为砎，坚也。王引之曰："于犹如也。"贞，占问。爻辞言：人刚坚如石，则易折毁；若其刚坚不过终日之间，即转为柔，则所占之事乃吉。

[传解] 贞，正也。余与经意同。

[原文] 《象》曰："不终日贞吉"，以中正也。

传意：爻辞云"介于石，不终日，贞吉"，以其行之中正也，即其由坚变柔，以归于中正则吉也。（若非中正则不吉）《象传》此释乃以六二之爻位为据。六二居下卦之中位，象人得中正之道。（《系辞》下："子曰：知几，其神乎。君子上交不谄，下交不渎，其知几乎。几者，动之微，吉凶之先见者也。君子见几而作，不俟终日。《易》曰：'介于石，不终日，贞吉。'介如石焉，宁用终日，断可识矣。君子知微知彰，知柔知刚，万夫之望。"此谓君子坚而速变为柔，乃见几而作。）

[原文] 六三：盱豫，悔，迟有悔。

[经意] 盱借为旴。(《释文》:"盱,姚作旴。")旴与旭同,日初出也。此旴喻人处于方在上升之时。豫,享乐。悔,小小之不幸。迟,缓也,指时间。有读为又。爻辞言:人处于如晓日初升之时,而乃享乐,则悔事将至,为时稍缓,悔事又至。

[传解] 与经意同。

[原文] 《象》曰:"盱豫有悔",位不当也。

传意:爻辞云"盱豫,悔,迟有悔",言人处于方在上升之时,而以享乐为事,则必旷其业,废其职,其人之所行与其所处之地位不相当,故悔而又悔也。《象传》此释乃以六三之爻象爻位为据。六三为阴爻居阳位,是为位不当,象人之行事与其地位不相当。

[原文] 九四:由豫,大有得。勿疑朋盍簪。

[经意] 由疑当作田,形似而误。田,田猎。豫,享乐。田豫大有得,言人田猎以行乐,则大获鸟兽,此是有益之享乐。朋,朋友。盍借为嗑,多言也。簪汉帛书《周易》作谗。按簪借为譖,为谗,进恶言以毁人也。勿疑朋嗑譖,言筮遇此爻,勿疑友人多言而谗己。(亨按由亦可读为游。古人谓田猎之事为游。[4])

[传解] 与经意同。

[原文] 《象》曰:"由豫大有得",志大行也。

此由字亦当作田。传意：爻辞云“田豫大有得”，言田猎志在得鸟兽，其乐亦在得鸟兽，今果大有得，是其志大行也。传未释“勿疑朋盍簪”句。

［原文］

六五：贞疾，恒不死。

［经意］

贞，占问。恒，久也。占问疾病，筮遇此爻，则久不死，其寿尚长。

［传解］

贞，正也。疾，灾害也。人之志行贞正，虽遇灾害，亦久不死。

［原文］

《象》曰：“六五贞疾”，乘刚也。“恒不死”，中未亡也。

乘刚，柔乘刚也。乘，凌也。柔凌刚如臣凌君，妻凌夫，弱者凌强者等是。中，正也。中未亡，正道尚未失去。传意：爻辞云“贞疾”者，言其人之志行贞正而竟遇灾害，所以遇灾害，乃以其人以柔凌刚，持正而犯上也。云“恒不死”者，言其人虽遇灾害而久不死，所以久不死，乃以其人未丧失正道也。《象传》“乘刚”之说乃以六五及九四之爻象爻位为据。六五为阴爻，为柔。九四为阳爻，为刚。六五居九四之上，是为柔乘刚，象臣凌君等等。《象传》“中未亡”之说乃以六五之爻位为据。六五居上卦之中位，象人守正中之道。

［原文］

上六：冥豫，成有渝。无咎。

［经意］

冥，日暮也。此冥喻人处于末日晦暗之时。豫，享乐。有汉帛书《周易》作或。按有读为或。渝，败也。爻辞言：人处于如暮日已落之时，而犹享乐，则已成之事或将败毁，然惩前毖后，亦可无咎。（亨又按“无咎”二字疑是衍文。）

［传解］ 与经意同。《象传》所据经本当无“无咎”二字。

［原文］ 《象》曰“冥豫”在“上”，何可长也。

在上谓人居于上位也。传意：爻辞云“冥豫，成有渝”，言其人处于末日晦暗之时，而以享乐为事，以此居上位，何能长久哉。《象传》“在上”之说乃以上六之爻位为据。上六居一卦最上之位，象人居于上位。《象传》以“何可长也”释爻辞之“成有渝”，未释爻辞之“无咎”，且“何可长也”与“无咎”意相矛盾，足证《象传》作者所据《易经》本无“无咎”二字。

［附考］ ①《序卦》论《大有》、《谦》、《豫》三卦之顺序曰：“大有而能谦必豫，故受之以豫。”谓大有而能谦必乐也。《尔雅释诂》：“豫，乐也。”豫训乐，乃借为娱。《说文》：“娱，乐也。” ②《象传》：“先王以作乐崇德，殷荐之上帝，以配祖考。”《集解》引郑玄曰：“祀天帝以配祖考者，使与天同飨其功也。故《孝经》云：‘郊祀后稷以配天，宗祀文王于明堂以配上帝’是也。”（此上帝指五方之帝，据《礼记·月令》，东方其帝大皞，南方其帝炎帝，西方其帝少皞，北方其帝颛顼，中央其帝黄帝。）后儒多从此说。亨按果如此解，则传文当云“配以祖考”，何能云“以配祖考”哉。按配字古本有异。《汉书·礼乐志》引，《白虎通·礼乐》篇引，《风俗通·声音》篇引，并作配。而《汉书·艺文志》引作享。依意当作享。《说文》：“享，献也。”《广雅·释言》：“亯，祀也。”祭祀祖考，奏乐献之，故曰“以享祖考”。其作配者，配亦享也。《说文》：“，酒色也：从酉，己声。”按酒色之义不见古书，己与配音亦异，许训非也。金文配作（《毛公鼎》），作（《宗周钟》）。其字从酉从人，亦当训享，人持酒以祭之

意。《书·吕刑》:"惟克天德,自作元命,配享在下。"配、享义同,故联用之也。 ③《象传》:"雷出地奋,《豫》。"按《易传》对于雷有不科学之谬说,认为:大陆地区,天暖时雷出于地上,《豫象传》曰"雷出地奋,《豫》"是也;天寒时雷返于地中,《复象传》曰"雷在地中,《复》"是也。滨湖地区,天暖时雷出于泽上,《归妹象传》曰"泽上有雷,《归妹》"是也;天寒时雷入于泽中,《随象传》曰"泽中有雷,《随》"是也。《初学记》一引《洪范五行传》曰:"雷二月出地百八十日,雷出则万物出。八月入地百八十日,雷入则万物入。"《汉书·五行志》:"于《易》雷以二月出,其卦曰《豫》,言万物随雷出地,皆逸豫也。以八月入,其卦曰《归妹》,言雷复归入地,则孕毓根核,保藏蛰虫,避盛阴之害。……"即承袭先秦之旧说。 ④ 九四:"由豫,大有得。"《释文》:"由马作犹。"亨进而考之,由、犹亦可读为獀。(犹、獀古通用。《周礼·考工记》辀人:"必鞧其牛后。"郑注:"故书鞧作鳗。"即其佐证。)獀,田猎也。古书多用蒐字。《国语·齐语》:"春以獀振旅。"韦注:"春田曰獀。"《礼记·祭义》:"而弟达乎獀狩矣。"(《孔子家语·正论》篇獀作蒐)《周礼》大司马:"中春振旅,……遂以蒐田。"《左传》隐公五年:"春蒐,夏苗,秋狝,冬狩。"《尔雅·释天》:"春猎为蒐。"其义并同。《公羊传》桓公四年:"秋曰蒐。"(《释文》蒐作庾,云:"本或作搜。")《谷梁传》文同。(《释文》:"蒐,麋氏本作搜。")其义稍异。两说虽殊,而獀为田猎之名则一也。此文之獀豫谓獀猎以行乐耳。余于此由字提出三解,仍以改由为田较胜。盖《易经》言田猎之事皆用田字,而田、由形极相近,实易互误也。

# 《随》第十七

䷐(下震上兑)

[原文] 《随》:元亨。利贞。无咎。

[经意] 《随》,卦名。元,大也。亨即享字,祭也。贞,占问。筮遇此卦,可举行大享之祭,是有利之占问,无灾咎。

[传解] 《随》,卦名,从也。①(《象传》亦释《随》为从,又释《随》为追。)元,大也。亨,美也。利,利物也。贞,正也。此言人有元大、亨美、利物、贞正之德,则人皆随从之,而无咎也。

[原文] 《彖》曰:《随》,刚来而下柔,动而说,《随》。

此释卦名。传首《随》字举卦名也。《随》之下卦为震,上卦为兑。震为阳卦,为刚;兑为阴卦,为柔。然则随之卦象是刚居柔下,是为"刚来而下柔",乃指君下礼于臣民。其次,震,动也;兑,说(悦)也。然则《随》之卦象又是"动而说",乃指君动而臣民悦之。君有此二者,则人皆随从之,是以卦名曰《随》。

[原文] 大"亨贞无咎",而天下随时,随时之义大矣哉。

此释卦辞。《释文》:"'大亨贞'本又作'大亨利贞'。"是也。"而天下随时,随时之义大矣哉",《释文》引王肃本作"而天下随之,随之时,义大矣哉",亦是也。②卦辞云"元亨利贞无咎”者，言君有元大、亨美、利物、贞正之德，故能无咎，而天下之人皆随之也。天下之人皆随之，贵得其时，汤伐桀，而夏人随汤，武王伐纣，而殷人随武王，皆得其时也。所以随之时，其意义甚大。

［原文］《象》曰：泽中有雷，《随》。君子以向晦入宴息。

《释文》：“嚮，本又作向。”向即嚮之俗字。王引之曰：“向犹方也。”《集解》引翟玄曰：“晦者，冥也。”冥谓暮夜也。向晦犹今言向晚也。《说文》：“宴，安也。”宴息犹今言休息也。《随》之外卦为兑，内卦为震。兑为泽，震为雷。然则《随》之卦象是“泽中有雷”。《易传》对于雷有不科学之谬说，认为滨湖地区，天寒时雷入于泽中。（详见《豫》卦）此乃雷随天时以休息，是以卦名曰《随》。泽中有雷，为天寒季节，日暮后人不便于活动。君子观此卦象及卦名，从而在向晚之时，进入内室休息。故曰：“泽中有雷，《随》。君子以向晦入宴息。”

［原文］初九：官有渝，贞吉，出门交有功。

［经意］官，官吏。官下有字，汉帛书《周易》作或。按此有字当读为或。渝，败也。贞，占问。交，俱也。爻辞言：官吏干事或失败，筮遇此爻则吉，出门则俱有功。（亨又按：官，古馆字。官有渝，馆舍有毁坏也。）

［传解］贞，正也。余与经意同。

［原文］《象》曰：“官有渝”，从正“吉”也。“出门交有

功”，不失也。

传意：爻辞云“官有渝，贞吉”，言官吏干事渝败，从贞正之道则吉也。云“出门交有功”，以其从正而不失也。

［原文］ 六二：系小子，失丈夫。

［经意］ 系，系也，以绳拴之也。小子，未成年之男子。丈夫，已成年之男子。此指俘虏而言。古人得俘虏，以绳系之，以防其逃走。今系小子而失丈夫，乃顾小失大之象。

［传解］ 与经意同。

［原文］ 《象》曰：“系小子”，弗兼与也。

与犹有也。（裴学海《古书虚字集释》有此例）传意：爻辞云“系小子，失丈夫”，言其不能兼而有之也。

［原文］ 六三：系丈夫，失小子，随有求，得。利居贞。

［经意］ 随，追逐。有犹以也。（裴学海《古书虚字集释》有此例）居贞，占问居处。爻辞言：人得俘虏，系丈夫而失小子，此顾大失小也。但小子易捉，追逐以求之，可以复得。又筮遇此爻，占问居处则利。

［传解］ 贞，正也。随有求得、利居贞，言人追逐有所求而得之，守正道乃利。（不守正道，虽得之亦不利。）余与经意同。

［原文］ 《象》曰：“系丈夫”，志舍下也。

舍借为捨。传意：爻辞云“系丈夫，失小子”，言人得俘虏，有丈夫，有小子，丈夫劳动力强，价值高，故系之；小子劳动力弱，价值低，故不系。其心宁愿舍其价值低下之小子也。

［原文］　九四：随有获，贞凶。有孚在道，以明何咎。

［经意］　随，追逐。获当读为擭，猎人捕兽之机槛也。其状未详，盖是建高大木圈，圈有门，门上有机，圈中置小豕或兔等以诱大兽。兽入门触机，门即自闭，兽不能出。贞，占问。郭沫若说：“孚恐是俘字。”于省吾曰：“明读为盟。”盟，对神发誓立约也。爻辞言：人追逐人或物，在进程中有机擭，则将陷入，此凶象也。故筮遇此爻则凶。又统治者在路中得俘虏，以盟誓约束之，有何咎哉。（亨按孚亦可训为罚。明，明察也。“有孚在道，以明何咎”，言统治者在路中加罚于其臣下，能用其明察，罚之得当，有何咎哉。）

［传解］　获亦读为擭。贞，正也。孚，信也。道，正道也。以，用也。“随有获，贞凶”，谓追逐而有机擭，其行虽正，而亦凶也。“有孚在道，以明何咎”，谓人有信在于正道，又用其明察，尚何咎哉。

［原文］　《象》曰：“随有获”，其义“凶”也。“有孚在道”，“明”功也。

义读为宜（说见《需》卦）。《小尔雅·广诂》：“功，事也。”传意：爻辞云“随有获，贞凶”，盖追逐而有机擭，必闯入祸门，其事固宜凶也。云“有孚在道，以明何咎”，明谓明察于事功也。既信守于正道，又明察于事功，有何咎哉。

［原文］ **九五：孚于嘉，吉。**

［经意］ 孚，古俘字，掠夺人口财物也。嘉，美也，指兴旺之时。爻辞言：掠夺他国他邑之人口财物在自己兴旺之时，则吉，因被掠夺者不敢报复也。（奴隶主时时出外掠夺。）

［传解］ 孚，信也。嘉，善也。人之信守在于善，则吉。（若信守在于不善，何能吉哉。）

［原文］ **《象》曰："孚于嘉吉"，位正中也。**

位犹立也。传意：爻辞云"孚于嘉，吉"，以其立于正中之道也。盖所谓"嘉"者非它，即正中之道。"孚于嘉"非它，即信守正中之道。信守正中之道，自得吉福矣。《象传》此释乃以九五之爻位为据。九五居上卦之中位，象人守正中之道。

［原文］ **上六：拘系之，乃从维之，王用亨于西山。**

［经意］ 拘，囚也。系亦系也。孙经世曰："乃犹又也。"（《经传释词补》从读为纵，释放也。维读为趡。《广雅·释室》："趡，犇（奔）也。"即急走之义。亨即享字，祭也。西山，岐山，在镐京之西，故称西山。此乃写周文王之故事。殷纣囚系文王于羑里，又释放使之走去。文王既归周，祭祀西山，以报答神之保佑。爻辞借此故事以示占者可免于灾难。（郭沫若说："《随》上六似言用人牲供祭。人牲是由战争得来之俘虏。六二：'系小子，失丈夫。'六三：'系丈夫，失小子。'其所系分明是人。故'拘系之'与'从维之'之"之"，非上文之小子即丈夫。"〔此录其大意〕《广雅·释诂》："维，系也。"然则此爻辞言：得俘虏拘系之，又从而缚绑之，

周王用之祭祀西山之神。此解亦甚圆通。)

［传解］ 与经意同。本爻曰:"王用亨于西山。"《升》六四曰:"王用亨于岐山。"亨是享祭之享极为明显,故《易传》亦释为享,不释为美或通也。(传解不同于郭说)

［原文］ 《象》曰:"拘系之",上穷也。

上,君上,指爻辞之"王"。传意:爻辞云"拘系之",言王被囚系,乃处于困穷之境地也。《象传》此释乃以上六之爻位为据。上六居一卦之上位,又居一卦之尽头,象君上处于困穷之境地。

［附考］ ① 陆德明曰:"《随》,从也。"《序卦》释《豫》、《随》、《蛊》三卦之顺序曰:"《豫》必有随,故受之以《随》。以喜随人者必有事,故受之以《蛊》。《蛊》者,事也。"可见《易传》训随为从,即追随之义也。引申之为追逐之义。 ②《彖传》:"大亨贞无咎,而天下随时,随时之义大矣哉。"《释文》引王肃本作"而天下随之,《随》之时,义大矣哉"。亨按王本是也。以《彖传》之意言之,"而天下随之",谓天下随其人,非谓天下随时也。"《随》之时义大矣哉",谓天下随其人而得时宜,其意义甚大,非谓随时之意义甚大也。足证王肃本不误。此其一也。以《彖传》之句法言之,《豫彖传》曰:"《豫》之时,义大矣哉。"《颐彖传》曰:"《颐》之时,大矣哉。"《大过彖传》曰:"《大过》之时,大矣哉。"《坎彖传》曰:"险之时,用大矣哉。"《遯彖传》曰:"《遯》之时,义大矣哉。"《睽彖传》曰:"《睽》之时,用大矣哉。"《蹇彖传》曰:"《蹇》之时,用大矣哉。"《解彖传》曰:"《解》之时,大矣哉。"《姤彖传》曰:"《姤》之时,义大矣哉。"《革彖传》曰:"《革》之时,大矣哉。"《旅彖传》曰:"《旅》之时,义大矣哉。"皆先言某卦之时,而后言"义大矣哉"或"用大矣哉"或"大矣哉"以赞之。然则《随》卦"随时之义大矣哉"当作"《随》之时,义大矣哉",明矣。"而天下随时"当作"而天下随之",亦明矣。足证王肃本不误。此其二也。

# 《蛊》第十八

䷑(下巽上艮)

[原文] 《蛊》:元亨。利涉大川,先甲三日,后甲三日。

[经意] 《蛊》,卦名。元,大也。亨即享字,祭也。我国上古历法:每年十二月。(有闰月置于岁末)每月三旬。每旬十日,以甲、乙、丙、丁、戊、己、庚、辛、壬、癸十字记之。每旬之第一日为甲日,第二日为乙日,第三日为丙日,余以类推。据甲骨刻辞,殷代已用此历法。先甲三日为辛日,后甲三日为丁日。卦辞言:筮遇此卦,可举行大享之祭;涉大川则利,但须在甲前三日之辛日与甲后三日之丁日。

[传解] 《蛊》,卦名。《序卦》曰:"《蛊》者,事也。"① 元,大也。亨,美也。"《蛊》元亨,"言其事宏大而嘉美。余与经意同。

[原文] 《彖》曰:《蛊》,刚上而柔下,巽而止,《蛊》。

此释卦名。传首《蛊》字举卦名也。《蛊》,事也。《蛊》之上卦为艮,下卦为巽。艮为阳卦,为刚;巽为阴卦,为柔。然则《蛊》之卦象是"刚上而柔下",乃指君上处于上,臣民处于下。其次,巽,巽也,谦逊也;艮,止也。然则《蛊》之卦象又是人"巽而止",即谦逊而静止。君臣上下各居其位,不相凌越,谦逊而不骄傲,静止而不妄动,治国之事要在于此,是以卦名曰《蛊》。

[原文]

**《蛊》“元亨”，而天下治也。**

《蛊》卦辞云“元亨”者，言治国之事宏大而嘉美，则天下治也。

[原文]

**“利涉大川”，往有事也。**

卦辞云“利涉大川”，《蛊》既是事，则涉大川非以遨以游，而是有所事事也。

[原文]

**“先甲三日，后甲三日，”终则有始，天行也。**

有读为又。天行，王引之训为天道。（说见《乾》卦）是也。卦辞云“先甲三日、后甲三日”，乃以天道为据也。盖由甲前之三日至甲后之三日，共为七日。天道之运行始于一而复于七，终则又始，往复循环。然则甲前三日之辛日既利涉大川，则由辛日下数至第七日，即甲后三日之丁日亦利涉大川矣。《彖传》以为天道至七而复，盖以天道之四时为据。以古代之气候学言之，春夏为阳气处于统治地位时期，共为六个月。秋冬为阴气处于统治地位时期，共为六个月。阴气自正月退出统治地位，至七月（正月后第七个月）又进入统治地位，是阴气至七而复。阳气自七月退出统治地位，至正月（七月后第七个月）又进入统治地位，是阳气至七而复。阴阳二气皆至七个月而复，终则又始，循环不已，即《彖传》所谓“终则又始，天行也。”《复》卦辞曰：“反复其道，七日来复。”《彖传》曰：“反复其道，七日来复，天行也。”亦以天道释至七而复，义与此同。（《周易》卦之爻数亦至七而复，每卦六爻，初、二、三、四、五、上，依次数之，数至第七，则复于原爻。正是至七而复。然则《易传》认为《易》卦之爻数至七而复，乃代表天道。）

[原文] 《象》曰：山下有风，《蛊》。君子以振民育德。

《广雅·释诂》："振，动也。"振民谓教民。《蛊》之上卦为艮，下卦为巽。艮为山，巽为风。然则《蛊》之卦象是"山下有风"。按《象传》以山比贤人，以风比德教，以山下有风比贤人在上位，宣德教于民。此乃治国之大事，是以卦名曰《蛊》。君子观此卦象及卦名，从而以德教振动万民，以育其德。故曰："山下有风，《蛊》。君子以振民育德。"

[原文] 初六：干父之蛊，有子，考无咎，厉终吉。

[经意] 干，除去也，即今语干掉之干。蛊，毒虫，以喻小人（小人指奸巧之人）。考，父也。古者父在父没皆称考。厉，危也。爻辞言：子能除去其父之益虫，有子如此，则父无灾咎，虽有危险亦终吉。（于省吾曰："考孝金文通用。有子考即有子孝。"）

[传解] 干犹为也，即今干事之干。[②]蛊，事也。余与经意同。

[原文] 《象》曰："干父之蛊"，意承"考"也。

传意：爻辞云"干父之蛊，有子，考无咎"，言子干其父之事，志在继承其父也。有子如此，父则无咎矣。

[原文] 九二：干母之蛊，不可贞。

[经意] 干，除去也。蛊，毒虫，以喻小人。不可贞，所占问之事不可为。爻辞言：子欲除去其母之益虫，例如欲除去其母之宠男，此不可为之事。（春秋时，卫灵公之夫人南子与宋公子朝

通奸，其子蒯聩欲除去之，结果蒯聩被废黜，是其类。）

［传解］ 《易传》之读法是"干母之蛊，不可，贞。"干犹为也。蛊，事也。贞，正也。爻辞言：子干其母之事，其母不以为可，然子为母服劳，亦是正道。

［原文］ 《象》曰："干母之蛊"，得中道也。

中，正也。传意：爻辞云"干母之蛊，不可，贞"，言子干其母之事，得正中之道也。《象传》此释乃以九二之爻位为据。九二居下卦之中位，象人得正中之道。

［原文］ 九三：干父之蛊，小有悔，无大咎。

［经意］ 干，除去也。蛊，毒虫，以喻小人。爻辞言：子除去其父之蛊虫，将受其父之怒责，有小小之不幸，无大咎。

［传解］ 干犹为也。蛊，事也。爻辞言：子能干其父之事，以无干事之经验，犯小错误，有小小之不幸，但无大咎。

［原文］ 《象》曰："干父之蛊"，终"无咎"也。

传文对经未加申释。

［原文］ 六四：裕父之蛊，往见吝。

［经意］ 裕，宽容也。蛊，毒虫，以喻小人。吝，难也。爻辞言：子宽容其父之蛊虫，前往将遇见艰难。因似毒虫之小人将破坏其父之事业。

[传解] 裕,扩大也。蛊,事也。爻辞言:子扩大其父之事,前往将遇见艰难。因其无经验,不免有过失。

[原文] 《象》曰:"裕父之蛊",往未得也。

得犹当也。《礼记·大学》:"虑而后能得。"郑注:"得谓得事之宜也。"即此义。处事当谓之得,处事不当谓之失。传意:爻辞云"裕父之蛊、往见吝",固其往而为之未当,故遇见艰难也。

[原文] 六五:干父之蛊,用誉。

[经意] 干,除去也。蛊,毒虫,以喻小人。子除去其父之益虫,因而有名誉。

[传解] 干犹为也。蛊,事也。余与经意同。

[原文] 《象》曰:"干父用誉",承以德也。

传意:爻辞云"干父之蛊用誉",言子干其父之事而有名誉,因子以德继承其父也。(若承以非德,何能有誉哉。)

[原文] 上九:不事王侯,高尚其事。

[经意] 下事字,伪《孟子·外书文说》篇引作志,必有所据,当从之。又此两句下,汉帛书《周易》有"德兇"二字,当据补。德读为得。兇读为凶。爻辞乃指伯夷、叔齐而言。意谓:夷齐不为周臣,高尚其志,而得凶祸,饿死于首阳山。(或曰:"德,德

行也。夷齐反抗周王朝，周人认为其德行是凶。”）

[传解]

《象传》所据经文与今本同，以为赞扬隐居不仕之士。

[原文]

《象》曰：“不事王侯”，志可则也。

《尔雅·释诂》：“则，法也。”“志可则”，言其人之志可以效法。

[附考]

①《序卦》曰：“《蛊》者，事也。”王引之曰：“蛊又为事。《释文》曰：‘蛊一音故。’蛊之言故也。《周官》占人：‘以八卦占筮之八故。’郑注曰：‘八故谓八事。’襄二十六年《左传》：‘问晋故焉。’昭三十年《公羊传》：‘习乎邾娄之故。’杜预、何休注并曰：‘故，事也。’蛊训为事，故《太玄》有《事》首以象《蛊》卦。……《尚书大传》曰：‘乃命五史，以书五帝之蛊事。’蛊事犹故事也。”按王说不合于经意，但合于传意。 ②初六：“干父之蛊。”俞樾曰：“《蛊》卦诸干字并当作斡。《说文》斗部：‘斡，蠡柄也。’柄则有秉执之义，故引申之得训为主。字亦通作管。《汉书·食货志》：‘欲擅斡山海之货。’师古注曰：‘斡读与管同，谓主领也。’又《车千秋传》：‘自以为国家兴榷筦之利。’注曰：‘莞即管字，义与斡同，皆谓主也。’盖古音斡与管相近。《匡谬正俗》引《字林》曰：‘斡音管，故其义亦通用。’斡父之蛊，斡母之蛊，并言主领其事也。汉隶或以干为斡。《执金丞武荣碑》：‘内干三事。’干即斡也。《汉书·窦宪传》：‘内干机密。’《刘向传》：‘干尚书事。’其字并作干。盖皆沿汉隶之讹。此卦诸干字犹是矣。”亨按俞说不合于经意，但合于传意。盖主其事，管其事，为其事，辨其事，皆谓之干。《乾文言》曰：“贞固足以干事。”是其例也。

# 《临》第十九

☷(下兑上坤)

[原文] 《临》:元亨。利贞。至于八月有凶。

[经意] 《临》,卦名。元,大也。亨即享字,祭也。贞,占问。筮遇此卦,可举行大享之祭,乃有利之占问,但至于八月则有凶祸。

[传解] 《临》,卦名,临民也,治民也。[1]元,大也。亨,美也。利,利物也。贞,正也。"《临》元亨利贞",谓治民须有元大、亨美、利物、贞正之德。余与经意同。

[原文] 《彖》曰:《临》,刚浸而长,说而顺,刚中而应。

此释卦名。传首《临》字举卦名也。程颐曰:"浸,渐也。"《临》卦之最下两爻为阳爻,为刚;其上四爻皆为阴爻,为柔。然则《临》之爻象是"刚浸而长",即阳渐渐生长,象君子之道渐长。其次,《临》之下卦为兑,上卦为坤。兑,说(悦)也;坤,顺也。然则《临》之卦象是"说而顺",即人之态度和悦而行事又顺。再次,《临》之九二为阳爻,为刚,居下卦之中位。六五为阴爻,为柔,居上卦之中位。两同位爻,六五之柔应九二之刚,是为"刚中而应",象君有正中之德,而臣民以中正之德应和之。综之,《临》之卦爻象是君子之道渐长,态度和悦而行事顺,在君位有正中之德而臣民应和。此乃治国临民之道也,是以卦名曰《临》。

［原文］ **大“亨”以正，天之道也。**

卦辞云“元亨利贞”者，元，大也。贞，正也。此言临民者须有元大、亨美、利物、贞正之德也。元大、亨美而又贞正，是天道也。临民者有此三德，是法天也。(《彖传》未举利字)

［原文］ **“至于八月有凶”，消不久也。**

卦辞云“至于八月有凶”者，言八月之时，阳气已消衰，不能长久也。《临》之卦为刚浸而长，即阳浸而长。阳气浸长，春时也。至于八月则是中秋，阳气消衰矣，草木凋而昆虫死，岂不凶哉。传意盖谓临民者不增修其德，亦将进入消亡之运，天道固如此也。

［原文］ **《象》曰：泽上有地，《临》。君子以教思无穷，容保民无疆。**

“君子以教思无穷，容保民无疆”，即君子以教思民无穷，容保民无疆。“教思”下冒下文省“民”字。思，念也，即今语所谓关心。《逸周书·谥法》篇：“大省兆民曰思。”是其义也。教思民谓教育民众，关心民众。容保民谓包容民众，保护民众。《临》之下卦为兑，上卦为坤。兑为泽，坤为地。然则《临》之卦象是“泽上有地”，即地高出于泽上，地包容泽。按《象传》以泽比民。地包容泽，象土地包容民众，君上则临治之，是以卦名曰《临》。君子观此卦象及卦名，从而教民思民，至于无穷，容民保民，至于无疆。故曰：“泽上有地，《临》。君子以教思无穷，容保民无疆。”(《象传》歪曲事实，美化统治者。)

［原文］ **初九：咸临，贞吉。**

[经意] 此咸字借为諴。《说文》:"諴,和也。"临,治民也。贞,占问。以和临民,则其占吉。

[传解] 咸借为感。② 贞,正也。以感化之道临民,君上之行正乃吉。

[原文] 《象》曰:"咸临贞吉",志行正也。

传意:爻辞云"咸临贞吉",言君上以感化临民,必其人之志行正,足以作民之模范,始能得吉也。

[原文] 九二:咸临,吉,无不利。

[经意] 此咸字疑当作威,形似而误。威临,以刑威临民也。以刑威临民,则民畏服,不敢为非。自吉而无不利。(亨又按咸,杀戮也。咸临谓以刑杀临民。③)

[传解] 与经意同。

[原文] 《象》曰:"咸临吉无不利",未顺命也。

此咸字亦当作威。传意:爻辞云"威临吉无不利,"因民不顺从君上之命令,敢于违抗,故临之以刑威,则吉而无不利也。

[原文] 六三:甘临,无攸利;既忧之,无咎。

[经意] 甘当读为拑,强制压迫也。忧当读为优,宽和也。以强制压迫临民,是无所利;然既改为宽和,则无咎。

[传解] 与经意同。

[原文] 《象》曰:“甘临”,位不当也。“既忧之”,“咎”不长也。

传意:爻辞云“甘临无攸利”,因以强制压迫临民,非临民之道。居临民之位,而行非临民之道,其道与其位不相当,故无所利也。云“既忧之无咎”,言既改用宽和,则其咎将去,不能长在也。《象传》“位不当”之说乃以六三之爻象爻位为据。六三为阴爻居阳位(第三爻为阳位),是为“位不当”,象人之行事不称其职位。

[原文] 六四:至临,无咎。

[经意] 至临犹亲临,君上亲至理政以临民。亲临则朝无废事,臣无窃权,可以无咎。

[传解] 与经意同。

[原文] 《象》曰:“至临无咎”,位当也。

传意:爻辞云“至临无咎”,盖君上亲至以临民,是居其位能负其责,尽其职,其行事与其职位相当,故无咎也。《象传》此释乃以六四之爻象爻位为据。六四为阴爻居阴位(第四爻为阴位),是为“位当”,象人之行事称其职位。

[原文] 六五:知临,大君之宜,吉。

[经意] 知读为智。大君,大国之君。宜,得当。以明智临民,则大君处理政事得当,自为吉。

[传解] 与经意同。

[原文] 《象》曰:“大君之宜”,行中之谓也。

中,正也。传意:爻辞云“知临,大君之宜,吉”,言大君以智临民,能明辨是非善恶利害,其行合乎正道,故吉也。《象传》此释乃以六五之爻位为据。六五居上卦之中位,象人之行事得正中之道。

[原文] 上六:敦临,吉,无咎。

[经意] 敦,考也。“敦临吉无咎”,谓以考察之道临民,则知之周详,施政得当,故吉而无咎。(参见《复》卦)(《集解》引荀爽说,释敦为敦厚。惠栋曰:“敦,厚也。”君以敦厚之道临民,则民悦服,自吉而无咎。)

[传解] 训敦为厚。

[原文] 《象》曰:“敦临”之“吉”,志在内也。

传意:爻辞云“敦临,吉,无咎”,君上以敦厚临民,乃因其敦厚之心存于内,以施于政事,故得吉也。

[附考] ①《临》卦之临,《彖传》、《象传》皆训为临民,与爻辞之临字义合。《序卦》曰:“《临》者,大也。”非《彖》、《象》之意也。《易传》各篇非一人所作,其说有歧,不足怪。 ② 初九曰:“咸临,贞吉。”王弼曰:“咸,

感也。"《集解》引虞翻曰："咸，感也。"训咸为感，即读咸为感。《咸彖传》曰："《咸》，感也。"则训咸为感，《彖传》中已有此例。王、虞之说不合于经意，但合于传意。　③ 九二曰："咸临吉，无不利。"亨按此咸字又似用其本义。《说文》："咸，皆也，悉也。从口，从戌。戌，悉也。"此解不通。甲骨文咸作（《殷虚书契前编》卷一第四十三叶）。金文作（史兽鼎）。咸即砍杀之砍，从戌，口象物形。戌即钺字，大斧也。象以斧砍物之形。《书·君奭》曰："咸刘厥敌。"《逸周书·世俘》篇曰："则咸刘商王纣。"咸刘犹杀戮也。咸临谓以刑杀临其民，与威临意相近。

# 《观》第二十

䷓(下坤上巽)

[原文] 《观》:盥而不荐,有孚颙若。

[经意] 《观》,卦名。盥读为灌,祭祀时以酒灌地以迎神。荐,献也,献牲于神。古代祭礼,先灌而后荐。郭沫若说:"孚恐是俘字。"颙若犹颙然,身体高大之貌。卦辞言:祭者灌酒而不献牲,因有俘虏颙若,杀之以当牲也。

[传解] 《观》,卦名,看也,察也。首句与经意同。孚,信也。《集解》引马融曰:"颙,敬也。"此训似合于传意。爻辞言:祭者灌酒而不献牲,其物不丰,其礼不备,然有忠信之心而又肃敬,此亦可观者也。

[原文] 《彖》曰:大观在上,顺而巽,中正以观天下,《观》。

此释卦名。大观犹遍观也。在上,在君上之位。《观》之九五为阳爻,为君,居上卦之中位,即居一卦之尊位,此象君在上居君位。其下四爻皆为阴爻,为臣,为民。九五在四阴爻之上,象君在上俯临众臣民,观察众臣民,是为"大观在上"。其次,《观》之下卦为坤,上卦为巽。坤,顺也;巽,巽也,谦逊也。然则《观》之卦象又是"顺而巽",指人有柔顺谦逊之德。再次,《观》之九五居上卦之中位,六二居下卦之中位,是为"中正",象君臣各守正中之道。综之,《观》之卦象是君在上位,遍观臣民,有柔顺谦逊之德,守正中之道,以观天下。是以卦名曰《观》。

[原文] **“盥而不荐,有孚颙若”,下观而化也。观天之神道,而四时不忒。圣人以神道设教,而天下服矣。**

此释卦辞。“而四时不忒”之而,犹以也。《集解》引虞翻曰:“忒,差也。”卦辞云“盥而不荐,有孚颙若”,谓国君祭神,灌酒而不献牲,但有忠信之心而又肃敬,则臣民观而化之,亦能以忠信肃敬对神矣。故曰:“下观而化也。”人之所以祭神,因天上有神而神有神道也。何以观天之神道?以其四时运行而无差错。故曰:“观天之神道,而四时不忒。”圣人因而以神道设教,教人信神,信神能赏善而罚恶,信神掌握人之富贫贵贱,则不敢越礼为奸,犯上作乱。故曰:“圣人以神道设教,而天下服矣。”(《彖传》一、指出统治者迷信神道,可以感染臣民;二、曲解自然规律,以证明神道之存在;三、力言以神道设教有麻醉人民之功用。)

[原文] **《象》曰:风行地上,《观》。先王以省方观民设教。**

《说文》:“省,视也。”《尔雅·释诂》:“省,察也。”方犹邦也。《观》之上卦为巽,下卦为坤。巽为风,坤为地。然则《观》之卦象是“风行地上”。按《象传》以风比德教,以风行地上比德教行于各地。国君巡视邦国,观察民情,正是推行德教之活动,是以卦名曰《观》。先王观此卦象及卦名,从而省方观民设教。故曰:“风行地上,《观》。先王以省方观民设教。”

[原文] **初六:童观,小人无咎,君子吝。**

［经意］ 童观,幼稚之观察。小人,庶民之通称。君子,贵族与士之通称。吝,难也。爻辞言:童观所见者浅鲜,在事务简单之小人则无害;在事务复杂之君子则遇艰难。(此乃古代奴隶主轻视人民之论点)

［传解］ 与经意同。

［原文］ 《象》曰:"初六童观","小人"道也。

传意:爻辞之"童观",本是小人认识事物之方法。

［原文］ 六二:闚观,利女贞。

［经意］ 闚与窥同。闚观,从门隙或穴孔中以视也。贞,占问。爻辞言:闚观所见者极小,以此认识事物,在不出闺房,不与外物接触之女子有所占问,则有利。(此乃古代奴隶主轻视女子之论点)

［传解］ 贞,正也。女子窥视男人,其利在女子之贞正。(不正则淫矣。)

［原文］ 《象》曰:"闚观女贞",亦可丑也。

传意:爻辞之"闚观"指女子窥视男人,女子虽有贞正之操,亦可丑之事也。

［原文］ 六三:观我生,进退。

［经意］ 观，考察。生，古语称百官为生，亦称庶民为生。国君考察自己之百官庶民，则知自己用人施政之得失，从而对人有所进用，有所退斥，对事有所进行，有所退止。

［传解］ 生，仅是庶民之称。（九五《象传》可证）余与经意同。

［原文］ 《象》曰："观我生进退"，未失道也。

传意：爻辞云"观我生进退"，言考察己之庶民之情况，则用人施政有所进退，不失其正道也。

［原文］ 六四：观国之光，利用宾于王。

［经意］ 国之光，国家政绩风俗等之光辉。宾，作客。筮遇此爻，诸侯或其臣往朝于王，以观王国之光，作王之宾客，则利。

［传解］ 与经意同。

［原文］ 《象》曰："观国之光"，尚"宾"也。

《音训》："尚宾，晁氏曰：'京、陆绩作上宾。'"姚配中曰："尚，上也。"按尚读为上。王位在上，诸侯或其臣位在下，故诸侯或其臣来作王之宾客，谓之上宾。传意：爻辞云"观国之光，利用宾于王"，乃言上至王朝，作王之宾客也。

［原文］ 九五：观我生，君子无咎。

［经意］ 观，考察。生，百官庶民。君子，指国君。国君考察自己之百官庶民之情况，则用人施政得当，可以无咎。

[传解] 生，仅指庶民。余与经意同。

[原文] 《象》曰："观我生"，观民也。

《象传》以民释经文之生。

[原文] 上九：观其生，君子无咎。

[经意] 观，考察。其犹彼也，指他国。生，百官庶民。君子，指国君。国君考察他国之百官庶民，则知其用人施政之得失，从而对外之方针得当，可以无咎。

[传解] 生，仅指庶民。余与经意同。

[原文] 《象》曰："观其生"，志未平也。

平借为辨，谓辨明也。①传意：爻辞云"观其生"，言国君考察他国之庶民，因其心中未能辨明他国庶民之情况也。

[附考] ①《象传》："观其生，志未平也。"亨按平借为辨。二字古通用。《书·尧典》："平秩东作。"《周礼》冯相氏郑玄注平作辨。《文选·典引》："惇睦辨章之化洽。"蔡邕注："《尚书》曰：'平章百姓。'辨与平古字通。"并其证。

# 《噬嗑》第二十一

䷔(下震上离)

[原文] 《噬嗑》:亨。利用狱。

[经意] 《噬嗑》,卦名。亨即享字,祭也。用犹于也。狱,讼也。筮遇此卦,可举行享祭,利于讼狱。

[传解] 《噬嗑》,卦名。《序卦》释《噬嗑》曰:"嗑者,合也。"王弼曰:"噬,啮也。嗑,合也。"以齿咬物为噬,阖口为嗑。噬嗑即口中含物而咀嚼之。比喻它事,则是问题在心,玩味而思考之。亨,通也。狱,讼也。人有问题在心,玩味而思考之,则行事亨通,讼事有利矣。

[原文] 《彖》曰:颐中有物曰《噬嗑》。

此释卦名。颐,腮也。

[原文] 《噬嗑》而"亨",刚柔分,动而明,雷电合而章。

此申释卦名及卦辞之"亨"。分当作交,形近而误。①章,显明也。《噬嗑》之下卦为震,上卦为离。震为阳卦,为刚;离为阴卦,为柔。刚在下,柔在上,是为"刚柔交"。乃象人之刚齿柔舌交用,以咀嚼食物,又象人之刚柔交用,以解决问题。其次,震,动也;离,明也。然则《噬嗑》之卦象又是"动而明",即人之行动明察,非盲动也。再次,震为雷,离为电。然则噬嗑之卦象又是"雷电合而章"。雷以喻人之威,电以喻人之明,雷电合而章以喻人之威明结合而显明。此卦所以名《噬嗑》者，以其卦象是刚柔相交，人颐中有物，以齿之刚啮其物，以舌之柔知其味，正是刚柔交用，是以卦名曰《噬嗑》。《噬嗑》卦所以云“亨”者，以《噬嗑》之卦义是玩味问题，《噬嗑》之卦象是人能刚柔交用，动而明察，威明结合，如此则行事亨通，是以卦辞曰“亨”。

［原文］　**柔得中而上行，虽不当位，“利用狱”也。**

此释卦辞之“利用狱”。《噬嗑》之六二为阴爻，为柔，居下卦之中位，六五亦为阴爻，为柔，居上卦之中位，是为“柔得中”，象臣民或弱者得正中之道。其次，六二、六三、六五皆为阴爻，为柔。柔由第二爻上升至第三爻、第五爻，是为“柔上行”，象臣民或弱者之势力上升。再次，六二之柔上升至六三，是阴爻居于阳位，上升至六五，亦是阴爻处于阳位（第三爻第五爻皆为阳位），是为“不当位”，象臣民或弱者不处于适当之地位或环境。综之，《噬嗑》之爻象是臣民得正中之道，其势力亦上升，虽其地位或环境仍属不利，但讼狱亦能获胜，是以卦辞云“利用狱”。

［原文］　**《象》曰：电雷，《噬嗑》。先王以明罚敕法。**

电雷原作雷电，据项安世引汉石经移正。②《释文》：“敕，《字林》作勅。郑云：‘勅犹理也。’一云：‘整也。’”敕、勅古通用，修正整理之义。《噬嗑》之上卦为离，下卦为震。离为电，震为雷。然则《噬嗑》之卦象是电与雷，即电雷并作。按《象传》以电比人之明察，以雷比刑。卦象是上电下雷，《象传》之文是先电后雷，故此是比明察于刑罚，即修明刑罚。（与《丰》䷶有别）先王观此卦象，从而明察其刑罚，修正其法律。然欲明察其刑罚,修正其法律,必须玩味刑法条文,以知其利弊,正如口含食物,咀嚼以知其味,是以卦名曰《噬嗑》。故曰:“电雷,《噬嗑》。先王以明罚敕法。”

[原文] 初九:屦校灭趾,无咎。

[经意] 屦汉帛书《周易》作句。屦句古通用,均当读为娄,曳也。校,木制囚人之刑具,加于颈者谓之枷,加于手者谓之梏,加于足者谓之桎,通谓之校。此校字则是桎。灭,割去也。趾,足指也。爻辞当是写奴隶,意谓:奴隶足上曳校,足指被割去,是受奴隶主之轻刑。奴隶受此轻刑,小惩大戒,不致再受重刑,则无咎矣。

[传解] 与经意同,但认为不专指奴隶。

[原文] 《象》曰:“屦校灭趾”,不行也。

传意:爻辞云“屦校灭趾,无咎”,言人犯小罪而受轻刑,小惩大戒,不再行其犯罪之事,故无咎也。(《系辞》下:“子曰:小人不耻不仁,不畏不义,不见利不劝,不威不惩。小惩而大诫,此小人之福也。《易》曰:‘屦校灭趾,无咎。’〔屦原作履,《释文》、《集解》均作屦,今据改。〕此之谓也。”)

[原文] 六二:噬肤灭鼻,无咎。

[经意] 噬,用牙咬,犹吃也。肤,肉也。灭,割去也。爻辞当是写奴隶,意谓:奴隶越其分而吃肉,触怒奴隶主而割其鼻。割鼻是轻刑。奴隶受此轻刑,小惩大戒,不致再受重刑,则无咎矣。

[传解] 与经意同,但认为不专指奴隶。

[原文] 《象》曰:"噬肤灭鼻",乘刚也。

乘刚,柔乘刚也。乘,欺凌也。六二为阴爻,为柔。初九为阳爻,为刚。六二居初九之上,是为柔"乘刚",象民欺凌其君也。传意:爻辞云"噬肤灭鼻",言人贪婪而吃非分之肉,致受割鼻之刑,因其以下犯上,以柔乘刚也。

[原文] 六三:噬腊肉遇毒,小吝,无咎。

[经意] 腊肉,干肉。遇毒,如干肉生虫,含有毒素等是。吝,难也。爻辞言:用齿嚼干肉而遇毒,毒仅在口中,未咽入腹内,是有小小之艰难,未成灾咎。

[传解] 与经意同。

[原文] 《象》曰:"遇毒",位不当也。

位不当,人之行事不称其职位也。传意:爻辞云"噬腊肉遇毒",乃喻人越其职位,贪取财利,而遭受打击或制裁,其行事不称其职位也。但财物未入囊中,未构成罪行,其人仅遇打击或制裁之小小艰难,未受刑罚,故爻辞云"小吝,无咎"。《象传》"位不当"之说乃以六三之爻象爻位为据。六三为阴爻,居阳位(第三爻为阳位),是为"位不当",象人之行事不称其职位。

[原文] 九四:噬干胏得金矢,利艰贞,吉。

[经意]

胏,肉带骨谓之胏。金,铜也。矢,指镞,箭头也。人以弓矢射兽,矢著兽体,镞折而钳于骨中,未剔出,故人在啃骨吃肉时发现此物。贞,占问。艰贞,占问艰难之事。爻辞言:以齿咬带骨之干肉而得铜箭头,是吃肉而遇艰难,然弃其骨与箭头,仍有肉吃。故筮遇此爻,占问艰难之事有利,而归于吉。

[传解]

"利艰贞吉",《易传》之读法是:"利艰,贞吉。"利艰谓利于艰难之中。贞,正也。贞吉谓合乎正道故吉。余与经意同。

[原文]

《象》曰:"利艰贞吉",未光也。

传意:爻辞云"噬干胏得金矢,利艰,贞吉",乃比喻人取利而遇艰难,得利于艰难之中,以其合乎正道,故吉;但犹有艰难存在,未入光明之境也。

[原文]

六五:噬干肉得黄金,贞厉,无咎。

[经意]

噬干肉得黄金,盖有人置黄金粒于干肉之中,以谋害食者,食者以齿嚼之,而发现黄金粒也。贞,占问。厉,危也。爻辞言:人噬干肉而得黄金粒,黄金粒甚小,不易发现,咽入腹中,食者必病甚至于死,可谓危险矣。然既发现,自无灾咎。故筮遇此爻,危险而无咎。

[传解]

"贞厉无咎",《易传》之读法是:"贞,厉无咎。"言志行正虽危亦无咎。余与经意同。

[原文]

《象》曰:"贞厉无咎",得当也。

当犹正也。不言得正而言得当，以当与上下文谐韵耳。传意：爻辞云“噬干肉得黄金，贞厉无咎”，乃比喻人取利而利中有毒计，甚危险；但取利以正道，虽危险亦无咎。《象传》此释是以六五之爻位为据。六五居上卦之中位，是为“得当”，象人得正当之道。

［原文］ 上九：何校灭耳，凶。

［经意］ 何，负也，担在肩上。校，枷也。灭，割去也。爻辞当是写奴隶，意谓：奴隶肩上负枷，耳被割去，此是奴隶主遣其人到别地而役之（如后世所谓“发配”），或遣其人到刑场而杀之，故凶。

［传解］ 与经意同，但认为不专指奴隶。

［原文］ 《象》曰：“何校灭耳”，聪不明也。

《广雅·释诂》：“聪，听也。”《夬》九四《象传》曰：“闻言不信，聪不明也。”孔颖达疏：“聪，听也。”传意：爻辞云“何校灭耳，凶”，盖其人犯重罪而受重刑，乃因其听不明，昧于利害，故招凶祸也。（《系辞》下：“子曰：……善不积，不足以成名。恶不积，不足以灭身。小人以小善为无益而弗为也，以小恶为无伤而弗去也，故恶积而不可掩，罪大而不可解。《易》曰：‘何校灭耳，凶。’”）

［附考］ ①《象传》：“刚柔分。”亨按分当作交，隶书楷书交字与分形近，篆文交作，分作，形亦相近，故误。《易传》之例，阳卦在上，阴卦在下，为刚柔分。《节》（䷻）《象传》曰：“刚柔分。”《节》之上卦为坎，下卦为

兑,坎为阳卦,为刚,兑,为阴卦,为柔,故曰“刚柔分”。即其例。阳卦在下,阴卦在上,为刚柔交。《泰》(䷊)《彖象传》并曰:“天地交。”《泰》之下卦为乾,上卦为坤,乾为天,坤为地,故曰“天地交”。乾为阳卦,为刚,坤为阴卦,为柔,故天地交等于刚柔交。即其例。《噬嗑》之下卦为震,上卦为离,震为阳卦,为刚,离为阴卦,为柔,则当云“刚柔交”,不当云“刚柔分”,明矣。　②《象传》:“电雷,《噬嗑》。”电雷原作雷电。项安世曰:“蔡邕石经作电雷。”按《噬嗑象传》当作“电雷”,《丰》(䷶)《象传》乃作“雷电”,二者不可相混。今据改。

# 《贲》第二十二

䷕(下离上艮)

[原文] 《贲》:亨。小利有攸往。

[经意] 《贲》,卦名。亨即享字,祭也。筮遇此卦,可举行享祭,有所往则小利。

[传解] 《贲》,卦名。《序卦》曰:"《贲》者,饰也。"《杂卦》曰:"《贲》,无色也。"无当作尨。杂色为尨。是贲乃杂色成文之义。亨,通也。余与经意同。

[原文] 《彖》曰:《贲》"亨",柔来而文刚,故"亨"。分,刚上而文柔,故"小利有攸往"。

此释卦名及卦辞。《贲》"亨",举卦名及卦辞之"亨"也。文,文饰也。《贲》之下卦为离,上卦为艮。离为阴卦,为柔,又为文;艮为阳卦,为刚。然则《贲》之卦象是"柔来而文刚",如臣文饰君,女文饰男,柔德文饰刚德等是。柔来文刚是柔为副而刚为主,以此行事则通,故卦辞曰"亨"也。其次,分谓刚柔分也,承上句省刚柔二字。《贲》卦是阳卦之艮在上,阴卦之离在下,是为刚柔"分",如君臣分职,男女分务,刚德柔德分用等是。再次,上卦艮为山,山有草木之文;下卦离亦为文。然则《贲》之卦象又是"刚上(在上)而文柔",如君文饰臣,男文饰女,刚德文饰柔德等是。刚而文柔,是刚为副而柔为主,以此有所往,仅小利而已。故卦辞曰:"小利有攸往。"《贲》之卦象既是柔文饰刚,又是刚文饰柔,故卦名曰《贲》。

[原文] **刚柔交错,天文也。文明以止,人文也。观乎天文,以察时变。观乎人文,以化成天下。**

此申释卦义。今本无"刚柔交错"四字,郭京本有。王弼注曰:"刚柔交错而成文焉,天之文也。"孔颖达疏曰:"刚柔交错成文,是天文也。"据此,王、孔本均有此四字,今据增。天象是阳阴并陈,阳阴迭运,刚柔交错以成文。故曰:"刚柔交错,天文也。"人文指社会之制度文化教育等。《贲》之下卦为离,上卦为艮。离为文明,艮为止。然则《贲》之卦象又是文明以止。社会之制度文化教育皆在使人有所止。故曰:"文明以止,人文也。"治国者须观乎天文,以察时序之变化;观乎人文,以化成天下之人。故曰:"观乎天文,以察时变。观乎人文,以化成天下。"

[原文] **《象》曰:山下有火,《贲》。君子以明庶政,无敢折狱。**

明,察也。庶政,各项政事。折狱,裁判讼狱。《贲》之上卦为艮,下卦为离。艮为山,离为火。然则《贲》之卦象是"山下有火"。山间草木错生,花叶相映,是山之文也。山下有火(光),山之文乃明,是以卦名曰《贲》。按《象传》以火比人之明察,以山比客观事物,以山下有火,仅照明山之一面,比人之明察仅认识事物之片面。君子观此卦象,从而在从政时,唯恐其认识之片面,乃进而用其明察于各项政事。在断狱时,又恐其认识之片面,只有一面之辞,只有一人一物之证,决不妄作裁判。故曰:"山下有火,《贲》。君子以明庶政,无敢折狱。"(或曰:"山下有火,则山下之嘉木恶树、香花毒草、美玉顽石,一时俱焚。从政者宜辨是非，论功罪，以行赏罚，故君子以明庶政。断狱者如不分皂白，一律严办，均加囚系，皆施刑杀，更为不可，故君子不敢以此折狱。”）

［原文］ 初九：贲其趾，舍车而徒。

［经意］ 贲，饰以花文。趾，足也。贲其趾，足穿花鞋。舍借为捨。徒，步行。爻辞言：有人足穿花鞋，乘车则花鞋为车箱所蔽，为使人见其花鞋之美，竟捨车不乘，徒步而行。此只计其文，不计其实也。

［传解］ 与经意同。

［原文］ 《象》曰：“舍车而徒”，义弗乘也。

义读为宜。（说见《需》卦）传意：爻辞云“贲其趾、舍车而徒”，言其人意在显示花鞋之美，宜其不乘车也。

［原文］ 六二：贲其须。

［经意］ 贲，其色有黑、有黄、有白。须，古鬚字。“贲其须”言老人之须已经花白。此是老人之象，寿考之征。

［传解］ 与经意同。

［原文］ 《象》曰：“贲其须”，与上兴也。

与，助也。[1]上，君上。传意：爻辞云“贲其须”，此乃老人之特征。花白其须之老人助其君上，则老人之子孙亦必助之，其国必兴矣。《象传》此释乃以六二及九三之爻象爻位为据。六二为阴爻，象臣。九三为阳爻，象君。六二在九三之下，象臣辅助其君。

［原文］ 九三：贲如濡如，永贞吉。

［经意］ 贲，有文章也。濡借为嬬，柔和也。如犹然也。贞，占问。永贞，占问长期之吉凶。爻辞言：其人贲然而有文章，濡然而柔和，此处世永利之条件，故占问长期之吉凶，有此条件则吉。

［传解］ 贞，正也。余与经意同。

［原文］ 《象》曰："永贞"之"吉"，终莫之陵也。

陵读为凌，侵凌。传意：爻辞云"贲如濡如，永贞吉"，言其人永远贞正，则终无人侵凌之，故吉也。

［原文］ 六四：贲如皤如，白马翰如，匪寇，婚媾。

［经意］ 贲，有花文也。皤，白色。翰，马毛长。如亦犹然也。匪读为非。婚媾犹婚姻也。爻辞言：有人乘马而来，其马贲然而有花文，皤然而白，翰然而毛长，非劫财之寇贼，乃求女之婚媾。此示人筮遇此爻，将有嫁女之喜。

［传解］ 与经意同。

［原文］ 《象》曰："六四"，当位疑也。"匪寇婚媾"，终无尤也。

当位，处于有利之地位。尤犹咎也。传意：爻辞云“贲如皤如、白马翰如”，言其人见人马突来，不知其来意，其寇贼欤？其婚媾欤？未敢断定。其人虽处于有利之地位，不畏寇贼，然不免有所疑虑，故曰：“六四，当位疑也。”爻辞云“匪寇婚媾”，言人马非寇贼而是婚媾，则终无咎灾。故曰：“匪寇婚媾，终无尤也。”《象传》“当位”之说乃以六四之爻象爻位为据。六四为阴爻，居阴位，是为“当位”，象人处于有利之地位。

［原文］　六五：贲于丘园，束帛戋戋，吝，终吉。

［经意］　此指婚礼纳征而言。古代婚礼，男女两家在订婚之后，男家择吉日，送聘物于女家，谓之纳征，近代谓之过财礼。贲，饰也，谓结彩于门。丘园，女家所居之处。帛，绸也。古代一束帛长二百尺。戋戋，少貌。吝，难也。爻辞言：女家在纳征之日，结彩以饰其丘园。而男家之聘物仅有一束帛，戋戋甚少，女家对此不满，引起争议，陷于困难，但婚约未致破裂，结果是吉。

［传解］　与经意同。

［原文］　《象》曰：“六五”之“吉”，有喜也。

有喜指婚姻之喜。

［原文］　上九：白贲，无咎。

［经意］　白贲，白色之素质加以诸色之花文。此喻人有洁白之德，加以文章之美，故无咎。

[传解]　与经意同。

[原文]　《象》曰："白贲无咎"，上得志也。

上，在上位之人。传意：爻辞云"白贲无咎"，言在上位之人有洁白之德，加以文章之美，则能得志，故无咎也。《象传》此释乃以上九之爻位为据。上九居一卦之上位，象在上位之人。

[附考]　①《象传》："贲其须，与上兴也。"亨按与当训助。《吕氏春秋·乐成》篇："孰杀子产，吾其与之。"高注："与，助也。"《老子》："天道无亲，常与善人。"《孟子·梁惠王》上篇："孰能与之？"又曰："天下莫不与也。"与皆助也。《剥》六二《象传》曰："剥床以辨，未有与也。"与亦当训助。此文"与上"谓"贲其须"之老人助其君上也。

# 《剥》第二十三

䷖(下坤上艮)

[原文] 《剥》:不利有攸往。

[经意] 《剥》,卦名。筮遇此卦,有所往则不利。

[传解] 《剥》,卦名,《释文》引马云:"《剥》,落也。"①卦辞与经意同。

[原文] 《彖》曰:《剥》,剥也,柔变刚也。

此释卦名。上《剥》字举卦名,下剥字释其义。《彖传》之意:此卦名之《剥》,其义为剥落,即衰落。《序卦》曰:"《剥》者,剥也。"其义同。《剥》卦五阴爻在下,一阳爻在上。阴为柔,阳为刚。此乃五柔之势力甚盛,一刚之势力甚微,柔足以改变刚,是为"柔变刚"。柔变刚则剥落。如自然界,阴气为柔,阳气为刚,冬季阴气盛,阳气微,阴气压倒阳气,则万物剥落。如社会,无才德之小人为柔,有才德之君子为刚,小人之势力众强,君子之势力孤弱,小人之势力压倒君子之势力,则国家剥落。剥之爻象是柔变刚,柔变刚则剥落,是以卦名曰《剥》。

[原文] "不利有攸往",小人长也。

此释卦辞。卦辞云"不利有攸往",正因《剥》之爻象是小人众强而势力盛长,众小人当权,有所往必败也。

[原文] **顺而止之，观象也。君子尚消息盈虚，天行也。**

此申释卦义。观象，观察事物之现象，即观察客观形势。尚，贵也，重视也。消息犹消长也，生长为息。王引之曰："天行，天道也。"（说见《乾》卦）《剥》之下卦为坤，上卦为艮。坤，顺也；艮，止也。然则《剥》之卦象是"顺而止之"，谓顺应小人势盛，君子势微之客观形势，止而不进也。顺应客观形势，必须观察客观形势。观察客观形势，是为"观象"。顺应形势而静止，出于观象。故曰："顺而止之，观象也。"观象者，观事物消长盈虚之象也。天地事物皆有消长盈虚，君子小人之势力亦有消长盈虚，君子重视消长盈虚，因消长盈虚乃是天道，乃是自然规律。故曰："君子尚消息盈虚，天行也。"《彖传》是根据卦象以论君子处剥之道。

[原文] **《象》曰：山附于地，《剥》。上以厚下安宅。**

上，君上，指王侯大夫。下，指庶民。《集解》引卢氏曰："宅，居也。"《尔雅·释言》："宅，居也。"《剥》之上卦为艮，下卦为坤。艮为山，坤为地。然则《剥》之卦象是山在地上，即"山附于地"。山附于地，受日晒，风吹，雨淋，雷震，大气侵袭，涧水洗涤，其沙土砾石无日不在剥落之中，即山之本体无日不在剥蚀之中，是以卦名曰《剥》。然不致崩倒者，以其依附于地，得以安居而久峙也。按《象传》又以山比贵族，以地比庶民，以山附于地比贵族生存乃依附于庶民。王侯大夫观此卦象及卦名，从而厚待庶民，厚待庶民，则能取得庶民之拥戴，取得庶民之拥戴，则家不破而国不亡，可以安居而免于剥矣。故曰："山附于地，《剥》。上以厚下安宅。"

［原文］ 初六：剥床以足，蔑贞凶。

［经意］ 剥，取掉也。王弼曰："剥床以足犹云剥床之足也。"是也。以犹之也。（裴学海《古书虚字集释》有此例）蔑读为梦。贞，占问。蔑贞，梦之占问。古人有异梦，多占之。贵族有占梦之官。爻辞言：取掉床之足，则床不成床，行事如此荒谬，虽是占梦亦凶。（又一解：剥，击也。以，用也。人卧床上，击床用足，是抱病痛苦之象。）

［传解］ 首句与经意同。《释文》引马云："蔑，无也。"《集解》引卢氏曰："蔑，灭也。"蔑即弃去。贞，正也。爻辞言：取掉床之足，是蔑弃正道，故凶。

［原文］ 《象》曰："剥床以足"，以灭下也。

传意：爻辞云"剥床以足，蔑贞凶"，言取掉床之足，是毁灭床之下基，是蔑弃正道，自毁其床，岂不凶哉。以比喻政治。统治者之宝座犹床也，庶民犹床之足也。统治者以残酷之手段，剥削压迫庶民，失去庶民之支持，犹取掉床之足也。统治者所为是毁灭其下基（灭下），蔑弃其正道，自毁其宝座，岂不凶哉，故传释之曰："剥床以足，以灭下也。"

［原文］ 六二：剥床以辨，蔑贞凶。

［经意］ 剥，取掉也。以犹之也。辨读为牑，床板也。[2]蔑读为梦。贞，占问。爻辞言：取掉床之板，则床不可卧人，行事如此荒谬，虽是占梦亦凶。（又一解：剥，击也。以，用也。辨读为蹁，膝头也。人卧床上，击床用膝头，亦是抱病痛苦之象。）

［传解］ 首句与经意同。蔑，弃去也。贞，正也。爻辞言：取掉床之板，是蔑弃正道，故凶。

［原文］ 《象》曰："剥床以辨"，未有与也。

与，助也。（说见《贲》卦）传意：爻辞云"剥床以辨，蔑贞凶"，言取掉床之板，是蔑弃正道，必凶。以比喻政治，统治者之宝座犹床也，辅佐之良臣犹床之板也。统治者弃其辅佐之良臣，犹取掉床之板也。如此则无人助之（未有与），必从宝座上跌下，是蔑弃正道，以自招凶祸，故传释之曰："剥床以辨，未有与也。"

［原文］ 六三：剥之，无咎。

［经意］ 剥，割取也。之，泛指之词。筮遇此爻，割取他国或他邑之土地，可以无咎。

［传解］ 与经意同。

［原文］ 《象》曰："剥之无咎"，失上下也。

传意：爻辞云"剥之无咎"，我割取他国或他邑之土地，而能无咎者，因其统治者失去上下人等之支持也。

［原文］ 六四：剥床以肤，凶。

［经意］ 剥，取掉也。以犹之也。肤，席也。[3]爻辞言：取掉床之席，则人卧其上，寒气侵身，必致疾病，故凶。（又一解：剥，击

也。以，用也。肤，读为膊，胳膊也，臂也。人卧床上，击床用臂，亦是抱病痛苦之象。）

[传解] 与经意同。

[原文] 《象》曰："剥床以肤"，切近灾也。

传意：爻辞云"剥床以肤，凶"，盖取落床之席，则卧者切近于灾病也。以比喻政治，统治者之宝座犹床也。小臣侍妾等人犹床之席也。统治者失去小臣侍妾等人之忠心卫护，犹取掉床之席也。统治者以苛暴之手段对待小臣侍妾等人，则失去彼辈之忠心拥戴，灾患切近于身，是凶矣，故传释之曰："剥床以肤，切近灾也。"

[原文] 六五：贯鱼以宫人宠，无不利。

[经意] 贯，穿也。贯鱼者个个相次，不得相越，以喻人有排定之顺序。以，用也。宫人，统治者之嫔妾之总称。宠，爱也。爻辞言：统治者如贯鱼之排定顺序，用宫人而宠爱之，轮流当夕，则宫人不致争宠吃醋，相妒相轧，乃无不利。

[传解] 与经意同。

[原文] 《象》曰："以宫人宠"，终无尤也。

《尔雅·释言》："尤，过也。"传意：爻辞云"贯鱼以宫人宠，无不利"，盖宫人当夕，有排定之顺序，则宫人终无过失，自无不利也。

［原文］ 上九：硕果不食，君子得舆，小人剥庐。

［经意］ 硕，大也。果，指谷米、丝麻、牲畜等物。君子，奴隶主。小人，奴隶。舆，车也。剥，扒毁也。庐，房舍。爻辞言：有丰硕之果实而不食之，剥削人之君子得此果实，用以造车；被剥削之小人失此果实，须扒房以易食。此写西周社会之一种现实，以示筮遇此爻，君子吉，小人凶。（又解："庐，汉帛书《周易》作芦。庐当读为芦。《说文》：'芦，荠根也。'又《说文》：'荠，草可食也。'〔《艺文类聚》引〕荠菜味甘，故《诗·邶风·谷风》曰：'谁谓荼苦，其甘如荠。'其根名芦，可食。小人剥芦，言奴隶剥取荠根以充饥。"）

［传解］ 君子指统治者。小人指人民。余与经意同，而文意与经意异。

［原文］ 《象》曰："君子得舆"，民所载也。"小人剥庐"，终不可用也。

用读为以，与上文灾、尤、载三字谐韵。④传意：爻辞云"硕果不食，君子得舆，小人剥庐"，言君子不食硕果而以予其民，则得其民之拥戴，犹得车以载之也。小人不食硕果而以予他人，则无以饱其腹，须扒房以易食，此办法终不可用也。（传说甚歪曲经意）

［附考］ ①《说文》："剥，裂也，从刀，录声。"以刀割物为剥，乃剥之本义。今语称切菜刀为剥刀，犹是用其古义。引申之，割取或取掉物之一部分亦为剥，初六、六二、六三、六四之剥皆是此义。又引申为毁坏，上九之剥是此义。又引申为剥落衰落，《彖传》《象传》释卦名用此义。 ②六二："剥床以辨，蔑贞凶。"以犹之也。辨，床版也。《集解》引崔憬曰："辨

当在第(席)足之间,是床梐也。"床梐即床版。辨当读为牑。辨、牑古通用。《仪礼·乡饮酒礼》:"众宾辩有脯醢。"郑注:"今文辩皆作徧。"《燕礼》:"大夫辩受酬。"郑注:"今文辩皆作徧。"《公羊传》僖公三十一年:"不崇朝而徧雨乎天下。"《论衡·明雩》篇引徧作辩。皆其佐证。辨、牑之通用,犹辩、徧之通用也。《说文》:"牑,床版也。读若边。"《方言》五:"床,其上版或曰牑。"《广雅·释器》:"牑,版也。""剥床以辨"即剥床之牑,谓取落床之版也。 ③ 六四:"剥床以肤,凶。"以犹之也。肤,席也。集解引崔憬曰:"床之肤谓荐席,若兽之有皮毛也。"意谓床之有席如兽之有皮肤,故称床之席为肤,说亦可通。亨按肤疑当读为簿。《释文》:"肤,京作簠。"簠、簿皆从甫得声,古可通用。《礼记·曲礼》:"帷薄之外。"《释文》:"薄,帘也。"《庄子·达生》篇:"高门县薄,无不走也。"《释文》引司马云:"薄,帘也。"编草为平扁长方之形,悬之于门,谓之帘亦谓之薄,铺之于床,谓之席亦谓之薄。其名一,其物亦一也。今语呼铺床之草席为草帘子,可见此种之席与帘,其名可以互用。然则古语称草帘为薄,又称草席为薄,不足怪矣。 ④《象传》:"小人剥庐,终不可用也。"王念孙曰:"用读为以。《一切经音义》卷七引《苍颉篇》曰:'用,以也。'用与以声近而义同,故用可读为以。《太玄止》测曰:'弓反马很,终不可以也。'即用《象传》语。则《象传》用字之读为以,明矣。《井》九三:'可用汲。'《史记·屈原传》引作'可以汲'。《吕刑》:'报虐以威。'《论衡·谴告》篇引作'报虐用威'。《大雅·板》篇:'勿以为笑。'《荀子·大略》篇引作'勿用为笑'。《桑柔》篇:'逝不以濯。'《墨子·尚贤》篇引作'鲜不用濯'。《士丧礼》:'用二鬲。'《周官》小祝注引作'盛以二鬲'。《明堂位》:'加以璧散璧角。'《周官》司尊彝注引作'加用璧散璧角'。《杂记》:'枇以桑。'《特牲馈食礼》注引作'枇用桑'。《汉书·司马相如传》:'何为无以应哉。'《货殖传》:'以贫求富。'《史记》以并作用。盖用可读为以,故与以通用也。《剥象传》以灾、尤、载、用为韵。《丰象传》以灾、志、事、用为韵。灾、尤、载、志、事于古音并属之部,用读为以,于古音亦属之部,故与灾、尤、载、志、事为韵。……"

# 《复》第二十四

䷗(下震上坤)

[原文] 《复》:亨。出入无疾。朋来无咎。反复其道,七日来复。利有攸往。

[经意] 《复》,卦名。亨即享字,祭也。朋,朋友。反借为返。卦辞言:筮遇此卦,可举行享祭;出入无有疾病;朋友来无咎;出行者往返于道中,七日可以复归;有所往则有利。

[传解] 《复》,卦名。《杂卦》曰:"《复》,反也。"反借为返。《说文》:"返,还也。"亨,通也。余与经意同。

[原文] 《彖》曰:《复》"亨",刚反,动而以顺行。是以"出入无疾,朋来无咎"。

此释卦名及卦辞之前三句。刚反即刚返。《复》之内卦为震,外卦为坤。震为阳卦,为刚;坤为阴卦,为柔。然则《复》之卦象是"刚反"即刚返于内。其次:震,动也;坤,顺也。然则《复》之卦象又是"动而以顺行"。本卦所以名《复》者,因其卦象是刚返于内,即刚者复还。例如君上、男子、君子等外出而复还其故居也。卦辞所以云"亨"者,因其卦象是动而以顺行。动而以顺行,则亨通矣。卦辞云"出入无疾,朋来无咎"者,亦因《复》之卦象是动而以顺行。动而以顺行,则其出入何疾之有。朋友来助之,何咎之有。

[原文]　“反复其道，七日来复”，天行也。

此释卦辞之四五两句。王引之曰：“天行，天道也。”（说见《乾》卦）卦辞云“反复其道，七日来复”者，盖至七而复，乃天道运行循环之数，如正月阴气始退，至八月而复，八月阳气始退，至正月而复是也。（详见《蛊》卦）

[原文]　“利有攸往”，刚长也。

此释卦辞之末句。卦辞云“利有攸往”者，因《复》卦之爻象是刚生长也。《易》卦六爻之构成顺序皆自下而上，初爻为卦体之始，上爻为卦体之终。《复》卦只有初爻为阳爻，为刚，其上五爻皆为阴，为柔。然则《复》之爻象是刚已生长。君子为刚，故此乃象君子之势力已生长，以此有所往则利矣。

[原文]　《复》，其见天地之心乎。

此申释卦义。有往必有复。往复循环，乃天地之中心规律。日月星辰之运行，雨露霜雪之凝降，昼夜之交替，四时之相次，皆往复循环者也。水土之温热凉冻，草木之生长凋枯，鸟兽虫鱼乃至于人之生存活动，亦皆随天道之往复循环而往复循环者也。然则往复循环乃天地之中心规律。故曰：“复，其见天地之心乎。”（由此可见，《彖传》作者对于宇宙之认识，未出于循环论之范畴。）

[原文]　《象》曰：雷在地中，《复》。先王以至日闭关，商旅不行，后不省方。

至日，冬至之日。闭关，闭城门。后，君也。省，视察。方犹邦也。《复》之内卦为震，外卦为坤。震为雷，坤为地。

然则《复》之卦象是“雷在地中”。《易传》对于雷有不科学之谬说，认为大陆地区，天寒时雷在地中，天暖时雷出地上。（详见《豫》卦）雷在地中是雷复返其原处，是以卦名曰《复》。雷在地中之时，天寒，到冬至更甚，人不宜外出。先王观此卦象，从而在冬至之日，闭其城门，不纳商旅，君不视察邦国。故曰：“雷在地中，《复》。先王以至日闭关，商旅不行，后不省方。”

［原文］ 初九：不远复，无祇悔，元吉。

［经意］ 复，返也。祇，大也。悔，较小之不幸。元亦大也。爻辞言：人出行不远而返，则无大悔，且大吉。（按《易经》作者以复为吉，盖认为回家总是好事。）

［传解］ 与经意同，但释复为走错路而返。

［原文］ 《象》曰：“不远”之“复”，以脩身也。

脩借为修，《集解》本正作修。传意：爻辞云“不远复，无祇悔，元吉”，言人外出干事，自知才德不足，不远而返，以修其身，故无大悔且大吉也。（《系辞》下：“子曰：颜氏之子，其殆庶几乎。有不善未尝不知，知之未尝复行也。《易》曰：‘不远复，无祇悔，元吉。’”以速于改过释“不远复”，与《象传》同。）

［原文］ 六二：休复，吉。

［经意］ 休，欣喜。欣喜而返，必其行有利，故吉。

[传解] 休,退休,即辞官致仕。

[原文] 《象》曰:“休复”之“吉”,以下仁也。

下,居其下,犹言让也。仁,仁人。传意:爻辞云“休复吉”,言辞官退休,返其故居,让其职位于仁人,故吉。(若让其职于小人,则休复不吉矣。)

[原文] 六三:频复,厉,无咎。

[经意] 频与颦同,皱眉也。厉,危也。人出行皱眉而返,乃危险当前,知难而退,可以无咎。

[传解] 与经意同。

[原文] 《象》曰:“频复”之“厉”,义“无咎”也。

义读为宜。(说见《需》卦)

[原文] 六四:中行独复。

[经意] 行,道也。中行犹中道、中途也。“中行独复”,谓与他人同有所往,而行至中途,己一人独返。此乃独行其是之意。

[传解] 与经意同。

[原文] 《象》曰:“中行独复”,以从道也。

此道字乃道义之道。

[原文]　六五：敦复，无悔。

[经意]　敦，考察也。[1]人之出行，经过考察而返，即考察之后，知此行不义不利，因而返回，此自无咎。

[传解]　与经意同。

[原文]　《象》曰："敦复无悔"，中以自考也。

中，正也。《释文》引向秀云："考，察也。"传意：爻辞云"敦复无悔"，言以正道考察自己，知此行不合正道，因而返回，故无悔也。《象传》此释乃以六五之爻位为据。六五居上卦之中位，象人守正中之道。

[原文]　上六：迷复，凶，有灾眚。用行师，终有大败，以其国君凶，至于十年不克征。

[经意]　迷复，迷路而返。眚亦灾也。行师，行军。以，因也。克，能也。爻辞言：迷路而返，凶而有灾。以此行军，终有大败，乃因其国君之故而遭凶祸，至于十年不能征伐。

[传解]　与经意同。

[原文]　《象》曰："迷复"之"凶"，反君道也。

传意：爻辞云"迷复凶……"，言大军出征，迷路而返，致招大败，此凶祸之造成，乃由于国君违反君道，或出师不义，或用人不当,或指挥失策也。

[附考]

① 六五:“敦复,无悔。”亨按敦,考察也。《孟子·公孙丑》下篇:“使虞敦匠。”《荀子·荣辱》篇:“以敦比其事。”《强国》篇:“则常不胜夫敦比于小事者矣。”敦皆考察之义。《象传》曰:“敦复无悔,中以自考也。”以考释敦,尚合经意。《临》上六云:“敦临,吉,无咎。”敦亦可训考。

# 《无妄》第二十五

䷘(下震上乾)

［原文］ 《无妄》:元亨。利贞。其匪正有眚,不利有攸往。

［经意］ 《无妄》,卦名。元,大也。亨即享字,祭也。贞,占问。匪读为非。眚,灾也。卦辞言:筮遇此卦,可举行大享之祭,乃有利之占问,但所行非正,则有灾祸,有所往则不利。

［传解］ 《无妄》,卦名。曲邪谬乱谓之妄,《无妄》即无曲邪谬乱之行。元,大也。亨,美也。利,利物也。贞,正也。"《无妄》,元亨利贞",言人能无妄,以其有元大、亨美、利物、贞正之德也。余与经意同。

［原文］ 《彖》曰:《无妄》,刚自外来而为主于内,动而健,刚中而应。

此释卦名。《无妄》二字举卦名也。《无妄》之外卦为乾,三爻皆为阳爻,为刚;内卦为震,初爻为阳爻,为刚。内卦之刚乃自外卦而来,是为"刚自外来"。《易》卦通例,阳卦(震☳、坎☵、艮☶)以阳爻为主爻,阴卦(巽☴、离☲、兑☱)以阴爻为主爻。《无妄》内卦之震乃以阳爻初九为主爻,是为"刚为主于内"。然则《无妄》之爻象是"刚自外来而为主于内"。其次,震,动也;乾,健也。然则《无妄》之卦象是"动而健"。再次,《无妄》之九五为阳爻,为刚,居上卦之中位,是为"刚中"。

六二为阴爻，为柔。两同位爻刚柔相应，六二之柔应九五之刚，是为柔应刚。然则《无妄》之爻象是“刚中而应”。综之，《无妄》之卦爻象是刚自外来而为主为内，象有君子自外来，为国家内政之主持者；又是动而健，象其人之行动刚健坚强；又是刚中而应，象其人有刚健正中之德，有他人应和之。如此，则诸事皆出于正，而无曲邪谬乱矣，是以卦名曰《无妄》。

［原文］ **大“亨”以正，天之命也。**

卦辞云“元亨利贞”者，言君子行事无妄，是有元大、亨美、利物、贞正之德，乃天命之所在，必能昌盛也。（《彖传》未举“利”字）

［原文］ **“其匪正有眚，不利有攸往”，无妄之往何之矣？天命不祐，行矣哉？**

亨按传文力言无妄之吉，此处又言无妄之凶，岂能自相矛盾哉。余谓此处“无妄”之“无”乃涉卦名而衍，“妄之往”犹言妄之行。妄之行非正也，此释卦辞之“匪正”也。“何之”犹言何往。《尔雅释诂》：“之，往也。”王引之曰：“矣犹乎也。”祐即佑字。卦辞云“其匪正有眚，不利有攸往”者，其行非正，是为妄行，妄行则无路可通，尚何所往乎？妄行则天命不佑，尚可行哉？故曰：“妄之往，何之矣？天命不佑，行矣哉？”

［原文］ **《象》曰：天下雷行，物与，《无妄》。先王以茂对时育万物。**

亨按与读为舒，伸展也。①茂读为懋，勉也，努力也。②焦循曰：“对犹应也。”《无妄》之上卦为乾，下卦为震。乾为天，震为雷。然则《无妄》之卦象是“天下雷行”。天下雷行，则万物生长而伸展，此自然界之必然现象，从无妄谬，是以卦名曰《无妄》。先王观此卦象，从而奋勉努力，针对天下雷行之时令，以育养万物。故曰："天下雷行，物与，《无妄》。先王以茂对时育万物。"（《象传》极力美化先王）

［原文］　初九：无妄往，吉。

［经意］　其往也，非出于曲邪谬乱，乃出于正道，故吉。

［传解］　与经意同。

［原文］　《象》曰："无妄"之"往"，得志也。

传以"得志"释经文之"吉"。

［原文］　六二：不耕获，不菑畬，则利有攸往。

［经意］　耕，种谷。获，收谷。菑，垦荒田。畬，治熟田。不耕获即不耕不获，不菑畬即不菑不畬，言不从事农业也。不从事农业，则出外经商或干它事，乃能得利。（王弼曰："不耕而获。不菑而畬。"依此读注，爻辞乃谓剥削者不种田而取谷，不垦荒而有田也。剥削者家富而身闲，故利有所往。[3]）

［传解］　与经意同。

［原文］　《象》曰："不耕获"，未富也。

传意：爻辞云"不耕获，不菑畬"，言不从事农业，未可以致富，须出外求利，故爻辞曰："利有攸往。"（在封建社会中，地主不劳而获,可以致富;农民劳而不获,不能致富。传说非。)

[原文] 六三:无妄之灾,或系之牛,行人之得,邑人之灾。

[经意] 无妄之灾,其灾非出于曲邪谬乱,乃出于粗心大意,考虑不周等是也。第二句之"之",犹其也。爻辞所言似是古代故事。盖有邑人某系其牛于某处,而已离去,又无人看守,牛脱缰而走,行路之人得其牛,邑人失其牛。邑人因粗心大意,致失其牛,即所谓"无妄之灾"。

[传解] 与经意同。

[原文] 《象》曰:"行人得"牛,"邑人灾"也。

[原文] 九四:可贞,无咎。

[经意] 贞,占问。可贞,所占问之事可行。筮遇此爻,所占问之事可行,行之无咎。

[传解] 贞,正也。人之德行可正,则无咎。

[原文] 《象》曰:"可贞无咎",固有之也。

之指贞正之品德。传意:爻辞云"可贞无咎",因其人固有贞正之品德,故行事可正而无咎也。

[原文] 九五:无妄之疾,勿药有喜。

［经意］ 无妄之疾，其病非出于妄行妄动，而出于偶不注意，如饮食过饱，服事过劳，睡眠过少等是也。药，服药也。有喜，古语谓病愈为有喜，因病愈乃可喜之事也。爻辞言：无妄之疾，不须服药，去其病因，加以休养，即可愈矣。

［传解］ 与经意同。

［原文］ 《象》曰："无妄"之"药"，不可试也。

亨按经云"无妄之疾"，而传云"无妄之药"，语意相歧。传虽多简举经文，然亦不能如此苟简。且"无妄之药"是不谬之药，是对症之药，何得云"不可试也"哉。可见传文亦不通。余谓传文当作"无妄之疾，药不可试也"，转写脱疾字。陆德明曰："试，用也。"传意：爻辞云"无妄之疾，勿药有喜"，言无妄之疾，不可用药也。

［原文］ 上九：无妄行，有眚，无攸利。

［经意］ 此无妄之无，疑涉上文而衍。眚，灾也。爻辞言：妄行，则有灾眚，无所利。（又一解：此无妄之无，犹毋也，犹勿也。）

［传解］ 与经意同。

［原文］ 《象》曰："无妄"之"行"，穷之灾也。

传文讲不通，无字亦当是衍文。穷，不通也，如今语所谓"走入死胡同"。传意：爻辞云"妄行，有眚，无攸利"，言谬妄之行，必穷而不通，以招灾眚也。《象传》以穷字释爻辞乃以上九之爻位为据。上九居一卦之尽头，象人之行动进入山穷水尽之境。

［附考］

①《象传》："天下雷行，物与，《无妄》。"亨按与当读为舒。与、舒古通用。《诗·干旄》："何以予之？"《论衡·率性》篇引予作与。《仪礼·乡饮酒礼》："宾介不与。"郑玄注："古文与为预。"《士昏礼》记："我与在。"郑注："古文与为豫。"《左传》昭公二年："有嘉树焉，宣子誉之。"《孟子·梁惠王》下篇赵注引誉作豫。并与、予两声系之字相通之证。《说文》："舒，伸也。"《小尔雅·广诂》："舒，展也。"是舒为伸展之义。物与即物舒，谓物生长而伸展也。进而言之，《广雅·释诂》："与，生也。"（王念孙《广雅疏证》改与为兴，无确据，不可从。）《诗·楚茨》："我蓺黍稷。我黍与与。我稷翼翼。"郑玄笺："黍与与、稷翼翼，蕃庑貌。"可见与有生长茂盛之义，其实皆当读为舒也。　②《象传》："先王以茂对时育万物。"《尔雅·释诂》："茂，勉也。"茂训勉，乃借为懋。《说文》："懋，勉也，从心，楙声。"茂懋古通用。《书·皋陶谟》："懋哉懋哉。"《汉书·董仲舒传》引懋作茂。《康诰》："懋不懋。"《左传》昭公八年引懋作茂。并其证。　③ 六二："不耕获，不菑畬，则利有攸往。"王注："不耕而获，不菑而畬。"亨按王说本于《礼记》。《礼记·坊记》："礼之先币帛也，欲民之先事而后禄也。……《易》曰：'不耕获，不菑畬，凶。'……"郑玄注："言必先种乃得获，若先菑乃得畬也。安有无事而取利者乎。"此是主张先事而后禄，反对不事而得禄，引《易》此文为证。其释"不耕获"为不耕而获，释"不菑畬"为不菑而畬，以喻不事而得禄，明矣。《诗·伐檀》篇："不稼不穑，胡取禾三百廛兮？"即讽刺不耕而获、不菑而畬之剥削者。又《礼记》引《易》有凶字，今《易》无凶字，《象传》未言凶象，其所据本当亦无凶字。未知孰是。依《礼记》读法以解今本经文，则不耕而获，不菑而畬，乃谓剥削者不劳而获，有财有闲，故利有攸往，亦通顺。

# 《大畜》第二十六

䷙(下乾上艮)

[原文] 《大畜》:利贞。不家食吉。利涉大川。

[经意] 《大畜》,卦名。利贞犹利占也。筮遇此卦,乃有利之占问;不食于家,出外谋食,乃吉;利于涉大川。

[传解] 《大畜》,卦名。《释文》:"畜本又作蓄,义与《小畜》同。"《小畜释文》:"畜,积也,聚也。"然则《大畜》谓积聚者大也。贞,正也。余与经意同。

[原文] 《彖》曰:《大畜》,刚健笃实,辉光日新。

此释卦名。《大畜》二字举卦名也。《尔雅·释诂》:"笃,厚也。"《大畜》之下卦为乾,上卦为艮。乾为天,艮为山。天之道刚健,山之性厚实,天光山色,相映成辉,日日有新气象。然则《大畜》之卦象是"刚健笃实,辉光日新"。在天山之刚健笃实,辉光日新之中,草木生之,禽兽居之,宝藏兴焉,其积蓄者大矣。人能有"刚健笃实、辉光日新"之德,其积蓄者亦大矣。是以卦名曰《大畜》。故曰:"《大畜》,刚健笃实,辉光日新。"①

[原文] 其德刚上而尚贤,能止健,大正也。

此释卦辞之"利贞"。其德,卦德也,即卦象也。"能止健"《集解》本作"能健止"。亨按当作"健能止",转写之误。

能读为而。②《大畜》之上卦为艮，下卦为乾。艮为山，为阳卦，为刚，象才德高大之贤人。乾为天，象朝廷。然则《大畜》之卦是刚卦在乾卦之上，是为“刚上”，象贤人在朝廷之上，是国君“尚贤”也。（参看《遯》卦）其次，乾，健也。艮，止也。然则《大畜》之卦象是“健而止”，谓强健而不妄行，可止则止也。《大畜》之卦象既是国君尚贤，乃用人得其正也；又是健而止，则行事得其正也。此皆正之大者。故曰：“其德刚上而尚贤，健能止，大正也。”因其卦象为大正，大正则利，故卦辞曰：“利贞。”

［原文］ **“不家食吉”，养贤也。**

卦辞云“不家食吉”者，因国君尚贤而能养贤，故贤人不食于家也。

［原文］ **“利涉大川”，应乎天也。**

卦辞云“利涉大川”者，因其人能适应天道，即遵循自然规律，以渡大川，非冒险妄行也。

［原文］ **《象》曰：天在山中，《大畜》。君子以多识前言往行，以畜其德。**

识，记在心中。前言往行，古人之言行。《大畜》之内卦为乾，外卦为艮。乾为天，艮为山。然则《大畜》之卦象是“天在山中”，即天之光明照耀于山内。天之光明照耀于山内，则草木鸟兽皆遂其生，成为人之财富，其积蓄者大矣，是以卦名曰《大畜》。按《象传》乃以天比君，以山比贤人，以天之光明照耀于山内比君之光明照耀在贤人中间，即君能尚贤。君能尚贤，则贤人之在位者蓄其德以干事，不在位者蓄其德以待用。

君子观此卦象及卦名，从而学古籍古史，多记前人之言行，以蓄其德，其积蓄者亦大矣。故曰："天在山中，《大畜》君子以多识前言往行，以畜其德。"

［原文］

初九：有厉，利已。

［经意］

厉，危也。已，止也。筮遇此爻，其事有危险，利于停止不为。（闻一多认为已当作巳，云："巳当读为祀。"李镜池说同。利祀谓利于祭祀，以祈神鬼保佑。此解亦通。亨按《象传》作者所据本确作已，不作巳。已、巳二字，隶书楷书易于互误，而篆文古文不易互误，仍以作已为长。）

［传解］

与经意同。

［原文］

《象》曰："有厉利已"，不犯灾也。

传意：爻辞云"有厉利已"，言其事既有危险，则止而不为，不犯灾难也。

［原文］

九二：舆说輹。

［经意］

舆，车也。说读为脱。輹，缚车身与车轴使之相联之绳。车脱輹，则不能行，以喻协作之人失其相结合之纽带，则其事不能成。（又一说：輹，伏兔也，舆下夹轴之木也。详见《小畜》卦。）

［传解］

与经意同。

[原文]　《象》曰:"舆说輹",中无尤也。

中,正也。尤,过失。传意:爻辞云"舆说輹",乃比喻人与人失其相结合之纽带,不能协作。但其不协作果合于正道(如不协作以为盗贼,不协作以行贿赂,不协作以通奸淫),则无过失也。《象传》此释乃以九二之爻位为据。九二居下卦之中位,象人得正中之道。

[原文]　九三:良马逐,利艰贞,曰闲舆卫,利有攸往。

[经意]　贞,占问。艰贞,占问艰难之事。曰当作四,形近而误。四借为驷,四马称驷。闲,习也,谓训练有素。卫,善也。爻辞言:驾良马以驰逐,路虽艰险,亦利。故占问艰难之事,筮遇此爻,则利。四马训练有素,车又坚好,则利于有所往。(闻一多曰:"《释文》引郑本曰作日,注曰:'日习车徒。'于义为长。闲读为简,校阅也。校阅之亦即习之。《公羊传》桓六年曰:'大阅者何?简车徒也。''日闲舆卫'犹日简车徒矣。")

[传解]　贞,正也。"良马逐,利艰贞",谓驾良马以驰逐,利在行艰难之路能得其正,即御者得其正,马行得其正,始利艰也。余与经意同。

[原文]　《象》曰:"利有攸往",上合志也。

上读为尚。合志,符合志愿。传意:爻辞云"良马逐,……利有攸往",言良马坚车,有所往可以得志也。

[原文]　六四:童牛之牿,元吉。

[经意] 童牛，牛犊。之犹有也。（说见《明夷》卦）牿，牛角上所加之横木。元，大也。童牛角初生，喜以角触物。其角未坚，触物角易折。童牛有牿，则不致触伤人物或自伤其角，故大吉。

[传解] 与经意同。

[原文] 《象》曰："六四元吉"，有喜也。

[原文] 六五：豮豕之牙，吉。

[经意] 豮，割去豕之生殖器。之亦犹有也。牙借为枑，栏也，即今语所谓猪圈。豮豕之创处甚痛，创将平复时甚痒，往往急走或擦伤其创处，以致豕逸失或病死，有圈以闲之则吉。

[传解] 与经意同。

[原文] 《象》曰："六五"之"吉"，有庆也。

庆亦喜也。

[原文] 上九：何天之衢，亨。

[经意] 何读为荷，担也，受也。衢读为庥，庇荫也。亨即享字，祭也。筮遇此爻，在受天之庇荫，宜举行享祭。

[传解] 亨，通也。余与经意同。

［原文］

《象》曰：“何天之衢”，道大行也。

传意：爻辞云“何天之衢，亨”，言受天之庇荫，则其道大行，而亨通也。

［附考］

①《彖传》：“刚健笃实辉光日新其德刚上而尚贤。”郑玄、虞翻皆读为：“刚健笃实，辉光日新，其德刚上而尚贤。”（郑读见《释文》。虞读见《集解》。）王弼、孔颖达读为：“刚健笃实，辉光日新其德，刚上而尚贤。”按郑、虞读是也。《彖传》乃以新、正、贤、天谐韵。若在日新其德下断句，则失其韵矣。其证一。本卦《彖传》曰：“其德刚上而尚贤。”《大有彖传》曰：“其德刚健而文明。”句例正同。若在日新其德下断句，则失其句例矣。其证二。《汉书·礼乐志》曰：“晖光日新。”《汉荆州刺史度尚碑》曰：“令闻弥崇，晖光日新。”（洪适《隶释》卷七）《文选》张华《励志诗》曰：“进德修业，晖光日新。”皆用《易传》文。而《三国志·魏志·管辂传》曰：“《易》言：‘刚健笃实，辉光日新。’”《初学记》载传咸《周易诗》曰：“‘晖光日新’，昭于四方。”皆引《易传》文。（辉、晖、辉古字通）其读法皆与郑、虞同。是也。（此采王念孙说。钱大昕《潜研堂答问》、李赓芸《炳烛编》亦有此说。）　②《彖传》：“能止健。”《集解》本作“能健止。”亨按当作“健能止”，转写健字误窜于下也。《彖传》以八经卦之义释一别卦之义者，皆先下卦而后上卦，此其通例也。其例不胜枚举。兹举上卦为艮而艮义为止者。《蒙》（䷃）《彖传》曰：“险而止。”《蒙》之下卦为坎，上卦为艮。坎，险也；艮，止也。故曰“险而止”。《蛊》（䷑）《彖传》曰：“巽而止。”《蛊》之下卦为巽，上卦为艮。巽，巽也；艮，止也。故曰“巽而止”。《贲》（䷕）《彖传》曰：“文明以止。”《贲》之下卦为离，上卦为艮。离，文明也；艮，止也。故曰“文明以止”。《剥》（䷖）《彖传》曰：“顺而止之。”《剥》之下卦为坤，上卦为艮。坤，顺也。艮，止也。故曰“顺而止之”。此皆先言某后言止。再举下卦为艮而艮义为止者。《渐》（䷴）《彖传》曰：“止而巽。”《旅》（䷷）《彖传》曰：“止而

丽乎明。”《咸》（䷞）《彖传》曰：“止而说。”此皆先言止后言某。由此可证，上卦为艮则后言止，下卦为艮则先言止。《大畜》之上卦为艮，则当云“健能止”，可断言也。（所谓上卦下卦，非谓两卦所象事物有上下之关系，但指其卦位之上下。）又以《彖传》之义例言之，能当读为而。能、而古通用。《履》六三日：“眇能视。跛能履。”《集解》本能作而。是《易经》中有此例证。“健能止”即健而止也。

# 《颐》第二十七

䷚(下震上艮)

[原文] 《颐》:贞吉。观颐,自求口实。

[经意] 《颐》,卦名。贞,占问。颐,腮也。筮遇此卦,所占问之事吉。观人之腮中含物,不能饱腹,须自求口中之食物。此示人以勿羡于人,宜求于己。

[传解] 《颐》,卦名。《序卦》曰:"《颐》者,养也。"《尔雅·释诂》:"颐,养也。"贞,正也。"观颐",观人之所养。"自求口实"承上句观字而言,观自求口实,观人之自养。

[原文] 《彖》曰:《颐》"贞吉",养正则吉也。"观颐",观其所养也。"自求口实",观其自养也。

此释卦名及卦辞。《颐》卦辞云"贞吉"者,谓养得其正则吉也。云"观颐"者,观其人所养之人也。云"自求口实"者,观其人之自养也。观其所养,观其自养,在观其正否,以断其吉凶。

[原文] 天地养万物。圣人养贤以及万民。《颐》之时,大矣哉。

此申释卦义。养得其正者,唯天地与圣人。天地则养万物,圣人则养贤人及万民。然天地之于万物,应其时而养之,故万物能生活长成;如失其时,则万物伤矣。圣人之于贤人及万民，亦应其时而养之，故贤人能献其力，万民能乐其生；如失其时，则贤人隐，万民苦矣。然则养之应其时，乃能成其大也。（《象传》又极力美化圣人。其实在阶级社会中，非圣人养万民，乃万民养圣人。）

［原文］

**《象》曰：山下有雷，《颐》。君子以慎言语，节饮食。**

《颐》之上卦为艮，下卦为震。艮为山，震为雷。然则《颐》之卦象是“山下有雷”。山下有雷，是天暖之时，是天地养万物之时，是以卦名曰《颐》。按《象传》又以山比贵族，以雷比刑，以山下有雷比贵族在上位施刑罚于下。君子观此卦象及卦名，从而慎言语，节饮食，以免因失言多欲遭受贵族之刑罚，此乃养德保身之道也。故曰：“山下有雷，《颐》。君子以慎言语，节饮食。”

［原文］

**初九：舍尔灵龟，观我朵颐，凶。**

［经意］

舍借为捨。灵龟，龟之一种，其甲宜卜，其肉可食。朵，花朵。颐，腮也。朵颐，腮隆如花朵。爻辞言：舍汝之灵龟之肉而不食，观我有食在口，腮朵然而隆起，此是弃汝所有，羡我所有，是凶矣。（姚配中说：“灵龟犹神龟。舍尔灵龟，谓舍尔灵龟而不卜。朵，动也。观我朵颐，谓观我动颊而谈。人遇有疑事，不用龟以卜，而听人之口谈，是凶矣。”①此解亦甚圆通。）

［传解］

朵借为胨，脔也，切成块之肉。颐，养也。爻辞言：舍汝之灵龟之肉，而观我之脔肉之养，是凶矣。②

［原文］ 《象》曰："观我朵颐"，亦不足贵也。

传意：爻辞云"舍尔灵龟，观我朵颐，凶"，言舍尔灵龟之肉，观我脔肉之养，脔肉不能进入汝腹，此脔肉之养亦不足贵也。

［原文］ 六二：颠颐拂经于丘颐，征凶。

［经意］ 颠借为填，塞也。颐，腮也。填颐，纳食物于腮中。拂，击也。经借为胫，自膝至足称胫。丘颐，丘之腮，即丘之两坡。"填颐拂胫于丘颐"，谓人以填口腮之故，而招击胫之辱于丘坡之上。此出行不利之象，故筮遇此爻，征伐则凶。

［传解］ 颠亦借为填，增加也，犹今语之添。③颐，养也。《集解》引王肃曰："拂，违也。经，常也。"拂经谓违反经常之道也。《广雅·释诂》："丘，众也。"《孟子·尽心》下篇："得乎丘民而为天子。"丘民即众民。丘颐谓众人之养也。爻辞言：国君生活荒淫奢侈，增加其养，而在民众之养方面，违反经常制度，横征暴敛，剥夺民众之养，如此则民众怨恨，各怀反抗之心，出师征伐，必战败，是凶矣。

［原文］ 《象》曰："六二征凶"，行失类也。

类，法则也。④传意：爻辞云"颠颐拂经于丘颐，征凶"，以其行之违失法则也。

［原文］ 六三：拂颐，贞凶，十年勿用，无攸利。

［经意］ 拂，击也。颐，腮也。拂颐即批颊，打嘴巴。古人以此为

奇耻大辱。贞,占问。用,行动也。爻辞言:受批颊之耻辱,乃是凶象,筮遇此爻,则凶,十年不可有所行动,无所利。

[传解]

拂,违也。颐,养也。拂颐,违反养人之道。即不当养者而养之,当养者而不养之。《韩非子·显学》篇曰:“所养者非所用。所用者非所养。”是其义也。贞,正也。“拂颐贞凶”,言国君违反养人之道,养其幸臣、侍妾等,而不养民,其行事虽正,而亦凶。余与经意同。

[原文]

《象》曰:“十年勿用”,道大悖也。

悖,谬也。传意:爻辞云“拂颐贞凶,十年勿用”,因其养人之道大悖谬也。

[原文]

六四:颠颐,吉。虎视耽耽,其欲逐逐,无咎。

[经意]

颠借为填,塞也。颐,腮也。耽耽,瞪目凶视之貌。《释文》:“逐逐荀作悠悠。”悠悠,远也。爻辞言:有食物填入腮中,可饱其腹,自是吉象。虎之视耽耽而凶,其欲亦悠悠而远,志在捕取它兽,以填其颐,以喻人有强力以逞其雄心,自无咎。

[传解]

颠亦借为填,增加也,添也。颐,养也。“颠颐吉”,言增加人之养则吉。“虎视耽耽,其欲逐逐,无咎”,言人有力如虎,将捕取食物,以增加其养,可以得志而无咎。

[原文]

《象》曰:“颠颐”之“吉”,上施光也。

上,君上。光借为广。(说见《坤》卦)传意:爻辞云“颠颐吉”,言君上增加臣民之养,施予广多,因得臣民之拥护,故吉也。(若施予不广,则不吉。)

[原文] 六五:拂经,居贞吉,不可涉大川。

[经意] 拂,击也。经借为胫。居贞,占问安居。爻辞言:有人击其胫,是不便行路,不可渡水之象,故筮遇此爻,占问安居则吉,不可涉大川。

[传解] 拂,违也。经,常也。贞,正也。爻辞言:违反经常之道,本不吉,但能速改,而居于正,则吉。违反经常之道以渡大川,亦不可,因其将坠入水中。

[原文] 《象》曰:"居贞"之"吉",顺以从上也。

传意:爻辞云"拂经,居贞吉",因其人柔顺以从君上也。盖臣民柔顺以从君上,是为经道,亦为正道。拂经者,违此道也。居贞者,居此道也。臣下由拂经转为居贞,则吉矣。《象传》此释乃六五及上九之爻象爻位为据。六五为阴爻,为柔;上九为阳爻,为刚。六五居上九之下,是为柔从刚,象臣民服从君上。

[原文] 上九:由颐,厉,吉。利涉大川。

[经意] 由疑借为搯,抒而出之也,即今语之掏。颐,腮也。搯颐,以手掏出腮中之食物。厉,危也。食物入口,以手掏而出之,必以其物有毒素也。毒已入口,危矣。然掏而出之,仍为吉。故搯颐之象是厉而吉。又筮遇此爻,利于涉大川,虽有危险,亦能安达彼岸。

[传解]

《方言》六:“由,辅也。”《广雅·释诂》:“由,助也。”颐,养也。由颐,辅助而养之也。君上对臣民辅助而养之,则遇危险之事,可得臣民之支持,而转危为安,化险为夷,虽厉亦吉。余与经意同。

[原文]

《象》曰:“由颐厉吉”,大有庆也。

传意:爻辞云“由颐厉吉”,言君上能辅助颐养其臣民,则能克服危险,大有吉庆也。

[附考]

① 初九:“舍尔灵龟,观我朵颐,凶。”姚配中曰:“郑康成曰:‘朵,动也。’李鼎祚曰:‘朵,颐动下垂之貌。’龟千岁而灵。《尔雅》:‘一曰神龟,二曰灵龟。’谋及乃心,谋及卜筮。灵龟不用,朵颐是观,贪求失正,无所稽疑。”按姚解灵龟,其义可通;解朵颐则不明确。《释文》:“朵,动也。郑同。京作揣。”《广雅·释诂》:“揣,动也。”朵颐谓动颐,指动颐以谈话也。舍尔灵龟,观我朵颐,言人面临大事,疑而未决,舍尔之灵龟而不占卜;只观我动颊颐而谈论,即不信龟卜,而信口谈,在周初人迷信神权与卜筮时,认为结果必凶矣。此说亦通。 ② 初九:“舍尔灵龟,观我朵颐,凶。”《易传》训颐为养。据此以探传意,则朵当读为脔。《释文》:“朵,京作揣。”揣与脔古通用。《礼记·杂记》上:“载以辁车。”郑注:“辁或为槫。”《仪礼·既夕礼》郑注引辁作团。《公羊传》庄公十九年:“则专之可也。”《汉书·冯奉世传》引专作颛。《说文》:“耑读若专。”《文选·鹏鸟赋》:“何足控抟。”李注引如淳曰:“抟或作揣。”《长笛赋》:“冬雪揣封乎其枝。”李注:“揣与团古字通。”并耑专两声系字相通之证。《说文》:“脔,切肉也。”《广雅·释器》:“脔,脔也。”肉切成块谓之脔。脔颐者以切肉自养也。人如舍尔灵龟之肉,观我脔肉之养,徒羡他人之馔,不能自果其腹,岂不凶哉。 ③ 六二:“颠颐拂经于丘颐,征凶。”《易传》训颐为养。据此以探传意,则颠当读为填而训为加。颠、填同声系,古通用。《说文》:“填,塞也,从土,真声。”空阙之处,加土塞之称填:

自其塞言之，则为填塞，自其加土言之，则为填加，是填本有加义。《华严经音义》上引《国语》贾注曰："填，加也。"今语谓增加曰添，余谓添即填之俗字也。填颐者，增加人之养也。六四曰："颠颐，吉。"《象传》曰："颠颐之吉，上施光（广）也。"上施广正是增加臣民之养。则传读颠为填，训填为加，明矣。　④《象传》："六二征凶，行失类也。"亨按类，法则也。《方言》十三："类，法也。"《广雅·释诂》："类，灋也。"（灋，古法字。）《楚辞·怀沙》："吾将以为类兮。"王注："类，法也。"《太玄迎》首："失父类也。"范注："类，法也。"盖事物之一般法则谓之类。行失类谓其行事违失法则也。六二爻辞云"拂经。"拂，违也。经，常也。拂经传释为违反经常之道。《象传》正以失类释违经矣。进而考之，类、律古通用。《礼记·乐记》："律小大之称。"《史记·乐书》律作类。即其证。然则类训为法，即借类为律矣。

# 《大过》第二十八

䷛(下巽上兑)

[原文] 《大过》:栋桡,利有攸往。亨。

[经意] 《大过》,卦名。栋,屋正中最高之横梁。桡原作挠。《校勘记》曰:"挠各本作桡。"今据改。《象传》桡字同。桡,曲也。九三曰:"栋桡凶。"与卦辞矛盾。汉帛书《周易》此"栋桡"作"栋輂",九四之"栋隆"亦作"栋輂",可证此"栋桡"当作"栋隆"。隆,高也。"亨"字当在下文"初六"下。卦辞言:栋高者室巨而家大,以此条件有所往,则利。

[传解] 传所据经文与今本同。《大过》,卦名。《大过》之义是大事错误。栋桡,栋之材不足以支持其屋盖而桡曲。亨,通也。爻辞言:栋曲则屋将坏,造屋者用不材之木为栋,是大事错误;然居者预见其屋之将坏,因而离去其屋,有所往则利,且能亨通矣。

[原文] 《象》曰:《大过》,大者过也。"栋桡",本末弱也。刚过而中,巽而说,行。"利有攸往"乃"亨"。

此释卦名及卦辞。本卦名《大过》者,大事错误也。卦辞云"栋桡"者,因栋之中部坚刚而本末弱也。《大过》之中间四爻为阳爻,为刚;初爻与上爻为阴爻,为柔。初爻为卦体之本,上爻为卦体之末。然则《大过》之爻象是中间坚刚而"本末弱",以象栋则是中部坚刚而本末弱,故桡曲也。造屋者用本末弱之木材为屋栋,乃大事上之错误,其屋将坏矣。此比喻国君用庸材为将相,亦大事上之错误,其国将亡矣。是以卦名曰《大过》。其次,大过之九二为阳爻居阴位(第二爻为阴位),九四亦为阳爻居阴位(第四爻亦为阴位)。阳爻居非其位,是为"刚过",象君子有居非其位之错误。再次,《大过》之九二为刚,居下卦之中位,九五为刚,居上卦之中位,是为"刚中",象君子守正中之道。又次,《大过》之下卦为巽,上卦为兑。巽,巽也,谦逊也;兑,说(悦)也,和悦也。然则大过之卦象又是"巽而说",谓人谦逊而和悦也。总之,《大过》之卦爻象是庸材担当重任,君子有居非其位之过失,但守正中之道,抱谦逊和悦之态度,去其位而行,别有所往,则利矣,则亨通矣。是以卦辞曰:"利有攸往,亨。"

[原文] **《大过》之时,大矣哉。**

此申释卦义。人有大过失,是在一定时间,作成一种巨大错事,伏下一种严重危机。如造屋者有大过失,在造屋时,作成用不材之才为屋栋之巨大错事,伏下屋坏之严重危机。国君有大过失,在用人时,作成用不材之人为将相之巨大错事,伏下国亡之严重危机。然则大过之时间关系事业者甚大,在当时不可不察也。故曰:"《大过》之时,大矣哉。"

[原文] **《象》曰:泽灭木,《大过》。君子以独立不惧,遯世无闷。**

《象传》之意,《大过》是大过失。遯,隐也。《大过》之上卦为兑,下卦为巽。兑为泽,巽为木。然则《大过》之卦象是泽下有木,是为"泽灭木",即泽水淹没木舟,舟沉泽底,此乃操舟者之大过失,是以卦名曰《大过》。①按《象传》乃以泽水淹没木舟比庶民起义，覆灭王侯之朝廷或国家。此乃治国者之大过失，是以卦名曰《大过》。君子逢此祸变，则守节不屈，隐居不仕。故曰："泽灭木，《大过》。君子以独立不惧，遯世无闷。"(《荀子·王制》篇引《传》曰："君者，舟也。庶人者，水也。水则载舟。水则覆舟。"《荀子》以"水则覆舟"比庶民推翻其君，《象传》以"泽灭木"比庶民推翻其君，其意正同。)

[原文] 初六：藉用白茅，无咎。

[经意] 卦辞"亨"字当在"初六"下。亨即享字，祭也。藉，垫也。白茅，草名，柔软洁白。爻辞言：祭祀用白茅垫祭品，所以敬神，故无咎。

[传解] 与经意同。但传文所据本"亨"字不属于爻辞。

[原文] 《象》曰："藉用白茅"，柔在下也。

传意：爻辞云"藉用白茅"，因白茅为柔物，垫于物品之下，最为适合，故无咎也。《象传》此释乃以初六之爻象爻位为据，初六为阴爻，为柔，居一卦之下位，是为"柔在下"，象柔物在下。(《系辞》上："初六：'藉用白茅，无咎。'子曰：'苟错诸地而可矣。藉之用茅，何咎之有，慎之至也。夫茅之为物薄，而用可重也。慎斯术也以往，其无所失矣。'")

[原文] 九二：枯杨生稊，老夫得其女妻，无不利。

[经意] 稊，叶初生称稊。夫，男子。女，指少女。枯杨生叶，反枯为荣。老男娶得少女为妻，转向年轻，故无不利。

[传解] 与经意同。

[原文] 《象》曰:“老夫女妻”,过以相与也。

过,过失。相与,二人共处为与,故相与犹相配也。传意:爻辞云“老夫得其女妻”,男老女少,年龄不相当,其相配是过失也,是错误也。(按爻辞云“无不利”,而《象传》云“过以相与”,盖《象传》作者不赞同爻辞作者之观点。)

[原文] 九三:栋桡,凶。

[经意] 屋栋桡曲,则屋坏,故凶。

[传解] 与经意同。

[原文] 《象》曰:“栋桡”之“凶”,不可以有辅也。

传意:爻辞云“栋桡凶”,因栋桡不可加木以辅之,其屋必坏,故凶也。屋之纵架之梁曲,尚可用木以持之,直立之柱曲,尚可用木以佐之。至于栋,横架在屋之正中最高之处,栋上加椽,其上覆瓦或盖草。栋曲则不可加木以辅之,其屋必坏也。

[原文] 九四:栋隆,吉;有它,吝。

[经意] 隆,高也。它,古语谓意外之患为它。吝,难也。栋高者室巨,室巨者家大,此自是吉象。虽有意外之患,仅增加困难而已。

[传解] 字义与经意同,而文意异,说见下。

[原文] 《象》曰:“栋隆”之“吉”,不桡乎下也。

传意:爻辞云“栋隆吉”,乃因栋下之梁柱不曲,故吉也。屋栋在上,栋下有坚强不曲之梁柱支持之,屋始不倾,乃为吉。(若栋下之梁柱不坚强而曲,则屋必倾,是凶矣。)

[原文] 九五:枯杨生华,老妇得其士夫,无咎无誉。

[经意] 华,古花字。妇,已嫁人或曾嫁人之女子称妇。士,未曾娶妻之男子称士。枯杨生花,反枯为荣,老妇嫁得士夫,转向年轻,可无灾咎,但亦无名誉。

[传解] 与经意同。

[原文] 《象》曰:“枯杨生华”,何可久也。“老妇士夫”,亦可丑也。

传意:爻辞云“枯杨生华”,其花不能久开也。云“老妇得其士夫”,老妇嫁得少男,其夫易弃之正如杨花易落,其事亦可丑也。(按爻辞云“无咎无誉”,而《象传》云“何可久”,“亦可丑”,盖《象传》作者不赞同爻辞作者之观点。)

[原文] 上六:过涉灭顶,凶。无咎。

[经意] 过,误也,过失也。过涉犹误涉,即不确知其水之深浅,不确知风浪之大小,不确知其舟之坚否,不确知操舟技术之巧拙,不当渡而误渡之也。灭顶,水没其头顶也。过涉灭顶,是

凶矣。“无咎”二字疑是衍文。《象传》作者所见经本已衍此二字。

[传解] “过涉灭顶凶”，与经意同。“无咎”者，无犹毋也，犹勿也；咎，谴责也。《方言》十三：“咎，谤也。”谤与谴责之意略同。《论语·八佾》篇：“成事不说，遂事不谏，既往不咎。”咎义同此。无咎，勿谴责之也。

[原文] 《象》曰：“过涉”之“凶”，不可“咎”也。

咎，谴责也。传意：爻辞云“过涉灭顶，凶，无咎”，言过涉既已灭顶，凶祸既已构成，不可谴责之，谴责亦无益也。

[附考] ①《象传》：“泽灭木，《大过》。君子以独立不惧，遁世无闷。”李鼎祚曰：“灭，漫也。凡木生近水者，……遇泽太过，木则漫灭焉。”此谓泽灭木乃泽水上涨，淹没泽边之木。泽水灭木是泽水之大过其分，是以卦名曰《大过》。泽水泛溢，淹没树木，以象国家发生变乱，冲荡社会。君子处此，则独立不惧，遁世无闷。如此解之，似亦可取。但《象传》乃释《大过》为大过失。其证有二：九二曰：“老夫得其女妻。”《象传》释之曰：“老无女妻，过以相与也。”过字即卦名《大过》之过，义为过失，甚为明确。其证一。上六日：“过涉灭顶，凶，无咎。”《象传》释之曰：“过涉之凶，不可咎也。”过涉灭顶，乃为大过，义为过失，亦甚为明确。其证二。然则《象传》释《大过》为巨大过失，明矣。可见李说非也。

# 《坎》第二十九

䷜(下坎上坎)

[原文] 习坎:有孚维心,亨,行有尚。

[经意] 习字疑涉初九爻辞及《象传》之“习坎”二字而衍。坎,卦名。孚,古俘字。维,汉帛书《周易》作巂。维与巂均借为懏。《说文》:“懏,有二心也。”亨即享字,祭也。尚读为赏。卦辞言:筮遇此卦,有俘虏怀有二心,则杀之以祭神,出行将得赏。(又一解:维,以绳缚之也。心当作止,形似而误。止犹之也。有俘维之享,言有俘虏则缚而杀之以祭神。)

[传解] 《坎》,卦名,水也,险也。(《象传》亦释坎为水,又释坎为坑。)“有孚”为一句。孚,信也。“维心亨”为一句。维读为惟。亨,美也。尚亦读为赏。爻辞言:人面临坎险,能有诚信,其心亨美,则出行将得赏。

[原文] 《彖》曰:习坎,重险也。水流而不盈。行险而不失其信。维心亨,乃以刚中也。行有尚,往有功也。

此释卦名及卦辞。《集解》引陆绩曰:“习,重也。”按习乃借为袭。《广雅·释诂》:“袭,重也。”本卦乃二坎相重,是为“习坎”。习,重也;坎,险也。故曰:“习坎,重险也。”此谓本卦卦体是习坎,卦象是重险,非谓卦名《习坎》也。[1]坎又为水。然则本卦卦象又是水相接而流,不满其坎。坎中有流水,更为险矣。卦辞云“有孚”者，孚，信也。此承卦名《坎》而言，谓行险而不失其信也。云“维心亨”者，言其心亨美也。其心亨美者，以其有刚健、正中之德也。本卦之九二为阳爻，为刚，居下卦之中位。九五亦为阳爻，为刚，居上卦之中位。是为“刚中”，象人有刚健、正中之德也。云“行有尚”者，以其往而有功，故得赏也。人能行险而不失其信，有刚健、正中之德，则能往而有功矣。

［原文］ **天险，不可升也。地险，山川丘陵也。王公设险，以守其国。险之时，用大矣哉。**

此申释卦义。陵，岭也，陵与岭乃古今语之转。本卦之卦象卦义是重险。人行路遇险，行事遇险，皆不免于艰难，有所不利，此险之对己不利者也。然险亦有对己有利者。天之险是其不可升也；地之险是山川丘陵也；王公既利用地险，再设人为之险如城郭沟池等，使敌人不可登越，以守卫其国家。此险之对己有利者也。可见险对己有时不利，有时有利，利或不利以时为转移。险如适应其时之需要，其用处甚大。如王公设险于先，始能却敌于后，是其例。

［原文］ **《象》曰：水洊至，习《坎》。君子以常德行，习教事。**

《集解》引陆绩曰：“洊，再也。”《释文》引《尔雅》云：“洊，再也。”水洊至，前水方至，后水续至也。习字亦是衍文。常当读为尚，尊尚也。②本卦是二坎相重，坎为水，然则本卦卦象是水洊至，是以卦名曰《坎》。按《象传》以水比人之美德，以水洊至比人之美德日有进步。君子观此卦象，从而尊尚德行，学习教事，既以淑己，又以淑人。故曰：“水洊至，《坎》。君子以常德行，习教事。”

[原文] 初六：习坎，入于坎，窞，凶。

[经意] 习读为袭，重也。坎，坑也。窞与陷同，坠入其中也。爻辞言：坎中有坎，人入于坎中而陷焉，是凶矣。

[传解] 与经意同。

[原文] 《象》曰：“习坎入坎”，失道“凶”也。

传意：爻辞云“习坎，入于坎，陷，凶”，乃行人失其路而逢凶也。路有重坎，行人宜走别路以避之，今竟入于坎而陷焉，此是行人失其宜走之路，以致凶灾。以喻人之行事，则是失其平坦之道，误犯重险，以招祸殃。

[原文] 九二：坎有险，求小得。

[经意] 坎中有险，人有所求仅能小得，因有坎险，求不易得也。

[传解] 与经意同。

[原文] 《象》曰：“求小得”，未出中也。

出，离去。中，正也。传意：爻辞云“坎有险，求小得”，坎中有险，有求本甚难得，然尚能小得者，因其所求未离去正道也。（若离去正道，则所求不得矣。）《象传》此释乃以九二之爻位为据。九二居下卦之中位，象人守正中之道。

[原文] 六三：来之坎，坎险且枕，入于坎，窞，勿用。

[经意] 之犹此也。枕借为沈，深也。窞与陷同。勿用，犹勿动也。爻辞言：人来此坎，坎险又深，竟入于坎中而陷焉。此动则得咎之象，故筮遇此爻，不可有所行动。

[传解] “来之坎坎”为一句。坎坎，非一坎也。余与经意同。

[原文] 《象》曰：“来之坎坎”，终无功也。

坎坎者，王弼曰：“两坎之间。”朱骏声曰：“上下皆坎。”要之，坎坎非一坎也。传意：爻辞云“来之坎坎，险且枕，入于坎，窞，勿用”，言来此多坎之处，终不能有功也。

[原文] 六四：樽酒簋贰用缶，纳约自牖，终无咎。

[经意] 樽，盛酒之器，犹今之酒壶。簋，盛饭之器，犹今之饭盆。贰当作资，形似而误。资借为粢，米饭也。缶，瓦器也。王引之曰：“用缶云者，以缶为樽，又以缶为簋也。”纳，送入也。约读为擢。擢，取出也。牖，屋墙上窗也。“樽酒簋贰用缶”，一樽酒簋饭皆用瓦器也。“纳约自牖”，送之取之皆由窗间也。闻一多曰：“酒食而必自牖纳取之者，盖亦就在狱者言之。”爻辞盖写有人被囚于狱中，其亲属为之送酒食之情景。“终无咎”者，谓囚人终被释放而出狱。

[传解] 与经意同。

[原文] 《象》曰：“樽酒簋贰”，刚柔际也。

际，交接也。统治者为刚，此指官吏。被统治者为柔，此指囚人。传意：爻辞云"樽酒簋贰用缶，纳约自牖"，盖以官吏与囚人是统治者与被统治者相交接之关系也。囚人被官吏置于狱，亲属为囚人送酒食，不得不纳取自牖。《象传》此释乃以六四及九五之爻象爻位为据。六四为阴爻，为柔；九五为阳爻，为刚。六四在九五之下，象被统治者在统治者压迫之下。

［原文］ 九五：坎不盈，祇既平，无咎。

［经意］ 祇借为坻，小丘也。以小丘之土填空洼之坎，坎尚未满，小丘已平，此是取多以益寡，损有余以补不足之象，自无咎。

［传解］ 与经意同。

［原文］ 《象》曰："坎不盈"，中未大也。

中，正也。传意：爻辞云"坎不盈，祇既平，无咎"，以坻土填坎洼，乃行其正中之道。然坎未填满，仍有洼处，坻虽已平，而无洼处，坎与坻尚有不平之象，未达至平之境，其行正中之道不为宏大。然可以无咎矣。故释之曰："中未大也。"《象传》此释乃以九五之爻位为据。九五居上卦之中位，象人行正中之道。

［原文］ 上六：系用徽纆，寘于丛棘，三岁不得，凶。

［经意］ 系，系也。徽纆，黑索，系囚人用之。寘，置也。丛棘，监狱。监狱墙上墙外皆种有刺之棘木，以防囚人之逃出，故称之为丛棘。得疑借为置。《说文》："置，赦也。"即释放。③（非上文寘字之义）爻辞言：有人焉，官吏系之以黑索，置之于监狱，

历时三年，而不释放，是凶矣。（闻一多曰：“得疑读为直。《晋语》九曰：‘邢侯与雍子争田，雍子纳其女于叔鱼以求直。’三岁不直，犹言三岁不得其平。”）

［传解］ 与经意同。

［原文］ 象曰：“上六”失道，“凶三岁”也。

传意：上六爻辞，言官吏失其正道，违法囚人，被囚者遇凶祸，达三岁之久。

［附考］ ① 本卦云：“习坎：有孚维心。……”似卦名《习坎》者。其实习字乃涉初六爻辞及《彖传》“习坎”二字而衍。八经卦自重为八别卦，其名不异。重乾仍名《乾》，重坤仍名《坤》，重震仍名《震》，重巽仍名《巽》，重离仍名《离》，重艮仍名《艮》，重兑仍名《兑》。然则重坎仍名《坎》，明矣。其证一。《序卦》、《杂卦》解六十四卦，皆称《坎》卦为《坎》，不称为《习坎》。其证二。《彖传》曰：“习坎，重险也。”此乃以“习坎”二字释本卦卦体，非谓卦名《习坎》也。《巽》(䷸)《彖传》曰：“重巽以申命。”乃以“重巽”二字释巽卦卦体，非谓卦名《重巽》也，其例正同。《象传》之“习坎”则是衍习字。 ②《象传》：“君子以常德行，习教事。”亨按常当读为尚。常、尚同声系，古通用。《史记·卫绾传》：“剑尚盛。”《汉书》尚作常。《汉书·贾谊传》：“尚惮以危为安。”《贾子新书宗首》篇尚作常。并其证。尚德行谓尊尚德行也。《论语·宪问》篇：“尚德哉若人。”正用尚字。 ③ 上六：“三岁不得。”余旧释：得谓得其讼狱之真情也。今按得当借为置，二字古通用。得与德通，古书常见。德与置亦通。本书《系辞》上：“有功而不德。”释文：“德，郑陆蜀才作置。”即其证。然则得、置可通用矣。《说文》：“置，赦也，从网直。”谓直者入于法网则赦之。《华严音义》上引《广雅》：“置，舍也。”《史记·吴王濞传》：“皆杀之，无有所置。”《正义》：“置，放释也。”三岁不得即三岁不置，谓三年不释放也。（安置之置是置之别一义）

# 《离》第三十

䷝(下离上离)

[原文] 《离》:利贞。亨,畜牝牛吉。

[经意] 离,卦名。利贞犹利占也。亨即享字,祭也。畜,养也。筮遇此卦,乃有利之占问;将举行享祭,先畜养牝牛以为祭牲,则吉。古人祭天祭祖,皆先选牛牲而特畜之,选时卜筮吉而后定。

[传解] 《离》,卦名。《离》,附丽也。利,利物也,即利人也。贞,正也。亨,通也。"《离》利贞亨"为一句,言人附丽于利人之正道,则亨通。"畜牝牛吉",以其性柔,能附丽于人。

[原文] 《彖》曰:《离》,丽也,日月丽乎天。百谷草木丽乎土。重明以丽乎正,乃化成天下,柔丽乎中正,故"亨",是以"畜牝牛吉"也。

《释文》:"土,王肃本作地。"《说文》引亦作地。按《易传》多以天地并言,作地是也。《序卦》曰:"离者,丽也。"与《彖传》同。王弼曰:"丽犹著也。"《尔雅》曰:"丽,附也。"(《文选·吴都赋》刘渊林注引)是丽乃附著之义。①本卦所以名《离》者,《离》,丽也,附著也。卦辞云"利贞亨"者,言附丽于利人之正道,则亨通也。如日月附丽于天,能照天下;百谷草木附丽于地,能养动物。本卦是二离相重,离为日,为明,然则本卦卦象是"重明",谓人有重明之智慧。其次,本卦之六二为阴爻,为柔,居下卦之中位;六五为阴爻,为柔,居上卦之中位。

是为“柔丽乎中正”，象人有柔和之德，附丽于正道。总之，本卦象爻象是人有重明之智慧，又有柔和之德，附丽于正道，故卦辞曰“贞”。能利人而化成天下，故卦辞曰“利”。能利贞则亨通，故卦辞曰“亨”。卦辞又云“畜牝牛吉”者，传意：牝牛为柔性，附丽于人，有利于人，受人之指使，不失其正，故畜之吉也。

［原文］ **《象》曰：明两作，《离》。大人以继明照于四方。**

《易传》称日为大明，又称日为明。（说见《乾》卦）作，升起也。下明字指人之光明。本卦是二离相重，离为日，然则本卦卦象是日两作，即今朝日升，明朝日又升，相继不已，以照天下也。日之运行附丽于天，是以卦名曰《离》。按《象传》以日比人之光明以“明两作”比人之光明相继不已。大人观此卦象，从而以相继不已之光明，照于四方。故曰：“明两作，《离》。大人以继明照于四方。”

［原文］ **初九：履错然，敬之无咎。**

［经意］ 履，鞋也。错，黄金色之貌。古代贵人始穿金色之鞋，有人焉，其履错然而黄，是贵人也，敬之乃无咎。

［传解］ 与经意同。

［原文］ **《象》曰：“履错”之“敬”，以辟咎也。**

辟借为避，避免也。传意：爻辞云“履错然，敬之无咎”，穿金色鞋之贵人，有权有势，如不敬之，则招来灾咎；敬之，所以避免灾咎也。

[原文] 六二:黄离,元吉。

[经意] 离(離)《集解》本作离。《说文》:"离,山神兽也。"余昔日用《说文》作解,亦通。今按離离皆借为螭,龙也,谓云气似龙形者,虹之类也。音转而谓之霓。黄螭即黄霓。黄为吉祥之色。元,大也。古人认为黄霓出现天空,是大吉之兆,故曰:"黄离,元吉。"②

[传解] 离,附丽也。黄离,黄色附丽于物也。色不能独存,必附丽于物。如黄金是黄色附丽于金,黄裳是黄色附丽于裳等是。《易传》认为黄是美丽之色,可比人之美德。黄离比人有美德附丽于其身,故大吉。③

[原文] 《象》曰:"黄离元吉",得中道也。

传意:爻辞云"黄离元吉",黄离者,黄色附丽于其身,象人有美德附丽于其身也。美德非它,正中之道也。美德附丽于其身非它,得正中之道也。人得正中之道,则大吉矣。《象传》此释乃以六二之爻位为据。六二居下卦之中位,象人得正中之道。

[传解] 九三:日昃之离,不鼓缶而歌,则大耋之嗟,凶。

[经意] 日昃,即日侧,日在西方也。之犹有也。(说见《明夷》卦)离借为螭,龙也,谓云气似龙形者,虹之类也,音转而谓之霓。鼓,击也。缶,瓦器,古人亦用为乐器。耋,老年人。嗟,

悲叹。古人认为：日昃时有霓出现天空是凶兆，如不击鼓唱歌以解除之，则老人悲叹矣。故曰："日昃之离，不鼓缶而歌，则大耋之嗟，凶。"

[传解] 离，附丽也。其余字义与经意同。爻辞言：日在西方附丽于天，不久将落，如人在晚年寄托于世，不久将死。当此时，如不鼓缶而歌，及时行乐，则大耋之龄一至，徒自悲叹，是凶矣。

[原文] 《象》曰："日昃之离"，何可久也。

[原文] 九四：突如，其来如，焚如，死如，弃如。

[经意] 《音训》引晁氏曰："突，京、郑作㐬。"按突借为㐬，㐬即流放之流，逐之远方也。如犹之也。此言古人对于不孝之子、不忠之臣、不顺之民，则流放之，如其归来，则或焚之，或死之，或弃之。

[传解] 与经意同。

[原文] 《象》曰："突如其来如"，无所容也。

[原文] 六五：出涕沱若，戚嗟若，吉。

[经意] 涕，泪也。沱，泪流多貌。戚，忧也，悲也。嗟，叹也。如犹然也。哭泣而流泪，忧悲而嗟叹，本是不吉之象，然筮遇此爻，将转祸为福，逢凶化吉。

[传解] 与经意同。

[原文] 《象》曰:“六五”之“吉”,离王公也。

离亦附丽也。传意:爻辞云“出涕沱若,戚嗟若,吉”,指臣下而言也。臣下出涕戚嗟,乃遭遇不幸之事,而归于吉者,以其附丽于王公,得王公之庇护、救助也。《象传》此释乃以六五及上九之爻象爻位为据。六五为阴爻,为柔,象臣下;上九为阳爻,为刚,居一卦之最高位,象王公。六五在上九之下,象臣下附丽于王公。

[原文] 上九:王用出征,有嘉折首,获匪其丑,无咎。

[经意] 嘉,喜事也。折首犹斩首。匪读为彼。丑,古语称敌人为丑,憎恨之词。爻辞言:王出兵征伐,有战胜之喜事,斩敌人之头,捉得敌人,无灾咎。

[传解] 与经意同。

[原文] 《象》曰:“王用出征”,以正邦也。④“获匪其丑”,大有功也。

今本无“获匪其丑”二句,《释文》引王肃本有,今据补。正犹定也。传意:爻辞云“王用出征”,乃因诸侯背叛或邻国入侵,王出征以安定邦国也。云“有嘉折首,获匪其丑”,言王出征得胜,大有战功也。

[附考] ①《象传》曰:“《离》,丽也。日月丽乎天。百谷草木丽乎土。……”释卦名之《离》为附丽,甚明。六五《象传》曰:“六五之吉,离王公也。”此结合卦名以为释,亦释离为附丽。《序卦》曰:“《离》者丽也。”

同。按丽借为蘼。《说文》:“蘼,草木相附蘼土而生,从草,丽声。”引《易》曰:“百谷草木蘼于地。”即其明证。 ② 六二:“黄离,元吉。”《象传》曰:“黄离元吉,得中道也。”《易传》训离为附丽,则黄离谓黄色附丽于物,明矣。又《易传》认为黄是美丽之色,可比人之美德。《坤》六五曰:“黄裳,元吉。”《象传》释之曰:“黄裳元吉,文在中也。”《文言》释之曰:“君子黄中通理,正位居体(礼),美在其中,而畅于四支,发于事业,美之至也。”即其证。然则黄离者象人之美德附丽于其身也。
③ 六二:“黄离,元吉。”九三:“日昃之离,不鼓缶而歌,则大耋之嗟,凶。”亨按离读为螭。二字同声系,古通用。《说文》:“螭,若龙而黄,北方谓之土蝼。或曰:‘无角曰螭。’”(蝼螭一声之转)《吕氏春秋·举难》篇:“龙食乎清而游乎清。螭食乎清而游乎浊。”高注:“螭,龙之别也。”《汉书·司马相如传》:“蛟龙赤螭。”颜注引张揖曰:“赤螭,雌龙也。”然则,螭者,龙之类也。《易经》此二离字即螭,但非水中之螭,乃天上云气成龙形者也。云气成龙形者,古亦谓之霓。《楚辞·天问》篇:“白霓婴茀。”王注:“霓,云之有色似龙者也。”《文选·魏都赋》:“髧若玄云舒霓以高垂。”刘注:“霓,龙形而五色。”是其例证。日光映射,云气成龙形,周初人称螭,战国以后人称霓,螭、霓当是一声之转。天空出现此象,本不足怪。但周初人则视为神异。“黄螭,元吉,”谓有黄色之霓出现于天空,则是大吉之兆,因黄为吉祥之色也。“日昃之螭,不鼓缶而歌,则大耋之嗟,凶”,谓日昃之时,有霓出现于天空,则是凶兆,须鼓缶唱歌以解除之,否则老人受灾而悲叹也。用鼓缶唱歌以解除凶灾,是一种巫术。《春秋经》庄公二十五年、三十年及文公十五年并曰:“日有食之,鼓用牲于社。”日食而击鼓,日昃出螭而击缶唱歌,其用意相似。进而言之:《尔雅·释天》:“螮蝀,虹也。蜺为挈贰。”郭注:“蜺,雌虹也。挈贰其别名。”《释文》蜺作霓。《说文》:“虹,螮蝀也,似虫。霓,屈虹,青赤或白色,阴气也。”盖虹、霓一物,红色鲜明者为虹,黄白青色者为霓。此物似龙亘天空,故谓之螭。然则螭殆即霓矣。 ④《象传》:“王用出征,以正邦也。”亨按正犹定也。《周礼·宰夫》:“岁终则令群吏正岁会。”郑注:“正犹定也。”《吕氏春秋·顺民》篇:“汤克夏而正天下。”正天下犹定天下也。然则此文之正邦谓安定国家也。

# 周易大传今注卷三

## 《咸》第三十一

䷞(下艮上兑)

［原文］　《咸》：亨。利贞。取女吉。

［经意］　《咸》，卦名。亨即享字，祭也。贞，占问。取借为娶。筮遇此卦，可举行享祭；乃有利之占问；娶女亦吉。

［传解］　咸，卦名，咸借为感，动也。亨，通也。贞，正也。余与经意同。卦辞言：人与人相感，则亨通，但利在以正道相感，男女以正道相感，则娶女吉。

［原文］　《彖》曰：《咸》，感也。柔上而刚下，二气感应以相与，止而说，男下女，是以"亨利贞，取女吉"也。

此释卦名及卦辞。相与犹相处也。本卦所以名《咸》者，《咸》，感也，刚柔相感也。《咸》之上卦为兑，下卦为艮。兑为阴卦，为刚；艮为阳卦，为柔。然则《咸》之卦象是"柔上而刚下"，刚柔相交，相感相应。以阴阳二气言之，阳气为刚，阴气为柔，《咸》之卦象是阴气升在上，阳气降在下，二气交流，是为"二气感应以相与"，即阴阳相感相应以共处。其次，艮，止也；兑，说(悦)也。然则《咸》之卦象是"止而说"，谓二气止于相感，又悦其相感。以男女两性言之，男为刚，女为柔，《咸》之卦象是女上而男下，即“男下女”。古代重男轻女，男尊女卑，唯婚礼有男下女之仪式。男亲至女家以迎女，女升车，男授绥（绥形如索，系于车上，人登车时手拽之）御车，走几步。男先至己家，待女于门外，女至，男揖女以入。[1]此皆男下女之仪式。然则《咸》之卦象是男女结婚，相感相应。阴阳二气相感而后万物亨通，男女两性相感而后家道亨通，是以卦辞曰“亨”。但阴阳相感利在得其正，男女相感亦利在得其正，是以卦辞曰“利贞”。男女相感以正，则夫妇白头偕老，是以卦辞曰“取女吉”。

［原文］ **天地感，而万物化生。圣人感人心，而天下和平。观其所感，而天地万物之情可见矣。**

此申释卦义。天地以阳阴二气相感，因而万物化生。圣人以其德感人心，因而天下和平。天与地，物与物，人与人，天地与万物与人，皆相感者。各有所感，各有所应，其感不同，其应亦异，观其所感，察其所应，则天地万物之情况可知矣。

［原文］ **《象》曰：山上有泽，《咸》。君子以虚受人。**

《象传》亦训《咸》为感。《咸》之下卦为艮，上卦为兑。艮为山，兑为泽。然则《咸》之卦象是“山上有泽”，即山上有潭。山上有泽，则山感其泽，泽感其山，山泽相感，是以卦名曰《咸》。山上有泽，乃崇高之山上有洼空之处，以容纳水、鱼、蛙、蚌、萍、藻等物。此象人有崇高之德业或爵位，而内心谦虚，能容人也。君子观此卦象及卦名，从而以谦虚之心，接受他人之教益，以此与人相感。故曰：“山上有泽，《咸》。君子以虚受人。”

［原文］ 初六：咸其拇。

［经意］ 咸，斩伤，即今之砍字。但爻辞诸咸字皆被外物所伤之义，不限于斩，故宜直训为伤。《释文》："拇，子夏作踇。"踇，足大指也。"咸其踇"，小伤之象。

［传解］ 咸读为感，动也。《说文》："感，动人心也。"引申之，动其物亦谓之感。故《尔雅·释诂》曰："感，动也。""咸其拇"即动其足大指，谓纳其足指于履中，将出行也。（古人入室脱履，出室著履。）

［原文］ 《象》曰："咸其拇"，志在外也。

传意：爻辞云"咸其拇"，言其志在外出也。

［原文］ 六二：咸其腓，凶，居吉。

［经意］ 咸，伤也。腓，胫后肉也，今语谓之腿肚子。伤其腓，是凶象，但居家不出，则吉。

［传解］ 咸，动也。"咸其腓"即动其胫后肉，谓加裹腿布于胫部，将有远行也。古人以幅布制成裹腿布，缠之以绳，谓之幅，汉人谓之行縢，将有远行，则加于胫部。[2]"咸其腓，凶，居吉"，谓远行则凶，安居则吉。

［原文］ 《象》曰：虽"凶居吉"，顺不害也。

顺当读为慎，谨慎也。[3]传意：爻辞云"咸其腓，凶，居吉"，言动其腓以远行虽凶；但谨慎不出，安居不动，则无灾害，乃吉也。

[原文]　九三:咸其股,执其随,往吝。

[经意]　咸,伤也。执,持也。随借为隋。隋,裂肉也。吝,难也。爻辞言:伤其股,手抚持其裂肉,创深而痛甚,不利于行路,有所往,难矣。

[传解]　咸,动也。“咸其股”动其股以出行也。随,从也。“执其随”,抱随从他人之主张也。爻辞言:动其股以出行,而一意随从他人,他人所行者无论其或是或非,或利或害,己则皆随从之。以此有所往,必遇艰难。

[原文]　《象》曰:“咸其股”,亦不处也。志在“随”人,所“执”下也。

处,安居不动也。下,自卑居下也。传意:爻辞云“咸其股”,言其动股出行,而不安居也。云“执其随”,言其志在随从他人,所持之主张是自卑而甘居人下也。

[原文]　九四:贞吉,悔亡。憧憧往来,朋从尔思。

[经意]　贞吉犹占吉。憧憧,往来不绝貌。朋,朋友。思,语气词,犹哉也。筮遇此爻,所占问者吉,其悔将去;憧憧然往来不绝之朋友皆随从汝。

[传解]　贞,正也。“贞吉悔亡”,言人之德行正则吉,其悔将去。余与经意同。(《系辞》释思为思想)

[原文] 《象》曰："贞吉悔亡"，未感害也。"憧憧往来"，未光大也。

王引之曰："光借为广。"（说见《坤》卦）传意：爻辞云"贞吉悔亡"，言人之志行正，则灾害不临其身，不感受灾害也。云"憧憧往来，朋从尔思"，言从尔之人限于朋友，其范围与数量犹未广大也。（《系辞》下："《易》曰：'憧憧往来，朋从尔思。'子曰：'天下何思何虑？天下同归而殊涂，一致而百虑。天下何思何虑？日往则月来，月往则日来，日月相推而明生焉。寒往则暑来，暑往则寒来，寒暑相推而岁成焉。往者屈也，来者信也，屈信相感而利生焉。尺蠖之屈，以求信也。龙蛇之蛰，以存身也。精义入神，以致用也。利用安身，以崇德也。过此以往，未之或知也。穷神知化，德之盛也。'"此释"朋从尔思"之思为思想之思，非经意也，盖亦与《象传》不同。）

[原文] 九五：咸其脢，无悔。

[经意] 咸，伤也。脢，背肉也。伤其背肉，乃小小之不幸；然其创易愈，归于无悔。

[传解] 咸，动也。"咸其脢"，动其背肉以负物。

[原文] 《象》曰："咸其脢"，志末也。

传意：爻辞云"咸其脢，无悔"，言人动其背肉以负物，其志之所在乃微末之事，可以无悔也。

[原文] 上六：咸其辅颊舌。

[经意]

咸，伤也。《释文》：“辅，虞作酺。”按辅借为酺。酺、颊同义，皆腮之古称。伤其腮与舌，乃不吉之象，盖指其人受批颊之辱，颊与舌皆破而流血。

[传解]

咸，动也。余与经意同。

[原文]

《象》曰：“咸其辅颊舌”，滕口说也。

《说文》：“滕，水超涌也，从水，朕声。”滕即水翻腾之腾。《诗·十月之交》：“百川沸腾。”乃借腾为滕。滕口说，谓翻腾其口谈，即所谓“口若悬河”。传意：爻辞云“咸其辅颊舌”，言动其腮与舌，以放纵其口谈也。

[附考]

①《彖传》：“《咸》……男下女。”古代婚礼男下女之仪式，其记载如下：《仪礼·士昏礼》：“主人（指娶妇之婿）乘墨车，从车二乘，执烛前马。至于门外（女家大门之外）。主人（指女之父）迎于门外，揖入。宾（指婿）执雁，从至庙门。揖入，三揖至于阶，三让。主人升，西面。宾升，北面，奠雁，再拜稽首，降出。妇从降。婿御妇车，授绥（郑注：“绥所以引升车者”）。妇乘以几。乃驱。御者代。婿乘其车，先俟于门外（婿家大门之外）。妇至，主人（指婿）揖妇以入。及寝门，揖入。”（此删省原文）《礼记·昏义》所记略同。　②六二：“咸其腓。”《象传》释为动其腓谓以布裹其腓也。古人胫上加裹腿布，以幅布制成，缠之以绳。指其布曰幅，指其绳曰縢，汉人谓之行縢。《诗·采菽》：“赤芾在股。邪幅在下。”郑笺：“邪幅如今行縢也，偪束其胫，自足至膝。”《左传》桓公二年：“带裳幅舄（鞋也）。”杜注：“幅若今行縢者。”《礼记·内则》：“偪履著綦。”郑注：“偪，行縢。”《释文》：“偪，本又作幅。”是借偪为幅也。《战国策·秦策》一：“嬴縢履蹻。”嬴借为缧，系也。縢，行縢。《说文》：“縢，缄也。”古人之幅，上有绳，以缄束其胫，故亦谓之縢。行远路时特著之，故

汉人谓之行滕。　　③《象传》:“虽凶居吉,顺不害也。”顺字训为顺从,亦通。但察其文意,乃借顺为慎。顺、慎古通用,《易传》有其例。《坤文言》:“盖言顺也。”《后汉书・宦者传论》李注引顺作慎。《升象传》:“君子以顺德,积小以高大。”《集解》本顺作慎。《系辞》上。“慎是术也。”《释文》:“慎一本作顺。”皆是也。此谓出行则凶,居家则吉,居而不出,正是谨慎以避凶害,可见顺当读为慎矣。

# 《恒》第三十二

䷟(下巽上震)

[原文] 《恒》:亨。无咎。利贞。利有攸往。

[经意] 《恒》,卦名。亨即享字,祭也。贞,占问。筮遇此卦,可举行享祭;无灾咎;是有利之占问;利于有所往。

[传解] 《恒》,卦名,久也。亨,通也。贞,正也。《恒》之卦辞言:人能有恒,则亨通而无咎,利在于正,亦利于有所往。

[原文] 《彖》曰:《恒》,久也。刚上而柔下,雷风相与,巽而动,刚柔皆应,《恒》。

此释卦名。《序卦》曰:"《恒》者,久也。"《杂卦》曰:"《恒》,久也。"并与《彖传》同。《恒》之上卦为震,下卦为巽。震为阳卦,为刚;巽为阴卦,为柔。然则《恒》之卦象是"刚上而柔下",例如君上而臣下,男上而女下,此是社会上恒久之道。其次,震为雷,巽为风,然则《恒》之卦象又是"雷风相与",雷在上,风在下。此是自然界恒久之现象。再次,震,动也;巽,巽也,谦逊也。然则《恒》之卦象又是"巽而动",即谦逊以动。此是人对人对事恒久可用之道。再次,《恒》之初六为阴爻,为柔;九四为阳爻,为刚。两同位爻刚柔相应。九二为阳爻,为刚;六五为阴爻,为柔。两同位爻刚柔相应。九三为阳爻,为刚;上六为阴爻,为柔。两同位爻刚柔相应。然则《恒》之爻象又是"刚柔皆应"。例如君臣上下相应,则国治安。夫妇男女相应，则家昌盛。此是国与家恒久之道。综之，《恒》之卦象爻象含有恒久之义四，是以卦名曰《恒》。

［原文］

**“《恒》亨无咎利贞”，久于其道也。天地之道恒久而不已也。“利有攸往”，终则有始也。**

此释卦辞。亨按“天地之道恒久而不已也”一句与“利有攸往终则有始也”一句当互移其位，盖传写之误。“终则有始”之有读为又。《恒》之卦辞云“亨无咎利贞”者，以其久于正道，坚持而不舍也。正道是利之所在，故曰“利贞”。久于正道，则亨通而无咎，故曰“亨无咎”。云“利有攸往”者，言人之出行终则又始，至而又返，胜利而归也。人之出行，以其出发地为始点，以其目的地为终点。至其目的地，又返其出发地，是为终则又始。然则终则又始即至而又返矣。

［原文］

**日月得天而能久照。四时变化而能久成。圣人久于其道，而天下化成。观其所恒，而天地万物之情可见矣。**

上文“天地之道恒久而不已也”一句，当在“日月”得天而能久照一句上。此申释卦义。“天地之道恒久而不已也”，谓天地有永恒规律；“日月得天而能久照”，谓日月之运行有永规律；“四时变化而能久成”，谓四时之变化有永恒规律；“圣人久于其道，而天下化成”，谓圣人之道术有永恒法则。然则观宇宙一切事物之永恒性，则天地万物之情况可知矣。

［原文］

**《象》曰：雷风，《恒》。君子以立不易方。**

孔颖达曰：“方犹道也。”立不易方，谓立于其道而不改易也。《恒》之上卦为震，下卦为巽。震为雷，巽为风。然则

《恒》之卦象是雷与风,雷在上,风在下。此是天地间一种恒久现象,是以卦名曰《恒》。按《象传》又以雷比刑,以风比德教,以雷在上,风在下比刑罚留于上,德教施于下,即先德教而后刑罚,此是治国恒久之道。君子观此卦象及卦名,从而立于其道,持之以恒,而不改易,既不触犯刑罚,亦不违反德教。故曰:"雷风,《恒》。君子以立不易方。"(与《益》卦稍异)

[原文]　初六:浚恒,贞凶,无攸利。

[经意]　浚,掘之使深。恒,久也。贞,占问。浚河浚井,皆宜适可而止。浚久则过深,过深则河岸井壁之土将崩,河井之水没人,只见其害,不见其利。此行事求之过分,有害无利之象。占问此类事,则凶而无所利。

[传解]　贞,正也。贞凶,其事虽正而亦凶也。余与经意同。

[原文]　《象》曰:"浚恒"之"凶",始求深也。

亨按始疑借为殆。《说文》:"殆,危也。"[1]传意:爻辞云"浚恒,贞凶",因其危以求深,即冒险以求深,将遭死伤之祸矣。浚河求深,欲其不泛滥也。浚井求深,欲其不枯竭也。其行则正,然久浚则凶。

[原文]　九二:悔亡。

[经意]　筮遇此爻,其悔将去。

[传解]　与经意同。

［原文］ 《象》曰："九二悔亡"，能久中也。

中，正也。久中，久于正中之道。传意：爻辞云"悔亡"，因其久于正中之道也。《象传》此释乃以卦名及九二之爻位为据。《象传》认为：卦名曰《恒》，则爻辞亦含恒久之意。九二居下卦之中位，象人守正中之道。两者结合，则是久于正中之道矣。

［原文］ 九三：不恒其德，或承之羞，贞吝。

［经意］ 承，受也。羞，耻辱。贞，占问。吝，难也。人不恒其德，则或受他人之辱，不免招致困难，故筮遇此爻则吝。

［传解］ 贞，正也。贞吝，其行虽正，亦遇困难。余与经意同。

［原文］ 《象》曰："不恒其德"，无所容也。

传意：爻辞云"不恒其德，或承之羞，贞吝"，言人不恒其德，朝三暮四，则他人不信任而猜疑，不欢迎而排斥，其人将无处可以容身，故或受辱，其行虽正，亦遇困难。

［原文］ 九四：田无禽。

［经意］ 田，猎也。禽，鸟兽之总名。筮遇此文，田猎不得鸟兽。

［传解］ 与经意同。

［原文］ 《象》曰：久非其位，安得"禽"也。

位指环境。安，何也。传意：爻辞云“田无禽”，因其久在不适宜行猎之环境而行猎，其地或鸟兽甚少，或林木甚密等，则何能得鸟兽哉。《象传》此释乃以卦名及九四之爻象爻位为据。《象传》认为：卦名曰《恒》，则爻辞亦含有恒久之意。九四为阳爻，居阴位(第四爻为阴位)，是为居非其位，象人处于不适宜之环境。两者相结合，则是久非其位矣。

[原文] 六五：恒其德，贞，妇人吉，夫子凶。

[经意] 贞，占问。夫子，丈夫。在“恒其德”之原则下，有所占问，妇人则吉，丈夫则凶。因妇人从夫，其道一轨，其德不可不恒；丈夫因事制宜，其道多方，其德不可恒。

[传解] 贞，正也。恒其德是正矣；但妇人则吉，丈夫则凶。

[原文] 《象》曰：“妇人贞吉”，从一而终也。“夫子”制义，从妇“凶”也。

传意：爻辞云“恒其德，贞，妇人吉，夫子凶”，因妇人从夫以终其身，故恒其德以从夫则吉；夫子因事制义，若恒其德以从妇则凶也。

[原文] 上六：振恒，凶。

[经意] 振，动也。动不可久，动久则凶。鸟飞久则坠，兽走久则仆，人劳久则病，用兵久则败，役民久则叛。(惠士奇说：“振恒，《说文》引作榰恒，云：‘榰，柱砥，古用木，今以石。’……”按柱砥者，垫在柱下之石基也，古代以木为之，久则腐烂，而柱

倒室毁矣,故曰:“楮恒,凶。”振、楮一声之转。)

[传解]　与经意同。

[原文]　《象》曰:“振恒”在上,大无功也。

在上,指统治者居于上位。爻辞云“振恒凶”,谓在上位之统治者自动久或动民久,则大无功而凶也。统治者田猎久则政事废,巡行久则百姓扰,用兵出征久则兵败,驱民服役久则民叛,其结果皆大无功。《象传》“在上”之说乃以上六之爻位为据。上六居一卦之最上位,象统治者处于上位。

[附考]　①《象传》曰:“浚恒之凶,始求深也。”孔颖达曰:“处卦之初(指初爻),故言始也。……所以致凶,谓在于始而求深者也。”此解似是而非。浚河浚井,恒则非始,始则非恒。浚之凶在于恒,不在于始。则浚恒之凶,何得解为始求深哉。余谓始盖借为殆。始、殆皆从台声,古通用。《诗·七月》:“殆及公子同归。”毛传:“殆,始也。”即读殆为始。则此文之始可读为殆,明矣。《说文》:“殆,危也。”殆求深,谓危以求深也。浚河久,则水深灭顶,而河岸或崩。浚井久,则亦水深灭顶,而井壁或塌。皆有死伤人之危险。故曰:“浚恒之凶,殆求深也。”

# 《遯》第三十三

䷠(下艮上乾)

[原文] 《遯》:亨。小利贞。

[经意] 《遯》,卦名。亨即享字,祭也。贞,占问。筮遇此卦,可举行享祭,乃小有利之占问。

[传解] 《遯》,卦名。《序卦》曰:"《遯》者,退也。"《杂卦》曰:"《遯》则退也。"退而隐居为遯。亨,通也。贞,正也。此言人当不可进仕之时,退隐乃通,仅有小利,是亦正道也。

[原文] 《彖》曰:《遯》"亨",遯而亨也。刚当位而应,与时行也。"小利贞",浸而长也。《遯》之时,义大矣哉。

浸上当有柔字,盖转写误脱。①浸,渐也。《遯》卦辞云"亨"者,《遯》,退也;亨,通也;言退隐乃亨通也。《遯》之九五为阳爻,为刚,居外卦之中位,刚为君子,此象君子处于朝外。九五又是阳爻居阳位(第五爻为阳位),是为"刚当位",此象君子得其适当之地位。然则《遯》之爻象是君子处于朝外乃得其适当之地位,即退隐为宜矣。其次,九五与六二为同位爻。六二为阴爻,为柔,居内卦之中位,柔为小人,此象小人处于朝内。六二之柔应九二之刚,此象小人赞同君子之处于朝外(即小人排斥君子)。然则《遯》之爻象又是小人处于朝内赞同君子处于朝外,则君子退隐为宜矣。要之,遯之爻象是刚在外卦而当位，柔在内卦以应之，象君子退隐朝外始得适当之地位，小人盘据朝内以赞同其退隐，是以卦名曰《遯》。君子退隐，乃是亨通之道，盖因时势而行，见机而去。故传释之曰："《遯》亨，遯而亨也。刚当位而应，与时行也。"卦辞又云"小利贞"者，贞，正也。言君子退隐，仅是小利，仅利于身，不利于君，然退隐仍是正道也。退隐何以仍是正道哉？因小人之势力渐渐生长也。《遯》之初爻二爻为阴爻，为柔，三、四、五、上四爻为阳爻，为刚。其爻象是"柔浸而长"。象小人之势力渐渐生长，君子不得不去。故传释之曰："小利贞，柔浸而长也。"总之，君子可以仕则仕，可以止则止，皆以时为转移。退隐以时，不能佐君治国，从而明哲保身，其意义甚大。若退隐不以时，亦不足贵。故传申释之曰："《遯》之时，义大矣哉。"

［原文］ 《象》曰：天下有山，《遯》。君子以远小人，不恶而严。

恶，凶恶。严，严厉。《遯》之上卦为乾，下卦为艮。乾为天，艮为山。然则《遯》之卦象是"天下有山"。按《象传》以天比朝廷，以山比贤人，以天下有山比朝廷之下有贤人。贤人不在朝廷之上，而在朝廷之下，乃退隐于野，是以卦名曰《遯》。贤人退隐，所以远避朝廷之小人。君子观此卦象及卦名，从而在小人得势之时，对小人不以凶恶之手段，而以严厉之态度，自甘退隐，不与之同朝。故曰："天下有山，《遯》。君子以远小人，不恶而严。"

［原文］ 初六：遯尾，厉，勿用有攸往。

［经意］ 遯借为豚，小猪曰豚。厉，危也。古人养小猪，往往割断

其尾,因猪断尾则易肥。豚尾有被断之危险,以喻人作他人之尾巴,有被断之危险,故筮遇此爻,将遇危险,不可有所往。

［传解］ 《集解》引郑玄曰:"遯者,逃去之名也。"(逃去与退隐乃一义之转。)尾读为微,隐匿,隐藏。②"遯微厉",谓逃去而隐藏,以身在危险之中也。"勿用有攸往",因有所往则被人发现也。

［原文］ 《象》曰:"遯尾"之"厉",不往何灾也。

传意:爻辞云"遯尾厉,勿用有攸往",言逃去而隐藏,虽身在危险之中:但如无所往,则不被人发现,有何灾难哉。

［原文］ 六二:执之用黄牛之革,莫之胜,说。

［经意］ 执借为絷,绊也,绊其身也。之指上文之遯,即指豚。革,兽皮去毛曰革。黄牛之革,用黄牛之革制成之绳,坚韧而难断。说读为脱。爻辞言:人用黄牛革绳绊豚之身,以防其走失,但豚物小力微,不能胜此革绳,以致不能行动,则宜解脱其绳。此喻人利用工具必须适合外物之条件。

［传解］ 之指俘虏(或犯人)莫之胜,不能制服之。说,逃脱。爻辞言:贵族捉得俘虏(或官吏拘捕犯人),用黄牛革绳绊其手足,以防其逃脱,但黄牛革绳不能制胜俘虏(或犯人),俘虏(或犯人)终于逃脱。此告诫贵族(或官吏)宜加强预防也。

［原文］ 《象》曰:"执用黄牛",固志也。

志疑当作之,转写而误。③传意:爻辞云"执之用黄牛之革”，言縶绊俘虏（或犯人）用黄牛革绳，所以固其縶绊，使俘虏（或犯人）不能逃脱也。《象传》未释“莫之胜说”一句。

［原文］ 九三：系遯，有疾厉，畜臣妾吉。

［经意］ 系，系也。遯借为豚。系豚，以绳系豚又系之于树木等上，以防其走失。厉，危也。畜，养也。臣妾，古称男奴隶为臣，女奴隶为妾。爻辞言：系豚乃有绳缠其身而不得脱，象人有病缠其身而不能除，故筮遇此爻，有病则危。又系豚则豚不能走失，象臣妾不能逃亡，故筮遇此爻，掠得或买得臣妾而畜养之，则吉。

［传解］ 遯，逃走。系遯，被拘系而逃走。余与经意同。爻辞言：人被拘系而逃走，如有疾病，不能行路，则有被捉回之危险，但畜有男女奴隶扶持之亦吉。

［原文］ 《象》曰：“系遯”之“厉”，有疾惫也。“畜臣妾吉”，不可大事也。

《释文》引郑云：“惫，困也。”《一切经音义》七引《通俗文》曰：“疲极曰备。”（备、惫同字）传意：爻辞云“系遯，有疾厉”，言其人被拘系而逃走，危险在于有疾病，困惫不能走路而不能逃脱也。云“畜臣妾吉”，言其人畜有男女奴隶扶持之，则吉；但奴隶仅能干扶持疾病之小事，不可为大事也。

［原文］ 九四：好遯，君子吉，小人否。

［经意］ 好，馈也，赠也。遯借为豚。君子，贵族与士之通称。小

人，庶民之通称。爻辞言：赠人以豚，在君子则吉，在小人则不吉。盖君子家富，赠人以豚，不为损害，足以结人之欢心，故吉。小人家贫，赠人以豚，将增困窘，当是受人之勒索，故不吉。

［传解］ 好，喜爱。遯，退隐。君子，有才德之人。小人，无才德之人。否，不也。

［原文］ 《象》曰："君子好遯，小人否"也。

传意：爻辞云"好遯，君子吉，小人否"，言君子喜爱退隐，不以贪官禄而招祸，故吉；小人不喜爱退隐，则以贪官禄而招祸，故不吉。

［原文］ 九五：嘉遯，贞吉。

［经意］ 嘉，喜庆也。遯借为豚。嘉豚犹今语所谓小喜猪，如婚礼所用之豕，庆典所用之豕等皆是。贞，占问。嘉豚乃吉祥之象，故占得此爻则吉。

［传解］ 嘉，美也，善也，幸运也。遯，退隐。贞，正也。大臣之仕于朝，方在美善幸运之时，而退隐于野，出于正则吉。

［原文］ 《象》曰："嘉遯贞吉"，以正志也。

传意：爻辞云"嘉遯贞吉"，贞，正也；言其方处嘉运而自隐遯，其存心正，故吉也。如退隐以让贤，退隐以养老，皆存心正之例。（若以退隐伪饰其清高，以退隐要胁其君，以退隐排挤同僚，皆存心不正，亦不吉。）《象传》"正志"之说乃以九五之爻位为据。九五居上卦之中位,象人守正中之道。

[原文] 上九:肥遯,无不利。

[经意] 遯借为豚。肥豚利于作祭品,利于作贺品,利于作赠品,利于作膳品,以喻美好之财物,可资人利用。故筮遇此爻,无不利。

[传解] 肥借为飞,古本亦作飞。④遯,退隐。飞遯言其退隐之速如鸟飞之急,见机而去,不俟终日,故无不利。

[原文] 《象》曰:“肥遯无不利”,无所疑也。

传意:爻辞云“肥遯无不利”,言其飞速退隐,乃观察朝廷情势,宜即离去,不可稍留,确无可疑,故无不利也。

[附考] ①《彖传》:“小利贞,浸而长也。”亨按浸上当有柔字,盖转写误脱。“柔浸而长”,指《遯》卦之初、二两爻而言。一卦六爻之构成顺序皆自下而上,依次而增,依次而长。《遯》之初六及六二皆为阴爻,为柔,是为柔浸而长。象小人之势力渐长也。若无柔字,则句意不完矣。《临》䷒《彖传》曰:“刚浸而长。”指《临》之初、二两爻为刚而言。以彼例此,则此文脱柔字,明矣。其证一。此句王弼注曰:“阴道欲浸而长。”《集解》引荀爽曰:“阴利小,浸而长。”二家所谓阴即为《彖传》之柔字作解。则二家所据本均有柔字,明矣。其证二。 ② 初六:“遯尾,厉,勿用有攸往。”亨按《易传》释遯为逃遯。据此以探传意,则尾当读为微,而训为隐藏。尾、微古通用。《书·尧典》:“鸟兽孳尾。”《史记·五帝纪》尾作微。《论语·公冶长》篇:“微生高。”《汉书古今人表》作尾生高。《庄子·盗跖》篇:“尾生与女子期于梁下。”《释文》:“尾生一本作微生。”皆其证。微有隐藏之义。《左传》襄公十九年:“崔杼微逆光。”服注:“微,隐匿

也。”哀公十六年：“白公奔山而缢，其徒微之。”杜注：“微，匿也。”（谓隐匿白公之尸）《广雅·释诂》：“匿，藏也。”皆其例。遯尾即遯微，谓逃遯而隐藏。传乃如此释经，非经意也。　③ 六二：“执之用黄牛之革。……”《象传》曰：“执用黄牛，固志也。”亨按执用牛革，乃固其所执，非固志也。志当作之，盖转写而误。古书之、志二字往往相乱。《墨子·天志》上篇：“子墨子之有天之，辟（譬）之无以异乎轮人之有规，匠人之有矩也。”天之即天志。《号令》篇：“为人下者常司（伺）上之。”上之即上志。此《墨子》中之、志相乱之例证。以《墨子》通例言之，上两之字皆当作志。本书《乾文言》曰：“亢龙有悔，穷之灾也。”《音训》引晁氏曰：“之，郑作志。”此本书中之、志相乱之征。以《易传》通例言之，上之字不当作志，郑本误。《益》六四《象传》曰：“告公从，以益志也。”《革》九四《象传》曰：“改命之吉，信志也。”二志字均当作之。　④ 上九：“肥遯。无不利。”《易传》释遯为隐遯。据此以探传意，则肥当读为飞，古本亦作飞。《音训》引晁氏曰：“肥，陆希声云：‘本作飞。’”《文选》张衡《思玄赋》：“欲飞遯以保名。”曹植《七启》：“飞遯离俗。”李善注并引《易》肥作飞。《后汉书·张衡传》李贤注引《周易淮南九师道训》曰：“遯而能飞，吉孰大焉。”（《九师道训》乃汉淮南王刘安聘明《易》者九人所作《易》注）足证《周易》古本肥有作飞者。飞遯言其退而隐遯如鸟飞之速也。焦竑《笔乘》、毛奇龄《仲氏易》、姚宽《西溪丛话》、洪颐煊《读书丛录》、朱芹《十三经札记》、何焯《义门读书记》等皆读肥为飞，深合传意，但非经意也。

# 《大壮》第三十四

䷡(下乾上震)

[原文] **《大壮》:利贞。**

[经意] 《大壮》,卦名。贞,占问。筮遇此卦,乃有利之占问。

[传解] 《大壮》,卦名,大者强壮也。(《彖传》释《大壮》为甚壮)贞,正也。大壮之利在于正,不正则不利。

[原文] **《彖》曰:《大壮》,大者壮也。刚以动,故壮。**

此释卦名。本卦名《大壮》者,谓其大者强壮也。宇宙之物,阳刚为大,阴柔为小,故"大者壮也"者,谓其阳刚强壮也。《大壮》之内卦为乾,外卦为震。乾,健也,刚也;震,动也。然则《大壮》之卦象是"刚以动"。刚以动,则强而有力。例如阳气动,则万物生长,国君动,则臣民服从。人有刚健之德,有所行动,则事业成功。是以卦名曰《大壮》。

[原文] **《大壮》"利贞",大者正也。正大,而天地之情可见矣。**

此释卦辞。《大壮》卦辞云"利贞"者,贞,正也,谓其大者正也。如天道正,君道正,父道正,皆大者正之例。大者正,则小者无不正。天道正,则万物正。君道正,则臣民正。父道正,则家人正。推之细事,木干正,则枝叶正。屋栋正,则门窗正。故人事在于正其大者,治国在于正其君,理家在于正其父,植木在正其干,构屋在于正其栋。正其大者,以观天地间之事物,其情况可知矣。

[原文] 《象》曰:雷在天上,《大壮》。君子以非礼弗履。

《象传》释大壮为甚壮。履犹践也。《大壮》之上卦为震,下卦为乾。雷为雷,乾为天。然则《大壮》之卦象是"雷在天上"。雷在天上,声威甚壮,震动百里,是以卦名曰《大壮》。按《象传》以震比刑,以天比朝廷,以雷在天上比刑罚在朝廷之上,为统治者所掌握,此是威力甚壮之统治工具。君子观此卦象及卦名,从而畏朝廷之刑罚,守社会之礼制,非礼之事不肯行,以免陷于刑辱。故曰:"雷在天上,《大壮》。君子以非礼弗履。"

[原文] 初九:壮于趾,征凶,有孚。

[经意] 壮借为戕,伤也。趾,足也。孚,古俘字。伤于足则不可出行,故筮遇此爻,出征则凶,但尚有所俘获。

[传解] 壮,强壮。孚,信也。壮于足犹强于兵也。兵强而侵略他国,必败,故征凶。但不口谈和平以欺人,犹有信在。

[原文] 《象》曰:"壮于趾",其"孚"穷也。

传意:爻辞云"壮于趾,征凶,有孚",言强于兵者征凶,虽有信在,而亦穷困也。

[原文] 九二:贞吉。

［经意］ 贞，占问。占得此爻则吉。

［传解］ 贞，正也。人之志行正则吉。

［原文］ 《象》曰：“九二贞吉”，以中也。

中，正也。传意：爻辞云“贞吉”，言其守正中之道故吉也。《象传》此释乃以九二之爻位为据。九二居下卦之中位，象人守正中之道。

［原文］ 九三：小人用壮，君子用罔，贞厉。羝羊触藩，羸其角。

［经意］ 小人，庶民之通称。壮借为戕，戕害也。君子，统治者之通称。罔，古网字，以喻法律，即所谓法网。贞，占问。厉，危也。此三句言：庶民用抢劫、杀伤、暴动等手段以逞其志，统治者用法网以制裁之，乃危险之道，故占问此等事则有危险。盖君压迫其民，则民怨叛其君，君不得安于统治宝座也。“羝羊触藩，羸其角”二句解见下爻。

［传解］ 壮，强壮。贞，正也。其余字义与经意同。“小人用壮，君子用罔，贞厉”，谓庶民用强壮之力以违法犯上，君上用法网以制裁之，用法虽得其正，亦危险。

［原文］ 《象》曰：“小人用壮，君子用罔”也。

罔上原无用字。《校勘记》曰：“古本罔上有用字。”按无用字不合经文，亦不通，古本有用字是也，今据补。传只重述经文，未加解说。

［原文］ 九四：贞吉，悔亡。藩决不羸，壮于大舆之輹。

［经意］ 九三之“羝羊触藩，羸其角”二句疑当在此九四两字之下。盖《易经》自为一书，各爻爻题两字皆战国时人所加，此爻九四两字宜加于羝字上，而误加于贞字上也。羝羊，牡羊。藩，篱也。羸借为累，系也。贞，占问。决，破裂。壮借为戕，伤也。舆，车也。《释文》：“輹，本又辐。”此輹乃借为辐，车轮之辐条。爻辞言：牡羊以角触篱，人宜以绳系其角，以防其再触，如此则吉而悔亡；如篱已被触破，而不系羊之角，则羊将触伤大车之辐条。此喻臣民以小事违反法度，国君宜采取预防其再犯之手段；如其不然，则民将在大事上违犯法度。（闻一多曰：“羸疑当读为儽。《说文》曰：‘儽，相败也。’‘儽其角’即败坏其角。‘藩决不儽’犹言藩决而角不败坏也。”）

［传解］ 贞，正也。贞吉谓其事正而吉也。余与经意同。（“壮于大舆之輹”之壮，《易传》亦当读为戕。）

［原文］ 《象》曰：“藩决不羸”，尚往也。

尚，且也。传意：爻辞云“藩决不羸，壮于大舆之輹”，言篱已被牡羊触破，而不系其角，则羊且往触它物也。

［原文］ 六五：丧羊于易，无悔。

［经意］ 丧，失也。易，国名。此乃古代故事。殷之先王名亥，曾客于易国，从事畜牧牛羊，中间曾失其羊，以后被易国之君绵

臣所杀,又失其牛。王亥失羊一事,结果未有不幸,故爻辞借此故事,以示筮遇此爻,可以无悔。及其失牛,则凶。说见《旅》卦。

[传解] 与经意同。

[原文] 《象》曰:“丧羊于易”,位不当也。

传意:爻辞云“丧羊于易”,因王亥客于易国,所处之地位与环境不适当,不利,故失其羊也。《象传》此释乃以六五之爻象爻位为据。六五为阴爻,居阳位(第五爻为阳位),是为位不当,象人所处之地位与环境不适当。

[原文] 上六:羝羊触藩,不能退,不能遂,无攸利,艰则吉。

[经意] 遂,进也。爻辞言:牡羊触篱,其角被篱夹住,既不能进,又不能退,是无所利,但羊角终有人开脱之。此喻人摇头乱撞,陷于艰难之境,但终得他人援助,而归于平安,故筮遇此爻,艰则吉。

[传解] 与经意同。

[原文] 《象》曰:“不能退,不能遂”,不详也。“艰则吉”,咎不长也。

《释文》:“详,郑、王肃作祥。”按详借为祥。传意:爻辞云“羝羊触藩,不能退,不能遂,无攸利”,言牡羊不能进退,其遭遇不吉祥也。云“艰则吉”,言牡羊虽陷于艰难,终有人开脱之,其灾咎不长久也。

# 《晋》第三十五

䷢(下坤上离)

[原文] 《晋》:康侯用锡马蕃庶,昼日三接。

[经意] 《晋》,卦名。康侯,周武王之弟,名封,初封于康,故称康侯或康叔。锡借为赐,予也,献也。蕃庶,众多。接读为捷,战胜曰捷。此乃周初故事。康侯出征异国,俘马甚多,以献于王。其战也,一日三胜。卦辞借此故事,以示此卦为吉利。

[传解] 《晋》,卦名,进也。传解卦辞与经意同。康侯故事即周王朝事业前进之一例。

[原文] 《彖》曰:《晋》,进也。明出地上。

此释卦名。《序卦》曰:"《晋》者,进也。"与《彖传》同。明,易传称日为明。(说见《乾》卦)本卦名《晋》者,《晋》,进也,上进也,前进也。《晋》之上卦为离,下卦为坤。离为日,坤为地。然则《晋》之卦象是日出于地上。日出于地上则上进,是以卦名曰《晋》。

[原文] 顺而丽乎大明,柔进而上行,是以"康侯用锡马蕃庶,昼日三接"也。

此释卦辞。丽,附丽也。(详见《离》卦)大明,《易传》亦称日为大明。(说见《乾》卦)《晋》之下卦为坤,上卦为离。坤在离下是坤附丽于离。坤,顺也;离为日,即大明;然则《晋》之卦象是“顺而丽乎大明”，象大臣以柔顺之道，在国王光明照耀之下，听从其指挥也。其次，《晋》之初、二、三、五各爻皆为阴爻，为柔，柔由初爻上升至二、三、五爻，然则《晋》之爻象是“柔进而上行”，象大臣之事功上升也。康侯正是顺从周王之指挥，取得战事之胜利，故卦辞曰：“康侯用锡马蕃庶，昼日三接。”

［原文］ 《象》曰：明出地上，《晋》。君子以自昭明德。

孔颖达曰：“昭亦明也。”昭是动词。明德，光明之德。明是形容词。《晋》之上卦为离，下卦为坤，离为日，坤为地，然则《晋》之卦象是日出地上。日出地上则上进，是以卦名曰《晋》。按《象传》以日比人之光明之德，以日出地上，昭于天下，比人之光明照察天下事物。君子观此卦象，从而自昭其光明之德。故曰：“明出地上，《晋》。君子以自昭明德。”

［原文］ 初六：晋如摧如，贞吉，罔孚，裕无咎。

［经意］ 晋，进也，谓进攻敌人。如犹之也。摧，折也。贞，占问。罔，无也。孚，古俘字。裕读为犹，尚也。爻辞言：筮遇此爻，可进攻敌人，摧折敌人，其占吉，无所俘获，尚可无咎。（按罔古本作有。李镜池曰：“《说文》：‘裕，衣物饶也。《易》曰：有孚裕无咎。’裕，容也。‘有孚裕，无咎’，犹言有俘而宽容之，其占为无咎。”）

［传解］ 贞，正也。孚，信也。余与经意同。爻辞言：进攻敌人，摧折敌人，得其正故吉。兵不厌诈，对敌人无信，犹无咎也。

[原文] 《象》曰:"晋如摧如",独行正也。"裕无咎",未受命也。

传意:爻辞云"晋如摧如,贞吉",言攻敌挫敌,乃将兵者独行其正以得胜获吉也。云"裕无咎",言将兵者未接受君上之命令而进行战争,犹能无咎。

[原文] 六二:晋如,愁如,贞吉,受兹介福于其王母。

[经意] 晋,进攻。愁借为遒,迫也。贞,占问。介,大也。王母,古人称祖母为王母。爻辞言:筮遇此爻,可进攻敌人,压迫敌人,其占吉;将于其祖母处得到大福,即将受其祖母之巨赏。此似为康侯之故事。

[传解] 贞,正也。贞吉,得其正故吉。余与经意同。

[原文] 《象》曰:"受兹介福",以中正也。

传意:爻辞云"受兹介福于其王母",以其行动合乎正中之道也。《象传》此释乃以六二之爻位为据。六二居下卦之中位,象人得正中之道。

[原文] 六三:众允,悔亡。

[经意] 允,信也。众人相信,则得众人之助,其悔去矣。

[传解] 与经意同。

[原文] 《象》曰:"众允"之,志上行也。

上读为尚。

［原文］ 九四：晋如鼫鼠，贞厉。

［经意］ 晋，进攻。如，似也。鼫鼠，一名田鼠，俗名豆鼠，常在田野中，窃食禾稼，畏人，出没无常，往往被人击死。贞，占问。厉，危也。爻辞言：此国进攻他国，用小股兵力，乘其不备，偷偷袭击，进退无常，如鼫鼠窃食禾稼，则易被他国之大军歼灭，此危道也，故以此占问则危。

［传解］ 贞，正也。贞厉谓进攻合于正义亦危险。余与经意同。

［原文］ 《象》曰："鼫鼠贞厉"，位不当也。

传意：爻辞云"晋如鼫鼠，贞厉"，因其用小股兵力进行偷袭，所处之地位环境是危险而不利也。《象传》此释乃以九四之爻象爻位为据。九四为阳爻，居阴位（第四爻为阴位），是为位不当，象人处于不适当即不利之地位环境。

［原文］ 六五：悔亡，失得，勿恤，往吉，无不利。

［经意］ 恤，忧也。筮遇此爻，其悔可去，失物可得，勿忧也，往则吉，无有不利。

［传解］ 与经意同。

［原文］ 《象》曰："失得勿恤"，往有庆也。

[原文] 上九:晋其角,维用伐邑,厉吉,无咎,贞吝。

[经意] 晋其角,兽进其角以触物。邑,属于本国之城邑。厉,危也。贞,占问。吝,难也。爻辞言:王侯用坚锐之兵,征伐属邑,如兽以坚锐之角,进触他物,虽危亦吉而无咎,但必遇抵抗,不无困难,故贞吝。

[传解] 贞,正也。贞吝谓伐邑虽得其正,亦有困难。余与经意同。

[原文] 《象》曰:"维用伐邑",道未光也。

传意:爻辞云"维用伐邑",王侯征伐属邑,当由于属邑叛乱,属邑叛乱,乃由于王侯之政道未能光明也。

# 《明夷》第三十六

䷣(下离上坤)

[原文]　《明夷》:利艰贞。

[经意]　《明夷》,卦名。贞,占问。筮遇此卦,占问艰难之事则有利。

[传解]　《明夷》,卦名。明,《易传》称日为明。夷,灭也,没也。《明夷》,日入于地中,以喻贤人被囚系或贬斥。贞,正也。贤人处明夷之时,利在遭遇艰难而能守正。

[原文]　《彖》曰:明入地中,《明夷》。内文明而外柔顺,以蒙大难,文王以之。"利艰贞",晦其明也,内难而能正其志,箕子以之。

《广雅·释诂》:"夷,灭也。"《小尔雅·广诂》:"灭,没也。"《释文》:"以之,郑、荀、向作似之。"按以借为似。明夷之内卦为离,外卦为坤。离为日,坤为地。然则《明夷》之卦象是日入地中,即明隐没于地中,是以卦名曰《明夷》,此是象贤人蒙受大难。其次,离为文明,坤为柔顺。然则《明夷》之卦象又是象贤人"内文明而外柔顺"。周文王内有文明之德,外用柔顺之道,"三分天下有其二,以服事殷",(见《论语·泰伯》篇)而竟遭大难,被殷纣王囚于羑里,①正与此卦象相似。卦辞云"利艰贞"者,因其卦象是日入地中,隐晦其光明也。正如贤人"内难而能正其志",即在朝内处于艰难之境,然能正其心,亦终有利矣。箕子有光明之德，而被殷纣王贬为奴隶，又囚于牢狱②，然箕子坚持正道，不阿谀取宠，正与此卦卦辞所云相似。

［原文］

**《象》曰：明入地中，《明夷》。君子以莅众用晦而明。**

《孟子·梁惠王》上篇："莅中国。"赵注："莅，临也。"莅临即治理、使用之义。《明夷》之内卦为离，外卦为坤。离为日，日亦称明；坤为地。然则《明夷》之卦象是日入地中，即日之明不现于地外，而存于地中，外晦而内明也。按《象传》以日比人之明察，以地比人之腹(《说卦》曰："坤为腹。")，以日入地中比人之明察，藏于腹心，不露于外，所谓"大智若愚"者也。君子观此卦象及卦名，从而用之于政治，其莅临群众，外晦而内明。目有所不见，而目之明不可蔽；耳有所不闻，而耳之聪不可掩；心有所不虑，而心之慧不可乱。外似愚晦，而内实明哲。故曰："明入地中，《明夷》。君子以莅众用晦而明。"

［原文］

**初九：明夷于飞，垂其翼。君子于行，三日不食。有攸往，主人有言。**

［经意］

明借为鸣。夷借为雉，今名野鸡。翼字上，汉帛书《周易》有左字，当从之。垂其左翼，因其左股受伤(见下文)之故。君子，贵族之通称。言，谴责。爻辞言：鸣雉在飞，因左股受伤而垂其左翼。君子逐之，忍饥三日，往投人家乞食，竟遭主人之谴责。(此文乃写君子行猎追逐鸣雉之故事)(李镜池曰："明夷为鸣鶇之假借。明、鸣声义通。夷即鶇。《说文》云：'鶇，污泽也。'或从弟作鹈。……"按污泽是鹈鹕之别名。)

[传解] 《象传》所据经文与今本同。明夷，日隐于地中，比喻君子遭难退隐。于飞，谓君子出走。垂其翼，谓君子行路疲甚。其余字义与经意同。爻辞言：君子遭难出走，如鸟飞去，力倦神疲，如鸟垂其翼，在行程中，竟三日不食，亦曾往投人家，而主人有谴责之言，故忍饥而不食。（此乃写君子出走之故事）

[原文] 《象》曰："君子于行"，义"不食"也。

义乃节义之义。传意：爻辞云"君子于行，三日不食，有攸往，主人有言"，谓君子因主人无礼，谴责君子，以节义言之不可食之，故君子忍饥不食也。《礼记·檀弓》下："齐大饥，黔敖为食于路，以待饿者而食之。有饿者蒙袂辑屦，贸贸然来。黔敖左奉食，右执饮，曰：'嗟来食！'扬其目而视之，曰：'予惟不食嗟来之食，以至于斯也！'从而谢焉。终不食而死。"君子义不食之故事盖与彼饿者有类似之处，但未必同，例如君子并未饿死。

[原文] 六二：明夷夷于左股，用拯马，壮吉。

[经意] 明夷即鸣雉。下夷字，伤也。明雉伤于左股，乃被君子所射伤。（此句亦记君子猎逐鸣雉之故事）拯疑借为騬，割去牡马之阳具，今谓之骟马。古人骟马，先占筮其吉凶。爻辞言：鸣雉伤于左股，无害于翼，仍能飞。牡马割去阳具，无害于足，仍能走。故筮遇此爻，騬马则马壮而吉。

[传解] 明夷，日隐于地中，比喻君子遭难退隐。其余字义与经意同。爻辞言：君子遭难退隐，伤于左股，乃驾骟马，马壮而吉。（此亦写君子出走之故事）

［原文］ 《象》曰："六二"之"吉"，顺以则也。

则，守法则，谓马驾车守驰驱之法则。古人用马驾车，先训练以驰驱之法则。《诗·六月》，"此物四骊，闲之维则。"是其证。传意：爻辞云"明夷夷于左股，用拯马壮吉"，言君子伤股而能得吉，以其骗马柔顺，从御者之指挥，守驰驱之法则也。《象传》此释乃以六二及九三之爻象爻位为据。六二为阴爻，为柔；九三为阳爻，为刚。六二居九三之下，是为柔从刚。象马从御者之指挥。

［原文］ 九三：明夷于南狩，得其大首，不可疾贞。

［经意］ 首句，汉帛书《周易》作"明夷夷于南守（狩）"，当从之。明夷即鸣雉。下夷字，伤也。狩，猎也。首借为道。闻一多曰："可亦利也。"贞，占问。爻辞言：鸣雉被射伤于君子往南方行猎之时，君子则迷路而得大道。（此亦记君子猎逐鸣雉之故事）又筮遇此爻，不利于占问疾病。

［传解］ 《象传》所据经文与今本同。明夷，日隐于地中，比喻君子遭难退隐。疾借为嫉。《广雅·释诂》："嫉，恶也。"贞，正也。其余字义与经意同。爻辞言：君子遭难退隐，在南方行猎，迷路终得大道：人不可嫉恨正人正道（君子出走由于小人嫉恨正人正道）。（此亦写君子出走之故事）

［原文］ 《象》曰："南狩"之志，乃大得也。

大得原作得大，转写误倒。据《校勘记》所列各古本改正。③大得承上志字而言，谓大得志。传意：爻辞云"明夷于南狩得其大首"，言君子南狩，得其大路，此行大得志也。

［原文］ 六四：入于左腹，获明夷。之心于出门庭。

［经意］ 首句，汉帛书《周易》作“明夷夷于左腹”，古今本互校，并证以上六爻辞，此句当作“明夷入于左腹”。明夷即鸣雉。腹读为寝，山洞也。之当作小，古文小作, 之作, 形似而误。爻辞言：鸣雉入于左边之山洞，君子乃得此鸣雉。（此亦记君子猎逐鸣雉之故事）君子猎逐鸣雉，曾经历艰难，故筮此爻，出门庭宜小心谨慎。

［传解］ 《象传》所据经文与今本同。明夷，日隐于地中，比喻君子遭难退隐。复亦读为寝。“获明夷之心于出门庭”为一句。获，达到也。爻辞言：君子入于左边之山洞，见其可居，决留于此。君子至此，达到遭难退隐之志愿，即在出离家门所抱之志愿。（此亦写君子出走之故事）

［原文］ 《象》曰：“入于左腹”，获心意也。

传意：爻辞云“入于左腹，获明夷之心于出门庭”，言君子遇到可居之佳境，达到退隐之心意也。

［原文］ 六五：箕子之明夷，利贞。

［经意］ 之犹有也，得也。④明夷即鸣雉。贞，占问。爻辞言：箕子猎得鸣雉，结果吉利，故筮遇此爻，乃吉利之占问。（初九、六二、九三、六四皆记箕子猎得鸣雉之过程。）

［传解］ 《象传》所据经文之不作小。明夷，日隐于地中，比喻君子

遭难退隐。贞,正也。爻辞言:箕子之遭难退隐,结果吉利,以其行之贞正也。

[原文] 《象》曰:"箕子"之"贞","明"不可息也。

孔颖达曰:"息,灭也。"

[原文] 上六:不明,晦,初登于天,后入于地。

[经意] 明即鸣。晦犹隐也。此承前五爻爻辞之"明夷"而言,谓雉不鸣而隐藏矣,初飞于天空,后入于山洞。爻辞在表示筮遇此爻,先进而后退,先上而后下。

[传解] "不明,晦",日已落,不光明而晦暗。"初登于天,后入于地",日初升于天空,后入于地中。(李镜池有此说)此是比喻王侯贵族由昌盛而没落,由光明而入黑暗,由高贵地位而降到卑贱地位。

[原文] 《象》曰:"初登于天",照四国也。"后入于地",失则也。

则,法则,法度。传意:爻辞云"初登于天",言王侯贵族之光明照于四国也。云"后入于地",言王侯贵族失其法度,故没落也。

[附考] ①《彖传》:"内文明而外柔顺,以蒙大难,文王以之。"此指文王被囚而言。殷纣曾囚周文王于羑里。《左传》襄公三十一年:"纣囚文王七年。"《太平御览·人事部》引《尸子》:"文王幽于羡里。"《吕氏春秋·首时》篇:"文王不忘羑里之丑。"《韩非子·喻老》篇:"文王见詈于王门。"

《战国策·赵策》:“纣拘文王于牖里之中。”《竹书纪年》:“帝辛囚西伯于羑里。” ②《象传》:“内难而能正其志,箕子以之。”此指箕子为奴被囚而言。箕子谏殷纣,纣怒,贬箕子为奴隶。故《论语·微子》篇曰:“微子去之。箕子为之奴。比干谏而死。”箕子因而装疯,故《庄子·大宗师》篇《释文》引《尸子》曰:“箕子胥余漆体而为厉,披发佯狂。”《战国策·秦策》曰:“箕子接舆漆身为厉,被发为狂。”《庄子·外物》篇曰:“箕子狂。”《吕氏春秋·必己》篇曰:“箕子狂。”纣又囚箕子。故《礼记·乐记》曰:“武王克殷反商,释箕子之囚。”《史记·殷本纪》:“纣剖比干,箕子惧,乃详狂为奴,纣又囚之。”则兼言为奴、装疯、被囚三事。余谓纣先贬箕子为奴,箕子佯狂,纣又囚之。 ③《象传》:“南狩之志,乃大得也。”大得原作得大。《校勘记》曰:“‘乃得大也’,石经、岳本、闽、监、毛本作‘乃大得也’。疏亦云:‘是其志大得也。’案大得是也,误倒耳。”亨按当作“乃大得也。”得字与上文食、则及下文意、息、国、则谐韵。若作得大,则失其韵。证一。大得承上句志字而言,谓大得志也。若作得大,则是得大,而非得志,失《象传》原意。证二。今据改。

④ 六五:“箕子之明夷。”之犹有也。(吴昌莹《经词衍释》有此例)甲骨卜辞有字多作㞢。《说文》之字作㞢,云:“出也,象艸过屮,枝茎益大有所之,一者地也。”此是一之字,从屮在一上,象草生出地上也。甲骨文又有𣥐字。金文有𣥐字。此又是一之字,从止在一上,象足踏在地上也。《尔雅·释诂》:“之,往也。”是其义。两之字混而为一,盖已久矣。《易经》屡用之字为有义。《大畜》六四:“童牛之牿,元吉。”六五:“豮豕之牙,吉。”《离》九三:“日昃之离,不鼓缶而歌,则大耋之嗟,凶。”之字皆当训有。此爻辞“箕子之明夷”,谓箕子有明雉,即箕子得明雉也。

# 《家人》第三十七

䷤(下离上巽)

[原文] 《家人》:利女贞。

[经意] 《家人》,卦名。贞,占问。筮遇此卦,女子有所占问则吉利。

[传解] 《家人》,卦名。以其讲家人之事,故名《家人》。贞,正也。家人之利在妇女之志行正。

[原文] 《彖》曰:《家人》,女正位乎内,男正位乎外。男女正,天地之大义也。家人有严君焉,父母之谓也。父父,子子,兄兄,弟弟,夫夫,妇妇,而家道正。正家,而天下定矣。

本卦名曰《家人》者,以其爻象乃象家人相处之道也。《家人》六二为阴爻,居阴位(第二爻为阴位),又居内卦之中位,是为阴当位、居内、得中,象"女正位乎内",即女在内,以正道守其位,尽其职也。九五为阳爻,居阳位(第五爻为阳位),又居外卦之中位,是为阳当位、居外、得中,象"男正位乎外",即男在外,以正道守其位,尽其职也。男外女内,皆能正位,是为"男子正"。男女正乃天地间之大义。家人有尊严之君,即是父母。父成其为父,子成其为子,兄成其为兄,弟成其为弟,夫成其为夫,妇成其为妇,则家道正。正其家,则天下定矣。

[原文]

《象》曰：风自火出，《家人》。君子以言有物，而行有恒。

《家人》之外卦为巽，内卦为离。巽为风，离为火。然则《家人》之卦象是内火而外风，即“风自火出”。按《象传》以风比德教，以火比人之明哲，以风自火出比德教出于明哲。人有明哲之德，始能言之有物，行之有恒，乃可教育他人。如言则空洞无物，行则朝三暮四，岂足以教育他人哉。君子观此卦象及卦名，从而以言之有物，行之有恒，教育其家人，是以卦名曰《家人》。故曰：“风自火出，《家人》。君子以言有物，而行有恒。”

[原文]

初九：闲有家，悔亡。

[经意]

闲，防也。有犹于也。[①]闲其家，如筑垣楗户以防盗贼，曲突徙薪以防火灾，男女有别以防淫乱等是。如此，则悔亡。

[传解]

与经意同。

[原文]

《象》曰：“闲有家”，志未变也。

志，用心也。《仪礼·聘礼》“将授志趋。”郑注：“志犹念也。”《论语·为政》篇：“吾十有五而志于学。”皇疏：“志者在心之谓也。”盖用心于一事谓之志。变，变故也，即发生意外之事，如盗贼突来，火灾偶至，男女忽通淫等是。传意：爻辞云“闲有家”，乃用心于尚未发生之意外变故，而预防之也。

[原文]

六二：无攸遂，在中馈，贞吉。

[经意] 遂借为坠,失也。馈,具饮食以予人也。中馈即内馈,家中之馈事。占,占问。爻辞言:妇女在家中馈食方面,无所坠矣,自是吉利。故筮遇此爻,所占者吉。

[传解] 贞,正也。贞吉,得其正故吉。余与经意同。

[原文] 《象》曰:"六二"之"吉",顺以巽也。

巽,伏从也。传意:爻辞云"无攸遂,在中馈,贞吉",言妇女主中馈而无坠失,以其柔顺而伏从男人之指挥,得其正道,故吉也。《象》传此释乃以六二及九三之爻象爻位为据。六二为阴爻,为柔;九三为阳爻,为刚。六二居九三之下,象妇女柔顺以伏从于男人。

[原文] 九三:家人嗃嗃,悔厉吉;妇子嘻嘻,终吝。

[经意] 嗃嗃借为熇熇,苦热之貌,谓苦于家法之严。厉,危也。嘻嘻,戏笑之貌。爻辞言:家人熇熇然苦于家法之严,则勤勉谨慎,虽处悔厉亦吉;若妇子嘻嘻戏笑,肆无忌畏,则终有艰难。

[传解] 与经意同。

[原文] 《象》曰:"家人嗃嗃",未失也。"妇子嘻嘻",失家节也。

未失,未有过失。

[原文] 六四:富家,大吉。

[经意] 富家多财，自是大吉。

[传解] 与经意同。

[原文] 《象》曰："富家大吉"，顺在位也。

传意：爻辞云"富家大吉"，以其人柔顺从君，处于适当之职位也。《象传》此释乃以六四及九五之爻象爻位为据。六四为阴爻，九五为阳爻。六四居九五之下，象臣顺从其君。六四又是阴爻居阴位（第四爻为阴位），是为在位，象臣处于适当之职位。

[原文] 九五：王假有家，勿恤，吉。

[经意] 假，至也。有犹于也，指臣民。恤，忧也。爻辞言：王至臣民之家，或喜或怒，为福为祸，不可预断。筮遇此爻，则勿忧，乃吉也。

[传解] 假读为格。格，正也。[2]有犹其也，指王。恤亦忧也。爻辞言：王能正其家，可勿忧，是吉也。

[原文] 《象》曰："王假有家"，交相爱也。

传意：爻辞云"王假有家"，言王正其家，则家人交相爱也。

[原文] 上九：有孚威如，终吉。

[经意] 孚，罚也。威，有威可畏也。如犹然也。爻辞言：君上有

罚于臣民，有威而可畏，则臣民不敢为奸违法，终为吉。

[传解] 孚，信也。君上有信有威，则臣民信之畏之，终为吉。

[原文] 《象》曰："威如"之"吉"，反身之谓也。

反犹求也。反身谓求之于己也。③传意：爻辞云"有孚威如，终吉"，言君上反求于己身，立其信，树其威，而后民乃信之畏之，故终吉。信威非自外来也。

[附考] ① 初九："闲有家"。九五："王假有家。"亨按有犹于也。有与于古音是双声，故有可训于。《易经》中有此例。《萃》曰："亨，王假有庙。"九五曰："萃有位。"《震》六五曰："意无丧有事。"《涣》曰："亨，王假有庙。"六四曰："涣有丘，匪夷所思。"《既济》六四曰："繻有衣袽。"（繻古本作濡）诸有字皆当训于。王引之《经传释词》有一例曰："有，语助也，一字不成词，则加有字以例之。"举《易经》"闲有家""王假有庙""无丧有事"为证。亨按古书中确有用有字为语助之例，但《易经》诸条，恐非此义。以金文证之：善鼎铭曰："王各大师宫。"庚嬴卣曰："王逄于庚嬴宫。"（各、逄皆同假）克鼎铭曰："王各穆庙。"吴逄铭曰："王各庙。"同段铭曰："王在宗周，各于大庙。"免段铭曰："王各于大庙。"或言各宫，或言逄于宫，或言各庙，或言各于庙，然则《易经》之"王假有家""王假有庙"之有，义同金文之于，明矣。　② 《象传》："王假有家，交相爱也。"亨按依传意，假当读为格。假、格古通用。《书·尧典》："格于上下。"《楚辞·招魂》王注引格作假。《高宗肜日》："惟先格王正厥事。"《汉书·五行志》引格作假。《诗·泮水》："昭假烈祖。"《文选·出师颂》李注引假作格。《那》："汤孙奏假。"《释文》："假，郑作格。"皆其证。《方言》三："格，正也。"《论语·为政》篇："有耻且格。"《集解》："格，正也。"《孟子·离娄》上篇："惟大人为能格君心之非。"赵注："格，正也。"王格有家谓王能正其家也。　③ 《象传》："威如之吉，反身之谓也。"亨按反犹求也。古语称求之于己为反身。《孟子·尽心》上篇："反身而诚，乐莫

大焉。"《礼记·中庸》:"反诸身不诚,不顺乎亲矣。"是其例。又称求之于己为自反。《孟子·离娄》下篇:"自反而仁矣。自反而有礼矣。自反而忠矣。"《礼记·乐记》:"然后能自反也。"(郑注:"求诸己也。")是其例。亦或仅言反。《孟子·离娄》下篇:"爱人不亲,反其仁。治人不治,反其智。礼人不答,反其敬。行有不得者,皆反求诸己。"是其例。《蹇象传》曰:"君子以反身修德。"其义同。

# 《睽》第三十八

䷥(下兑上离)

[原文]　《睽》:小事吉。

[经意]　《睽》,卦名。(汉帛书《周易》卦名及爻辞之睽皆作乖,二字古通用。)筮遇此卦,为小事则吉。

[传解]　《睽》,卦名。《序卦》曰:"《睽》者,乖也。"(《广雅·释诂》:"乖,离也。")人与人相乖离,为小事尚吉。

[原文]　《彖》曰:《睽》,火动而上,泽动而下;二女同居,其志不同行。

此释卦名。首《睽》字举卦名也。本卦所以名《睽》者,睽之义为乖离,本卦之卦象是物与物相乖离,人与人相乖离。《睽》之上卦为离,下卦为兑。离为火,兑为泽。然则《睽》之卦象是火在上,泽在下,火焰动于上,泽水动于下,此比喻人与人相乖离。其次,离为中女,兑为长女。然则《睽》之卦象又是"二女同居",共事一夫,势必相妒,"其志不同行",此直是人与人相乖离。是以卦名曰《睽》。

[原文]　说而丽乎明,柔进而上行,得中而应乎刚,是以"小事吉"。

此释卦辞。丽,附也。《睽》之卦为乖离,本为不吉,而卦辞云"小事吉"者,因《睽》之卦象爻象有吉之意义也。《睽》之下卦为兑，上卦为离。兑，说（悦）也；离为日，为明。下卦附丽于上卦，在下位者附丽于在上位者，然则《睽》之卦象是“说而丽乎明”即臣下以和悦之态度，附丽于君上之光明。其次，《睽》之六三为阴爻，为柔，六五又为阴爻，为柔，柔由第三爻上升至第五爻，是为“柔进而上行”，象臣下之地位上升。再次，六五居上卦之中位，是为“柔得中”，象臣下得正中之道。复次，六五与九二为同位爻，九二为阳爻，为刚，六五之柔应和九二之刚，是为“柔应乎刚”，象臣下应和君上。综之，《睽》之卦爻象是臣下得正中之道，抱和悦之态度，附丽于君上之光明，应和君上以行事，从而地位上升，自是吉利。然以人与人之间有乖离在，不能同心协力，故仅能小事胜利，是以卦辞曰：“小事吉。”

［原文］ **天地睽而其事同也。男女睽而其志通也。万物睽而其事类也。《睽》之时，用大矣哉。**

此申释卦义。宇宙万类有其睽，亦有其合，且睽中有合。天高地卑，天阳地阴，是“天地睽”；然天地相交，以生育万物，其事则同，是天地睽中有合。男刚女柔，男外女内，异性而分职，是“男女睽”；然男女相配，以成室家，育子女，其志则通，是男女睽中有合。万物各具形体，各有属性，是“万物睽”；然万物生存运动，有其共同之点，有其相联系之处，是万物睽中有合。由此可见，宇宙万类睽中有合。其睽以时；其合亦以时。天地以时睽，以时合，故万物育。男女以时睽，以时合，故室家成，子女生。万物以时睽，以时合，故相需相养。睽之以时，对于宇宙万类之作用甚大也。

［原文］ **《象》曰：上火下泽，《睽》。君子以同而异。**

同异二字皆是动词，同是综合相同之事物；异是分析相异之事物。(《荀子正名》篇曰："同则同之。异则异之。"以其词性与用法言之，此同即《荀子》"同之"之同，异即《荀子)"异之"之异。)"同而异"谓综合事物之同而又分析其中之异。《睽》之上卦为离，下卦为兑。离为火，兑为泽。然则《睽》之卦象是"上火下泽"，正如《彖传》所云"火动而上，泽动而下"，两相乖离，是以卦名曰《睽》。同一泽也，上有火炎，下有水流，是同中有异。同中有异，乃宇宙事物之普遍规律。君子观此卦象及卦名，从而观察研究，综合事物之同而又分析其中之异。故曰："上火下泽，《睽》。君子以同而异。"①

［原文］ 初九：悔亡。丧马勿逐自复。见恶人无咎。

［经意］ 复，返也。恶，凶恶。筮遇此爻，其悔可亡；失马不必追寻，马将自返；遇见恶人，亦无灾咎。

［传解］ 见恶人，往见或接见恶人。余与经意同。

［原文］ 《象》曰："见恶人"，以辟"咎"也。

《集解》本辟作避。按辟借为避。传意：爻辞云"见恶人无咎"，言君子往见或接见恶人，意在不惹恶人之忌恨，不招恶人之伤害，所以避免灾咎也。

［原文］ 九二：遇主于巷，无咎。

［经意］ 他乡作客，遇主人于巷中，则食宿有处，自无咎矣。

［传解］ 与经意同。

［原文］ 《象》曰:“遇主于巷”,未失道也。

失道,迷失道路。

［原文］ 六三:见舆曳,其牛掣,其人天且劓,无初有终。

［经意］ 见似当读为按。舆,车也。曳,从后引之。掣,强牵而不从人。天,古颠字,跌倒。劓,伤鼻。爻辞言:御牛车者欲退其车,用手按其车,从后引之,其牛强进而向前,以致御者跌倒,且碰伤其鼻,此则不利矣。然跌倒易起,伤鼻易愈,牛终可制,车终可移,结果尚好。是其事失之于始,得之于终。②

［传解］ 与经意同。

［原文］ 《象》曰:“见舆曳”,位不当也。“无初有终”,遇刚也。

传意:爻辞云“见舆曳,其牛掣,其人天且劓”,言御者钝拙无术,无御车之能力,而处御车之职位,其人所处之职位不适当,故受挫伤也。云“无初有终”,言御者遇刚强有力之人,予以协助,故有好结果也。《象传》“位不当”之说乃以六三之爻象爻位为据。六三为阴爻,居阳位(第三爻为阳位),是为位不当。象人所处之地位不适当,才不称其职。《象传》“遇刚”之说乃以六三及九四之爻象爻位为据。六三为阴爻,为柔;九四为阳爻,为刚。六三上进遇九四,是为柔遇刚。象人之弱者遇强者,得其协助。

[原文] 九四：睽孤遇元夫，交孚，厉，无咎。

[经意] 睽，目不相见也。孤，无父曰孤。睽孤即遗腹孤，当其出生之时，父已死去，未尝与父相见。故谓之睽孤。元夫犹大夫也。交，俱也。孚，古俘字。厉，危也。爻辞所言乃一古代故事。有一睽孤出外，路中遇一大夫，俱被人俘虏，其事甚危，但无咎灾。似即夏帝少康之故事（见下）。

[传解] 睽，离也。睽孤，离家在外之孤子。交，互也。孚，信也。爻辞言：睽孤遇一大夫，两人互相信任，同心协力，虽有危险，亦无灾咎。

[原文] 《象》曰："交孚无咎"，志行也。

志行，其志得行，目的得达。

[原文] 六五：悔亡。厥宗噬肤，往何咎。

[经意] 厥，汉帛书《周易》作登，当从之。宗，祖庙。噬，吃也。肤，肉也。筮遇此爻，其悔可亡，登其祖庙吃肉，前往有何咎哉。

[传解] 与经意同。

[原文] 《象》曰："厥宗噬肤"，"往"有庆也。

有庆，有喜庆之事。

[原文] 上九：睽孤见豕负涂，载鬼一车，先张之弧，后

说之弧，匪寇，婚媾。往遇雨则吉。

［经意］ 负疑借为伏。涂读为途，道路。张，开弓。之犹其也。弧，弓也。说读为脱，放下。匪读为非。婚媾犹婚姻也。爻辞所言乃一古代故事。有一睽孤夜行，见豕伏于道中，更有一车，众鬼乘之。睽孤先开其弓欲射之，后放下其弓而不射。盖详察之，非鬼也，乃人也；非寇贼也，乃婚姻也。其人即为寻豕而来，偶与睽孤相遇耳。亦似即夏帝少康之故事。(《左传》哀公元年："昔有过浇杀斟灌以伐斟鄩，灭夏后相。后缗方娠，逃出自窦，归于有仍，生少康焉。为仍牧正，惎浇能戒之。浇使椒求之。逃奔有虞，为之庖正，以除其害。虞思于是妻之以二姚，而邑诸纶。"《易经》之睽孤似即少康。少康乃夏后相之遗腹子也。九四及上九爻辞所言似皆少康由有仍逃奔有虞之时，路中所遇之故事。)睽孤遇婚媾，如旱苗遇甘雨，故筮遇此爻，往遇雨则吉。(又一解：涂，泥也。负涂，背上有泥。③)

［传解］ 睽孤，离家在外之孤子。余与经意同。

［原文］ 《象》曰："遇雨"之"吉"，群疑亡也。

传意：爻辞云"往遇雨则吉"，言睽孤遇婚媾，如旱苗遇甘雨，终归于吉，乃以众人之猜疑消除也。其初相遇时，彼此相猜疑，几乎动武，通过言语行动，众人之猜疑消除，乃相与和好，后又结为婚姻。

［附考］ ①《象传》："上火下泽，《睽》。"上火下泽乃指火焚泽中之草。泽中皆有草，故《风俗通·山泽》篇曰："水草交厝(错)，名之为泽。"古代有焚泽之事。《庄子·齐物论》曰："大泽焚。"《韩非子·内储说》上曰：

“鲁人烧积泽。”是其例。 ② 六三:“见车曳,其牛掣,其人天且劓,无初有终。”《集解》引虞翻曰:“黥额为天。割鼻为劓。”拙撰《周易古经今注》从之。然此说不甚切合。俞樾曰:“天疑兀字之误。兀即趴字之省。趴,刖足也。”亦不可从。亨按天仍当读为颠,而训为仆。《诗·荡》:“颠沛之揭。”毛传:“颠,仆也。”其本字为蹎,《说文》:“蹎,跋也。”即跌倒之义。劓为割鼻之刑,此处是伤鼻流血,用劓之引申义。“其人颠且劓”,谓御车者因不得法,故跌倒在地又碰破其鼻而流血。

③ 上九:“睽孤见豕负涂,”《周易古经今注》:“负疑借为伏。涂,道也。”今按此句别有一解。《集解》引虞翻曰:“豕背有泥,故见豕负涂矣。”王弼曰:“豕而负涂,秽莫甚焉。”(而今作失,据《校勘记》改。)意与虞同。《广雅·释诂》:“涂,泥也。”释“负涂”为背上有泥,亦圆通。

# 《蹇》第三十九

䷦(下艮上坎)

［原文］　《蹇》:利西南,不利东北。利见大人。贞吉。

［经意］　《蹇》,卦名。大人,贵族之通称。贞,占问。筮遇此卦,利于往西南,不利于往东北;利于见大人;所占之事吉。

［传解］　《蹇》,卦名。《蹇》,难也。贞,正也。贞吉,志行正则吉。余与经意同。

［原文］　《彖》曰:《蹇》,难也,险在前也。见险而能止,知矣哉。

此释卦名。《序卦》曰:"《蹇》者,难也。"《杂卦》曰:"《蹇》,难也。"并与《彖传》同。知读为智。本卦所以名《蹇》者,蹇之义为难,其卦象是险难在前也。《蹇》之上卦为坎,下卦为艮。坎为险,艮为山。上卦为前,下卦为后。然则《蹇》之卦象是"险在前"。其次,《说卦》曰:"艮,止也。"然则《蹇》之卦象又是"见险而能止",不冒险以取祸,可谓智矣。

［原文］　《蹇》,"利西南",往得中也。"不利东北",其道穷也。"利见大人",往有功也。当位"贞吉",以正邦也。

此释卦辞。中,正也。《蹇》卦云"利西南"者,据《说卦》西南为坤方,坤为地,地平坦,往西南走平坦之路,是得其正道也。云"不利东北"者，据《说卦》东北为艮方，艮为山，山高险，往东北走高险之路，则其道困穷而不通也。云"利见大人"者，言往而有功，受大人之赏也。云"贞吉"者，贞，正也，言君臣各处适当之职位，各持正中之道，以正其国家也。《彖传》"当位贞吉"之说乃以九五及六二之爻象爻位为据。九五为阳爻，居阳位，居君位。六二为阴爻，居阴位，居臣位。（阳爻象君，阴爻象臣。第五爻为阳位，为君位。第二爻为阴位，为臣位。）是为君臣"当位"，即各处适当之职位。九五居上卦之中位，六二居下卦之中位，是为君臣"得中"，即各持正中之道。

［原文］　《蹇》之时，用大矣哉。

此申释卦义。《蹇》之卦义是有险在前，见险而止。然此非绝对之说也，必以时为准。当其时无冒险之必要，且冒险为必败之道，则见险而止，是也。当其时有冒险之必要，且冒险有成功之望，则见险而止，非也。因此，《蹇》而得其时，对人有甚大之作用。

［原文］　《象》曰：山上有水，《蹇》。君子以反身修德。

反身，求之于己。（说见《家人》卦）《蹇》之下卦为艮，上卦为坎。艮为山，坎为水。然则《蹇》之卦象是"山上有水"。山上有水，因峦岗起伏，山石嶙峋，水流受阻，其行难矣，是以卦名曰《蹇》。按《象传》以山比贤人，以水比人之美德，以山上有水比贤人之身上有美德。贤人之身上有美德，必克服艰难，始成其德，是以卦名曰《蹇》。君子观此卦象及卦名，从而反求之己，以修其德。故曰："山上有水，《蹇》。君子以反身修德。"

[原文] 初六:往蹇来誉。

[经意] 蹇借为謇,古本亦作謇。謇,正言直谏也。爻辞言:我以直谏往,人以赞誉来。

[传解] 蹇,难也。"闻一多曰:"誉读为趣。"《说文》曰:"'趣,安行也。'……"此解盖合于传意。安行是安缓而行,因其事有成也。

[原文] 《象》曰:"往蹇来誉",宜待也。

《释文》:"宜待也,张本作宜时也。"亨按待借为时,宜待即宜时,合乎时宜也。[1]传意:爻辞云"往蹇来誉",言其往险难,其来安行,因其行合乎时宜也。

[原文] 六二:王臣蹇蹇,匪躬之故。

[经意] 蹇借为謇,謇謇,直谏不已也。匪借为非。故,事也。爻辞言:王臣屡屡直谏,非为其身之事,乃为君为国。

[传解] 蹇,难也。蹇蹇,屡冒险难也。余与经意同。

[原文] 《象》曰:"王臣蹇蹇",终无尤也。

尤,过也。传意:爻辞云"王臣蹇蹇,匪躬之故",言王臣屡冒险难,非为一身之私事,则终无过失也。

[原文] 九三:往蹇来反。

[经意] 蹇借为謇,直谏也。反,反对,谓反驳也。爻辞言:我以直谏往,人以反驳来。

[传解] 蹇,难也。反借为昪。昪,喜乐也(昪与忭同)。[2]

[原文] 《象》曰:"往蹇来反",内喜之也。

传意:爻辞云"往蹇来反",言其往险难,其来喜乐,是此行胜利,内心喜之也。

[原文] 六四:往蹇来连。

[经意] 蹇借为謇,直谏也。连借为谰,抵谰,即今语所谓"抵赖",不承认其过也。爻辞言:我以直谏往,人以抵谰来。

[传解] 蹇,难也。《集解》引虞翻曰:"连,辇也。"辇以人挽之,富贵者之所乘。来辇谓来时乘辇。辇字用为动词。[3]

[原文] 《象》曰:"往蹇来连",当位实也。

《说文》:"实,富也。"(详见《泰》卦)传意:爻辞云"往蹇来连",言其往险难,其来乘辇,是此行胜利,因其人之才德与其职位相当,即人称其职,于是致富,故有辇可乘也。《象传》"当位"之说乃以六四之爻象爻位为据。六四为阴爻,居阴位(第四爻为阴位),是为"当位",象人之才德称其职位。

[原文] 九五:大蹇朋来。

[经意] 蹇借为謇,直谏也。极言以陈君过,大胆以犯君颜,是为

大謇。爻辞言:大謇则有朋友来助之。

[传解] 蹇,难也。大蹇,大险难也。朋来,朋友来助也。

[原文] 《象》曰:"大蹇朋来",以中节也。

中,正也。传意:爻辞云"大蹇朋来",言人有大险难,有朋友来助,因其守正中之节操也。《象传》此释乃以九五之爻位为据。九五居上卦之中位,象人守正中之节操。

[原文] 上六:往蹇来硕,吉,利见大人。

[经意] 蹇借为謇,直谏也。硕汉帛书《周易》作石。按硕石均借为摭,拾取也,采用也。爻辞言:我以直谏往,人以采用来,自为吉,又利于见大人,大人将采用吾言。

[传解] 蹇,难也。硕借为蹠。《说文》:"蹠,楚人谓跳跃曰蹠。"《方言》一:"踏,跳也,楚曰蹠。"(此朱骏声说,见《说文通训定声·豫部》硕字下。)来蹠谓其来跳跃而行,喜之至也。

[原文] 《象》曰:"往蹇来硕",志在内也。"利见大人",以从贵也。

传意:爻辞云"往蹇来硕吉,"言其往险难,其来跳跃,因其往有目的存于内心,其来则目的已达到,是吉也。云"利见大人",因其追随贵人而得利也。

[附考] ①《象传》:"往蹇来誉,宜待也。"《释文》:"'宜待也'张本作'宜时也',郑本作'宜待时也'。"《集解》本与郑本同。亨按古本当是一本作

宜待，一本作宜时，郑本与《集解》本误合为一耳。待当读为时。宜时谓适合于时，即合乎时宜也。待、时二字古通用。《归妹》九四曰："归妹愆期，迟归有时。"《谷梁传》隐公七年范注引时作待。此本书待时通用之又一证。　② 九三："往蹇来反。"《象传》："往蹇来反，内喜之也。"亨按依传意，反当读为弁。（反、弁古通用。《诗·猗嗟》："四矢反兮。"《释文》："反，《韩诗》作变。"《书·尧典》："黎民于变时雍。"《汉书·地理志》引变作下。下即弁字。是其证。《玉篇》饭亦作饣卞作饣弁，亦其佐证。）《诗·小弁》："弁彼鸒斯。"毛传："弁，乐也。"弁训乐，实借为昪。《说文》："昪，喜乐貌。"昪即忭字。《玉篇》："忭，喜悦也。"往蹇来反即往蹇来忭。《象传》以"内喜"释之，可证反当读为弁，为昪，为忭矣。
③ 六四："往蹇来连。"《集解》引虞翻曰："连，辇也。"此训盖合于传意。连、辇古通用。《周礼·地官·乡师》："正治其徒役与其輂辇。"郑注："故书辇作连。"《春官·巾车》："车辇组挽。"《释文》："辇，本作连。"《庄子·让王》篇："民相连而从之。"《释文》引司马云："连读曰辇。"皆其证。然则虞训连为辇，即读连为辇也。

# 《解》第四十

䷧(下坎上震)

[原文]　《解》:利西南。无所往,其来复吉。有攸往,夙吉。

[经意]　《解》,卦名。复,返也。夙,早也。筮遇此卦,利于往西南;无所往而返归则吉;如有所往,早行乃吉。

[传解]　《解》,卦名,解脱也,解开也。传释卦辞与经意同。

[原文]　《彖》曰:《解》,险以动,动而免乎险,《解》。

此释卦名。首《解》字举卦名也。《解》者,解脱也。《解》之内卦为坎,外卦为震。坎,险也;震,动也。然则《解》之卦象是"险以动",动于险之外也。动于险之外,则"动而免乎险",即解脱于险,是以卦名曰《解》。

[原文]　《解》"利西南",往得众也。"其来复吉",乃得中也。"有攸往夙吉",往有功也。

此释卦辞。此《解》字重举卦名。中,正也。《解》卦云"利西南"者,据《说卦》西南为坤方,坤为众,则往西南可得众人之助也。云"其来复吉"者,因往西南得正道,故来复亦吉也。云"有攸往夙吉"者,言其往则有功也。

[原文]　天地解而雷雨作。雷雨作而百果草木皆甲坼。

《解》之时，大矣哉。

此申释卦义。《解》之义又为解开。天地解，谓春来之后，天地开通，阴阳交流，气候暖，冰冻释。作，兴起。甲，草木出地也。《释文》："坼，马、陆作宅。"《集释》本亦作宅。王引之说：坼、宅皆借为乇，草木生叶也。①《解》之上卦为震，下卦为坎。震为雷，坎为雨。然则《解》之卦象是"雷雨作"。天地解开，而后雷雨作。雷雨作，而后百果草木皆出地生叶。天地之解也以时，故能生育万物。故《解》之以时，乃能成其大也。

［原文］ 《象》曰：雷雨作，《解》。君子以赦过宥罪。

《说文》："宥，宽也。"《解》之上卦为震，下卦为坎。震为雷，坎为雨。然则《解》之卦象是"雷雨作"，雷行于上，雨降于下也。天地解开，而后雷雨作，是以卦名曰《解》。按《象传》以雷比刑，以雨比德泽，以雷行于上，雨降于下，比刑罚之下有德泽。君子观此卦象及卦名，从而减轻刑罚，多施德泽，有过者赦之，有罪者宽之，开脱犯人之囚拘。故曰："雷雨作，《解》。君子以赦过宥罪。"（与《屯》卦稍异）

［原文］ 初六：无咎。

［经意］ 筮遇此爻，无咎。

［传解］ 与经意同。

［原文］ 《象》曰：刚柔之际，义"无咎"也。

际，交接也。义读为宜。（说见《需》卦）传意：爻辞云"无咎"，因刚柔相接，柔接近刚，臣民接近其君，妻接近其夫，宜其无咎也。《象传》此释乃以初六及九二之爻象爻位为据。初六为阴爻,为柔;九二为阳爻,为刚。两爻相接,即刚柔相接。自初六言之,是柔接近刚,象臣民接近其君,妻接近其夫。

[原文] 九二:田获三狐,得黄矢,贞吉。

[经意] 田,猎也。黄矢,金矢,矢镞以黄铜为之。贞,占问。行猎获得三狐,又拾得黄矢,自是吉事(可能是古代故事),故占遇此爻则吉。

[传解] 贞,正也。贞吉,行事得其正则吉。余与经意同。

[原文] 《象》曰:"九二""贞吉",得中道也。

中,正也。传意:爻辞云"田获三狐,得黄矢,贞吉",言其人行猎,得乎正道,如猎地得其正,猎法得其正,射术得其正,是以有所获得,而为吉也。《象传》此释乃以九二之爻位为据。九二居下卦之中位,象人行事得其正。

[原文] 六三:负且乘,致寇至,贞吝。

[经意] 负,背物。且犹而也。乘,乘车。致,招致。贞,占问。吝,难也。爻辞言:负物而乘车,必其物珍贵,不肯置之车上,此以物之珍贵告人,将招致贼寇来而劫夺之,其艰难即在目前,故占得此爻,将有艰难。

[传解] 贞,正也。贞吝,其人德行虽正,亦有艰难。余与经意同。

［原文］ 《象》曰："负且乘"，亦可丑也。自我致戎，又谁咎也。

《释文》："致戎，本又作致寇。"《说文》："戎，兵也。"致戎与致寇同意，但作致寇方合传文重举经文之例，以作致寇为长。咎，谴责也。传意：爻辞云："负且乘，致寇至"，言其人负物而乘车，乃愚而可丑之事，自招贼寇来劫，能谴责何人哉。(《系辞》上："子曰：作《易》者其知盗乎。《易》曰：'负且乘，致寇至。'负也者，小人之事也。乘也者，君子之器也。小人而乘君子之器，盗思夺之矣。上慢下暴，盗思伐之矣。慢藏诲盗。冶容诲淫。《易》曰：'负且乘，致寇至。'盗之招也。"其释与《象传》稍异。)

［原文］ 九四：解而拇，朋至斯孚。

［经意］ 解，脱也。而，汉帛书《周易》作其，当从之。拇借为罶，捕兽网也。朋，朋友。斯，于是也。孚，古俘字，谓捉得也。爻辞言：有人设网以捕兽，有大兽入网中，曳脱其网，有朋友来助，于是捉得之。此似记一古代故事。

［传解］ 传所据经文与今本同。解，解开。而，汝也，你也。拇亦读为罶，谓法网也。斯，此也。孚，信也。爻辞对统治者言：解开汝之法网，以宽恕待人民，朋友至此亦信服之矣。

［原文］ 《象》曰："解而拇"，未当位也。

当位犹称职也。传意：爻辞云"解而拇"，乃告统治者解开汝之法网，因其待民残酷，不称其职位也。《象传》此释乃以九四之爻象爻位为据。九四为阳爻，居阴位(第四爻为阴位)，是为“未当位”，象人之行事不称其职位。

［原文］　六五：君子维有解，吉；有孚于小人。

［经意］　君子，贵族与士之通称。小人，庶民之通称。闻一多曰：“维犹系也。解，释也。‘维有解’，即系而得释。”孚，罚也。筮遇此爻，君子之系缚得解脱，即在拘囚中得释放，是吉矣；小人则将受罚。

［传解］　君子，有才德之人。小人，无才德之人。孔颖达曰：“维，辞（词）也。”《集解》维作惟，当亦释为语词，此解盖合于传意。解，解免官职。孚，信也。爻辞言：在上位之君子惟有时解免臣吏之官职，乃是吉，因其所解者皆无才德之小人，足以使小人信服。

［原文］　《象》曰：“君子有解”，“小人”退也。

传意：爻辞云“君子维有解”，言君子解免小人之官职，故小人退位也。

［原文］　上六：公用射隼于高墉之上，获之，无不利。

［经意］　隼，鹰也。墉，城墙。获，得也。此似记一古代故事。有某公立在高高城墙之上，射鹰而中，得之。此故事所示者是无不利。

［传解］　与经意同。

［原文］ 《象》曰："公用射隼"，以解悖也。

解，除去也。《尔雅·释诂》："悖，强也。"《释言》："强，暴也。"此悖字即强暴之义。鹰隼是强暴之鸟，捕食它鸟与家禽。传意：爻辞云"公用射隼"，乃除去强暴之鸟，比喻除去强暴之人也。（古人常以鹰比喻强暴之人。《史记·酷吏传》记酷吏郅都"号曰苍鹰"，即其一例。）（《系辞》下："《易》曰：'公用射隼于高墉之上，获之，无不利。'子曰：'隼者，禽也。弓矢者，器也。射之者，人也。君子藏器于身，待时而动，何不利之有。动而不括，是以出而有获。语成器而动者也。'"其释与《象传》不同。）

［附考］ ①《象传》："雷雨作而百果草木皆甲坼。"甲者，草木生出于地上也。《说文》："甲，东方之孟，阳气萌动，从木戴孚甲之象。"《白虎通·五行》篇："甲者，万物孚甲也。"《释名·释天》："甲，孚甲也，万物解孚甲而生也。"孚甲谓皮壳也。（今语呼谷壳为瓢，瓢即孚之转音。）草木之种子在土中，春时发芽，脱种子之皮壳而出。汉人谓甲字即草木初生所戴之皮壳也。亨按此非甲字之初义也。金文、甲骨文甲皆作十，原为草木生出地上之义，一横象地，一直象草木。此处甲字正用其初义。坼者，草木生叶也。《释文》："坼，马，陆作宅。"《集解》本亦作宅。王引之曰："宅乃乇之假借。《说文》曰：'乇，艸叶也，从垂穗上贯一，下有根，象形。'乇、宅、坼古并同声，故又通作坼。"此说是也。坼、宅皆借为乇。

# 《损》第四十一

䷨(下兑上艮)

［原文］　《损》：有孚。元吉，无咎。可贞。利有攸往。曷之用二簋，可用享。

［经意］　《损》，卦名。孚，古俘字。元，大也。贞，占问。曷借为馌，馈食也。簋，盛饭之圆器，如今之饭盆。享，祭也。筮遇此卦，将有所俘获；大吉而无咎；所占之事可行；利有所往；馈食于鬼神只用两簋饭，即可举行享祭。

［传解］　《损》，卦名，减损也。孚，信也。贞，正也。其余字义与经意同。卦辞举出有信之五种好结果。

［原文］　《彖》曰：《损》，损下益上，其道上行。

此释卦名。本卦所以名《损》者，因其卦象是损下益上也。损之上卦为艮，下卦为兑。艮为山，山比贵族；兑为泽，泽比民。又艮为阳卦，为刚，象贵族；兑为阴卦，为柔，象民。然则《损》之卦象是贵族高居民上也。贵族高居民上，对民取赋税，征力役，以益其财物，民对贵族纳赋税，出力役，而损其财物。是为“损下益上”。损下益上之道（制度），乃贵族所制定而推行之者也。故曰：“《损》，损下益上，其道上行。”（可见《彖传》认为本卦所以名《损》，损在民，自民之角度言之。）

［原文］　损而“有孚，元吉，无咎，可贞，利有攸往，曷之

用二簋，可用享”，二簋应有时。

此释卦辞。传意：君损民能信守制度，则大吉；无咎；可正；利有所往；馈食于鬼神，只用两盆饭，便可以举行享祭矣。但如此减损祭品，有时可以行之，如逢凶年，如在路中等，非经常之道也。

［原文］ **损刚益柔有时，损益盈虚，与时偕行。**

此承上文申释卦义。刚，贵族为刚。柔，民为柔。《说文》：“偕，俱也。”传意：《损》之卦象是损下益上，即损民益贵族，亦即损柔益刚，此乃经常之道。但亦有时损上益下，损贵族益民，即损刚益柔（此乃幻想），如遇凶荒之年，君出库仓之财谷，以赈贫困之民是也（君上之一切财谷皆夺之于民），此乃权宜之计。要之，道有经权，以时为准，损之益之，盈之虚之，与时并行。故曰：“损刚益柔有时，损益盈虚，与时偕行。”

［原文］ **《象》曰：山下有泽，《损》。君子以惩忿窒欲。**

惩，制止也。[①]《广雅·释诂》：“忿，怒也。”《说文》：“窒，塞也。”欲，贪欲也。《损》之上卦为艮，下卦为兑。艮为山，兑为泽。然则《损》之卦象是“山下有泽”。山下有泽，泽水日日浸蚀山根，损害山体，是以卦名曰《损》。君子观此卦象及卦名，认为外物浸蚀人，或触动人之忿怒，或引起人之贪欲，皆损害人之德行，犹泽水之浸蚀山根，损害山体，从而制止其忿怒，杜塞其贪欲。故曰：“山下有泽，《损》。君子以惩忿窒欲。”

［原文］ **初九：巳事遄往，无咎，酌损之。**

［经意］ 《释文》：“巳，虞作祀。”《集解》本作祀。按巳借为祀。

遄，速也。筮遇此爻，祭祀之事速往乃无咎，可以斟酌减损其祭品。

［传解］ 与经意同。

［原文］ 《象》曰："已事遄往"，尚合志也。

传意：爻辞云"巳事遄往，无咎"，言祀事速往，不慢鬼神，得鬼神之保佑，诸事尚能符合志愿，故无咎也。

［原文］ 九二：利贞。征凶，弗损，益之。

［经意］ 贞，占问。筮遇此爻，乃有利之占问；但征伐他国则凶，不能损之，而反益之（之，指他国）。

［传解］ 贞，正也。爻辞言：人之行事利在于正。征伐他国，非正义也，故凶，不能损之，而反益之。

［原文］ 《象》曰："九二""利贞"，中以为志也。

中，正也。传意：爻辞云"利贞"，言其人以正中之道为志，故利也。《象传》此释乃以九二之爻位为据。九二居下位之中位，象人守正中之道。

［原文］ 六三：三人行则损一人；一人行，则得其友。

［经意］ 筮遇此爻，三人出行，则损失一人；一人出行，则得其朋友。

[传解] 与经意同。

[原文] 《象》曰:“一人行”,“三”则疑也。

亨按行上疑脱志字。“志行”谓其主张得以实行,“疑”谓主张分歧,不得实行,意正相对。② 传意:爻辞云“三人行则损一人,一人行则得其友”,言一人出行,遇事自作主张,其主张自能实行,将有同志之友赞助之,故得其友;三人出行,遇事主张不一,滋长疑惑,其异己之同伴将离去之,故损一人也。(《系辞》下:“天地絪缊,万物化醇。男女构精,万物化生。《易》曰:‘三人行,则损一人。一人行,则得其友。’言致一也。”此谓三人行则损一人,以其不能合作也。一人行则得其友,因其能合作也。所释与《象传》稍不同。)

[原文] 六四:损其疾,使遄有喜,无咎。

[经意] 遄亦速也。古人谓病愈为有喜,因其为可喜之事也。爻辞言:减损人之疾病,使之速愈,自无咎。

[传解] 与经意同。

[原文] 《象》曰:“损其疾”,亦可“喜”也。

[原文] 六五:或益之十朋之龟,弗克违,元吉。

[经意] 益,加也,谓卖予也。西周以贝为货币,十贝曰朋。克,能也。违犹拒也。元,大也。爻辞言:有人卖之以价值百贝之龟,不能拒而不买,乃大吉也。盖古人用龟甲以卜,大吉言其

龟必灵。

［传解］ 与经意同。

［原文］ 《象》曰："六五""元吉"，自上祐也。

孔颖达曰："上谓天也。"《释文》："祐，本亦作佑。"按祐与佑同。传意：爻辞云"元吉"，言上天保佑之，赐以灵龟，故大吉也。

［原文］ 上九：弗损，益之，无咎，贞吉，利有攸往，得臣无家。

［经意］ 贞，占问。臣，奴隶。爻辞言：对人不损害之，而助益之，则无咎，所占之事吉，利于有所往，将得一奴隶，其人是孤身而无家。

［传解］ 贞，正也。贞吉谓弗损人而益之，乃是正道，故吉。余与经意同。

［原文］ 《象》曰："弗损益之"，大得志也。

传意：爻辞云"弗损益之"，言人能不损人而益之，则可以得人之助，所向有功，大得志也。

［附考］ ①《象传》："君子以惩忿窒欲。"《释文》惩作征，云："征，止也。郑云：'犹清也。'刘作澂，云：'清也。'蜀才作澄。"惩、征、澂古通用，澄乃澂之俗字。其解有二：（一）以澂为本字。《说文》："澂，清也，从水，征省声。"此依郑、刘、蜀才之说也。（二）以惩为本字。《说文》："惩，㤪也，从

心，征声。”惩与惩皆制止内心情欲之义（又为纠正错误之义）。此依陆德明之说也。两解均通，以后者为长。　②《象传》：“一人行，三则疑也。”亨按“一人行”意不明确，疑行上当有志字，转写脱去。“一人志行”，谓一人出行，遇事自作主张，其志得行。“三则疑”，谓三人出行，遇事主张分歧，使人疑惑。《象传》常言“志行”，《履》九四、《否》九四、《睽》九四、《未济》九四《象传》并曰：“志行也。”《豫》九四《象传》曰：“志大行也。”《晋》六三《象传》曰：“志上行也。”皆其例。《彖传》亦常言“志行”。《小畜彖传》曰：“刚中而志行。”《豫彖传》曰：“刚应而志行。”《巽彖传》曰：“刚巽乎中正而志行。”《升彖传》曰：“志行也。”皆其例。

# 《益》第四十二

䷩(下震上巽)

[原文] 《益》:利有攸往。利涉大川。

[经意] 《益》,卦名。筮遇此卦,利于有所往,利于涉大川。

[传解] 《益》,卦名,利也,助也,增也。传解卦辞与经意同。

[原文] 《彖》曰:《益》,损上益下,民说无疆,自上下下,其道大光。

此释卦名。说读为悦,喜悦也。下下,君以卑谦之态度礼敬民。本卦所以名《益》者,因其卦象是损上益下也。《益》之下卦为震,上卦为巽。震为阳卦,为刚,象君;巽为阴卦,为柔,象民。然则《益》之卦象是君自居于民下也。其义有二:(一)减轻赋税之剥削,君之财物收入稍减,民之财物保有稍加,是为损上益下。损上益下,则民悦无疆矣。(二)减轻压迫,君上以谦卑之态度,听取民之意见,是为自上下下。自上下下,则其道大大光明矣。故曰:"《益》,损上益下,民说无疆。自上下下,其道大光。"(可见《彖传》认为本卦所以名《益》,益在民,自民之角度言之。)

[原文] "利有攸往",中正有庆。"利涉大川",木道乃行。

此释卦辞。卦辞云"利有攸往"者,因其居正位守中道以往,故得喜庆之结果也。《彖传》此释乃以《益》之爻象为据。《益》之六二为阴爻,居下位之中位。九五为阳爻,居上卦之中位。象君居君位,臣居臣位,各得其正。云“利涉大川”者,因其利用木舟能浮于水上之道,乃能行于川上也。《彖传》此释乃以《益》之卦象为据。《益》之上卦为巽,下卦为震,巽为木;震,动也。然则《益》之卦象是木动,即舟浮水而行。

［原文］ **《益》动而巽,日进无疆。天施地生,其益无方。凡益之道,与时偕行。**

此申释卦义。巽,谦逊也。《广雅·释诂》:“施,予也。”天施谓天予万物以泽惠,如照之以日月,润之以雨露等是。方犹域也。又《广雅·释诂》:“方,类也。”无方谓不分地域,不分物类。《说文》:“偕,俱也。”《益》之下卦为震,上卦为巽,震,动也;巽,巽也,谦逊也。然则《益》之卦象又是人动而谦逊。动而谦逊,则日有进益,而无限量。故曰:“益动而巽,日进无疆。”其次,益者,天地之道也。天施予万物,地生育万物。其益万物也,不分地域物类,大公无私。故曰:“天施地生,其益无方。”再次,益贵乎应时。天地对于万物,应时而益之。人对于人,亦宜应时而益之。故曰:“凡益之道,与时偕行。”

［原文］ **《象》曰:风雷,《益》。君子以见善则迁,有过则改。**

《益》之上卦为巽,下卦为震。巽为风,震为雷。然则《益》之卦象是风在上,雷在下。风本行于下,其在上是风势增益矣。雷本行于上,其在下是雷势增益矣。是以卦名曰《益》。又《象传》乃以风比德教,以雷比刑,以风在上、雷在下比德教留于上,刑罚施于下,即后德教而先刑罚,此亦有益于国。君子观此卦象及卦名，从而见善则移而从之，有过则改之，以求不违德教，不犯刑罚，德行日有进益。故曰："风雷，《益》。君子以见善则迁，有过则改。"（与《恒》卦稍异）

［原文］ 初九：利用为大作，元吉，无咎。

［经意］ 用犹于也。大作，大建筑。元，大也。筮遇此爻，利于兴大建筑，大吉而无咎。

［传解］ 与经意同。

［原文］ 《象》曰："元吉无咎"，下不厚事也。

下，指庶民。俞樾说：厚读为后。① 传意：爻辞云"利用为大作，元吉，无咎"，言为大作，庶民争先而来，不落在工作之后，故大吉无咎也。

［原文］ 六二：或益之十朋之龟，弗克违。永贞吉。王用享于帝，吉。

［经意］ 益犹卖也。十贝为朋。克，能也。违犹拒也。永贞，占问长期之事。享，祭也。帝，天帝。筮遇此爻，有人卖之以价值百贝之龟，不能拒而不买；又占问长期之事则吉；王用享祭天帝亦吉。

［传解］ 贞，正也。永贞吉，永远正直则吉。余与经意同。

［原文］ 《象》曰："或益之"，自外来也。

传意：爻辞云“或益之十朋之龟”，言有人自外来卖其龟也。

[原文] 六三：益之用凶事，无咎，有孚。中行告公用圭。

[经意] 益，助益也。用犹于也。孚，古俘字。中行似为人名，似即微子之弟仲衍。公当是周之某公。圭读为珪，玉器名，形如▭。爻辞所言乃一古代故事。殷国有凶灾之事，某公助益之，结果无咎，且有所俘获。中行来告灾乞援，用圭为乞援之礼物。（参见六四）

[传解] 孚，信也。有孚谓有信于他国。余与经意同。

[原文] 《象》曰：“益用凶事”，固有之也。

有借为佑，助也。[2]传意：爻辞云“益之用凶事”，言他国有凶灾之事，我固助之也。

[原文] 六四：中行告公，从，利用为依迁国。

[经意] 依读为殷，即殷商也。迁国，迁都也。爻辞所言亦是古代故事。中行以凶灾之事告某公，公从之，于是助殷迁国，其事顺利。此与六三所记为一故事。[3]

[传解] 与经意同。

[原文] 象曰：“告公从”，以益志也。

亨按志当作之。(说见《遯》卦)传意:爻辞云“中行告公从,利用为依迁国”,言公因而助之迁国也。

[原文] 九五:有孚惠心,勿问,元吉,有孚惠,我德。

[经意] 孚,古俘字。《尔雅·释诂》:“惠,顺也。”元,大也。爻辞言:筮遇此爻,有俘虏顺从我之心,勿追问,是大吉,有俘虏顺从我之德行。

[传解] 孚,信也。王引之曰:“惠,顺也。有孚惠心者,言我信于民,顺民之心也。有孚惠我德者,言民信于我,顺我之德也。”④此释合于传意。

[原文] 《象》曰:“有孚惠心”,“勿问”之矣。“惠我德”,大得志也。

传意:爻辞云“有孚惠心,勿问,元吉”,言君有信于民,顺民之心,其为大吉,可勿追问也。云“有孚惠我德”,言民因而亦有信于君,顺君之德,君有所为可以大得也。

[原文] 上九:莫益之,或击之,立心勿恒,凶。

[经意] 无人助益之,有人攻击之,不可永久坚持己见,因其为凶。

[传解] 与经意同。

[原文] 《象》曰:“莫益之”,偏辞也。“或击之”,自外来也。

《释文》:“偏孟作徧。”《集解》本作褊。俞樾曰:“以作徧为长。”按偏当读为徧(遍)。⑤传意:爻辞云“莫益之”,言徧天下之人无有助益之者,乃普徧之辞也。云“或击之”,言有人攻击之,其攻击自外来也。(《系辞》下:“子曰:君子安其身而后动,易其心而后语,定其交而后求。君子脩此三者,故全也。危以动,则民不与也。惧以语,则民不应也。无交而求,则民不与也。莫之与,则伤之者至矣。《易》曰:‘莫益之,或击之,立心勿恒,凶。’”其释较《象传》为详,意在说明“莫益之”、“或击之”之原因。)

[附考] ①《象传》:“元吉无咎,下不厚事也。”俞樾曰:“《说文》:‘厚古文作垕。’故厚字即与后通。《礼记·檀弓》篇:‘后木。’《正义》曰:‘《世本)云厚,此云后,其字异耳。’是厚与后古字通用之证。后训後。厚亦训後。《释名·释亲属》篇曰:‘后,後也。’《释言语》曰:‘厚,後也。’《庄子·列御寇》篇注:‘静而怯,乃厚其身。’《释文》曰:‘元嘉本厚作後。’然则下不厚事,犹云下不後事。……”按俞氏读厚为後,是也。此言为大作,民皆争先从事,而不居後,其实乃谎言也。 ②《象传》:“益用凶事,固有之也。”亨按有借为右。有、右古通用。《诗·雍》:“既右烈考,亦右文母。”《后汉书》之《何敞传》、《张酺传》李注并引右作有。即其证。《说文》:“右,助也。”右即古佑字。固有之即固佑之,谓固助之也。 ③ 六三:“益之用凶事,无咎,有孚。中行告公用圭。”六四:“中行告公,从,利用为依迁国。”依读为殷。此二爻爻辞所记为周助殷迁国之故事。余昔谓是殷帝武乙、周公亶父时事。今按中行当为人名,疑即仲衍。行字古文作衎,从人从行。《石鼓文》曰:“隹舟以衎。”是其证。衎、衍形近,因误为衍。仲衍乃微子启之弟。《吕氏春秋·当务》篇:“纣之同母三人,其长曰微子启,其次曰中衍,其次曰受德,受德乃纣也。”又称微仲。《孟子·公孙丑》上篇:“纣……又有微子、微仲、王子比干、箕子、胶鬲,皆贤人也。”周成王时封微子于宋。微子死,仲衍立为宋君。《史记·宋世家》:“周公既承成王命,诛武庚,杀管叔,放蔡叔,乃命

微子开代殷后，……国于宋。微子开卒，立其弟衍，是为微仲。”《礼记·檀弓》上篇：“微子舍其孙腯而立衍也。”余疑微子本在殷，被封于宋时，由殷迁宋，遇凶事，乃遣仲衍求助于周公，周公遂助之迁国。爻辞所记即此事，中行即仲衍，公即周公也。古书无确征，姑记管见于此。

④ 九五：“有孚惠心，勿问，元吉。有孚惠我德。”王引之曰：“《尔雅》曰：‘惠，顺也。’‘有孚惠心’者，言我信于民，顺民之心也。‘有孚惠我德’者，言民信于我，顺我之德也。《彖传》曰‘损上益下’，君顺民心之谓也。又曰‘民说无疆’，民顺君德之谓也。”按王说合于传意，但非经意也。

⑤《象传》：“莫益之，偏辞也。”《释文》：“偏，孟作徧。”《集解》本亦作徧。俞樾曰：“寻绎文义，以作徧为长。此徧字解经文莫字。徧之言尽也。《淮南子·主术》篇：‘则天下徧为儒墨矣。’高注曰：‘徧犹尽也。’是其义也。凡言莫者，如莫非、莫不之类，皆是极尽之辞。若有不尽然者，即不得言莫矣。”按俞说是也。但偏、徧古通用，此文之偏当读为徧，不必改字。“莫益之”即逻辑学所谓全称否定之辞，故为徧辞也。

# 《夬》第四十三

䷪(下乾上兑)

[原文]

《夬》:扬于王庭,孚号,有厉告自邑。不利即戎,利有攸往。

[经意]

《夬》,卦名。《小尔雅·广言》、《广雅·释诂》并曰:"扬,举也。"孚,古俘字。号,哭号。厉,危也。即犹从也。戎,兵也。即戎谓从军,无论其为官为兵。① 卦辞言:人以从军征伐有功,举用于王庭,但其所得之俘虏则哭号,被征伐之国将侵其边邑以报复,因而有危险之事自邑来告。故不利于从军,只利于有所往。

[传解]

《夬》,卦名,决也。传之读法是"孚号有厉"为一句,"告自邑不利即戎"为一句。孚,信也。号,号令。即戎指君上发兵出征。卦辞言:小人得举用于王庭,朝廷虽信其号令,亦有危险,且有邑人来告,发兵出征则不利。但有所往则利。

[原文]

《彖》曰:《夬》,决也,刚决柔也。健而说,决而和。

此释卦名。《序卦》曰:"《夬》者,决也。"《杂卦》亦曰:《夬》,决也,刚决柔也。"卦名之《夬》,其义为决,谓刚能决定柔也。《夬》卦是五阳爻居下,一阴爻居上。阳为刚,刚为君子;阴为柔,柔为小人。然则《夬》之爻象是五刚在下而势力众强,一柔在上而势力孤弱,刚能战胜柔,能决定柔,是为"刚决柔”，即五君子在下位而势力众强，一小人在上位而势力孤弱，君子能战胜小人，能决定小人，君子之志得达，小人之志不得逞。是以卦名曰《夬》。其次，《夬》之下卦为乾，上卦为兑。乾，健也；兑，说（悦）也。然则《夬》之卦象是“健而说”，即君子有刚健之德，不屈服于小人，而以和悦之态度，对待小人。唯其如此，所以君子能决定小人，又能与小人和谐相处，是为“决而和”，此亦是《夬》之卦义。

［原文］

**“扬于王庭”，柔乘五刚也。“孚号有厉”，其危乃光也。“告自邑不利即戎”，所尚乃穷也。“利有攸往”，刚长乃终也。**

此释卦辞。卦辞云“扬于王庭”者，言一小人得举用于王庭也。《夬》之爻象是一柔在五刚之上，故曰“柔乘五刚”，象一小人位居五君子之上，即一小人重用于王庭。云“孚号有厉”者，言小人在上位，朝廷虽信其号令，仍不免有危险，但以君子之势力众强，小人之势力孤弱，其危险终能渡过，而取得光荣，故曰“其危乃光”。云“告自邑不利即戎”者，言邑人来告，不利于动兵出征，因动兵出征，所尚者唯武力，其所尚乃穷困之道，故曰“所尚乃穷”。云“利有攸往”者，因君子之势力再长，则小人去位，朝廷尽是君子，故有所往乃有利。盖《夬》卦下五爻皆为刚，只有上一爻为柔，刚再申长，则柔将消灭，而一卦终矣，此小人去位，朝廷尽是君子之象。故曰“刚长乃终”。

［原文］

**《象》曰：泽上于天，《夬》。君子以施禄及下，居德则忌。**

居德，处于德也。忌当读为异，举而用之也。②《夬》之上卦为兑，下卦为乾。兑为泽，乾为天。然则《夬》之卦象是“泽上于天”，即泽岸断决，洪水滔天，是以卦名曰《夬》。按《象传》又以泽比民，以天比朝廷，以泽上于天比民登于朝廷之上，即国君举用民中之贤者，如尧举舜于畎亩，汤举伊尹于庖厨，武丁举傅说于板筑，文王举吕望于屠钓，齐桓公举宁戚于饭牛，秦穆公举百里奚于养牲等是。（上举诸例乃千载罕见之事，且不尽是史实。）君子观此卦象及卦名，从而施禄及于庶民，庶民能自处于德，君子则举而用之。此乃冲决用人唯亲、用人唯贵之旧藩篱。故曰：“泽上于天，《夬》。君子以施禄及下，居德则忌。”

［原文］ 初九：壮于前趾，往不胜，为咎。

［经意］ 壮借为戕，伤也。趾，足指也。足指在前，故曰前趾。人伤于前趾，有所往则不胜步趋之任，成为灾咎。

［传解］ 与经意同。（《大壮》初九云：“壮于趾，征凶。”《象传》释壮为强壮，与此不同，未可一概论之。）

［原文］ 《象》曰：“不胜而往”，“咎”也。

［原文］ 九二：惕号，莫夜有戎，勿恤。

［经意］ 惕，惧也。号，大呼。莫，古暮字。戎指寇兵。恤，忧也。爻辞言：恐惧而大呼，夜间有寇兵来，然亦勿忧，不足为患。

［传解］ 与经意同。

[原文]

《象》曰:“有戎勿恤”,得中道也。

传意:爻辞云“……有戎勿恤”,言有寇兵来亦勿忧,乃因其得正中之道,正义在己,御寇必胜,不足忧也。《象传》此释乃以九二之爻位为据。九二居下卦之中位,象人得正中之道。

[原文]

九三:壮于頄,有凶。君子夬夬独行,遇雨若濡,有愠无咎。

[经意]

壮借为戕,伤也。頄,面颧也。夬借为趹。趹趹,急走之貌。王念孙曰:“若犹而也。”濡,湿也。愠,不快意也。爻辞言:伤于面颧,是凶象。君子外出以避凶,急急独行,遇雨而衣裳湿,仅令人不快而已,无咎。

[传解]

夬夬,决决也,行事果决而又果决也。余与经意同。

[原文]

《象》曰:“君子夬夬”,终“无咎”也。

传意:爻辞云“君子夬夬独行……无咎”,言君子决决而独行,以避伤頄之凶,故终无咎也。

[原文]

九四:臀无肤,其行次且,牵羊悔亡。闻言不信。

[经意]

肤,皮肉也。次且借为趑趄,行不进之貌。筮遇此爻,将受刑杖,臀部皮开肉脱,其行趑趄而难进,但牵羊献当权之人,则其悔可亡。又筮遇此爻,所闻之言不信实,乃谎言。

［传解］ 前三句与经意同。“闻言不信”，谓听人之言而不相信，成为受刑杖之一种原因。

［原文］ 《象》曰：“其行次且”，位不当也。“闻言不信”，聪不明也。

孔颖达曰：“聪，听也。”《广雅·释诂》：“聪，听也。”传意：爻辞云“臀无肤，其行次且”，言其人受刑杖。所以受刑杖乃因其所处之地位不当，即才德不称其职，或行事不尽其责，或处于不利之环境也。《象传》此释乃以九四之爻象爻位为据。九四为阳爻，居阴位（第四爻为阴位），是为“位不当”，象人所处之地位不当。爻辞云“闻言不信”，言其听人之言而不相信，乃因其听之不明，不知其为良言忠言也。传未释“牵羊悔亡”一句。

［原文］ 九五：苋陆夬夬中行，无咎。

［经意］ 苋当作萈，形似而误。萈，山羊之细角者。陆借为踛，跳而驰也。夬夬借为趹趹，急走之貌。行，道路也。萈羊跳驰趹趹然于道路之中，乃自由驰骋之象，故筮遇此爻，无咎。

［传解］ 传之读法是“苋陆夬夬”为一句，“中行无咎”为一句。《释文》：“陆蜀才作睦。”按传乃读苋为宽，读陆为睦。宽睦谓对人宽大和睦也。[3] 夬夬，决决也，谓行事果决而又果决也。中，正也。行，行为。爻辞言：人对人宽大和睦，坚决作到，此乃正中之行为，故无咎。

［原文］ 《象》曰：“中行无咎”，中未光也。

光借为广。(说见《坤卦》)传意:爻辞云“中行无咎”,言其人是正中之行,则无咎;正中之行,宜得吉利,而仅无咎者,以其正中之行犹未广大也。《象传》此释乃以九五之爻位为据。九五居上卦之中位,象人有正中之行。

[原文] 上六:无号,终有凶。

[经意] 无当作犬,形似而误。号,哭号。古人以犬号为凶兆。《墨子·非攻》下篇:“昔者三苗大乱,犬哭乎市。”是其例。故爻辞言:“犬号,终有凶。”

[传解] 《象传》所据本已作无号。号,《集解》引虞翻说,释为号令。盖合于传意。无号令者,谓君之号令不行于国,有号令而无人听从,因而谓之无号(犹有君而无人尊奉,因而谓之无君,有法而无人遵守,因而谓之无法。)也。国无号令,其国必破亡,故终有凶。

[原文] 《象》曰:“无号”之“凶”,终不可长也。

不可长,其国不可长久。

[附考] ① 卦辞:“不利即戎。”即犹从也。《屯》六三:“即鹿无虞。”《象传》曰:“即鹿无虞,以从禽也。”正以从释即。《讼》九四云:“复即命。”孔疏:“即,就也。”又曰:“即,从也。”《左传》僖公二十四年:“即聋从昧。”定公四年:“用即命于周。”即并从义。即戎谓从军,将帅率兵出征,士兵入伍出征,皆谓之即戎。《论语·子路》篇:“善人教民七年,亦可以即戎矣。”其义同。 ②《象传》:“君子以施禄及下,居德则忌。”亨按忌疑借为异。《说文》:“异,举也,从廾,巳声(当作己声)。《虞书》曰:‘岳曰:异哉。’(见《尧典》)”异即举而用之也。又忌亦可读为畀。忌、畀古通用。

《书·秦誓》:“未就予忌。”《说文》引忌作諅。《左传》宣公十二年:“楚人惎之脱扃。”《说文》引惎作諅。即忌、惎、諅三字相通之证。《说文》:“諅,举也。”“居德则忌”,谓庶民自居于德,君子则举而用之。

③ 九五:“苋陆夬夬中行无咎。”《释文》:“苋,一本作莞。陆,蜀才作睦。”《集解》引《虞翻》曰:“苋,说(悦)也。陆,和睦也。”此解似合于传意。但虞氏训苋为说,尚不确切。苋当作莧。《易》传乃读苋为宽(宽从苋声,二字古通用。)读陆为睦(陆睦皆从坴声,二字古通用。蜀才本作睦,用本字。)宽睦谓对人宽大而和睦也。

# 《姤》第四十四

䷫(下巽上乾)

[原文] 《姤》:女壮,勿用取女。

[经意] 《姤》,卦名。取借为娶。筮遇此卦,女虽已壮,亦勿娶之。

[传解] 《姤》,卦名,遇也。传释卦辞与经意同。

[原文] 《彖》曰:《姤》,遇也,柔遇刚也。

此释卦名。《序卦》曰:“《姤》者,遇也。”《杂卦》曰:“《姤》,遇也,柔遇刚也。”并与《彖传》同。按姤当读为遘。《说文》:“遘,遇也。”卦名之《姤》,其义为遇,谓“柔遇刚”,如女遇男,臣遇君等是。《姤》卦是一阴爻在下,五刚爻在上。阴为柔,阳为刚,然则《姤》之爻象是柔出而上进所遇者皆刚,是以卦名曰《姤》。

[原文] “勿用取女”,不可与长也。

此释卦辞。卦辞云“女壮,勿用取女”,因娶女不可与之长久共处也。盖《姤》之爻象虽为刚柔相遇,但是一女而遇五男。一女而遇五男,或一女将嫁五男,或一女私通数男,其夫皆不能与之长久共处。

[原文] 天地相遇,品物咸章也。刚遇中正,天下大行也。《姤》之时,义大矣哉。

此申释卦义。天地相遇,犹言天地相交。咸,皆也。章,盛也。①《姤》之卦象是刚柔相遇,以自然界言之,天地相遇,阳阴交流,则万种品物皆能盛长,故曰:"天地相遇,品物咸章也。"此是《姤》卦之一义。其次,《姤》之九二为阳爻,为刚,居下位之中位,居臣位;九五为阳爻,为刚,居上卦之中位,居君位。是为"刚遇中正"。刚为君子,刚遇中正象君子分居君臣之位,各守正中之道。如此,则正中之道大行于天下矣。故曰:"刚遇中正,天下大行也。"此是《姤》卦之又一义。但天地相遇,在循其时序。则遇中正,在合乎时宜。遇而得时,其意义甚大。故曰:"《姤》之时,义大矣哉。"

[原文] 《象》曰:天下有风,《姤》。后以施命诰四方。

后,君也。诰,告也。《姤》之上卦为乾,下卦为巽。乾为天,巽为风。然则《姤》之卦象是"天下有风"。天下有风,遍吹万物,风与万物相遇,是以卦名曰《姤》。按《象传》又以天比君,以风比教令,以天下有风比君在上施其教令于臣民。国君观此卦象及卦名,从而施其教令,以告四方。故曰:"天下有风,《姤》。后以施命诰四方。"

[原文] 初六:系于金柅,贞吉。有攸往见,凶,羸豕孚蹢躅。

[经意] 金,黄铜。柅,织布帛之一种工具,缠线于其上,线之一端系于机。此物东北人呼为"闹子",闹即柅之转音。贞,占问。羸借为纍,以绳系之也。孚读为捊,牵引也。蹢躅,住足不进之貌。爻辞言:线系于金柅,是细弱之线依附于坚刚之金柅,正如奴隶依附于奴隶主贵族,是吉利。故占得此爻则吉。但

奴隶逃亡，另有投奔，则凶。因将被奴隶主捉回，如豕走逸，被人捉回，以绳系而牵引之，豕住足而不进，终入圈牢或被屠杀，岂不凶哉。

［传解］ 贞，正也。“系于金柅，贞吉”，比喻细弱之人依附于尊贵之人，能持正不邪乃吉也。余与经意同。

［原文］ 《象》曰：“系于金柅”，柔道牵也。

传意：爻辞云“系于金柅，贞吉”，线为柔物，金柅为刚物，线系于金柅，是柔物被牵于刚物。以喻人与人之关系，则是柔者被牵于刚者，柔道被牵于刚道，遇事甚难自主，故柔者能持正乃吉。（若不能持正，一味顺从，则必同恶合污，是凶矣。）《象传》此释乃以初六及九二之爻象爻位为据。初六为阴爻，为柔；九二为阳爻，为刚。初六在九二之下，象柔者受刚者之控制。

［原文］ 九二：包有鱼，无咎，不利宾。

［经意］ 《释文》：“包本亦作庖。下同。”按包借为庖，厨也。宾，作客也。厨中有鱼，家尚小康，自无咎。在家既有鱼可食，则不利于出外作客。

［传解］ 宾，客人也。不利宾，谓不以鱼待客人。余与经意同。

［原文］ 《象》曰：“包有鱼”，义不及“宾”也。

义读为宜。（说见《需》卦）传意：爻辞云“包有鱼……不利宾”，言庖中有鱼，而无牛羊豕之肉，不可请客人，鱼宜自食，不宜及于宾也。

[原文] 九三:臀无肤,其行次且,厉,无大咎。

[经意] 肤,皮肉也。次且借为趑趄,行不进之貌。厉,危也。筮遇此爻,将受刑杖,臀部皮开肉脱,其行趑趄而难进,自是危险,但此乃轻刑,不为大咎。

[传解] 与经意同。

[原文] 《象》曰:"其行次且",行未牵也。

传意:爻辞云"臀无肤,其行次且,厉无大咎",言其人虽受刑杖,而未被拘系,其行非有人以绳牵引之,故危而无大咎也。

[原文] 九四:包无鱼,起凶。

[经意] 包借为庖。起疑借为熙,戏也,游荡也。[②]庖中无鱼,家已贫困,而仍不勤奋,玩戏游荡,是凶矣。(起凶,汉帛书《周易》作"正凶",即征凶,言出征则凶。)

[传解] 与经意同。

[原文] 《象》曰:"无鱼"之"凶",远民也。

传意:爻辞云"包无鱼,起凶",指贵族而言。贵族当在其位而有其民之时,民供之牛羊豕鱼,以充其庖厨;今贵族之庖中,不唯无牛羊豕,而竟无鱼,则是失其位,远其民矣。其所以失位远民,乃以其玩戏游荡而招此凶祸也。《象传》此释乃以九四之爻象爻位为据。九四为阳爻，为刚，居阴位（第四爻为阴位），是为刚失位，象贵族失其统治地位。失其位则远其民矣。

［原文］ 九五：以杞包瓜，含章，有陨自天。

［经意］ 杞借为芑。芑，白苗嘉谷也，又名白粱粟。包，裹也。含借为戗，胜也。章借为商。戗商，谓周武王克商。（说见《坤》卦）有犹其也。陨，坠也，灭也。爻辞言：殷纣宠妲己，囚戮忠臣，以博妲己之欢，残虐万民，以满妲己之欲，正如割下可以养人之芑谷，用包不能充饥之甘瓜，宜其招天帝之罚。所以武王克商，商之陨灭乃出于天意。

［传解］ 含章，内心含有文章。其余字义与经意同。爻辞言：国君摧残良辅庶民，以豢养宠妾幸臣，正如以芑包瓜，含有文章之士被害陨亡，亦是出于天命。

［原文］ 《象》曰："九五""含章"，中正也。"有陨自天"，志不舍命也。

亨按不当读为否。否，闭塞不通也。舍借为捨。"志不舍命"，即志否捨命，谓其志闭塞不得行，则舍弃生命也。③传意：爻辞云"含章，有陨自天"，"含章"者，有正中之德也。文章以正中之德为质，人有正中之德，而后成其文章之美。"有陨自天"者，事昏暴之君，正中之志闭塞不得行，故舍弃生命而陨亡也。《象传》"中正"之说乃以九五之爻位为据。九五居上卦之中位，象人有正中之德。

［原文］ 上九：姤其角，吝，无咎。

［经意］ 姤借为遘，遇也。吝，难也。遇兽之角，为其所触，乃逢艰难，故吝；然仅是遇之，未被触伤（爻辞未言触伤），故无咎。此乃比喻遭恶人之攻击，未受伤害。

［传解］ 与经意同。

［原文］ 《象》曰："姤其角"，上穷"吝"也。

传意：爻辞云"姤其角，吝"，言在上位者遭恶人或敌国之攻击，如遇兽角，陷于穷困，处于艰难也。《象传》此释乃以上九之爻象爻位为据。上九为阳爻，为刚，居一卦之上位，象人处于上位；上九又居一卦之尽头，象人处于穷困之境。

［附考］ ①《彖传》："天地相遇，品物咸章也。"亨按章者，盛也。《吕氏春秋·审时》篇："得时之稼，其臭香，其味甘，其气章。"高注："章，盛也。"又《本生》篇："万物章章。"章章亦众盛之貌。此章有盛义之证。 ②九四："包无鱼，起凶。"包借为庖。起，余初读为圮，毁也，指庖厨毁坏，可通。今按起亦可读为熙。起、熙皆从巳得声，可通用。《淮南子·俶真》篇："鼓腹而熙。"《人间》篇："臣不敢以死为熙。"《说山》篇："则摶矢而熙。"高注并曰："熙，戏也。"然则熙乃玩戏游荡之义。"庖无鱼，熙凶"，言庖中无鱼，家已贫困，而仍玩戏游荡，则凶也。 ③《象传》："有陨自天，志不舍命也。"亨按不当读为否。不、否通用，古书常见。本书《师》初六曰："师出以律，否臧凶。"《音训》引晁氏曰："否，刘、荀、陆、一行作不。"此其例证见于本书者。否即《否》卦之否，闭塞不通也。《论语·雍也》篇："予所否者，天厌之。"（《吕氏春秋·贵因》篇高注引，否作不。）此否字即闭塞不通之义。舍借为捨。舍命即捨生命。"志不舍命"即志否捨命，言其志闭塞不得行，则舍弃生命而死也。

# 《萃》第四十五

䷬(下坤上兑)

[原文]　《萃》:亨,王假有庙。利见大人。亨,利贞,用大牲吉。利有攸往。

[经意]　《萃》,卦名。亨即享字,祭也。有犹于也。贞,占问。筮遇此卦,可举行享祭,王亲至于庙;利于见大人;又可举行享祭,乃有利之占问,享祭用大牲则吉;利于有所往。

[传解]　《萃》,卦名,聚也。上亨字,传亦读为享。下亨字,通也。贞,正也。余与经意同。

[原文]　《彖》曰:《萃》,聚也。顺以说,刚中而应,故聚也。

此释卦名。《序卦》曰:"《萃》者,聚也。"《杂卦》曰:"《萃》,聚。"并与《彖传》同。《萃》之卦象、爻象有萃聚之义,故卦名曰《萃》。《萃》之下卦为坤,上卦为兑。坤,顺也;兑,说(悦)也。然则《萃》之卦象是"顺以说",即其人所行顺乎人心,而他人喜悦之。他人喜悦,则聚于其人之左右,此是《萃》之卦象含有聚义。其次,《萃》之九五为阳爻,为刚,居上卦之中位,是为"刚中"。六二为阴爻,为柔,居下卦之中位。两爻是同位爻。六二之柔应和九五之刚,是为"应"。刚中而应,象君上守正道,臣下以正道应和之。君上守正道,臣下以正道应和,则聚于其人之左右,此是《萃》之爻象含有聚义。要之,君上顺人心而他人喜悦，守正道而他人应和，故聚也。

［原文］ **“王假有庙”，致孝享也。“利见大人亨”，聚以正也。“用大牲吉，利有攸往”，顺天命也。**

此释卦辞。“王”上疑脱“亨”字。[①]郭京本“聚以正也”上有“利贞”二字。是也。[②]传意：卦辞云“亨，王假有庙”，亨，享也。此言王致其孝祖之享祭也。云“利见大人亨，利贞”，亨，通也；贞，正也；此言利见大人而得亨通，因其与大人相聚以正，非以私邪，故利也。云“用大牲吉，利有攸往”，言用大牲以祭天，顺天命以行事，得天之保佑也。

［原文］ **观其所聚，而天地万物之情可见矣。**

此申释卦义。《乾文言》曰：“同声相应，同气相求，水流湿，火就燥，云从龙，风从虎，圣人作而万物覩，本乎天者亲上，本乎地者亲下，则各从其类也。”《系辞》上曰：“方以类聚，物以群分，吉凶生矣。”然则观天地万物之所聚，可以知其同异吉凶之情况矣。

［原文］ **《象》曰：泽上于地，《萃》。君子以除戎器，戒不虞。**

《集解》引虞翻曰：“除，修；戎，兵也。”除戎器即修治兵器。《尔雅·释言》：“虞，度也。”不虞谓不能度料之事，即意外之患。《萃》之上卦为兑，下卦为坤。兑为泽，坤为地。然则《萃》之卦象是泽上于地。泽上于地，是泽水聚汇上涨，横流于地上，形成意外之水灾，是以卦名曰《萃》。按《象传》以泽比民，以泽上于地比庶民聚众起义，暴动于国内，造成意外之患。君子观此卦象及卦名，从而修治兵器，以戒备意外之变乱。故曰:“泽上于地,《萃》。君子以除戎器,戒不虞。”

[原文] 初六:有孚不终,乃乱乃萃若号,一握为笑,勿恤,往无咎。

[经意] 孚,罚也。乱,精神错乱。萃借为瘁,病也。若犹而也。号,哭号。握,汉帛书《周易》作屋,按握借为屋。恤,忧也。爻辞言:某人将受君上之罚,而终未罚之。其人大恐,发疯、得病而哭号,一屋之人皆笑之。然勿忧也,向前往仍无咎。此似一古代故事。

[传解] 孚,信也。萃,聚也。余与经意同。爻辞言:某人有信而不终,中途食言,结果不利,其人乃发疯,乃与家人相聚而哭号(其人哭号,非全家哭号),一屋之人皆笑之。然勿忧也,向前往仍无咎。传亦似认为此是一古代故事。

[原文] 《象》曰:“乃乱乃萃”,其志乱也。

志乱,神志错乱。

[原文] 六二:引吉,无咎,孚乃利用禴。

[经意] 引当作弘,形似而误。殷虚卜辞常云“弘吉”,可证。弘,大也。(闻一多说同)孚,忠信也。禴,祭名,仅用饭菜等,不用大牲,祭之俭约者也。爻辞言:筮遇此爻,大吉无咎。人以忠信对鬼神,乃利于举行禴祭。(郭沫若说:“孚恐即俘字。古金文俘字均作孚。”然则“孚乃利用禴”,谓有俘虏以为人牲,则利于禴祭。)

［传解］ 与经意同。

［原文］ 《象》曰："引吉无咎"，中未变也。

引亦弘字之误。中，正也。传意：爻辞云"弘吉无咎"，因其人之行为正直，坚持而未改变也。《象传》此释乃以六二之爻位为据。六二居下卦之中位，象人守正直之道。

［原文］ 六三：萃如嗟如，无攸利，往无咎，小吝。

［经意］ 萃借为瘁，病也。嗟，叹也。吝，难也。爻辞言：人有病而叹息，是无所利，但向前往仍无咎，仅有小小之艰难。

［传解］ 萃，聚也。"萃如嗟如"，谓人相聚叹息。余与经意同。

［原文］ 《象》曰："往无咎"，上巽也。

上读为尚。（参见《小畜》卦）巽，伏从也。传意：爻辞云"往无咎"，以其重尚伏从君上也。《象传》此释乃以六三及九四之爻象爻位为据。六三为阴爻，九四为阳爻。六三居九四之下，象臣民伏服君上。

［原文］ 九四：大吉无咎。

［经意］ 筮遇此爻，大吉无咎。

［传解］ 与经意同。

［原文］ 《象》曰："大吉无咎"，位不当也。

传意：爻辞云"大吉无咎"，言其事本大吉，而结果仅无咎，乃因其人所处之地位不适当，如才德小而职位高，环境对己不利等是也。《象传》此释乃以九四之爻象爻位为据。九四为阳爻，居阴位（第四爻为阴位），是为位不当，象人处于不适当之地位。

［原文］ 九五：萃有位，无咎。匪孚，元。永贞悔亡。

［经意］ 萃借为瘁，病也。有犹于也。匪读为非，不也。孚，罚也。元，大也。"元"下当有"吉"字，转写误脱。贞，占问。永贞，占问长期之吉凶。爻辞言：劳瘁于其职位，自无咎。治民不用刑罚，则大吉。如此，占问长期之吉凶，则悔亡。

［传解］ 萃，聚也。匪读为棐。《说文》："棐，辅也。"③孚，信也。传所据本"元"下当有"吉"字。元亦大也。贞，正也。爻辞言：群臣百官萃聚于其职位，分工合作，则无咎。相辅相信，则大吉。永远贞正，则悔亡。

［原文］ 《象》曰："萃有位"，志未光也。

传意：爻辞云"萃有位，无咎"，群臣百官萃聚于其职位，未至于吉利，而仅无咎者，因其志尚未光明也。

［原文］ 上六：赍咨涕洟，无咎。

［经意］ 赍，持也。咨，《集解》本作资。按咨借为资，财也。涕洟，涕即眼泪，洟即鼻涕，此处均用为动词，谓流眼泪，出鼻涕。爻

辞言：贵族失位，携持货财，哭泣而奔它方，诚为不吉之象，然尚有货财，可过安闲生活，故无咎。（又一解：赍资涕洟是吊丧之象，往吊他人之丧事，必持财物以赠之，哭泣以表示哀悼。吊丧凶在他人，不在自家，故无咎。）

［传解］　与经意同。

［原文］　《象》曰："赍咨涕洟"，未安上也。

传意：爻辞云"赍咨涕洟"，言贵族大官被迫被逐，不安于上位，故持货财，哭泣而远行也。《象传》此释乃以上六之爻位为据。上六居一卦之上位，又居一卦之尽头，象人处于上位，又处于穷困之境。

［附考］　① 卦辞："亨，王假有庙。"《彖传》："王假有庙，致孝享也。"《释文》："亨，王肃本同，马、郑、陆、虞等并无此字。"《集解》本亦无亨字。亨按经文当有亨字，亨即享字，祭也。"亨王假有庙"，谓举行享祭，王亲至祖庙也。"王假有庙"乃承"亨"字而言，则经文当有亨字，明矣。传文"王假有庙"上亦当有"亨"字，盖转写误脱。此亨字传亦读为享（《易传》有此例）。其文曰："致孝享也。"正以享释经文之亨。《彖传》重举经文，例不省字（与《象传》不同），则传文亦当有亨字，明矣。　② 卦辞："利见大人，亨，利贞。"《彖传》："利见大人亨，聚以正也。"《集解》本"聚以正也"下有"利贞"二字。郭京本"聚以正也"上有"利贞"二字。王引之曰："《集解》引虞翻释彖辞（王称卦辞为彖辞，下同）曰：'……故利见大人亨利贞，聚以正也。'虞氏释彖辞，多并举传文：如释《蒙》彖辞'童蒙求我'曰：'故童蒙求我，志应也。'释《大畜》彖辞'利涉大川'曰：'故利涉大川，应乎天也。'释《坎》彖辞'行有尚'曰：'故行有尚，往有功也。'此类非一。然则释此卦彖辞而云'故利见大人亨利贞，聚以正也。'即是《彖传》之文。盖所见本'聚以正也'上有'利贞'二字也。贞训为正，故曰：'利贞，聚以正也。'犹《大壮彖传》曰：'大壮利贞，大者正也。'《既济

象传》曰：'利贞，则刚柔正而位当也。'虞本为长。……《集解》'利贞'在'聚以正也'之下，亦失其次。岂有先释其义，后举其辞者乎。盖写者错乱耳。"按王说是也。传文"利见大人亨利贞"，乃重举经文，"聚以正也"，乃释经文。《彖传》重举经文，例不省字，则"聚以正也"上当有"利贞"二字，明矣。郭本可从。　③ 九五："匪孚元。""元"下当有"吉"字。依传例，孚当训信，则匪当读为棐。匪棐皆从非声，古通用。《孟子·滕文公》下："篚厥玄黄。"孙奭《音义》篚作匪。《书·禹贡》："厥篚织文。"《汉书·地理志》引篚作棐。即其证。《说文》："棐，辅也。"《尔雅·释诂》："棐，俌也。"俌与辅同。匪孚即棐孚，谓相辅助，相信任也。

# 《升》第四十六

䷭(下巽上坤)

[原文] 《升》:元亨。用见大人,勿恤。南征吉。

[经意] 《升》,卦名。元,大也。亨即享字,祭也。《释文》:"用见,本或作利见。"汉帛书《周易》亦作利见。当据改。恤,忧也。筮遇此卦,可举行大享之祭;利于见大人,不必忧虑,将有益处;南征吉。

[传解] 《升》,卦名,上升也。元,大也。亨,美也。言人有元大、亨美之德,则利见大人,勿忧,南征吉。

[原文] 《彖》曰:柔以时升,巽而顺,刚中而应,是以大"亨"。

《彖》今本作《象》。《校勘记》曰:"石经、岳本、宋本、闽、监本、古本、足利本,《象》作《彖》。按《象》字误也。"《集解》本亦作《彖》。今据改。此释卦名及卦辞之"元亨"。本卦名《升》而卦辞云"元亨"者,《升》,上升也。元,大也。亨,美也。升之初爻为阴,为柔,四、五、上三爻亦为阴爻,为柔。柔由初爻上升至四爻,至五爻,至上爻。然则《升》之爻象是"柔以时升",象臣吏之地位以时上升,是以卦名曰《升》。其次,《升》之内卦为巽,外卦为坤。巽,巽也,谦逊也;坤,顺也。然则《升》之卦象是"巽而顺",谓人谦逊而又柔顺也。再次,《升》之九二为阳爻,为刚,居下卦之中位,是为"刚中"。六五为阴爻,为柔,居上卦之中位。两同位爻刚柔相应,是为“应”即柔应刚。然则《升》之爻象又是“刚中而应”,象君守正中之道,臣应和之也。综之,《升》之卦爻象乃是臣之地位上升,谦逊而柔顺,君守正道,臣应和之,则其事业元大而亨美,是以卦辞曰“元亨”。

[原文] “用见大人勿恤”,有庆也。“南征吉”,志行也。

此继释卦辞。用见亦当作利见。有庆,有喜庆之事。志行,目的得达。

[原文] 《象》曰:地中生木,《升》。君子以顺德,积小以高大。

顺,遵循也。《释文》:“以高大,本或作以成高大。”《集解》本亦有成字。按有成字文意较顺,但无成字亦通。《升》之外卦为坤,内卦为巽。坤为地,巽为木。然则《升》之卦象是“地中生木”。地中生木,由矮而高,由小而大,是逐渐升长之过程,是以卦名曰《升》。君子观此卦象及卦名,认为人之美德正如木之逐渐升长,从而遵循美德,积微小,上升至高大。故曰:“地中有木,《升》。君子以顺德,积小以高大。”

[原文] 初六:允升,大吉。

[经意] 允,进也。进而上升,自是大吉。(于省吾曰:“允者,信然之辞。甲骨卜辞与事实相符每言允。《殷虚书契精华》二页:‘王固曰:其㞢(有)来嬉(艰),三至九日辛卯,允㞢来嬉。’《殷虚书契前编》卷六五十五页:‘翌癸亥其雨,癸亥允雨。’此例

习见。然则允升者,信乎其升也。”)

[传解] 与经意同。

[原文] 《象》曰:“允升大吉”,上合志也。

上读为尚。(说见《小畜》卦)合志,符合志愿。

[原文] 九二:孚乃利用禴,无咎。

[经意] 孚,忠信也。禴,祭名,仅用饭菜等,不用大牲,祭之俭约者也。人以忠信对鬼神,乃利于举行禴祭,可无咎。(郭沫若说:“孚恐即俘字。古金文俘字均作孚。”然则“孚乃利用禴”,谓有俘虏以为人牲,则利于禴祭。)

[传解] 与经意同。

[原文] 《象》曰:“九二”之“孚”,有喜也。

传意:爻辞云“孚乃利用禴”,言人以忠信对鬼神,得鬼神之保佑,从而有喜庆之事也。

[原文] 九三:升虚邑。

[经意] 虚,大丘也。虚邑,邑在大丘之上者也。升于虚邑,当是吉利之象。

[传解] 与经意同。

［原文］ 《象》曰：“升虚邑”，无所疑也。

传意：爻辞云“升虚邑”，言其能高瞻远瞩，周围环境，一览无余，所见甚明，无所疑惑也。此喻人立在高处观察问题，则认识明确。

［原文］ 六四：王用亨于岐山，吉，无咎。

［经意］ 王，周王。亨即享字，祭也。岐山，西周境内之山名，在今陕西岐山县东北。筮遇此爻，王以享祭岐山之神，吉而无咎。

［传解］ 与经意同。（此亨字传亦读为享）

［原文］ 《象》曰：“王用亨于岐山”，顺事也。

顺借为慎。事，祭事也。（古书常见）传意：爻辞云：“王用亨于岐山，吉无咎”，言王能敬慎于祭事，故享祭岐山，得神之保佑，吉而无咎也。

［原文］ 六五：贞吉，升阶。

［经意］ 贞，占问。占得此爻，则吉，其人之地位或事业如升阶之步步上进。

［传解］ 贞，正也。人之志行正，则吉。“升阶”义与经意同。

［原文］ 《象》曰：“贞吉升阶”，大得志也。

［原文］ 上六：冥升，利于不息之贞。

[经意] 冥，夜也。息，休止也。贞，占问。人在夜间，仍进行学习，进行工作，力求上升，自是有利。其利在于前进而不休止。故占得此爻，利于前进不息。

[传解] 贞，正也。“利于不息之贞”，谓其利在其所努力不息者是正道。（若非正道，冥夜以钻研异端之学，进行邪僻之事，则不但不利，而且凶矣。）余与经意同。

[原文] 《象》曰：“冥升”在上，消不富也。

亨按富字义可通，但不确切。疑富当借为福。① 传意：爻辞云“冥升，利于不息之贞”，言在上位者冥夜不息，以求上升，其所努力者是正道，则可消灭不福而得福也。《象传》在上之说乃以上六之爻位为据。上六居一卦之上位，象人处于上位。

[附考] ①《象传》：“冥升在上，消不富也。”亨按富当借为福。福、富古通用。《谦象传》曰：“鬼神害盈而福谦。”《释文》：“福，京本作富。”即本书福富通用之证。

# 周易大传今注卷四

## 《困》第四十七

䷮(下坎上兑)

[原文] 《困》:亨。贞大人吉,无咎。有言不信。

[经意] 《困》,卦名。亨即享字,祭也。贞,占问。大人,贵族之通称。筮遇此卦,可举行享祭;大人有所占问,吉而无咎;他人有言,其言不诚信。

[传解] 《困》,卦名,窘也,穷也。亨,美也。贞,正也。大人,才德高之人。有言不信,我有言他人不相信。卦辞言:人处于困境,而有美德,志行正,则大人吉而无咎;勿多言,有言他人不相信。

[原文] 《彖》曰:《困》,刚揜也。险以说,困而不失其所,"亨",其唯君子乎。

此释卦名及卦辞之"亨"。《释文》:"揜,本作掩,虞作弇。"《集解》本亦作弇。揜、弇、掩古通用。《说文》:"弇,盖也。掩,覆也。"今揜盖之揜均用掩字。刚掩,刚被柔所掩盖也。《困》之下卦为坎,上卦为兑。坎为阳卦,为刚;兑为阴卦,为柔。然则《困》之卦象是刚伏于下,柔覆于上,刚被柔所掩盖。此象有才德之君子被无才德之小人所掩盖,处于困窘之境,是以卦名曰《困》。其次,坎,险也;兑,说(悦)也。

然则《困》之卦象又是险以悦，即人在危险之中，而对人和悦。人处于困窘之境，在危险之中，能对人和悦，虽困而不失其所，是为美德，是以卦辞曰"亨"。然能如此者，其唯君子乎。

［原文］ **"贞大人吉"，以刚中也。"有言不信"，尚口乃穷也。**

此继释卦辞。卦辞云"贞大人吉"者，言志行正，大人乃吉也。《困》之九二为阳爻，为刚，居下卦之中位，九五为阳爻，为刚，居上卦之中位，是为刚中。大人为刚，然则《困》之爻象是大人得正中之道也。云"有言不信"者，言其人有言而他人不相信，以其尚口谈，自致穷困也。《困》之上卦为兑，下卦为坎。兑为口，坎为水。然则《困》之卦象是口谈如流水，即所谓"口若悬河"也。

［原文］ **《象》曰：泽无水，《困》。君子以致命遂志。**

致命犹授命也。《论语·子张》篇："士见危致命。"《宪问》篇："见危授命。"是其证。致命、授命即舍弃生命之意。《广雅·释诂》："遂，行也。"遂志即行其志愿。《困》之上卦为兑，下卦为坎。兑为泽，坎为水。然则《困》之卦象是水在泽下，即水渗入泽底之地下，泽中无水。泽中无水，则泽中之水草枯，鱼类死，水草鱼类处于困境，是以卦名曰《困》。君子观此卦象及卦名，当处穷困之时，有处穷困之道，其身愈困，其志愈坚，临难不苟免，见危不曲全，从而舍弃生命以行其志愿。故曰："泽无水，《困》。君子以致命遂志。"

［原文］ **初六：臀困于株木，入于幽谷，三岁不觌。**

［经意］ 株木，木棍也，指官吏所用之刑杖。幽，暗也。幽谷指牢狱，牢狱黑暗如幽谷。觌，见也。觌下，汉帛书《周易》有凶字，当据补。爻辞言：其人之臀部受刑杖而困于株木，又被囚而入于牢狱，三年不见其人，是凶矣。

［传解］ 与经意同。

［原文］ 《象》曰："入于幽谷"，幽不明也。

［原文］ 九二：困于酒食，朱绂方来，利用享祀。征凶。无咎。

［经意］ "困于酒食"，饮酒过量，食过饱，以致病困也。朱，丹红色。绂，今称蔽膝，缝在长衣之膝前以为饰。周代天子朱绂，诸侯及王朝之公卿亦朱绂，由天子命之。"困于酒食，朱绂方来"，言其人为酒食所困，由于天子方赐以朱绂，设宴庆贺，大乐而醉饱过分。此是吉象。又筮遇此爻，利于举行享祭，但出兵征伐则凶。"无咎"二字疑是衍文。

［传解］ 与经意同。

［原文］ 《象》曰："困于酒食"，中有庆也。

中，正也。传意：爻辞云"困于酒食"，困其人志行正，受天子朱绂之赐，有喜庆之事也。《象传》此释乃以九二之爻位为据。九二居下卦之中位，象人守正中之道。

[原文] 六三：困于石，据于蒺藜，入于其宫，不见其妻，凶。

[经意] “困于石”，行路被石绊倒也。蒺藜，木名，有刺。“据于蒺藜”，手抓在蒺藜之上也。宫，室也。爻辞言：人粗心大意，遇小阻难而跌倒，而攀附险恶之小人，正如行路而绊于石，手抓在蒺藜之上，则其妻将被人骗劫，入于其室，不见其妻，是凶矣。

[传解] 与经意同。

[原文] 《象》曰：“据于蒺藜”，乘刚也。“入于其宫，不见其妻”，不祥也。

乘刚，柔乘刚，乘谓攀附也。传意：爻辞云“据于蒺藜”，人之手为柔物，蒺藜为有刺之刚物，手攀附蒺藜，则被其所伤，以喻弱者攀附豪强险恶之人，则被其所伤也。云“入于其宫，不见其妻”，言其攀附之结果是不吉祥也（以不祥释经文凶字）。《象传》此释乃以六三及九二之爻象爻位为据。六三为阴爻，为柔；九二为阳爻，为刚。六三居九二之上，是为柔乘刚，象柔物攀附刚物，弱者攀附强者。（《系辞》下：“《易》曰：‘困于石，据于蒺藜，入于其宫，不见其妻，凶。’子曰：‘非所困而困焉，名必辱，非所据而据焉，身必危。既辱且危，死期将至，妻其可得见耶。’”）

[原文] 九四：来徐徐，困于金车，吝，有终。

[经意] 徐徐，迟缓也。金车，以黄铜镶其车辕衡等处，车之华贵

者。此金车象征乘金车之贵人。“困于金车”，谓受贵人之困阻。吝，难也。终，古语谓好结果为终。（说见《比》卦）爻辞言：其人之来也迟缓，因受贵人之困阻，遭遇吝难，但尚有好结果。

［传解］ 与经意同。

［原文］ 《象》曰：“来徐徐”，志在下也。虽不当位，有与也。

下，卑下之地位。与，助也。（说见《贲》卦）传意：爻辞云“来徐徐，困于金车，吝，有终”，言其人来则徐徐，不求速进，志在做小官，居下位也。虽受乘金车之贵人之迫害，遭遇吝难，未得适当之地位，然因其谦卑，有人助之，故有好结果也。《象传》“志在下”之说，乃以九四及九五之爻象爻位为据。九四及九五皆为阳爻，为刚。九四居九五之下，象小官甘居大官之下。《象传》“不当位”之说乃以九四之爻象爻位为据。九四为阳爻，居阴位（第四爻为阴位），是为不当位，象人处于不适当之地位。

［原文］ 九五：劓刖，困于赤绂，乃徐有说，利用祭祀。

［经意］ 《释文》：“劓刖，荀、王肃本作臲𫲾，云‘不安貌’。陆同。”按臲𫲾当作𩨗𫲾，字有误。𩨗𫲾，危而不安也（字皆从危）。劓刖乃借为𩨗𫲾耳。赤绂，赤色之蔽膝，大夫所服，此赤绂象征服赤绂之大夫。“困于赤绂”，谓受大夫之困迫。说读为脱。爻辞言：其人处于危险之境，乃因受大夫之困迫，但可徐徐脱离危险，举行祭祀，以祈鬼神保佑，则利。

［传解］ 与经意同。

［原文］ 《象》曰："劓刖"，志未得也。"乃徐有说"，以中直也。"利用祭祀"，受福也。

王引之曰："直者，正也。"（说见《同人》卦）传意：爻辞云"劓刖"，言其人不得志，尚处于危险之境也。云"乃徐有说"，因其人正直，故徐徐脱离危险也。云"利用祭祀"，言祭祀则得鬼神保佑而受福也。《象传》"中直"之说乃以九五之爻位为据。九五居上卦之中位，象人守正中之道。

［原文］ 上六：困于葛藟，于臲卼，曰动悔有悔，征吉。

［经意］ 以六三爻辞例之，此文当作"困于葛藟，据于臲卼"，脱一据字。葛藟，葛蔓也。臲卼，《说文》引作槷黜，是本字，小木橛也。曰，发语词。有读为又。爻辞言：人行路被葛蔓绊倒，手抓在小木橛之上，此犹人受挫折于小阻难，依附于渺小人物，则其动悔而又悔矣。但出兵征伐，仅遇到似葛蔓之小小阻难，甚易铲除，故吉。（或曰："下于字衍。臲卼，不安也。"或曰："下于字犹以也。臲卼，不安也。"）

［传解］ 与经意同。但谓悔而知戒，故征吉。

［原文］ 《象》曰："困于葛藟"，未当也。"动悔有悔"，"吉"行也。

孔颖达曰:“吉行者,知悔而征,行必获吉也。”传意:爻辞云“困于葛藟……”,言葛蔓微物,人不当被彼所困,而竟被困也。云“曰动悔有悔,征吉”,言其悔迭至,则惩小戒大,惩前毖后,其征伐之行乃吉也。综合言之,人以轻忽小事,故困于小小障碍,招来屡次之悔;又以招悔而加强警惕,故取得大事之胜利。

# 《井》第四十八

䷯(下巽上坎)

[原文] 《井》:改邑不改井,无丧无得。往来井,井汔至,亦未繘井,羸其瓶,凶。

[经意] 《井》,卦名。邑,古称小村小镇亦曰邑,《论语·公冶长》篇“十室之邑”即其例。汔,水竭。至借为窒,塞也。繘借为矞,穿也。羸借为儡,毁也。卦辞言:改建其邑,不改造其井,无失无得。若众人往来井上以汲水,井水已竭,为泥所塞,不穿其井,而毁其瓶,则无汲水之处,又无汲水之器,是凶矣。

[传解] 《井》,卦名,汲水之井也。解卦辞与经意同。

[原文] 《象》曰:巽乎水而上水,《井》。井养而不穷也。

此释卦名。亨按巽上当有木字,转写脱去。① 巽,入也。井之下卦为巽,上卦为坎。巽为木,又为入;坎为水。然则《井》之卦象是木入于水,使水上升,即以木瓶(古谓之瓮,今谓之罐,或用木条编成,或用木板制成)投入井中,汲水上升,是以卦名曰《井》。故曰:“木巽乎水而上水,《井》。”井水所以养人,众人汲之而水不尽,故曰:“井养而不穷也。”

[原文] “改邑不改井”,乃以刚中也。“往来井,井汔至,亦未繘井”,未有功也。“羸其瓶”,是以凶也。

此释卦辞。王弼本无“往来井井”四字,《集解》本有,是也,今据补。刚中,井中之四壁坚刚也(井壁多用石或砖砌成)。卦辞云“改邑不改井”者,乃以井中之四壁坚刚尚未损坏也。云“往来井,井汔至,亦未繘井”者(旧读“往来井井”为一句,误),言井已水竭而泥塞,而不穿之,则对人未有功用也。云“羸其瓶,凶”者,言毁其瓶,则又无汲水之具,将无水可供饮食,是以凶也。《象传》“刚中”之说乃以《井》卦之爻象爻位为据。《井》之九二为阳爻,为刚,居下卦之中位,九五亦为阳爻,为刚,居上卦之中位,是为刚中,象井中之四壁坚刚。

[原文] 《象》曰:木上有水,《井》。君子以劳民劝相。

王弼曰:“相犹助也。”《集解》引虞翻曰:“相,助也。”《井》之下卦为巽,上卦为坎。巽为木,坎为水。然则井之卦象是木上有水。以木瓶入井汲水,亦是木上有水。是以卦名曰《井》。造井必须民众共同劳动,协作互助,始能同享井之利益。君子观此卦象及卦名,从而在劳民之时,劝民互助。故曰:“木上有水,《井》。君子以劳民劝相。”

[原文] 初六:井泥不食。旧井无禽。

[经意] 旧井之井,谓捕兽之陷井,陷井它书多作陷阱,古无阱字,只作井。禽,兽也。爻辞言:汲水之井有泥,则其水不可食;捕兽之井破旧,则不可得兽。此盖以不可用之两种井比喻不可用之人。

[传解] 与经意同。

[原文] 《象》曰："井泥不食"，下也。"旧井无禽"，时舍也。

舍借为捨。传意：爻辞云"井泥不食"，乃因井之位置低下，井外之泥得入井中也。云"旧井无禽"，言其时已舍弃而不用也。《象传》"下也"之说乃以初六之爻位为据。初六居一卦之下位，象井之位置低下。

[原文] 九二：井谷射鲋，瓮敝漏。

[经意] 井谷犹井口也。山口出水谓之谷，故井口谓之井谷。鲋，小鱼名。瓮，汲水瓶。敝，破也。爻辞言：从井口以弓矢射井中之小鲋鱼，不能中鱼，反而穿其瓮，瓮以破漏矣。此比喻人行事所用之手段不适合客观条件，以致失败。

[传解] 与经意同。

[原文] 《象》曰："井谷射鲋"，无与也。

无与犹无益也。与可训助（说见《贲》卦），助可训益。《论语·先进》篇："回也非助我者也。"《集解》引孔曰："助犹益也。"然则与可训益矣。

[原文] 九三：井渫不食，为我心恻。可用汲，王明并受其福。

[经意] 渫，水清洁也。恻，悲也。用，以也。并，俱也。爻辞作者言：井水清洁而人不食，犹贤人有清德美才而国王不用，此乃我心悲痛之事。井水可以汲，犹贤人可以用，国王明察，能知

贤而用贤，则王与臣民俱受其福矣。

[传解] 与经意同。

[原文] 《象》曰："井渫不食"，行"恻"也。求"王明"，"受福"也。

行恻，其行可悲也。

[原文] 六四：井甃，无咎。

[经意] 甃，以砖或石砌井壁也。井甃则水长清，人食之无害，故无咎。

[传解] 与经意同。

[原文] 《象》曰："井甃无咎"，脩井也。

《集解》本脩作修。按脩借为修。

[原文] 九五：井洌寒泉，食。

[经意] 洌，清也。此言因泉造井，井水清，泉水寒，则食之。此比喻贤人有清德美才则用之。

[原文] 《象》曰："寒泉"之"食"，中正也。

传意：爻辞云"井洌寒泉，食"，比喻贤人有正中之德则用之也。《象传》此释乃以九五之爻位为据。九五居上卦之中位，象人有正中之德。

[原文] 上六：井收勿幕，有孚元吉。

[经意] 收，汲水毕，收其井绳与瓶也。勿犹不也。幕，盖也。孚，罚也。元，大也。爻辞言：有人汲水，既收其瓶与绳，而不盖其井，罚之乃大吉。按盖其井所以预防雨水及秽物之浸入，避免儿童坠入井中，至关重要。

[传解] 孚，信也。其余字义与经意同。爻辞言：富贵之家有井，汲水毕，收其绳与瓶，而不盖其井，以便他人汲水，存此利人之心，则得人之信任，乃大吉。按古代奴隶主与地主剥削人民之劳力，特造专用之井，井收则盖之，不许人民使用，《易传》乃针对此种事实以解经。

[原文] 《象》曰："元吉"在"上"，大成也。

在上谓人在上位。传意：爻辞言"井收勿幕，有孚元吉"，言在上位之贵族大官能不盖其井，以利他人，可得人之信任，则有所作为，将大有成就，故大吉也。《象传》"在上"之说乃以上六之爻位为据。上六居一卦之上位，象人处于上位。

[附考] ①《彖传》："巽乎水而上水，《井》。"亨按巽上当有木字，转写脱去。木巽乎水而上水，谓木瓶入于水而上水，若无木字，则句意不完备矣。《井》之下卦为巽，上卦为坎。巽为木，坎为水。故《彖传》释之曰："木巽乎水而上水，《井》。"若无木字，仅有水字，则释卦象有遗漏矣。孔疏曰："此卦坎为水在上，巽为木在下，又巽为入。以木入于水而又上水，井之象也。"然则孔氏所据本似有木字。

# 《革》第四十九

䷰(下离上兑)

[原文] 《革》:巳日乃孚,元亨。利贞。悔亡。

[经意] 《革》,卦名。巳借为祀。孚,罚也。古人行罚在社,并祭社神。元,大也。亨即享字,祭也。贞,占问。卦辞言:祭社之日乃行罚;又筮遇此卦,可举行大享之祭;乃有利之占问,其悔可亡。(或曰:"孚,古俘字。'巳日乃孚,元亨',谓祭祀之日捉得俘虏,可用为人牲,举行大享之祭。")

[传解] 《革》,卦名,改也。孚,信也。元,大也。亨,美也。利,利人也。贞,正也。卦辞言:王侯大夫能改革其过,在祭祀之日乃以忠信对鬼神,真有美行善政以告鬼神,而非谎言欺骗,是其人有元大、亨美、利人、贞正之德,其悔可亡矣。

[原文] 《彖》曰:《革》,水火相息,二女同居,其志不相得曰《革》。

此释卦名。《杂卦》曰:"《革》,去故也。"《释文》引马、郑云:"《革》,改也。"又引马云:"息,灭也。"《革》之上卦为兑,下卦为离。兑为泽,泽有水;离为火。然则《革》之卦象是水在火上。水在火上,水势大于火势,则水灭火;火势大于水势,则火灭水。是水火相灭,必改变原物之形状矣。其次,兑为长女,离为中女。然则《革》之卦象又是二女同居,即二女同嫁一夫,同居一室。二女同居,则相妒相争,其志不相得,势必改变同居之情况矣。《革》卦有此二象，是以卦名曰《革》。

［原文］ **“巳日乃孚”，革而信之。文明以说，大“亨”以正。革而当，其“悔”乃“亡”。**

此释卦辞。《革》卦辞云“巳日乃孚”者，孚，信也。此言王侯大夫在祭祀之日，即已改革其丑行恶政，能以忠信对鬼神。故曰：“巳日乃孚，革而信之。”盖周代王侯大夫祭祀鬼神之时，由祝史之官以其美行善政告于鬼神，以祈祷鬼神赏之以福，不罚之以祸，其无美行善政而有丑行恶政者。则由祝史编造谎言，以告鬼神。[1]《彖传》所谓“革而信之”，即针对此种事实而言也。卦辞云“元亨利贞”者，元，大也。亨，美也。利，利人也。贞，正也。《革》之下卦为离，上卦为兑。离为文明；兑，说（悦）也。然则《革》之卦象是人有文明之政教，而人喜悦之。王侯大夫如此，则其德元大、亨美、贞正而能利人矣。故曰：“文明以说，大亨以正。”卦辞云“悔亡”者，因其改革得当也。故曰：“革而当，其悔乃亡。”

［原文］ **天地革而四时成。汤武革命，顺乎天而应乎人。《革》之时，大矣哉。**

此申释卦义。改革乃自然界与社会之普遍规律，但必适应时之需要。天地应时而革，所以四时成。汤武应时而革桀纣之命，所以顺天应人。革之应时，乃能成其大也。

［原文］ **《象》曰：泽中有火，《革》。君子以治厤明时。**

《集解》本厤作历。按厤借为历，即后起之曆字。《革》之外卦为兑，内卦为离。兑为泽，离为火。然则《革》之卦象是泽中有火。泽中有火，乃泽水已枯，火焚泽内之草木，此是泽之大变革,是以卦名曰《革》。(与《睽》卦之泽上有火不同)泽由有水至无水,其变革由于时间。推之,万物生长盛壮衰亡,其变革亦由于时间。天地四时之变革则直接支配万物运动与人类生活之变革。君子观此卦象及卦名,从而修治历法,以明确时令,以便人能掌握时令变革之法则,适应时令以安排生产与生活。故曰:"泽中有火,《革》。君子以治厤明时。"(《大戴礼·夏小正》篇、《礼记·月令》、《逸周书·周月》篇、《时训》篇,皆先秦治厤明时之书。)

[原文] 初九:巩用黄牛之革。

[经意] 巩,束而缚之也。革,兽皮去毛曰革。黄牛之革,谓用革制成之绳。此盖言贵族拘系俘虏,或官吏拘系犯人,缚之用黄牛之革绳。

[传解] 与经意同。

[原文] 《象》曰:"巩用黄牛",不可以有为也。

传意:爻辞云"巩用黄牛之革",以牛革之绳缚俘虏或犯人,则其人不可以有所作为,不能反抗,亦不能逃脱也。

[原文] 六二:巳日乃革之,征吉,无咎。

[经意] 巳借为祀。革,改也。古人祭祀,皆先占筮日期,改期则另占筮。筮遇此爻,祭祀之日乃改之,征伐则吉而无咎。

[传解] 与经意同。

[原文]　《象》曰："巳日革之"，行有嘉也。

嘉，喜庆也。行有庆谓征伐胜利，有喜庆。

[原文]　九三：征凶。贞厉。革言三就有孚。

[经意]　贞，占问。厉，危也。革言，有罪更改供辞。就借为鞫，审问也。孚，罚也。筮遇此爻，征伐则凶，所占问之事危险。有罪者更改供辞，三次审问，而后行罚。

[传解]　贞，正也。孚，信也，诚也。余与经意同。爻辞言：征伐则凶。其征伐虽是正义，亦有危险。有罪者更改供辞，三次审问，则其言诚而有信。

[原文]　《象》曰："革言三就"，又何之矣。

之，往也。传言：爻辞云"革言三就有孚"，言有罪者更改供辞，经过三次审问，则案情大明，其人虽欲逃避其罪，又何所往哉，只能供其真情而有信矣。

[原文]　九四：悔亡。有孚改命吉。

[经意]　孚，罚也。筮遇此爻，其悔可亡；下令罚其臣民，更改前令而不罚，则吉。

[传解]　孚，信也。爻辞言：其悔可亡；君素日有信于臣民，所下命令有所更改，臣民仍相信其君，故吉。

[原文] 《象》曰:“改命”之“吉”,信志也。

亨按志当作之。(说见《遯》卦)信之,谓臣民相信其君也。

[原文] 九五:大人虎变,未占有孚。

[经意] 大人,贵族之通称。变借为辩,斑文也。孚,罚也。爻辞言:大人服花彩之衣,如虎之斑文,威猛残暴,动辄用刑,故人筮遇此爻,在未占之时,大人已有罚加于其身矣。

[传解] 孚,信也。余与经意同。此言大人之文章如虎之斑文,显明外著,人未占问,已知其有信于臣民。(传不认为虎变喻大人之威猛残暴)

[原文] 《象》曰:“大人虎变”,其文炳也。

《说文》:“炳,明也。”《广雅·释训》:“炳炳,明也。”传意:爻辞云“大人虎变”,言大人之文章如虎之斑文,炳然显明也。

[原文] 上六:君子豹变,小人革面,征凶,居贞吉。

[经意] 君子,贵族与士之通称(包括大小官员)。变亦借为辨,斑文也。小人,庶民之通称。革,皮革。革面,面厚如革,喻其不知耻也。贞,占问。爻辞言:君子服花彩之衣,如豹之斑文,威猛残暴,以刑临民,则庶民面厚如革,畏刑而不知耻。如此,出兵征伐,则民不用命,必致大败,是凶矣。但安居不动,尚能平静无事,故以安居之事占问,则吉。

[传解] 革，改也。革面，改变面貌，去恶从善也。贞，正也。爻辞言：君子之文章如豹之斑文，清朗外著，则庶民改变面貌，其国治矣。但征伐则凶，以其非正义也；居于正义则吉。（传不认为豹变喻君子之威猛残暴）

[原文] 《象》曰："君子豹变"，其文蔚也。"小人革面"，顺以从君也。

蔚借为斐。《说文》："斐，分别文也，从文，非声。"引《易》此二句正作斐。斐者，文章清朗分明也。传意：爻辞云"君子豹变"，言君子之文章如豹之斑文，斐然清朗也。云"小人革面"，言庶民改其犯上违法之旧面貌，顺以从其君也。

[附考] ①《彖传》："巳（祀）日乃孚，革而信之。"传乃以信释孚。信之，谓祭祀时以信对鬼神也。周代王侯大夫祭祀时，由祝史之官以其君之行事施政告于鬼神，进行祈祷。其行美政善，祝史据实以告，是为忠信于鬼神。其行丑政恶，祝史则谎言以告，是为欺骗鬼神。古人认为忠信则得福，欺骗则得祸。《左传》昭公二十年记晏婴对齐景公之言曰："若有德之君，外内不废，上下无怨，动无违事。其祝史荐信，无愧心矣。是以鬼神用飨，国受其福，祝史与焉。……其言忠信于鬼神。其适遇淫君，外内颇邪，上下怨疾，动作辟违，从欲厌私，高台深池，撞钟舞女，斩刈民力，输掠其聚，以成其违，不恤后人，暴虐淫从，肆行非度，无所还忌，不思谤讟，不惮鬼神，神怒民痛，无悛于心。其祝史荐信，是言罪也。其盖失数美，是矫诬也。进退无辞，则虚以求媚。是以鬼神不飨，其国以祸之，祝史与焉。……其言僭嫚于鬼神。"（荐信，谓以实情进告鬼神。）即其证。然则祀神有信，足以说明其君之行美而政善矣。

# 《鼎》第五十

䷱(下巽上离)

[原文] 《鼎》:元吉。亨。

[经意] 《鼎》,卦名。元,大也。亨即享字,祭也。筮遇此卦,大吉,可举行享祭。

[传解] 《鼎》,卦名,烹饪之器也。元,大也。亨,通也。

[原文] 《彖》曰:《鼎》象也,以木巽火,亨饪也。圣人亨以享上帝,而大亨以养圣贤。

此释卦名。《鼎》象,《鼎》卦之象。巽,入也。此文三亨字,《释文》云:"亨,本又作亯,同普庚反,煮也。"(普庚反即烹字之音)按亨、享、亯本一字。亨为煮物之义。《诗·七月》:"七月亨葵及菽。"《瓠叶》:"幡幡瓠叶,采之亨之。"是其例。此文三亨字亦是煮义。后造字作烹,读音若膨,非古也。亨又为祭祀之义,字或作享,此文"以享上帝"之享即祭义也。《释文》又曰:"饪,熟也。"《鼎》之内卦为巽,外卦为离。巽为木,离为火。然则《鼎》之卦象是木在火内,即以木入火。以木入火乃烹饪食物,而鼎是烹饪食物之器,是以卦名曰《鼎》。故传释之曰:"《鼎》象也,以木巽火,亨饪也。"用鼎烹饪食物,不仅自食也,圣人用鼎烹饪食物,以祭祀上帝,又用鼎大烹饪食物,以养圣人贤人,此乃鼎器之重要用途,亦《鼎》卦之重要意义。故传又申之曰:"圣人亨以享上帝,而大亨以养圣贤。"

[原文] **巽而耳目聪明，柔进而上行，得中而应乎刚，是以“元亨”。**

此释卦辞。亨按“元”下当有“吉”字，转写脱去。经文曰“元吉亨”，传文亦当曰“元吉亨”，明矣。卦辞云“元吉，亨”者，元，大也；亨，通也；此言大吉而亨通也。《鼎》之下卦为巽，上卦为离。巽，巽也，谦逊也；离为聪明。然则《鼎》之卦象是人谦逊而耳目聪明也。其次，《鼎》之初六为阴爻，为柔；六五亦为阴爻，为柔。柔由第一爻上升至第五爻，是为柔进而上行。六五居上卦之中位，是为柔得中。六五与九二为同位爻（同居中位），九二为阳爻，为刚，六五应九二，是为柔应乎刚。柔上升、得中、应刚，象臣之地位上升，得正中之道，以应和其君也。综之，《鼎》之卦象爻象是臣谦逊而聪明，守正道，以应和其君，其地位则上升，是以大吉而亨通。

[原文] **《象》曰：木上有火，《鼎》。君子以正位凝命。**

《释文》引郑云：“凝，成也。”《集解》引虞翻训同。《鼎》之下卦为巽，上卦为离。巽为木，离为火。然则《鼎》之卦象是木上有火。木上有火，乃炊鼎之象，是以卦名曰《鼎》。鼎之为器，正位而立，始不倾覆，用之煮食物，唯人所命，皆能完成其任务。君子观此卦象及卦名，从而以鼎为法，持正以居其位，完成君上所予之命令。故曰：“木上有火，《鼎》。君子以正位凝命。”

[原文] **初六：鼎颠趾，利出否。得妾以其子，无咎。**

[经意] **颠，倒也。趾，足也。出，贬斥而出之也。否，恶也。以犹**

与也。爻辞言：鼎倒其足，鼎足在上，鼎口向下，乃清除鼎中之秽物。以喻政治，则是贬出朝中之恶人。故筮遇此爻，利于出否。又筮遇此爻，将得一妾及妾之子。无咎。

［传解］ 与经意同。

［原文］ 《象》曰："鼎颠趾"，未悖也。"利出否"，以从贵也。

悖，谬也。贵，贵人。传意：爻辞云"鼎颠趾"，乃清除鼎中之秽物，其事未悖谬也。云"利出否"，贬出朝中之恶人所以为利；以其遵从贵人之意旨而行之也。《象传》"从贵"之说乃以初六及九二之爻象爻位为据。初六为阴爻，为刚；九二为阳爻，为柔。初六在九二之下，是为柔从刚，象卑者服从贵人，臣服从其君。

［原文］ 九二：鼎有实，我仇有疾，不我能即，吉。

［经意］ 实，指食物。仇，仇人。即，就也。"不我能即"乃"不能即我"之倒装句，谓不能至我家也。① 爻辞言：鼎中有食物，我之仇人有病，不能至我家来扰我，则我可安坐而食，是吉矣。（《释文》："仇，匹也。"《尔雅·释诂》："仇，匹也。"《说文》："即，就食也。"我仇有疾，不我能即，言我妻有病，不能来与我同食也。此解亦通。）

［传解］ 与经意同。

［原文］ 《象》曰："鼎有实"，慎所之也。"我仇有疾"，

终无尤也。

之，往也。慎所之，谓慎其所往，警惕仇人。尤，灾也。终无尤，谓我终无灾。

［原文］ 九三：鼎耳革，其行塞，雉膏不食，方雨，亏，悔，终吉。

［经意］ 鼎耳革，鼎耳脱落。塞，止也。膏，肉也。亏，毁也。爻辞所言似为古代故事。盖有人用鼎煮雉肉，由厨房移往餐室，鼎耳忽脱落，其行停止。雉肉尚未食，天正下雨，雨水入鼎中，美味亏毁，可谓悔矣，然雉肉可以改烹，终为吉。

［传解］ 与经意同。

［原文］ 《象》曰："鼎耳革"，失其义也。

义读为宜。（说见《需》卦）传意：爻辞云"鼎耳革"，乃以人之行动失其宜也。或鼎耳早有裂伤，而用鼎时尚未发现，或鼎耳本甚完好，而移鼎时有所触损，要之鼎耳脱落，乃以人之行动失其宜，其过在人，不在鼎。

［原文］ 九四：鼎折足，覆公𫗧，其形渥，凶。

［经意］ 覆，倾覆。公，公侯之公。𫗧，汤菜稀粥皆谓之𫗧。渥，汁液濡地之貌，犹今语水汪汪之汪。爻辞言：鼎足断，鼎身倒，公之𫗧倾覆于地，其形汪汪然。此喻人负重责而才力不胜，以致败公侯之事，是凶矣。（其形渥，郑玄本作其刑剭，云："若三公倾覆王之美道，屋中刑之。"此谓贵族大臣有罪，则杀之于屋

中，故其刑谓之剭。②）

[传解] 与经意同。

[原文] 《象》曰：“覆公餗”，信如何也。

信即今语之真。传意：爻辞云“鼎折足，覆公餗”，以喻大臣无能，国事已败，真无可奈何也。（《系辞》下：“子曰：德薄而位尊，知小而谋大，力少而任重，鲜不及矣。《易》曰：‘鼎折足，覆公餗，其形渥，凶。’言不胜其任也。”）

[原文] 六五：鼎黄耳金铉，利贞。

[经意] 黄耳，鼎耳饰以黄色。铉，举鼎之具，形如木棍，穿入鼎之两耳，二人共举之。金铉，以黄铜为铉也。贞，占问。鼎黄耳金铉，乃华贵之物，有此鼎者必为富贵之家，故筮遇此爻，是有利之占问。

[传解] 贞，正也。余与经意同。爻辞言：鼎黄耳金铉，乃富者所有。其取得财富之利，在其人志行之正。

[原文] 《象》曰：“鼎黄耳”，中以为实也。

中，正也。《广雅·释诂》：“为，成也。”《说文》：“实，富也。”（详见《泰》卦）传意：爻辞云“鼎黄耳金铉，利贞”，言人有此华贵之鼎，乃以正中之道成其富也。《象传》此释乃以六五之爻位为据。六五居上卦之中位，象人得正中之道。

[原文] 上九：鼎玉铉，大吉，无不利。

［经意］ 玉铉，铉上镶以玉也。鼎玉铉，更是华贵之物，有此鼎者必为大富贵之家，故筮遇此爻，大吉，无不利。

［传解］ 与经意同。

［原文］ 《象》曰："玉铉"在"上"，刚柔节也。

在上，指人在上位。君上为刚。臣民为柔。节，有节度也。传意：爻辞云"鼎玉铉，大吉，无不利"，在上位之贵人有鼎玉铉，而能大吉无不利者，以其刚柔有节也，即君臣上下有节度，各安其分，无争乱侵夺也。《象传》此释乃以上九及六五之爻象爻位为据。上九居一卦之上位，象贵人处于上位。上九为阳爻，为刚；六五为阴爻，为柔。上九居上，六五居下，是为刚柔节，象君上居上位，臣民居下位，各有节度。

［附考］ ① 九二："鼎有实，我仇有疾，不我能即，吉。"仇谓仇人。即，就也。此解可通，但不甚切。今按即当读为则，则当训为贼。即、则古通用。《诗·终风》："愿言则嚏。"《众经音义》十五引则作即。《云汉》："则不我遗。"《玉篇》零卷阜部隤下引则作即。《礼记·王制》："必即天论。"郑注："即或为则。"并其证。《丰象传》："月盈则食。"《众经音义》二引作"月盈即蚀"。此本书即、则通用之证。然则即可读为则矣。则乃古贼字。《说文》："则，等画物也，从刀，从贝，贝古之物货也。鼎籀文则。"金文则皆作鼎，以刀刻伤鼎之义。又《说文》："贼（贼），败也，从戈，则声。"贼即则之重文。《书·盘庚》中："女有戕则在乃心。"戕则即戕贼。《老子》："物壮则老，是谓不道。"则老即贼老。《庄子·庚桑楚》篇："天钧败之。"《释文》："败，元嘉本作则。"则之即贼之。并则、贼同字之证。然则则可训贼矣。"不我能即"即是不我能则、不我能贼，乃"不能贼我"之倒装句。因仇人有疾，所以不能害我也。 ② 九四："鼎折足，覆公

悚，其形渥，凶。”《集解》本形作刑。《释文》：“渥，郑作剭。”《音训》引晁氏曰：“形渥，京、荀、虞皆作刑剭。”《周礼·秋官·司烜氏》：“邦若屋诛”。郑注：“屋读如‘其刑剭’之剭。剭诛谓所杀不于市，而以遗甸师氏者也。”贾疏引《易》此文作“其刑屋”，又引郑注云：“若三公倾覆王之美道，屋中刑之。”严元照曰：“《周官》甸师（天官）云：‘王之同姓有辠，则死刑焉。’掌囚《秋官》云：‘凡有爵者与王之同族，奉而适甸师氏，以待刑杀。’掌戮（秋官）云：‘唯王之同族与有爵者，杀之于甸师氏。’司烜氏之屋诛即诛有爵者与王之同族。《汉书叙传》下：‘底剭鼎臣。’服虔曰：“《周礼》有屋诛，诛大臣于屋下，不露也。《易》曰：‘鼎折足，其刑剭，凶。’”服义同郑。又按刑之于屋下，故其字从刀从屋，亦经师增益之字，非《说文》所有，《周礼》古文也，故作屋。”（《娱亲雅言》）姚配中说同。

# 《震》第五十一

䷲(下震上震)

[原文] 《震》:亨,震来虩虩,笑言哑哑,震惊百里,不丧匕鬯。

[经意] 《震》,卦名。"震来虩虩,笑言哑哑"两句与初九爻辞重复,此处当是衍文。亨即享字,祭也。震,雷也。丧,失也,即从手中掉下。匕,匙也,形似今之羹匙,有大有小,用之挹鼎中之肉、簋中之饭、尊中之酒等。鬯,用黑黍与香草酿成之香酒名鬯,盛鬯酒之器亦名鬯,此用后义。匕、鬯皆祭祀之器。卦辞云"亨,震惊百里,不丧匕鬯",言:在举行享祭之时,巨雷震惊百里之远,而祭者不失其匕鬯之器。是其镇定肃敬以对待祭事。

[传解] 《震》,卦名,雷也。释卦辞与经意同。此亨传亦读为享。

[原文] 《彖》曰:"《震》,亨,震来虩虩",恐致福也。"笑言哑哑",后有则也。"震惊百里",惊远而惧迩也。"不丧匕鬯",出可以守宗庙社稷,以为祭主也。

"震来虩虩,恐致福也。笑言哑哑,后有则也。"四句与初九《象传》重复,此处当是衍文。又今本无"不丧匕鬯"四字,郭京本有。按郭本是也,今据补。①迩,近也。出谓立为王侯。社稷,古语称土神为社,又称祭土神之坛为社;称谷神为稷,又称祭谷神之坛为稷。此处宗庙社稷并举,社稷指社稷坛。古代国家灭亡,则其君之宗庙社稷皆被毁,故守宗庙社稷有保卫国家之意。传意:《震》卦辞云"亨,云震惊百里",言王侯享祭之时,巨雷声宏,使远近皆惊惧也。云"不丧匕鬯",言祭者在巨雷惊吓之下,仍能不失匕鬯,则出可以守宗庙社稷,以为祭祀之主人也。正如王侯面临外界之巨大威力,仍能不失其政治工具,则可以保卫国家而为国家主人。

[原文] **《象》曰:洊雷,《震》。君子以恐惧脩省。**

孔颖达曰:"洊者,重也。"《集解》本脩作修,按脩借为修。省,察也。本卦是二震相重,震为雷,然则本卦卦象是二雷相重,即雷相继而作。按《象传》又以雷比刑,雷相继而作,象刑罚繁重而频至。君子观此卦象及卦名,从而恐惧,修其德,省其身,以免言行有过,触犯刑罚。故曰:"洊雷,《震》。君子以恐惧脩省。"

[原文] **初九:震来虩虩,后笑言哑哑,吉。**

[经意] 震,雷也。虩虩,恐惧之貌。哑哑,笑语之声。爻辞言:巨雷来,人虩虩而恐惧,稍后则哑哑而言笑,是面临外界之巨大威力,既知畏戒,又能镇静,故吉。

[传解] 与经意同。

[原文] **《象》曰:"震来虩虩",恐致福也。"笑言哑哑","后"有则也。**

则,法则也。传意:爻辞云"震来虩虩",言面临巨雷,畏恐则得福也。云“笑言哑哑”，言面临巨雷，稍后即行动有法则，不仓皇失措也。如此则吉利，故爻辞言“吉”。

［原文］ 六二：震来厉，亿丧贝，跻于九陵，勿逐，七日得。

［经意］ 厉，危也。亿，发语词，犹惟也。贝，古人以贝为货币。跻，登也。陵，岭也。九陵，九重之岭，形容其高。逐，追寻。爻辞似记一古代故事。盖有人外出，遇巨雷来，若将击人，其势危险。其人因惊慌而失其贝，其时方登于九陵之上。筮遇此爻，筮人告之曰：“勿追寻，七日可得。”其言果验。《易经》作者因记之。

［传解］ 与经意同。

［原文］ 《象》曰：“震来厉”，乘刚也。

乘刚谓柔乘刚也。传意：爻辞云“震来厉”，雷为刚，人为柔，人冒犯雷雨而登九陵，是柔乘刚，故有被雷击之危险也。《象传》此释乃以六二及初九之爻象爻位为据。六二为阴爻，为柔；初九为阳爻，为刚。六二在初九之上，是为柔乘刚。此象人冒犯巨雷。

［原文］ 六三：震苏苏，震行无眚。

［经意］ 苏苏，迟缓之貌。[2]眚，灾也。爻辞言：巨雷作而苏苏迟缓，则雷行不致击人，无灾。

[传解] 王弼曰："惧苏苏也。"爻辞言：雷作而人恐惧，则雷行而人无灾。以喻外界之威力至而己警惕，可无患也。

[原文] 《象》曰："震苏苏"，位不当也。

传意：爻辞云"震苏苏"，以其人所处之地位不适当也。盖当雷作之时，其人处于易受雷击之地位，故苏苏然恐惧，亦喻外界威力来临之时，其人处于易受攻击之地位，故恐惧。《象传》此释乃以六三之爻象爻位为据。六三为阴爻居阳位，是为位不当，象人所处之地位不当。

[原文] 九四：震遂泥。

[经意] 《释文》："遂，荀本作队。"遂借为队，队即古坠字。震坠泥，谓雷下击，落在泥土之上。以喻统治者之刑威已坠于地而无效。

[传解] 此言巨雷作而人惊骇坠入泥中，以喻外界威力至，而人惶恐失措，陷于困难境地。

[原文] 《象》曰："震遂泥"，未光也。

光借为广（说见《坤》卦），未广指见识不多，胆量不大。传意：爻辞云"震遂泥"，乃以其人见识不多，胆量不大也。

[原文] 六五：震往来，厉，意无丧有事。

[经意] 厉，危也。意，《集解》本作亿，亦发语词，犹惟也。有犹于也。爻辞言：巨雷往来，若将击人，其势危险，惟不致成灾，无损失于事。此喻外界威力频频相逼，虽危而不为害。

［传解］ 与经意同。

［原文］ 《象》曰："震往来厉"，危行也。其事在中，大"无丧"也。

中，正也。传意：爻辞云"震往来厉"，乃喻人之行动有危险也。云"意无丧有事"，因其行事在于正道，故能大无损失也。《象传》"在中"之说乃以六五之爻位为据。六五居上卦之中位，象人得正中之道。

［原文］ 上六：震索索，视矍矍，征凶。震不于其躬于其邻，无咎。婚媾有言。

［经意］ 索索，疑借为速速，疾也。震速速即所谓霹雳也。[③]矍矍，惊惧四顾之貌。婚媾犹婚姻也。言，谴责也。爻辞言：巨雷速速而来，其人则惊惧四顾，以喻外界威力突然而来，其人则惶恐失措，如此怯懦，征伐必凶。又巨雷不击其人之身，击其邻人，以喻外界威力不犯其人之身，犯其邻人，其人自无咎。又筮遇此爻，姻戚将有谴责。

［传解］ 《释文》："索索，惧也。"盖即惧而战栗之貌，如今语"多多索索"之索索。"震索索"谓巨雷作而人颤抖。余与经意同。

［原文］ 《象》曰："震索索"，中未得也。虽"凶""无咎"，畏邻戒也。

中，正也。畏邻，非畏邻人，乃畏邻人所遇之灾难也。传意：爻辞云"震索索，视矍矍，征凶"，此喻人面临大国之威力，恐惧而颤抖四顾，因其所作所为，未合正道，故征凶也。云“震不于其躬于其邻，无咎”，此喻大国之威力不加于本国，而加于邻国，本国出征虽凶，而警惕邻国所遇之灾难，知所戒备，故无咎也。《象传》“中未得”之说乃以上六之爻位为据。上六不居上卦之中位，象人之行事未得正中之道。

［附考］

①《彖传》：“不丧匕鬯，出可以守宗庙社稷，以为祭主也。”今本无“不丧匕鬯”四字，郭京本有。按郭本是也。匕鬯为祭器，守宗庙社稷，以为祭主，正释卦辞之“不丧匕鬯”，则传文当有此四字，明矣。传文释卦辞之“亨，震来虩虩，笑言哑哑，震惊百里”四句，皆先举经文而后加释，则释卦辞之“不丧匕鬯”一句，亦必先举经文而后加释，又明矣。王弼曰：“不丧匕鬯，则已出可以守宗庙。”可见王弼本原有此四字。《集解》引虞翻曰：“长子主祭器，故以为祭主也。”祭器乃指匕鬯。可见虞翻本亦有此四字。今据补。　②六三：“震苏苏，震行无眚。”亨按初九曰：“震来虩虩。”六二曰：“震来厉。”六五曰：“震往来厉。”来与往来皆言雷之动状，则六三云“震苏苏”，九四云“震遂泥”，上六云“震索索”，亦当言雷之动状。苏当读为疏，苏、疏古通用。《左传》定公四年：“申包胥如秦乞师。”《战国策·楚策》申包胥作棼冒勃苏。《文选·吴都赋》：“造姑苏之高台。”李注：“《越绝书》曰：‘吴王夫差起姑胥之台。’姑胥即姑苏也。”胥、疏皆从疋声，胥、苏既可通用，则疏、苏亦可通用矣。《广雅·释诂》：“疏，迟也。”震苏苏即震疏疏，谓雷行迟缓也。雷行迟缓，则不击人，故爻辞又言“震行无眚”。又《尔雅·释言》：“舒，缓也。”《说文》：“纾，缓也。”《广雅·释诂》：“徐，迟也。”苏、疏、舒、纾、徐皆一音之转，苏苏犹徐徐也。　③上六：“震索索，视矍矍。”亨按索当读为速。索、速古通用。《尔雅·释木》：“楰，赤楝；白者，楝。”《释文》：“楝又作樕。”可证速、索古可通用。《说文》：“速，疾也。”震索索即震速速，言雷来之疾迅也（疾与急同义）。暴雷之来皆疾迅，故谓之迅雷。《论语·乡党》篇：“迅雷风烈必变。”是其例。又谓之疾雷。《庄子·齐物论》篇：“疾雷破山。”是其例。暴雷来速速，人畏之，故爻辞又言“视矍矍。”

# 《艮》第五十二

䷳(下艮上艮)

[原文] 《艮》:艮其背,不获其身,行其庭,不见其人,无咎。

[经意] 艮字当重,上《艮》字乃卦名,下艮字乃卦辞。艮,顾也,注视也。获当读为护。卦辞言:人只顾其背而不护其身,只顾部分而不护整体,以致被迫离家,远走它方,行其庭而不见其人,然终有归来之日,仍无咎。

[传解] 《艮》,卦名,止也。获,得也。"艮其背",谓止息其背,不再负荷职务也。"不获其身",谓寻之朝中不得其人也。"行其庭,不见其人",谓寻之其家不见其人也。此乃写君子辞去官职,远遯隐居,故云"无咎"。

[原文] 《彖》曰:《艮》,止也。时止则止,时行则行,动静不失其时,其道光明。

此释卦名。《序卦》曰:"《艮》者,止也。"《杂卦》曰:"《艮》,止也。"并与《彖传》同。《易传》释《艮》为止者,本卦是两艮相重,艮为山,山乃静止不动之物,然则本卦卦象含有止义。但止必适应其时,动亦必适应其时,时宜止而止,时宜行而行,动静不失其时,则其道光明矣。

[原文] 艮其止,止其所也。上下敌应,不相与也。是

**以不获其身,行其庭,不见其人,无咎也。**

此释卦辞。朱熹(引晁说之)说、俞樾说、朱骏声说:艮其止当作艮其背。盖背古字作北,因形近误为止,或背字笔画损缺成北,因形近误为止也。(按卦辞背字汉帛书《周易》作北,可证背古本作北。)所,职位也。[1]与,助也。(说见《贲》卦)卦辞云"艮其背"者,谓君子止息其背,不再负荷职务,即停止其职位,易言之,即罢官去职也。其所以罢官去职,因朝廷之上下人等皆相敌对而不相助也。盖《艮》之三双同位爻,下卦之初六与上卦之六四皆为阴爻、为柔,下卦之六二与上卦之六五皆为阴爻、为柔,下卦之九三与上卦之上九皆为阳爻、为刚,是为上下之刚柔敌应,象上下人等相敌对而不相助。朝廷有此现象,君子不可再留,所以去而远遯,不在于朝,亦不在家,是以卦辞云"不获其身,行其庭,不见其人"。其人既去,便是明哲保身,是以卦辞又云"无咎"。

[原文]

**《象》曰:兼山,《艮》。君子以思不出其位。**

兼山,两山并立也。本卦是两艮相重,艮为山,然则本卦卦象是两山并立。两山并立,永不移动其位置。君子观此卦象及卦名,从而思不越出其职位,以干预他人之事。故曰:"兼山,《艮》。君子以思不出其位。"

[原文]

**初六:艮其趾,无咎,利永贞。**

[经意]

艮,顾也。趾,足也。贞,占问。占问长期之事谓之永贞。爻辞言:顾其足,则不敢妄行,可以无咎。永远顾其足,则永远有利,故筮遇此爻,利于永贞。

［传解］ 艮，止也。贞，正也。停其足而不行，则无咎，以其非正也。人之利在于永远正直。

［原文］ 《象》曰："艮其趾"，未失正也。

《象传》以"正"释"贞"。

［原文］ 六二：艮其腓，不拯其随，其心不快。

［经意］ 艮，顾也。腓，足肚也。拯借为增，加也。随借为隋，垂肉也。爻辞言：人顾视其腓，若腓之垂肉不增加，则其心不快。此喻人之顾名者，其名不增则不快，顾利者，其利不增则不快等等。

［传解］ 艮，止也。"艮其腓"，停其胫而不行也。《释文》及《音训》拯作承，按拯读为承，继也。随，追随他人也。爻辞言：人止其腓而不行，不继续追随他人，因其心对他人有所不快也。②

［原文］ 《象》曰："不拯其随"，未退听也。

传意：爻辞云"不拯其随"，言其人不继续追随他人，因他人专断自主，不退而听取追随者之意见也。

［原文］ 九三：艮其限，列其夤，厉，薰心。

［经意］ 艮，顾也。限，腰也。《集解》本列作裂，按列读为裂，谓皮肉裂开。夤与膑同，夹脊肉，即背上肉。厉，危也。《集解》本薰作阍。按薰、阍皆借为惛（今多用昏字），心中迷乱。爻辞言：人只顾其腰，不顾其背，因而背肉裂开，顾此失彼，是危矣，

是心中迷惛矣。

[传解] 艮,止也。余与经意同。“艮其限”谓挺其腰而不曲。古人揖拜之礼皆曲其腰,所以对人表示尊敬或屈服。爻辞言:人挺其腰而不曲,招致其君上之挞其背,背肉于是裂开,是危而惛心者也。

[原文] 《象》曰:“艮其限”,危“薰心”也。

《象传》以“危”释爻辞之“厉”。

[原文] 六四:艮其身,无咎。

[经意] 艮,顾也。身谓全身。人能顾其全身,则无咎。

[传解] 艮,止也。人能止其身有所不为,则无咎。

[原文] 《象》曰:“艮其身”,止诸躬也。

诸,“之于”也。躬,身也。传意:爻辞云“艮其身”,谓止之于身,有所不为也。

[原文] 六五:艮其辅,言有序,悔亡。

[经意] 艮,顾也。辅借为酺,颊腮也,即今语所谓“嘴巴”。人顾其嘴巴,则不敢妄谈,言有伦序,其悔可亡。

[传解] 艮,止也。余与经意同。“艮其辅”,谓闭口不谈。“言有序”,谓言有条理。人或默而不言,或言有条理,则悔亡。

[原文]

《象》曰:"艮其辅",以中正也。

传意:爻辞云"艮其辅,言有序,悔亡",以其以正中之道为准则也。人或默或言,皆合乎正中之道,其悔乃亡;如其默非正,其言非正,则悔且至矣。《象传》此释乃以六五之爻位为据。六五居上卦之中位,象人守正中之道。

[原文]

上九:敦艮,吉。

[经意]

敦,考也。艮,顾也。"敦艮吉",谓考察所顾及之事,则知之周详,处之得当,是吉矣。(参见《复》卦)(又一解:敦犹多也。"敦艮吉",谓人多所顾及,不致顾此失彼,顾前忘后,可无败事,是吉矣。)

[传解]

孔颖达曰:"敦,厚也。"艮,止也。"敦艮吉"谓对人对事,忠厚而止,则有恩于人,无怨于人,是吉矣。

[原文]

《象》曰:"敦艮"之"吉",以厚终也。

终,归宿也。传意:爻辞云"敦艮吉",言其忠厚而止,以忠厚为归宿也。《象传》用"终"字乃以上九之爻位为据。上九为一卦之终爻,象一事之终结。

[附考]

①《彖》曰:"艮其止,止其所也。"此释卦辞之"艮其背",甚为明确。经文云"艮其背",而传文云"艮其止",彼此不合。朱熹引晁氏曰:"艮其止当依卦辞作背。"朱骏声曰:"止当为背。古文背作北,因讹止。"俞樾曰:"疑经传原文皆作'艮其北'。《汉书·高帝纪》:'沛公、项羽追北。'注引韦昭曰:'北,古背字。''艮其北'即艮其背也。今经作'艮其背',则经师以今字易之矣。传文北作止,盖以形似而误,学者遂以本字读之,

以致经传两歧。然以此转可考见《周易》之古字。使不误作止,则亦必易以背字矣。”(《艮宧易说》)亨按传文“艮其止”当作“艮其背”,盖无疑义。俞氏言致误之由,亦有道理;但亦或背字损缺为北,以形似误为止也。又按古人称官位为所。《左传》襄公二十三年:“不患无所。”杜注:“所,处位。”昭公二十年:“入复而所。”杜注:“所,所居官。”是其例。止其所谓罢止其官位也。艮其背谓止息其背,不负荷职务,即罢止其官位矣,故曰:“艮其背,止其所也。” ② 六二:“艮其腓,不拯其随,其心不快。”传释艮为止,“艮其腓”谓止其胫腓而不行也。《释文》本拯作承,《音训》拯亦作承,依传意,拯当读为承。《广雅·释诂》:“承,继也。”随,追随他人也。《咸》九三曰:“咸其股,执其随,往吝。”《象传》释之曰:“咸其股,亦不处也(传释咸为动)。志在随人,所执下也。”以彼证此,则此爻辞之随,传亦释为追随他人,明矣。然则“艮其腓,不拯其随,其心不快”,言停其腓而不行,不再继续追随他人,因其心对他人有所不快也。《象传》释之曰:“不拯其随,未退听也。”“未退听”,言他人未退而听取追随者之意见,而专制独断,故追随者对之不满意也。

# 《渐》第五十三

䷴(下艮上巽)

[原文] 《渐》:女归吉。利贞。

[经意] 《渐》,卦名。归,出嫁。贞,占问。筮遇此卦,女子出嫁吉,又为有利之占问。

[传解] 《渐》,卦名,进也。贞,正也。"女归吉",女进而归夫家则吉也。"利贞",进之利在于正也。

[原文] 《彖》曰:《渐》之进也。"女归吉"也,进得位,往有功也。进以正,可以正邦也。其位刚得中也。止而巽,动不穷也。

朱熹曰:"之字疑衍。"是也。"《渐》,进也",言《渐》卦之渐,其义为进也。①《序卦》曰:"《渐》者,进也。"与《彖传》同。卦辞云"女归吉"者,《渐》之初六为阴爻,为柔,居阳位;六二为阴爻,为柔,居阴位;六四为阴爻,为柔,居阴位。(第一爻为阳位,第二爻第四爻皆为阴位。)柔由初爻上进至第二爻第四爻皆得位,象女子出嫁,得主妇之位,称主妇之职,能持家政,佐丈夫,育子女,往而有功,故吉也。云"利贞"者,贞,正也;其进以正,则可以正其邦国,是利在于正也。《渐》之九五为阳爻,为刚,居上卦之中位,是为刚得中,象君得正中之道。君得正中之道,则能进以正,可以正邦矣。此是利贞之一义。其次,《渐》之下卦为艮,上卦为巽。艮,止也;巽,巽也,谦逊也。

然则《渐》之卦象是静止而谦逊。君能静止而谦逊,不躁不骄,则其动皆合于正道,自有利而不困穷矣。此是利贞之又一义。

[原文] 《象》曰:山上有木,《渐》。君子以居贤德善俗。

《释文》:"善俗,王肃本作善风俗。"以句法言之,王本较佳。《渐》之下卦为艮,上卦为巽。艮为山,巽为木。然则《渐》之卦象是山上有木。山上之木,其生长之过程是上进之过程,是以卦名曰《渐》。按《象传》又以山比贤人,山之生育树木,美而可观,材而可用,犹贤人之培养其才德,美而可观,材而可用也。贤人有此才德,又足以影响民众,转移风俗。君子观此卦象及卦名,从而自居于贤德,以善其风俗,使之上进。故曰:"山上有木,《渐》。君子以居贤德,善风俗。"

[原文] 初六:鸿渐于干,小子厉,有言无咎。

[经意] 鸿,雁也。渐,进也。干借为岸。小子,童子也。厉,危也。言,谴责。爻辞言:鸿飞进于河岸,自是有利。以鸿喻人,成人进于河岸,亦无不可;若小子进于河岸,则有落水之危险。但有大人加以谴责,使之离去,乃无咎。

[传解] 与经意同。

[原文] 《象》曰:"小子"之"厉",义"无咎"也。

义读为宜。(说见《需》卦)传意:爻辞云"小子厉,有言无咎",盖小子进于河岸,固为危险,然有大人谴责之,宜其无咎也。

[原文] 六二：鸿渐于磐，饮食衎衎，吉。

[经意] 王引之曰："《史记·孝武纪》、《封禅书》、《汉书·郊祀志》并载武帝诏曰：'鸿渐于般。'孟康注曰：'般，水涯堆也。'其义为长。"衎衎，喜乐之貌。鸿飞渐于水涯堆上，有水可饮，有鱼可食，衎衎喜乐，自是吉利。比喻人进于有利之环境也。（亨按磐疑借为泮。泮是古代诸侯之学宫，半边有水环之，禁止射猎之所。）

[传解] 与经意同。

[原文] 《象》曰："饮食衎衎"，不素饱也。

素，白色。不素饱，不白吃饱饭。《诗·伐檀》："不素餐兮。"素饱与素餐同意。传意：爻辞云"鸿渐于磐，饮食衎衎，吉"，鸿之饮也，自入水以饮水，非有人供之以水也；鸿之食也，自入水以食鱼，非有人供之以鱼也。故鸿之饱饮饱食，衎衎喜乐，非素饱也。此喻人之靠己之劳力以得饮食，不剥削他人。

[原文] 九三：鸿渐于陆，夫征不复，妇孕不育，凶，利御寇。

[经意] 陆，高平之地。复，返也。育，产子。不育谓子未成而胎坠，即流产也。鸿本水鸟，而进于陆，夫征而不返家，妇孕而不产子，皆为凶象。然鸿进于陆，其处高，其视远，射猎之人不能袭取之，犹人处于居高临下之有利形势，外寇不能战胜之，故利于御寇。

[传解] 与经意同。

[原文] 《象》曰:“夫征不复”,离群丑也。“妇孕不育”,失其道也。“利用御寇”,顺相保也。

《尔雅·释诂》:“丑,众也。”按丑借为俦。《玉篇》:“俦,侣也。”传意:爻辞云“夫征不复”,乃因征夫掉队或离队,离开群众也。云“妇孕不育”,乃因孕妇失其保胎之道也。云“利御寇”,乃因国人和顺以相保卫也。

[原文] 六四:鸿渐于木,或得其桷,无咎。

[经意] 桷,椽也,此指人所伐之椽木置于野外河边者。鸿之足为蹼,与鸭鹅同,不能栖于木枝,今进于木,难得可止之处,然亦或得人所伐之椽木,亦堪栖息,则无咎。此喻人进于无可栖身之环境,偶得栖身之处。

[传解] 与经意同。

[原文] 《象》曰:“或得其桷”,顺以巽也。

巽,伏从也。传意:爻辞云“鸿渐于木,或得其桷,无咎”,此喻人进于无可栖身之环境,偶得栖身之处,故无咎。其所以偶得栖身之处,因其顺而伏服君上,得君上之扶植也。《象传》“顺巽”之说乃以六四及九五之爻象爻位为据。六四为阴爻,为柔;九五为阳爻,为刚。六四居九五之下,是为柔从刚,象臣民伏从君上。

[原文] 九五：鸿渐于陵，妇三岁不孕，终莫之胜，吉。

[经意] 陵，岭也。陵高于陆。鸿本水鸟，而进于岭，将不得饮食。妇三岁不孕，有被夫家逐出之可能。此皆不利之象。然鸿进于岭，其处益高，其视益远，射猎之人终不能胜之，故吉。此喻人处于居高临下之有利地位，外寇不能胜之。

[传解] 与经意同。

[原文] 《象》曰："终莫之胜吉"，得所愿也。

得所愿，指在御外寇方面得其所愿。

[原文] 上九：鸿渐于陆，其羽可用为仪，吉。

[经意] 陆当作陂，形近而误。陂与仪为韵。陂，水池。仪，一种舞具，用鸟羽编成。鸿进于池塘，易于射获，可用其羽为舞具，自人言之，则吉。（自鸿言之，则不吉。）

[传解] 与经意同。

[原文] 《象》曰："其羽可用为仪吉"，不可乱也。

乱，乱动，妄动也。传意：爻辞云"鸿渐于陂，其羽可用为仪"，人射鸿而得之，乃可用其羽为舞具，但必袭之有方，射之有法，始能得鸿，不可乱动也。

[附考] ① 象传："《渐》之进也。"朱熹曰："之字疑衍。"按朱说是也。"《渐》，进也。"乃以进释卦名之《渐》。《彖传》中此例甚多。如"《需》，

须也。”“《师》，众也。”“《比》，辅也。”“《剥》，剥也。”“《离》，丽也。”“《咸》，感也。”“《恒》，久也。”“《晋》，进也。”“《蹇》，难也。”“《夬》，决也。”“《姤》，遇也。”“《萃》，聚也。”“《艮》，止也。”“《丰》，大也。”“《兑》，说也。”皆是。渐下有之字，则失其例亦失其义矣。又裴学海曰：“之犹者也。”（《古书虚字集释》）考《序卦》曰：“渐者：进也。”则裴说亦可取。但《易传》中无此用法，故余仍从朱说。

# 《归妹》第五十四

䷵(下兑上震)

[原文] 《归妹》:征凶,无攸利。

[经意] 《归妹》,卦名。筮遇此卦,征伐则凶,无所利。

[传解] 《归妹》,卦名。归,遣嫁也。妹,少女之称。解卦辞与经意同。

[原文] 《彖》曰:《归妹》,天地之大义也。天地不交,而万物不兴。《归妹》,人之终始也。说以动,所归妹也。

此释卦名。兴犹生也。《释文》:“所归妹也,本或作所以归妹。”按有以字文意较顺。卦名之《归妹》,谓男女相配也。男女相配是天地之大义,因天地不交,则万物不生。男女不配,则人类不育也。男女相配,又是人类之终始,即结成夫妇以终其身,生育子女,由此开始也。男女相配,必男女相悦而后行动,男悦女而后娶之,女悦男而后嫁之,因此始有归妹之礼。《归妹》之下卦为兑,上卦为震。兑,说(悦)也;震,动也。然则《归妹》之卦象是悦以动,即男女相悦以结婚之义。

[原文] “征凶”,位不当也。“无攸利”,柔乘刚也。

此释卦辞。卦辞云“征凶”者,因本国与所征伐之国相比,本国所处之地位不利,战则必败也。盖《归妹》之中间四爻,九二为阳爻居阴位，六三为阴爻居阳位，九四为阳爻居阴位，六五为阴爻居阳位，均为位不当，象人行事之进程中间各主要阶段皆处于不适当之地位，即皆处于不利之地位。卦辞云“无攸利”者，谓征伐无所利也。因本国与所征伐之国相比，本国之力弱，彼国之力强，征伐之，是以弱凌强，以柔乘刚也。盖《归妹》之下卦是一阴爻（六三）在两阳爻（九二、初九）之上，上卦是两阴爻（上六、六五）在一阳爻（九四）之上，皆是柔乘刚，象弱者侵凌强者。

［原文］ **《象》曰：泽上有雷，《归妹》。君子以永终知敝。**

敝，《释文》作弊，按敝即弊病之弊。《归妹》之下卦为兑，上卦为震。兑为泽，震为雷。然则《归妹》之卦象是泽上有雷。《易传》认为滨湖地区，天寒时雷入于泽中，故《随象传》曰：“泽中有雷，《随》。”天暖时雷出于泽上，故《归妹象传》曰：“泽上有雷，《归妹》。”（详见《豫》卦）古代男女结婚，四时皆可，但多在春季。[①]雷出于泽上，乃春季男女结婚之时，是以卦名曰《归妹》。男女相配，如配得其当，则成佳偶，夫妻同心，白首偕老，可以永终。如配失其当，则成怨偶，夫妻反目，甚至中途离异，其弊甚大。君子观此卦象及卦名，从而为子女择配，谨慎从事，以永其终，又知其弊，故曰：“泽上有雷，《归妹》。君子以永终知敝。”

［原文］ **初九：归妹以娣。跛能履，征吉。**

［经意］ 归，遣嫁也。妹，少女之称。以犹及也。娣，女弟也，今谓之妹妹。先秦贵族嫁女，常以嫁者之妹等陪嫁。陪嫁者谓之

媵。“归妹以娣”，谓筮遇此爻，归妹可以其女弟陪嫁。“跛能履”，谓其足疾已愈，利于出行，犹之国力已壮，利于出征，故筮遇此爻，出征则吉。

［传解］ 与经意同，唯解“跛能履”句与经意稍异，见下。

［原文］ 《象》曰：“归妹以娣”，以恒也。“跛能履吉”，相承也。

《尔雅·释诂》：“恒，常也。”《小尔雅·广诂》：“承，佐也。”传意：爻辞云“归妹以娣”，此乃沿用嫁女之常规常例也。云“跛能履，征吉”，言跛者有人佐助之，则能步履，以喻大军出征，将官士兵相互佐助，则弱者亦变强，怯者亦成勇，能战胜敌人而得吉也。

［原文］ 九二：眇能视，利幽人之贞。

［经意］ 眇，盲也。幽，囚也。贞，占问。盲者而能视，乃去黑暗而复光明之象，正如囚人出牢狱而复自由，故囚人占得此爻则利。

［传解］ 贞，正也。“利幽人之贞”，言利在囚人之正，即囚人能守正道，始能出牢狱，复自由。余与经意同。

［原文］ 《象》曰：“利幽人之贞”，未变常也。

传意：爻辞云“利幽人之贞”，贞，正也；此言囚人在牢狱之中，刑威之下，利在能坚持正常之道而不变也。《象传》此释乃以九二之爻位为据。九二居下卦之中位，象人守正常之道。

[原文]　六三：归妹以须，反归以娣。

[经意]　须借为嬃，姊也。反归，妇人被夫家逐出而归其父母家。爻辞言：归妹以其姊陪嫁，则其姊将以其女弟反归父母家矣。此言以姊陪嫁之不吉利，盖先秦贵族嫁女之常例，只以嫁者之妹陪嫁，不以嫁者之姊陪嫁，故爻辞有此言。（《释文》："须，荀、陆本作嬬。陆云：'妾也。'"《音训》引晁氏曰："子夏、孟、京作嬬，媵之妾也。"此说似不可从。因古代贵族嫁女陪以妾，是常例也。）

[传解]　与经意同。

[原文]　《象》曰："归妹以须"，未当也。

传意：爻辞云"归妹以须"，其事未当，故不吉利也。盖嫁者为妻，陪嫁者为妾，妻位尊，妾位卑，今嫁女以其姊陪嫁，则年幼者居尊位，年长者居卑位，是乱其长幼尊卑之序，岂非失当哉。

[原文]　九四：归妹愆期，迟归有时。

[经意]　愆，过也。愆期犹延期。时，《谷梁传》隐公七年范注引作待，按时借为待。爻辞言：嫁女延期，稍迟而后嫁，乃有所待。

[传解]　与经意同。

[原文]　《象》曰："愆期"之志，有待而行也。

《释文》："一本待作时。"按一本似不可从。经云"有时"，传云"有待"，传乃以"待"释经文之"时"。行犹嫁也。古语谓嫁曰行，后人谓嫁曰适，均以女嫁是行往夫家也。②

［原文］ 六五：帝乙归妹，其君之袂不如其娣之袂良。月几望吉。

［经意］ 帝乙，殷帝名乙，纣之父。归妹，嫁少女于周文王。君，王之后、诸侯之夫人亦称君。袂借为妜。妜犹貌也。良，美也。《释文》："几，荀作既。"按几读为既。每月由十六日至二十二三日为既望。爻辞言：帝乙嫁少女于周文王，以其娣陪嫁，其为王后者之貌不如其娣之貌美。其出嫁在月既望之时，结果是吉。(《泰》六五曰："帝乙归妹以祉，元吉。"可证。)故筮遇此爻，在月几望之时间内乃吉。

［传解］ 与经意同。

［原文］ 《象》曰："帝乙归妹"，"不如其娣之袂良"也。其位在中，以贵行也。

中，正也。行亦犹嫁也。爻辞云"帝乙归妹，其君之袂不如其娣之袂良"，其君貌差而为王后，其娣貌美而为媵妾者，盖其君是帝乙之嫡女，故处于正位，以嫡女之贵而往嫁也。其娣则是帝乙之庶女，故为媵妾。《象传》此释乃以六五之爻象爻位为据。六五为阴爻，为柔，居上卦之中位，居一卦之尊位(第五爻为尊位)，是为柔得正位，得尊位，象女子处嫡女尊贵之位。

[原文] 上六：女承筐无实，士刲羊无血，无攸利。

[经意] 承，捧也。士，男未娶称士。刲，刺也。此指婚礼而言。古代贵族结婚有献祭宗庙之礼，女则捧筐盛果品，以果品献神，男则以刀刺羊，以羊血祭神。今女捧筐，而筐中无物，男刺羊，而羊不出血。盖筐破，漏其筐中之物，羊病，刺之不出血，均是不祥之兆，故无所利。

[传解] 与经意同。

[原文] 《象》曰："上六""无实"，"承"虚"筐"也。

虚，空也。

[附考] ①《象传》："泽上有雷，归妹。"泽上有雷，春时也。古代男女结婚，多在春时。《诗·东山》："仓庚于飞，熠耀其羽。之子于归，皇驳其马。"证一。《大戴礼·夏小正》篇："二月绥多士女。"其传曰："绥，安也。冠子取妇之时也。"证二。《周礼》地官媒氏："中春之月，令会男女。"（会，配也。）证三。《管子·幼官》篇："春……合男女。"证四。然则泽上有雷之时乃男女结婚之时，是以卦名曰《归妹》。 ②《象传》："愆期之志，有待而行也。"又曰："其位在中，以贵行也。"按行犹嫁也。女嫁是行往夫家，故谓之行。《诗·泉水》、《蝃蝀》、《竹竿》三篇并曰："女子有行，远父母兄弟。"有行谓已嫁也。《渚宫旧事》三引《襄阳耆旧传》载《高唐赋》曰："赤帝女曰瑶姬，未行而亡。"《列女传》四《鲁寡妇陶婴妻传》曰："虽有贤雄兮，终不重行。"《论衡·骨相》篇曰："故未行而二夫死。"行皆嫁义。（闻一多解《诗》有此说，见《闻一多全集·诗经通义》。）

# 《丰》第五十五

䷶(下离上震)

[原文] 《丰》:亨,王假之,勿忧,宜日中。

[经意] 《丰》,卦名。亨即享字,祭也。假,至也。日中,正午时,筮遇此卦,可举行享祭,王须亲至祭处,有危难事勿忧也,享祭之时间宜在正午。将得鬼神之保佑。

[传解] 《丰》,卦名,大也。亨,通也。王假之,王亲至以主大事。勿忧,对大事不必忧虑。宜日中,王宜如日在天中以照天下。

[原文] 《彖》曰:《丰》,大也。明以动,故《丰》。

此释卦名。《序卦》曰:"《丰》者,大也。"与《彖传》同。卦名之《丰》,其义为大,谓人之成就之大也。《丰》之下卦为离,上卦为震。离,明也;震,动也。然则《丰》之卦象是明以动。人明以动而从事,则其成就大,是以卦名曰《丰》。

[原文] "王假之",尚大也。"勿忧宜日中",宜照天下也。

此释卦辞。卦辞云"王假之",言王重尚大事,亲至以主持之也。云"勿忧宜日中",言大事虽有可忧虑之处,亦不必忧虑,王之明宜如日在天中,广照天下也。

[原文] 日中则昃,月盈则食,天地盈虚,与时消息,而

况于人乎，况于鬼神乎？

此申释卦义。昃与昗同，日西斜曰昗。《释文》："食或作蚀。"按食借为蚀，蚀犹亏也，此谓月圆后则亏，非谓月食也。消息犹消长也。人之成就丰大，不可长保。以宇宙事物之运动言之，日中则西斜，月满则亏缺，天地间之万物皆一盈一虚，随时消长，而况人之家国岂有长盛而不衰，长存而不亡哉，而况鬼神岂有长享一姓之祭祀，长赐一姓以福禄而不变哉。《彖传》之意盖戒人处丰大之时，不可自骄自满。

［原文］ 《象》曰：雷电皆至，《丰》。君子以折狱致刑。

折狱，断狱也。致刑，行刑也。《丰》之上卦为震，下卦为离。震为雷，离为电。然则《丰》之卦象是雷电皆至。雷与电乃天上之大物，是以卦名曰《丰》。按《丰》之卦象是先雷后电。《象传》又以雷比刑，以电比人之明察，以先雷后电比统治者刑罚严明。君子观此卦象及卦名，从而在刑罚严明之原则下，以断讼狱，施刑罚。故曰："雷电皆至，《丰》。君子以折狱致刑。"（与《噬嗑》卦稍异）

［原文］ 初九：遇其配主，虽旬无咎，往有尚。

［经意］ 配读为妃，妃犹妻也。配主谓女主人。虽，汉帛书《周易》作唯。按虽读为唯。尚借为赏。筮遇此爻，出行则遇其女主人，唯一旬之内无咎，且往而得赏。（或曰：配主，其妻之旧主人。）

［传解］ 与经意同。

［原文］ 《象》曰："虽旬无咎"，过旬灾也。

［原文］ 六二：丰其蔀，日中见斗，往得疑疾，有孚，发若吉。

［经意］ 丰，大也。蔀，棚也，院中所搭之席棚，以蔽夏日。《释文》："见斗，孟作见主。"按斗当作主，主乃古烛字。疑疾，多疑之病，精神病之一种。孚，罚也。发犹拨也。若犹之也。爻辞言：有人焉，院中搭大席棚，室中黑暗，日中之时燃烛以取明，弃大明而用小光，有所往而得疑疾，此乃鬼神加罚，拨开席棚则吉。此似古代故事。（李镜池曰："疑当读为痴。痴训不慧，见《说文》。痴从疑声，可通假。"）

［传解］ 前三句与经意同。孚，信也。发，明也。（说见《大有》卦）"有孚发若吉"，言得疑疾者能以诚信对人，心地光明，则吉。

［原文］ 《象》曰："有孚发若"，信以发志也。

传意：爻辞云"有孚发若吉"，言其人诚信以明心见性，则疑疾自愈也。

［原文］ 九三：丰其沛，日中见沬，折其右肱，无咎。

［经意］ 《释文》："沛，本或作旆。"王弼曰："沛，幡幔，所以御盛光也。"则沛当读为旆，指布幔之类，以蔽门窗。沬借为魅，妖魔也。肱，臂也。爻辞言：有人焉，大其布幔以蔽门窗，日中之时忽见妖魔，惊骇而仆，折其右臂，医之而愈，故无咎。（亨按沛亦可读为茇，草屋也。）

[传解] 与经意同。

[原文] 《象》曰："丰其沛"，不可大事也。"折其右肱"，终不可用也。

王念孙曰："用读为以。灾、志、事、用为韵。"是也。（说见《剥》卦）传意：爻辞云"丰其沛、日中见魅"，其人白昼之间，遮蔽太阳之光明，拒绝外界之知识，自甘愚昧，不可为大事也。爻辞云"折其右肱"，则其臂终不可用也。（按《象传》"终不可用"之说与经文"无咎"之文相矛盾，疑《象传》作者所据经本无"无咎"二字。）

[原文] 九四：丰其蔀，日中见斗，遇其夷主，吉。

[经意] 斗，星名，今名北斗。夷，常也。爻辞言：有人焉，大其院中之席棚，以蔽夏日，日中之时，忽逢日食，见斗屋，似非吉兆。但出行遇其所常寄遇之主人，而归于吉。此亦似古代故事。

[传解] 与经意同。

[原文] 《象》曰："丰其蔀"，位不当也。"日中见斗"，幽不明也。"遇其夷主"，"吉"行也。

幽，暗也。传意：爻辞云"丰其蔀"，言不宜搭席棚以遮蔽太阳，席棚之位置不当也。云"日中见斗"，言日食而天下黑暗不明也。云"遇其夷主"，言出行得所栖止，是吉利之行也。《象传》"位不当"之说乃以九四之爻象爻位为据。九四为阳爻，居阴位（第四爻为阴位），是为位不当。此象席棚之位置不当。

[原文] 六五:来章有庆誉,吉。

[经意] 章读为殷商之商。(说见《坤》卦)庆,赏也。来到商朝,得赏得誉,是吉矣。此乃周人故事。

[传解] 《坤》六三与《姤》九五之"含章",《象传》皆读为文章之章,则此章字亦当如此。来章,谓取来外界之文章。凡人学业上之文章、辞令上之文章、德行上之文章,皆自外界取来。来章而得赏得誉,是吉矣。

[原文] 《象》曰:"六五"之"吉","有庆"也。

[原文] 上六:丰其屋,蔀其家,闚其户,阒其无人,三岁不觌,凶。

[经意] 蔀,动词,搭席棚也。闚与窥同,看也。阒,空静也。觌,见也。爻辞言:贵族之宅,既大其屋,又蔀其家,而窥其门,则空静无人,且三年之久不见有人,是贵族遭祸,全家逃亡,自为凶矣。

[传解] 与经意同。

[原文] 《象》曰:"丰其屋",天际翔也。"窥其户,阒其无人",自藏也。

传意:爻辞云"丰其屋",言贵族在位之时,如鸟得意以飞翔于天空,故能大其屋也。云"窥其户,阒其无人",言贵族遭祸之后,逃亡而自隐藏,故其宅空静也。

# 《旅》第五十六

䷷(下艮上离)

[原文] 《旅》:小亨。旅贞吉。

[经意] 《旅》,卦名。亨即享字,祭也。旅,客人。贞,占问。筮遇此卦,可举行小享之祭,旅客有所占问则吉。

[传解] 《旅》,卦名,作客也。亨,通也。贞,正也。此言作客他方,可以小通,作客行其正道则吉。

[原文] 《彖》曰:《旅》"小亨",柔得中乎外,而顺乎刚,止而丽乎明,是以"小亨旅贞吉"也。《旅》之时,义大矣哉。

此释卦名卦辞。《序卦》论《丰》、《旅》两卦之顺序曰:"《丰》者,大也。穷大者必失其居,故受之以《旅》。"以失其居释《旅》,则《旅》为去其故居,出外作客,明矣。《彖传》当亦如此。丽,附也。(说见《离》卦)《旅》卦辞云"小亨,旅贞吉"者,《旅》之六五为阴爻,为柔,居外卦之中位,是为柔得中于外,象臣民(或弱者)得正中之道,以客于外方。其次,上九为阳爻,为刚。六五居上九之下,是为柔顺乎刚,象臣民顺从君上(或弱者顺从强者)。再次,《旅》之下卦为艮,上卦为离。艮,止也;离,明也。下卦附于上卦,在下位者附于在上位者,然则《旅》之卦象是止而丽乎明,即止于外方,依附于光明之主人。要之,《旅》之卦爻象是臣民作客于外方,得正中之道,服从其君上，止于客所，依附于光明之主人，自能亨通矣，但以其依附于人，因而仅得小亨通。是以卦辞曰："小亨，旅贞吉。"《旅》卦固为利于作客之象，然亦不可视为绝对。盖作客之利不利，在于作客之时不时，作客合其时，其意义甚大也。若作客不合时，则困穷于他乡矣。

[原文] **《象》曰：山上有火，《旅》。君子以明慎用刑，而不留狱。**

《旅》之下卦为艮，上卦为离。艮为山，离为火。然则《旅》之卦象是山上有火。山上有火，火寄托于山上之草木以存在，似旅客寄托于他乡以生活，山非火常在之处也。是以卦名曰《旅》。按《象传》乃以火比人之明察，以山比客观事物，以山上有火，照明山之四面，比人之明察能认识事物之全面。君子观此卦象，从而对于用刑力求全面之认识，临之以明察，出之以慎重，从速判决，不敢拖延。故曰："山上有火，《旅》。君子以明慎用刑，而不留狱。"（与《贲》卦稍异）（或曰："山上有火，则山上之嘉树恶木，香花毒草，美玉顽石，一时俱焚。犹听狱掌刑之官，不辨是非，不分轻重，一律严办，滥用刑杀也。故君子明慎用刑。"）

[原文] **初六：旅琐琐，斯其所，取灾。**

[经意] 旅，客人。琐借为惢。惢惢，多疑也。斯，离也。所，故居。爻辞言：旅客惢惢多疑，离其故居，结果招致灾难。（《释文》引王肃云："琐琐，细小貌。"）

[传解] 与经意同。

[原文]　《象》曰："旅琐琐"，志穷"灾"也。

志穷，志不得达。

[原文]　六二：旅即次，怀其资，得童仆，贞。

[经意]　即，就也。次，客舍，旅馆。怀，藏于怀中。《释文》："怀其资，本或作怀其资斧。"按资下当有斧字。资，货也；斧，铜币之作斧形者。资斧犹言钱币也。童仆，男奴隶。"贞"下当有"吉"字，转写脱去。贞，占问。爻辞言：旅客来到客舍，携其钱币，买得一男奴隶，其事吉利，故占得此爻则吉。此乃写一古代故事。

[传解]　贞，正也。"得童仆贞吉"，谓旅客得一男奴隶，乃以正道得之，非得之掠夺，故吉。余与经意同。

[原文]　《象》曰："得童仆贞"，终无尤也。

"贞"下亦当有"吉"字。尤，灾也。传意：爻辞云"得童仆贞吉"，贞，正也；言旅客得童仆以正道，则终无灾尤，故吉也。（《象传》以"无尤"释经文之："吉"，可证"象传"作者所据本经文"贞"下有"吉"字。）

[原文]　九三：旅焚其次，丧其童仆，贞厉。

[经意]　丧，失也。贞，占问。厉，危也。爻辞言：旅客之住舍被火所焚，失其男奴隶，其事危险，故占得此爻有危险。此亦写一古代故事。

［传解］ 贞，正也。贞厉，谓旅客虽正直亦遇危险。余与经意同。

［原文］ 《象》曰："旅焚其次"，亦以伤矣。以旅与下，其义"丧"也。

"以伤"之以读为已。伤，损害也。与，二人共处为与。下，指童仆。义读为宜。（说见《需》卦）传意：爻辞云"旅焚其次"，是旅客亦已受损害矣。云"丧其童仆"，以旅客与一新得之童仆共处，遇火灾而失童仆，固其宜也。

［原文］ 九四：旅于处，得其资斧，我心不快。

［经意］ 旅客在住舍被焚之后，又得屋而居之，前曾失其资斧，今复得之，然其心仍不快。盖住舍被焚，童仆失去，资斧又失去，明是有人暗害之。此亦写古代故事。

［传解］ 与经意同。

［原文］ 《象》曰："旅于处"，未得位也。"得其资斧"，"心"未"快"也。

未得位，未得适当之地位或环境也。《象传》此释乃以九四之爻象爻位为据。九四为阳爻，居阴位（第四爻为阴位），是为未得位。象人未得适当之地位或环境。

［原文］ 六五：射雉，一矢亡，终以誉命。

［经意］ 雉，今名野鸡。亡，死也。此承上文之旅字而言。旅客射

雉，一矢射中而雉死，终得善射之名，受客地国君之命令予以奖赏。此亦记古代故事。（亨又按亡亦可训失。“射雉一矢亡”谓射雉一矢而中，雉带矢飞去。）

［传解］

与经意同。

［原文］

《象》曰：“终以誉命”，上逮也。

上，君上。逮犹赐也。[①]传意：爻辞云“终以誉命”，言君上赏赐其人也。

［原文］

上九：鸟焚其巢，旅人先笑后号咷，丧牛于易，凶。

［经意］

鸟焚其巢，喻旅客之居宅被焚。号咷，大哭。易，国名。此记殷之祖先王亥之故事。王亥屡见殷虚卜辞。据《山海经·大荒东经》、《竹书纪年》、《楚辞·天问》所载，王亥曾作客于有易之国，从事畜牧牛羊，而行淫享乐，有易之君绵臣杀王亥，而取其牛。此爻辞言“鸟焚其巢”，谓绵臣杀王亥之时焚其居宅，“旅人先笑后号咷”，谓王亥先逞淫乐，后临被杀而大哭，“丧牛于易”，谓王亥失其牛于易国；“凶”，谓王亥遭遇凶祸。又疑本卦前五爻爻辞皆记王亥之故事。《大壮》六五曰：“丧羊于易，无悔。”亦记王亥之故事。

［传解］

与经意同。

［原文］

《象》曰：以“旅”在“上”，其义“焚”也。“丧牛于易”，终莫之闻也。

在上，在上位，有官爵也。义读为宜。（说见《需》卦。）王念孙说："闻读为问，相恤问也。"②传意：爻辞云"鸟焚其巢"，王亥以旅客而居上位，招人嫉恨，宜其居宅被焚也。云"丧牛于易"，王亥以旅客而被杀失牛，终无人怜恤而问之也。《象传》"在上"之说乃以上九之爻位为据。上九居一卦之上位，象人处于上位。

［附考］

①《象传》："终以誉命，上逮也。"亨按逮犹赐也，上逮谓君上赏赐之也。古逮字有赏赐之义。《国语·晋语》："逮鳏寡。"（鳏与鳏同）韦注："逮，及也，谓惠及也。"惠及即恩惠及人，乃赏赐之义也。《礼记·王制》："恤孤独以逮不足。"《中庸》："所以逮贱也。"逮亦当训为赏赐。　②《象传》："丧牛于易，终莫之闻也。"王念孙曰："闻犹问也。（古字闻与问通。《论语·公冶长》篇：'闻一以知十。'闻本或作问。《檀弓》：'问丧于夫子乎？'问本或作闻。《庄子·庚桑楚》篇：'因失吾问。'元嘉本问作闻。并见《经典释文》。又《荀子·尧问》篇：'不闻即物少至。'杨注曰：'闻或作问。'）谓相恤问也。《王风·葛藟》篇：'谓他人昆，亦莫我闻。'《大雅·云汉》篇：'群公先正，则不我闻。'亦谓不相恤问也。"按王说是也。

# 《巽》第五十七

䷸(下巽上巽)

[原文] 《巽》:小亨。利有攸往。利见大人。

[经意] 《巽》,卦名。亨即享字,祭也。大人,贵族之通称。筮遇此卦,可举行小享之祭,利于有所往,利于见大人。

[传解] 《巽》,卦名,教命也,又入也。亨,通也。余与经意同。

[原文] 《彖》曰:重巽以申命。刚巽乎中正而志行。

此释卦名。《巽》卦是两巽相重,是为重巽。巽为风,《易传》以风比君之教命,然则《巽》之卦象是君上重申其教命。故曰:"重巽以申命。"此是本卦名《巽》之一义。其次,《说卦》曰:"巽,入也。"重巽仍为入,故《序卦》曰:"《巽》者,入也。"《巽》之九二为阳爻,为刚,居下卦之中位,九五为阳爻,为刚,居上卦之中位,是为刚入于中正,象君进入中正之道。君进入中正之道,其教命合乎正,则臣民从之,而君之志得行矣。故曰:"刚巽乎中正而志行。"此是本卦名《巽》之又一义。

[原文] 柔皆顺乎刚,是以"小亨,利有攸往,利见大人"。

此释卦辞。《巽》之上卦六四为阴爻,在九五及上九两阳爻之下;下卦初六为阴爻,在九二及九三两阳爻之下。阴为柔,阳为刚。是为柔皆顺乎刚,象臣民皆顺从其君。此仅能小通,利有所往,利见大人而已。

[原文] 《象》曰:随风,《巽》。君子以申命行事。

本卦是两巽相重,巽为风,然则本卦卦象是风与风相随而吹也。按《象传》又以风比君上之教命,随风乃比教命重申。君子观此卦象,从而重申其教命,以推行其政事。故曰:"随风,《巽》。君子以申命行事。"

[原文] 初六:进退利武人之贞。

[经意] 贞,占问。筮遇此爻,武人有所占问,或进或退皆有利。进退盖指行军而言。

[传解] 贞,正也。武人或进或退,利在于正。如进退不以正,则不利矣。

[原文] 《象》曰:"进退",志疑也。"利武人之贞",志治也。

志治,其心不乱也。传意:爻辞云"进退",言或进或退,其心疑而未定也。云"利武人之贞",贞,正也;言武人进退以正为准,其心坚定而不乱,故利也。

[原文] 九二:巽在床下,用史巫纷若,吉,无咎。

[经意] 巽,伏也。床,病人之所卧也。周人室中无床,地上铺席,坐卧其上,有病而后设床。纷疑借为衅。衅是一种巫术,用牲血涂人身或房屋器物等,以驱逐鬼魅,清除不祥。若犹之也。

爻辞言:病人伏在床下,当是室中有鬼魅,病人惊惧,用史巫衅之可愈,则吉而无咎矣。

[传解] 巽,入也。余与经意同。

[原文] 《象》曰:“纷若”之“吉”,得中也。

中,正也。传意:爻辞云“用史巫纷若,吉”,衅之所以得吉,以病者得正中之道也。盖衅者所以驱逐鬼魅,正人病,内心无愧,衅之则易生效;邪人病,内心多愧,衅之则难生效也。《象传》此释乃以九二之爻位为据。九二居下卦之中位,象人得正中之道。

[原文] 九三:频巽,吝。

[经意] 频,皱眉也。巽,伏也。吝,难也。皱眉而伏,不敢出外活动,以有困难在眼前。

[传解] 巽,入也,谓入于其家。余与经意同。

[原文] 《象》曰:“频巽”之“吝”,志穷也。

志穷,志不得达。

[原文] 六四:悔亡。田获三品。

[经意] 田,猎也。品,种也。筮遇此爻,其悔将亡,行猎将得三种猎物。

［传解］ 与经意同。

［原文］ 《象》曰："田获三品"，有功也。

［原文］ 九五：贞吉，悔亡，无不利，无初有终。先庚三日，后庚三日，吉。

［经意］ 贞，占问。终，古语谓好结果为终。周人以甲、乙、丙、丁、戊、己、庚、辛、壬、癸十字记日，先庚三日即庚前之丁日，后庚三日即庚后之癸日。（参看《蛊》卦）爻辞言：筮遇此爻，所占者吉，其悔将亡，无有不利，行事无良好开端，而有良好结果。丁日与癸日乃为吉日。

［传解］ 贞，正也。贞吉，人之志行正则吉。余与经意同。

［原文］ 《象》曰："九五"之"吉"，位正中也。

传意：爻辞云"贞吉，……"贞，正也；言其人所处之地位得其正中，是以吉也。《象传》此释乃以九五之爻位为据。九五居上卦之中位，是为位正中，象人得正中之道。

［原文］ 上九：巽在床下，丧其资斧，贞凶。

［经意］ 巽，伏也。资，货也；斧，铜币之作斧形者。质斧犹言钱币也。贞，占问。爻辞言：病人伏在床下，失其钱币，当是盗贼入室，病人惧而匿于床下，盗贼取其钱币以去。此乃有外寇之来，无自卫之勇，其结果是凶。故占得此爻则凶。

［传解］ 巽，入也。贞，正也。余与经意同。此言人而无勇，不能御外寇，其志行虽正亦凶。

［原文］ 《象》曰："巽在床下"，"上"穷也。"丧其资斧"，正乎"凶"也。

乎犹而也。(裴学海《古书虚字集释》有此例)传意：爻辞云"巽在床下"，因病人卧在床上，有被盗贼杀死之可能，处于穷困之境地，不得不入于床下也。云"丧其资斧"，言病人无勇，致失其钱币，虽正直而亦凶也。《象传》"上穷"之说乃以上九之爻位为据。上九居一卦之上位，一卦之尽头，象人在床上陷于穷困。

# 《兑》第五十八

䷹(下兑上兑)

[原文] **《兑》:亨。利贞。**

[经意] 《兑》,卦名。亨即享字,祭也。贞,占问。筮遇此卦,可举行享祭,乃有利之占问。

[传解] 《兑》,卦名,悦也。亨,通也。利,利人也。贞,正也。人行事使人喜悦,则亨通,要在能利人,能守正。

[原文] **《彖》曰:《兑》,说也。刚中而柔外,说以"利贞",是以顺乎天而应乎人。**

此释卦名及卦辞。《序卦》曰:"《兑》者,说也。"与《彖传》同。王弼、虞翻(《集解》引)等皆读说为喜悦之悦,是也。卦名之《兑》,其义为喜悦,谓使他人喜悦也。卦辞云"亨,利贞"者,《兑》卦九二为阳爻,为刚,居下卦之中位;九五亦为阳爻,为刚,居上卦之中位。是为刚中,象君子内有刚健之德。六三为阴爻,为柔,居下卦之外;上六亦为阴爻,为柔,居上卦之外。是为柔外,象君子外抱柔和之态度。君子内刚健而外柔和,则足以使人喜悦,是以卦名曰《兑》。然君子之使人喜悦,非苟以取媚,乃以利人之事悦之,以正道悦之,即悦之以利贞。如此。则能顺乎天而应乎人,所往皆通。是以卦辞曰:"亨,利贞。"

[原文] **说以先民,民忘其劳。说以犯难,民忘其死。**

说之大,民劝矣哉。

此申释卦义。《说文》:“先,前进也。”先民谓导民前进。又《说文》:“劝,勉也。”勉谓努力。《兑)之卦义是使人喜悦,用之政治,是使民喜悦。执政者如以悦民之道导民前进,则民忘其劳;以悦民之道使民犯难,则民忘其死。悦民达于广大之地步,则民皆奋勉努力矣。

[原文] 《象》曰:丽泽,《兑》。君子以朋友讲习。

王弼曰:“丽犹连也。”《小尔雅·广言》:“丽,两也。”丽泽是两泽相连。本卦是两兑相重,兑为泽,然则本卦卦象是两泽相连。两泽相连,其水交流。君子观此卦象及卦名,从而朋友讲习,以交流知识。此可悦之事也。故曰:“丽泽,《兑》。君子以朋友讲习。”

[原文] 初九:和兑,吉。

[经意] 和,温和。兑即谈说之说。“和兑”者,温和之谈说也。温和之谈说,无厉言怒色,则他人乐于倾听,故吉。

[传解] 和,亦是温和。兑,悦也。“和兑”者,温和之喜悦也,即对人温和成为内心喜悦之事而乐于为之也。如此则吉矣。

[原文] 象曰:“和兑”之“吉”,行未疑也。

疑借为碍。《说文》:“碍,止也。”即阻止之义。传意:爻辞云“和兑吉”,言和兑则他人亲近之,其行事未有阻碍,故吉也。

［原文］ 九二：孚兑，吉，悔亡。

［经意］ 孚，信也。汉帛书《周易》作诬（字书无诬字），言而有信也，从言，孚声。兑即谈说之说。“孚兑”者，诚信之谈说也。诚信之谈说，不为谎言欺人，则他人从而信之，故吉而悔亡。

［传解］ 孚亦信也。兑，悦也。“孚兑”者，诚信之喜悦也，即对人诚信成为内心喜悦之事而乐于为之也。如此则吉而悔亡矣。

［原文］ 《象》曰：“孚兑”之“吉”，信志也。

志当作之。传意：爻辞云“孚兑吉”，言孚兑则他人亦信任之，故吉也。

［原文］ 六三：来兑，凶。

［经意］ 兑即谈说之说。“来兑”者，言未及之而言，不问而告也。古人认为多言则多败，故凶。

［传解］ 兑，悦也。爻辞言：“来兑”者，外界事物来便喜悦之，不计其是非善恶也。如此则凶。

［原文］ 《象》曰：“来兑”之“凶”，位不当也。

传意：爻辞云“来兑凶”，来兑所以为凶，因外界事物之来，以其人之地位（立场）言之，不当喜悦之，而竟喜悦之，故凶也。盖人皆以其地位衡量事物之是非善恶，其是而善者来则喜悦之，其非而恶者来则憎恨之，各得其宜，各当其位，乃吉也。《象传》，“位不当”之说乃以六三之爻象爻位为据。六三为阴爻，居阳位（第三爻为阳位），是为位不当。象人之行事与其地位不相当。

［原文］ 九四：商兑未宁。介疾有喜。

［经意］ 商，商量。兑，即谈说之说。介借为疥，（《豫》六二："介于石。"汉帛书《周易》介作疥，可证介疥通用。）癣疥也。有喜，疾愈也。爻辞言：与人商谈，是其事尚未宁定；又筮遇此爻，疥疾将愈。

［传解］ 兑，悦也。余与经意同，但认为疥疾比喻微小之灾患。爻辞言：与人商量，心怀喜悦，虽其事尚未宁定，而癣疥之疾将除，小小之灾患将去矣。

［原文］ 《象》曰："九四"之"喜"，有庆也。

传以"庆"释经文之"喜"。

［原文］ 九五：孚于剥，有厉。

［经意］ 孚，古俘字，掠夺人口财物也。剥，落也，没落也。厉，危也。爻辞言：掠夺他国他邑之人口财物在自己没落之时，则有危险，因被掠夺者必将报复也。

［传解］ 孚，信也。剥，没落也。《象传》作者所据经文厉下当有吉字，转写脱去。"孚于剥，有厉吉"言人在没落之时，能诚信不欺，虽有危险，亦转为吉也。

[原文] 《象》曰:"孚于剥",位正当也。

传意:爻辞云"孚于剥,有厉吉"以其人所处之地位言之,其行事正且当也。申言之,诚信本是人生之正道,处于没落之地位,而能守此正道,困而不欺,穷而不滥更为得当,故虽有危险亦吉也。《象传》"位正当"之说乃以九五之爻位爻象为据。九五居上卦之中位,是为位正,象人守正道。九五为阳爻,居阳位(第五爻为阳位),是为位当,象人之行事与其地位相当。(《象传》之例,位正位当皆必得吉,则厉下脱吉字,明矣。)

[原文] 上六:引兑。

[经意] 兑即谈说之说。"引兑"者,他人引我发言,我则发言也。

[传解] 兑,悦也。"引兑"者,他人援引我,而我喜悦也。

[原文] 《象》曰:"上六""引兑",未光也。

传意爻辞云"引兑",言有他人援引而已喜悦,是其德犹未光明也。德之光明者,品节清高,有人援引,处之泰然,无人援引,亦处之泰然,不因之有所喜怒。(光亦可读为广,大也。说见《坤》卦。)

# 《涣》第五十九

䷺(下坎上巽)

[原文] 《涣》:亨,王假有庙。利涉大川,利贞。

[经意] 《涣》,卦名。亨即享字,祭也。假,至也。有,汉帛书《周易》作于。按有犹于也。贞,占问。筮遇此卦,可举行享祭,王亲至于庙,利于涉大川,乃有利之占问。

[传解] 《涣》,卦名,水流无阻也。(《象传》亦释《涣》为水流,又释《涣》为冲洗。)①亨,通也。贞,正也。余与经意同。水流无阻,正如王之政教所至皆通,则王可以至宗庙,奉祭祀,亦利于涉大川,然其利在于正也。

[原文] 《彖》曰:《涣》,"亨",刚来而不穷,柔得位乎外而上同。

此释卦名及卦辞之"亨"。卦名曰《涣》而卦辞云"亨"者,《涣》是水流无阻,亨是王之政教通行无阻。《涣》之内卦九二为阳爻,为刚,为内卦之主爻(内卦为坎,坎为阳卦,凡阳卦以阳爻为主爻);外卦九五为阳卦,为刚,居一卦之尊位。刚在内为主,在外居尊,是为"刚来而不穷",乃象王居位用权,而不穷困。其次,六四为阴爻,为柔,居外卦之阴位(第四爻为阴位),是为"柔得位乎外",乃象臣民处于朝外,各得其位,各尽其职。再次,六四为柔,九五为刚。六四居九五之下,是为柔顺乎刚,乃象臣民顺从其王,言行上同于君王,是为"上同"。综之,

《涣》之爻象是王居位用权而不穷困，臣民得位尽职以从其君，如此则政教通行而无阻，如水流四散而无阻矣，是以卦名曰《涣》，卦辞云“亨”也。

［原文］

**“王假有庙”，王乃在中也。“利涉大川”，乘木有功也。**

中，正也。木，指船。卦辞云“王假有庙”，谓王能奉其宗庙祭祀。王所以能奉宗庙祭祀，以王之行在正中之道也。九五为阳爻，为刚，居上卦之中位，亦居一卦之尊位，正象王守正中之道。云“利涉大川”，谓其乘船渡水而有功也。《涣》之上卦为巽，下卦为坎。巽为木，坎为水。然则《涣》之卦象是木在水上，即船浮于川上，得平安渡过。

［原文］

**《象》曰：风行水上，《涣》。先王以享于帝，立庙。**

享，祭也。帝，天帝。《涣》之上卦为巽，下卦为坎。巽为风，坎为水。然则《涣》之卦象是风行水上。风行水上，推波鼓澜，则水流更为汹涌奔荡，是以卦名曰《涣》。按《象传》乃以风比德教，以水比群众。以风行水上比德教行于群众。《象传》认为教育群众，最要者是以神道设教，教以尊天孝祖。教以尊天，以加强神权统治。教以孝祖，以加强族权统治。两者皆有利于君权统治。先王观此卦象，欲使尊天孝祖之德教能推行于群众，从而享祭天帝，建立宗庙，以为群众之倡导。故曰：“风行水上，《涣》。先王以享于帝，立庙。”

［原文］

**初六：用拯马，壮吉。**

［经意］ 拯借为騬，割去牡马之阳具，今谓之骟马。筮遇此爻，骟马则马壮且吉。

［传解］ 与经意同。

［原文］ 《象》曰：“初六”之“吉”，顺也。

传意：爻辞云“用拯马壮吉”，言骟马则马驯良，能顺从人之指挥与控制，故吉也。《象传》此释乃以初六及九二之爻象爻位为据。初六为阴爻，为柔；九二为阳爻，为刚。初六居九二之下，是为柔顺刚，象马顺从人意。

［原文］ 九二：涣奔其机，悔亡。

［经意］ 涣，水流也。奔，急赴也。机，汉帛书《周易》作阶。机当读为阶。（又机亦可读为機，门限也，今谓之门坎。）水流奔赴其台阶，则院内之脏秽尽被冲洗。脏秽去犹人之悔去，故筮遇此爻，则悔亡。

［传解］ 与经意同。

［原文］ 《象》曰：“涣奔其机”，得愿也。

得愿，得其所愿。

［原文］ 六三：涣其躬，无悔。

［经意］ 涣，水冲洗也。“涣其躬”谓以水冲洗其身之污垢，以喻清除德行之邪恶。如此可以无悔。

［传解］ 与经意同。

［原文］ 《象》曰："涣其躬"，志在外也。

志在外，谓志在教育他人，治理国家。

［原文］ 六四：涣其群，元吉。涣有丘，匪夷所思。

［经意］ 涣，水冲洗也。元，大也。有犹于也。匪读为非。夷，平常也。"涣其群"谓以水冲洗群众之污垢，比喻清除群众德行之邪恶。此自是大吉。"涣有丘，匪夷所思"，谓大水冲洗丘岭，其水灾之大非平常所想象。

［传解］ 与经意同。

［原文］ 《象》曰："涣其群元吉"，光大也。

光借为广。（说见《坤》卦）光大指政治效果之广大。

［原文］ 九五：涣其汗大号。涣王居，无咎。

［经意］ "涣其汗"原作"涣汗其"，误，今据汉帛书《周易》移正。涣，流也。号，哭也。"涣其汗大号"，谓流其汗又大哭，必是抱病痛或遇祸事，此乃凶象。"涣王居"，谓大水冲洗王宫之污垢，以喻清洗王宫之小人，革除王宫之弊端，此自无咎。

［传解］ 与经意同。

[原文] 《象》曰："王居无咎"，正位也。

传意：爻辞云"涣王居无咎"，涣王居以喻清理王宫是王以正道居其位，故无咎也。《象传》此释乃以九五之爻象爻位为据。九五为阳爻，居阳位（第五爻为阳位），又居上卦之中位，是为正位。象人以正道居其位。

[原文] 上九：涣其血，去，逖出，无咎。

[经意] "涣其血"，流其血也。逖，远也。出犹走也。筮遇此爻，有流其血之凶灾，然可以避免，去而远走，则无咎矣。

[传解] 与经意同。

[原文] 《象》曰："涣其血"，远害也。

传意：爻辞云"涣其血，去，逖出"，言远走以避灾害也。

[附考] ①《序卦》曰："《涣》者，离也。"《杂卦》曰："《涣》，离也。"《说文》："涣，流散也，从水，奂声。"水四散而流为涣，故涣有离散之义。然观《彖传》、《象传》之文意，不释涣为离散也。其一，认为涣是水流无阻之义。盖水能四散而流，必是四方无阻，故涣字有此义也。其二，认为涣是水冲洗之义。其三为流义，如流汗流血亦谓之涣也。前者去经义不远，后二者则符合经意。《序卦》、《杂卦》之说则大非经意也。

# 《节》第六十

䷻(下兑上坎)

［原文］

《节》:亨。苦节,不可贞。

［经意］

《节》,卦名。亨即享字,祭也。节,俭也。苦节,以节俭为苦。贞,占问。不可贞,所占之事不可行。筮遇此卦,可举行享祭;如苦于节俭,则所占之事不可行。

［传解］

《节》,卦名,节度也(节度即制度)。亨,通也。贞,正也。此言人有节度,则能亨通,如苦于有节度,则其行事,不可得正矣。

［原文］

《彖》曰:《节》"亨",刚柔分而刚得中。

此释卦名及卦辞之"亨"。本卦所以名《节》,卦辞所以云"亨"者,《节》,有节度也①;亨,通也;此谓人有节度则亨通也。《节》之上卦为坎,下卦为兑。坎为阳卦,为刚;兑为阴卦,为柔。然则《节》之卦象是刚在上,柔在下,是为"刚柔分",乃象君上居上位,臣民居下位,各守职分。其次,《节》之九二为阳爻,为刚,居下卦之中位;九五亦为阳爻,为刚,居上卦之中位。然则《节》之爻象是"刚得中",乃象君上得正中之道。综之,《节》之爻象是君上与臣民分居其位,此乃遵守节度之规定;又是君上得正中之道,此乃以节度为准则。是以卦名曰《节》。人有节度,依节度行事,则通而无阻,是以卦辞云"亨"。

[原文] **“苦节不可贞”，其道穷也。**

此继释卦辞。卦辞云“苦节不可贞”，贞，正也；言人以有节度为苦，则必违节度，为奸邪，不可得其正，此乃穷困之道也。

[原文] **说以行险，当位以节，中正以通。**

此申释卦义。说借为悦。《节》之内卦为兑，外卦为坎。兑，说（悦）也；坎，险也。然则《节》之卦象是人喜悦以行险，即“说以行险”。其次，《节》之上卦九五为阳爻，为刚，居阳位；六四为阴爻，为柔，居阴位；上六亦为阴爻，为柔，居阴位。三爻刚柔皆当位，象君臣各居其位，以守节度，是为“当位以节”。九五、九二又分居上下卦之中位，象君得正中之道。君得正中之道，以行其政教，则通行无阻，是为“中正以通”。以上三点亦是《节》之卦义。

[原文] **天地节，而四时成。节以制度，不伤财，不害民。**

此再申释卦义。天地有其运动规律是天地有节度。天地有节度，四时乃成。国家有制度，用以节制君臣庶民，则富贵者不骄奢以伤财，不残暴以害民矣。此亦《节》卦之重要意义。（按阶级社会之制度本是准许富贵者伤财害民之制度，《彖传》作者不过织造幻想而已。）

[原文] **《象》曰：泽上有水，《节》。君子以制数度，议德行。**

制，创立也。数度犹制度，因其有等级之数，故谓之数度。《节》之下卦为兑，上卦为坎。兑为泽，坎为水。然则《节》之卦象是泽上有水。泽上有水，乃水泛滥于泽外，必须筑岸以节制之，是以卦名曰《节》。按《象传》乃以水比群众，以泽之边岸比制度礼教，以泽上有水比群众之行动越乎制度礼教。君子观此卦象及卦名，从而建立制度，论定德行之准则。故曰："泽上有水，《节》。君子以制数度，议德行。"

［原文］ 初九：不出户庭，无咎。

［经意］ 筮遇此爻，不出门庭，则无咎。

［传解］ 与经意同。

［原文］ 《象》曰："不出户庭"，知通塞也。

塞，阻塞不通也。传意：爻辞云"不出户庭"，因知其行之或通或塞，今知其行必塞，故不出户庭乃无咎也。（《系辞》上："'不出户庭，无咎。'子曰：'乱之所生也，则言语以为阶。君不密则失臣，臣不密则失身，几事不密则害成。是以君子慎密而不出也。'"此谓不出户庭乃慎言保密之手段，离经意更远矣。）

［原文］ 九二：不出门庭，凶。

［经意］ 筮遇此爻，不出门庭则凶。

［传解］ 与经意同。

［原文］ 《象》曰："不出门庭凶"，失时极也。

极，最甚也。

［原文］ 六三：不节若，则嗟若，无咎。

［经意］ 节，俭也。若，语气词。嗟，叹也。人不节俭则穷困，穷困则嗟叹，嗟叹则悔改，将无咎矣。

［传解］ 节，制度也。咎，责罚也。人不守制度则受责罚，受责罚则嗟叹，嗟叹则悔改，将无咎矣。

［原文］ 《象》曰："不节"之"嗟"，又谁"咎"也。

爻辞云"不节若，则嗟若"，言人不守制度，以致受刑罚而嗟叹，嗟叹是追悔之心声，追悔是改过之动力，能改过，有谁责罚之哉，故将无咎也。

［原文］ 六四：安节。亨。

［经意］ 节，俭也。安节谓安于节俭。亨即享字，祭也。爻辞言：人宜安于节俭。又筮遇此爻，可举行享祭。

［传解］ 节，制度也。亨，通也。人安于制度，则其行亨通矣。

［原文］ 《象》曰："安节"之"亨"，承上道也。

承，遵奉也。上，君也。传意：爻辞云"安节亨"，安节谓臣民安于制度，即是遵奉君上之道，故能亨通也。《象传》此释乃以六四及九五之爻象爻位为据。六四为阴爻，为柔；九五为阳爻，为刚。六四居九五之下，是为柔从刚。象臣民遵从君上之道。

［原文］ 九五：甘节，吉，往有尚。

［经意］ 节，俭也。甘节，以节俭为甘也。尚借为赏。人以节俭为甘而乐之，则吉，有所往得赏。

［传解］ 节，制度也。甘节，以制度为甘，乐于遵守之。余与经意同。

［原文］ 《象》曰："甘节"之"吉"，居位中也。

中，正也。传意：爻辞云"甘节吉"，言乐于遵守制度，则居其职位，皆合乎正中之道，故吉也。《象传》此释乃以九五之爻位为据。九五居上卦之中位，象人守正中之道。

［原文］ 上六：苦节，贞凶。悔亡。

［经意］ 节，俭也。贞，占问。人以节俭为苦，则必奢侈而陷于穷困，甚至为奸恶以满其欲，故所占之事凶。"悔亡"与"贞凶"相矛盾，疑是衍文。

［传解］ 节，制度也。贞，正也。人以制度为苦，虽正直亦将反抗制度，触犯刑法，故凶。

［原文］ 《象》曰："苦节贞凶"，其道穷也。

传意：爻辞云"苦节贞凶"，因人以制度为苦，则其所行之道必穷困而不通也。《象传》此释乃以上六之爻位为据。上六

居一卦之尽头，象人走入穷困之境地。(《象传》作者所据经本似无“悔亡”二字)

[附考]

① 按《易经·节》卦之节，《易传》释为节度，即制度也。《彖传》释此卦义曰：“天地节而四时成。节以制度，不伤财不害民。”即其明证。《序卦》论《涣》、《节》、《中孚》三卦之顺序曰：“《涣》者，离也。物不可以终离，故受之以《节》。节而信之，故受之以《中孚》。”亦认为节是节度之义。六四《象传》曰：“安节之亨，承上道也。”上道即君上之制度，亦其证也。

# 《中孚》第六十一

☴☱(下兑上巽)

[原文] 〔《中孚》〕:中孚豚鱼,吉,利涉大川。利贞。

[经意] “中孚”二字当重,上《中孚》二字乃卦名,下中孚二字乃卦辞也。吴澄、何楷、马国翰等说:“豚鱼即河豚、江豚、海豚,鱼之豕头者也。”是也。亨按,中,射中也。孚借为浮,浮飘在水面也。中浮豚鱼,谓射中浮水之豚鱼,此盖古代故事也。① 有人在渡大川时射中浮水之豚鱼,故筮遇此卦则吉,利于涉大川,是有利之占问。(又一解:中借为忠,诚也。孚,信也。豚,小猪。“中孚豚鱼吉”,言人以忠信对鬼神,用豚鱼薄物致祭,亦吉。)

[传解] 《中孚》,卦名,忠信也。“中孚豚鱼吉”,谓忠信及于豚鱼小物,守其信不苟取,不苟予,则吉。贞,正也。利贞,谓忠信则能利人,能得正。

[原文] 《彖》曰:《中孚》,柔在内而刚得中,说而巽,孚乃化邦也。

此释卦名。《中孚》,诚信也。《杂卦》曰:“《中孚》,信也。”《彖传》亦释卦名之《中孚》为信。盖诚与信,其义一,故《易传》只用一信字释《中孚》二字。《中孚》卦六爻,内两爻为阴爻,为柔。外四爻为阳爻,为刚。然则《中孚》之爻象是“柔在内”,象人内有柔顺之德。其次,九二为阳爻,为刚,居下卦之中位。九五为阳爻，为刚，居上卦之中位。然则《中孚》之爻象又是“刚得中”，象人用其刚健则合乎正中之道。再次，《中孚》之下卦为兑，上卦为巽。兑，说（悦）也。巽，巽也，谦逊也。然则《中孚》之卦象是“说而巽”，即和悦而谦逊。人具有此四德——内柔顺，用刚得正，和悦，谦逊，而归宿于诚信，则可以化其邦国矣。

［原文］ **“豚鱼吉”，信及豚鱼也。“利涉大川”，乘木舟虚也。中孚以“利贞”，乃应乎天也。**

此释卦辞。卦辞云“豚鱼吉”者，乃承卦名《中孚》而言，谓其信及于豚鱼，故吉也。所谓信及豚鱼，谓其人在取予之间，虽属豚鱼小物，亦守其信而不或爽。以政治言之，则是信守制度，一豚一鱼亦不妄取于民。云“利涉大川”者，谓乘中空之木船以渡水也。《中孚》之上卦为巽，下卦为兑。巽为木。兑为泽。然则《中孚》之卦象是木在泽上，即木船浮于水上。云“利贞”者，利，利人也。贞，正也。此谓人有诚信之德，利人守正，乃应合天道也。

［原文］ **《象》曰：泽上有风，《中孚》。君子以议狱缓死。**

《中孚》之下卦为兑，上卦为巽。兑为泽。巽为风。然则《中孚》之卦象是泽上有风。泽上有风，风动则水波动，风大则水波大，风小则水波小，从无虚妄，是以卦名曰《中孚》。按《象传》乃以泽比民，以风比德教，以泽上有风比统治者施德教于民。施德教于民，宜减轻刑罚，教而不改，然后用杀。君子观此卦象及卦名，从而审议民之狱案，延缓其死刑，以便施之以德教。其用心可谓忠诚矣。故曰：“泽上有风，《中孚》。君子以议狱缓死。”

［原文］ 初九：虞吉，有它不燕。

［经意］ 虞，安也。有它，有意外之患。燕亦安也。筮遇此爻，安且吉；但有意外之患，则不安矣。

［传解］ 虞吉，安于其居，安于其业，则吉。有它不燕，动往它处，改从它业，则不安。

［原文］ 《象》曰：“初九”“虞吉”，志未变也。

传意：爻辞云“虞吉，有它不燕”，因其人之志未变，故安于旧则吉，改从新则不安也。

［原文］ 九二：鹤鸣在阴，其子和之。我有好爵，吾与尔靡之。

［经意］ 阴借为荫，树荫也。和，应也。爵，饮酒之器，形似小雀，其用与今之酒杯同。吾字似是衍文。尔，指其人之子。靡，共也。爻辞言：老鹤在树荫下鸣，鹤子亦鸣以应和之。我有美酒在杯中，与尔共饮之。此喻贵族父子世袭其爵位。

［传解］ 与经意同。

［原文］ 《象》曰：“其子和之”，中心愿也。

鹤子之应和老鹤，出于中心自愿。人子之应和其父亦然。《系辞》上：“‘鸣鹤在阴，其子和之。我有好爵，吾与尔靡之。’

子曰:'君子居其室,出其言善,则千里之外应之,况其迩者乎。居其室,出其言不善,则千里之外违之,况其迩者乎。言出乎身,加乎民。行发乎迩,见乎远。言行君子之枢机,枢机之发,荣辱之主也。言行君子之所以动天地也,可不慎乎。'"此以君子之言行善则得他人之应和释爻辞,去经意远矣。

[原文] 六三:得敌,或鼓或罢,或泣或歌。

[经意] 鼓,击鼓也。罢借为疲。战争虏得敌人,其将官士兵或勇有余而击鼓,或力已竭而疲倦,或悲而哭泣,或乐而歌唱。此言战争胜利者有所得亦有所失。

[传解] 与经意同。

[原文] 《象》曰:"或鼓或罢",位不当也。

传意:爻辞云"得敌,或鼓或罢,或泣或歌",言得敌者在战争中未能全胜。其所以未能全胜,因其军队有处于不适当之地位与环境者,其将帅有才能不称其职位者也。《象传》此释乃以六三之爻位为据。六三为阴爻,居阳位(第三爻为阳位),是为位不当。象人所处之地位环境不适当或所居之职位不适当。

[原文] 六四:月几望,马匹亡,无咎。

[经意] 几,汉帛书《周易》作既。按几读为既。每月十六日至二十二、三日为既望。在月既望之时,失其马匹,可无咎。盖马可复得。

［传解］ 与经意同。

［原文］ 《象》曰："马匹亡"，绝类上也。

绝，杜绝也。类，类似也。传意：爻辞云"马匹亡，无咎"，言失马之后，加强警惕，预为防止，以杜绝类似上次之事件，故无咎也。

［原文］ 九五：有孚挛如，无咎。

［经意］ 孚，古俘字。挛如犹挛然，拘系相联之貌。筮遇此爻，出征将俘虏士女牛羊等，拘系之挛然相联，无有灾咎。

［传解］ 孚，信也。挛，连也，连续一贯也。爻辞言：人有忠信之行，挛然一贯，则无咎。（参见《小畜》卦）

［原文］ 《象》曰："有孚挛如"，位正当也。

传意：爻辞云"有孚挛如无咎"，言其有连续一贯之忠信之行，以其所处之地位而论，是正且当，故无咎也。《象传》此释乃以九五之爻象爻位为据。九五为阳爻，居阳位（第五爻为阳位），又居上卦之中位，是为位正当。象人以正道居其位，所行之事与其所处之地位相当。

［原文］ 上九：翰音登于天，贞凶。

［经意］ 翰音，鸡之别名。登，升也。贞，占问。鸡无高飞之羽翼，而高飞上升于天，必将跌落而死。此喻庸人无居高官之才能，

而得高官上升于朝廷，必将败事而亡。故占得此爻，则凶。

[传解] 上句与经意同。贞，正也。鸡上升于天，以喻庸人上升于朝廷，其人虽正直亦凶，因其才能不称其职也。

[原文] 《象》曰："翰音登于天"，何可长也。

[附考] ① 马国翰曰："罗愿《尔雅翼》：'鱴今之河豚，每三头相从为一部。谚云：得一部，典一裤。冬至日辄至，应《中孚》十一月卦。信及豚鱼即河豚也。'吴澄《易纂言》：'仆幼时未远出，闻人说河豚鱼、江豚鱼，已疑豚鱼只当作一字解。后见云间田畴《易解》作江豚，犁然有当于心。长而泛大江，亲见所谓江豚鱼者。又闻舟人呼之为风信。于是确然从田畴之说。徐氏《易通》、何氏《订诂》并用其说。如此取象，尤与风泽之象协'。翰案河豚、江豚之外，又有海豨鱼，亦象豚。郭景纯《江赋》：'江豚海豨'。李善注：'《南越志》曰：江豚似猪。《临海水土记》曰：海豨鱼，豕头，长九尺。《山海经》注曰：今海中有海豨，体如鱼，头似猪。'兼此三种鱼说，义乃赅备。高适《送柴司户充刘乡判官之岭外》诗：'忠信涉波涛。'即信及豚鱼之义也。"亨按如解豚鱼为河豚、江豚、海豚，则中者，射中也。孚当读为浮，浮在水面也。中浮豚鱼吉，当是古代故事，谓有人用弓矢射中浮在水面之豚鱼，其结果是吉也。

# 《小过》第六十二

䷽(下艮上震)

[原文]

《小过》:亨。利贞。可小事,不可大事。飞鸟遗之音,不宜上,宜下,大吉。

[经意]

《小过》,卦名。亨即享字,祭也。贞,占问。遗,予也。筮遇此卦,可举行享祭;乃有利之占问;但可以为小事,不可以为大事;飞鸟予人以好音,不宜向上飞使人不闻,宜向下飞使人闻之,得其宜乃大吉。比喻统治者宣布法令,不宜仅布之官府,而宜布之民间,得其宜乃大吉。

[传解]

《小过》,卦名,小事错误也。亨,通也。贞,正也。亨利贞,谓小过而能亨通,其利在于正。余与经意同。

[原文]

《彖》曰:《小过》,小者过而亨也。过以"利贞",与时行也,柔得中,是以"小事吉"也。刚失位而不中,是以"不可大事"也。有"飞鸟"之象焉,"飞鸟遗之音,不宜上,宜下,大吉",上逆而下顺也。

此释卦名及卦辞。王念孙曰:"《小过》下当有亨字。"①是也。小事吉郭京本作可小事,与经文合,当从之。《小过》卦辞云"亨"者,谓小事错误,无伤大体,仍能亨通也。云"利贞"者,谓小事错误,而仍有利,其利在行之正,能应时而行也。云"可小事"者,《小过》之六二为阴爻,为柔,居下卦之中位。六五亦为阴爻，为柔，居上卦之中位。是为“柔得中”。象才力弱者得正中之道。可以为小事也。云“不可大事”者，《小过》之九四为阳爻，为刚，居阴位，（第四爻为阴位）是为“刚失位”。又九四不居上卦之中位。九三为阳爻，为刚，不居下卦之中位。是为刚“不中”。象才力强者未处于适当之地位，且未得正中之道，此则不可以为大事也。云“飞鸟遗之音，不宜上，宜下，大吉，”者，因《小过》卦有飞鸟之象也。《小过》之上卦为震，下卦为艮。《说卦》曰：“震为鹄。”（《释文》引荀爽《九家集解本》有此句，今本无。鹄，今名天鹅。）又艮为山。然则《小过》之卦象是鹄飞过山上。鹄飞过山上，予人以音，向上飞则人不闻，逆乎人之要求，向下飞则人闻之，顺乎人之要求，是为“上逆而下顺”，故不宜上，宜下，得其宜乃大吉也。

［原文］

**《象》曰：山上有雷，《小过》。君子以行过乎恭，丧过乎哀，用过乎俭。**

《小过》，小事错误。丧，为死人办丧事。《小过》之下卦为艮，上卦为震。艮为山。震为雷。然则《小过》之卦象是山上有雷。按《象传》乃以山比贤人，以雷比刑，以山上有雷比刑罚加于贤人。刑罚加于贤人因贤人有小错误也，是以卦名曰《小过》。君子观此卦象及卦名，从而谨言慎行，力求无过，其所过者，只是行过于恭，居丧过于哀，用财过于俭而已。行过于恭，则失之谄媚；居丧过于哀，则失之毁身；用财过于俭，则失之吝啬，亦皆是小错误。然而不为有罪，不致触刑，所以君子敢为之。故曰：“山上有雷，《小过》。君子以行过乎恭，丧过乎哀，用过乎俭。”

［原文］

**初六：飞鸟以凶。**

[经意] 以下疑当有矢字，转写脱去。飞鸟以矢，谓鸟被人射中，带矢而飞。《国语·鲁语》："有隼集于陈侯之庭而死。楛矢贯之，石砮，其长尺有咫。"是其例。飞鸟以矢，喻行人带致命重伤，是凶矣。

[传解] 与经意同。

[原文] 《象》曰："飞鸟以凶"，不可如何也。

不可如何，无可奈何。

[原文] 六二：过其祖，遇其妣。不及其君，遇其臣。无咎。

[经意] 过，行越其前。不及，行在其后。祖，祖父。妣，祖母。爻辞言：追求他人者，行越其祖之前，而得遇其妣，行落其君之后，而得遇其臣，非徒劳无功，故无咎。

[传解] 与经意同。

[原文] 《象》曰："不及其君"，臣不可过也。

传意：爻辞云"不及其君，……无咎"，因臣不可超越其君，行在君后，始无咎也。

[原文] 九三：弗过防之，从或戕之，凶。

[经意] 过，过失也。从读为纵，放任也。戕，杀也，伤也。爻辞言：当人未有过失之时，宜预防之；若放任不管，则或成其过

失，致杀伤其身，是凶矣。

［传解］ 与经意同。

［原文］ 《象》曰：“从或戕之”，“凶”如何也。

凶如何，言其凶之甚也。

［原文］ 九四：无咎。弗过遇之，往厉必戒，勿用永贞。

［经意］ 过，过失也。遇犹遏也，迎而止之也。厉，危也。戒，警告也。贞，占问。永贞，占问长期之事。爻辞言：筮遇此爻，无咎。当人未有过失之时，宜遏止之，往而有危险，必警告之。但此不可适用于占问长期之事。盖在长期中，有时必须冒险，宜鼓励之。

［传解］ 前三句与经意同。用，以为也。贞，正也。爻辞言：无咎在于：人尚未过失则遏之，往而有危险必戒之，勿以为人永远正确。

［原文］ 《象》曰：“弗过遇之”，位不当也。“往厉必戒”，终不可长也。

传意：爻辞云“弗过遇之”，因其过失之事，以其地位而论，是不当为之者也。云“往厉必戒”，因冒险而往，是自速其败，终不可长久也。《象传》位不当之说乃以九四之爻位为据。九四为阳爻，居阴位（第四爻为阴位），是为位不当，象人所处地位与其行事不相当。

［原文］　六五：密云不雨，自我西郊。公弋取彼在穴。

［经意］　密云不雨，自我西郊，乃事在酝酿之象。筮遇此爻，所占之事在酝酿中。弋，系缴（细绳）于矢以射鸟也。彼，指鸟。公弋取彼在穴，言某公射鸟而中，鸟逃入穴中，人入穴中取之。此乃古代故事，此故事所示者是事有所得。

［传解］　与经意同。

［原文］　《象》曰："密云不雨"，已上也。

已上，云已上升于天。

［原文］　上六：弗遇过之，飞鸟离之，凶，是谓灾眚。

［经意］　遇犹遏也。过之，使之有过失也。离借为罗，动词，用罗网捕鸟也。眚亦灾也。爻辞言：我不遏止人之过失，反而使之过失，此如飞鸟在天空，而我张罗网以捕之，其结果是凶，是谓灾祸。

［传解］　与经意同。

［原文］　《象》曰："弗遇过之"，已亢也。

已，甚也，太也。亢，苛也，虐也。[②]传意：爻辞云"弗遇过之，飞鸟离之"，是乃使人为非犯罪，陷入法网，其行太苛虐也。

［附考］　①《彖传》："《小过》，小者过而亨也。"王念孙曰："《小过》下当有亨字。传先举经文亨字，而后解之。如《遯彖传》曰：'《遯》亨，遯而亨

也。'《既济彖传》曰:'《既济》亨,小者亨也。'是其例矣。"按王校是也。

②上六:"弗遇过之,飞鸟离之。"(离借为罗)《象传》曰:"弗遇过之,已亢也。"亨按已太也。亢当读为康。亢康古通用。《礼记·明堂位》:"崇坫康圭。"郑注:"康读为亢龙之亢。"《仪礼·士冠礼》贾疏引康作亢。即其证。《尔雅·释言》:"康,苛也。"康苛乃一声之转,故康亦训苛。《国语·楚语》:"弭其百苛。"韦注:"苛,虐也。"此文之已亢即太苛虐之意也。不遏止人之过失,反而使之过失,引人入于罪,陷于法网,犹之张罗以捕飞鸟,岂非太苛虐哉。

# 《既济》第六十三

䷾(下离上坎)

[原文] 《既济》:亨小。利贞。初吉终乱。

[经意] 《既济》,卦名。亨小当小亨,转写误倒。亨即享字,祭也。贞,占问。筮遇此卦,可举行小享之祭,乃有利之占问,行事在其初阶段则吉,在其终阶段则有乱事。(或曰:“亨为一句,小利贞为一句,言筮遇此卦,可举行享祭,乃小有利之占问。”)

[传解] 《既济》,卦名。济,成也;《既济》,事已成也。亨,通也。小亨,小事亨通。贞,正也。利贞,有利且正。末句与经意同。

[原文] 《彖》曰:《既济》“亨”,小者亨也。

此释卦名及卦辞之首句。《尔雅·释言》:“济,成也。”《杂卦》曰:“《既济》,定也。”定犹成也。可见《易传》释《既济》为既成,谓其事已成也。济下当有小字,转写脱去。传文本作“《既济》小亨,小者亨也。”《既济》二字举卦名,小亨二字举卦辞,小者亨也四字释卦辞也。①《既济》卦辞云“小亨”者,言事虽既成,其成尚小,仅是小事亨通也。

[原文] “利贞”,刚柔正而位当也。

卦辞云“利贞”者,言其事利又正也。《既济》之上卦为坎,下卦为离。坎为阳卦,为刚。离为阴卦,为柔。刚上柔下,是为“刚柔正”。象君臣上下各正其位。其次,《既济》之初

九、九三、九五皆为阳爻，为刚，居阳位。六二、六四、上六皆为阴爻，为柔，居阴位。是为刚柔皆“位当”。象君臣上下皆处于适当之地位，皆称其职。君臣上下各正其位，又各当其职，是有利矣，是得正矣，是以卦辞云“利贞”。

［原文］ **“初吉”，柔得中也。“终”止则“乱”，其道穷也。**

卦辞云“初吉”者，因臣下在初时得正中之道，故吉也。《既济》之六二为阴爻，为柔，居下卦之中位。是为“柔得中”。象臣下得正中之道。六二又是一卦之第二爻，象臣下之初阶段。云“终乱”者，言臣下在终时失正而乱，所行之道穷困而不通也。《既济》之上六为阴爻，为柔，为一卦之终爻，象臣下之终阶段。上六居九五之上，而九五为阳爻，为刚，是为柔乘刚，象臣下欺凌君上，是为“乱”。上六又居一卦之尽头，象臣下处于穷困之境地。综之，《既济》之上六象臣下在最终阶段，欺凌君上，陷于穷困，是以卦辞云“终乱”。

［原文］ **《象》曰：水在火上，《既济》。君子以思患而豫防之。**

患，灾患也。豫读为预。预防，事先防止。《既济》之上卦为坎，下卦为离。坎为水。离为火。然则《既济》之卦象是水在火上。水在火上乃指以水救火而言。即发生火灾，浇之以水，水势压倒火势，水灭其火，是救火之功已成，是以卦名曰《既济》。然救火灾于既生之后，不如防火灾于未生之时，有患而能救，不如有备而无患。推之他事，亦复如是。君子观此卦象及卦名，从而常考虑后患，事先预防。故曰：“水在火上，《既济》。君子以思患而豫防之。”

[原文] 初九：曳其轮，濡其尾，无咎。

[经意] 曳，以手引之。轮疑借为纶，(《未济》九二："曳其轮。"汉帛书《周易》轮作纶，可证轮纶通用。)腰带之穗。濡，沾湿。尾，衣后之假尾。西周人尚以假尾为饰。此言：徒步涉水者手曳其纶，水湿其尾，尾湿而纶未湿，是其水不深，平安渡过矣。纶为饰之贵者，故曳之，使不湿。尾为饰之贱者，故不曳，任其湿。贵者重之，贱者轻之，得其宜矣。如此，故无咎。

[传解] 与经意同。

[原文] 《象》曰："曳其轮"，义"无咎"也。

义读为宜。(说见《需》卦)

[原文] 六二：妇丧其茀，勿逐，七日得。

[经意] 丧，失也。茀，汉帛书《周易》作发。按茀发均借为帗，大巾也。逐，追寻。妇失其帗，筮遇此爻，不必追寻，七日内可得。

[传解] 与经意同。

[原文] 《象》曰："七日得"，以中道也。

中，正也。传意：爻辞云"妇丧其茀勿逐，七日得"，失物不寻而得，是拾者拾物不昧，送还本人，行其正道。然则七日得乃由于人有正道也。《象传》此释乃以六二之爻位为据。六二居下卦之中位，象人守正中之道。

[原文] 九三：高宗伐鬼方，三年克之，小人勿用。

[经意] 高宗，殷王也，名武丁，庙号高宗。鬼方，国名，严允（古书作玁狁）部落之一，在当时中国之西北地区。克，胜也。小人，庶民之通称。勿用犹勿动。高宗伐鬼方，经过三年，而后胜之，此故事说明战争胜利得之不易。故统治者筮遇此爻，征伐他国，可以胜利，但不易得。庶民筮遇此爻，不可有所动作。

[传解] 与经意同。

[原文] 《象》曰："三年克之"，惫也。

《一切经音义》引《通俗文》曰："疲极曰惫。"惫谓鬼方之力量达于极疲之程度，不能再战。

[原文] 六四：繻有衣袽，终日戒。

[经意] 繻，《说文系传》引作濡，按当作濡，转写而误。濡，沾湿也。有犹于也。袽即絮字。先秦时代无棉花，富者以乱丝为絮，贫者以乱麻为絮。此指冬时渡水而言。人冬时渡水，湿其衣絮，衣则一时不可服，人则可能因受寒而生病，故宜终日小心戒惕。

[传解] 与经意同。

[原文] 《象》曰："终日戒"，有所疑也。

有所疑，疑其可能因受寒而生病也。

［原文］ 九五：东邻杀牛，不如西邻之禴祭实受其福。

［经意］ “杀牛”下，汉帛书《周易》有“以祭”二字，当据补。东邻，指殷王朝。西邻，指周王朝。禴祭，祭名，祭品薄约，仅用饭菜等，不用大牲。爻辞言：殷王朝杀牛以祭鬼神，可谓厚矣。周王朝仅用饭菜等以祭鬼神，可谓薄矣。但彼之厚祭不如此之薄祭可以实得其福。此盖谓殷王之德腥，鬼神不保佑之，周王之德香，鬼神保佑之，祭祀之得福与否，不在祭品之厚薄，而在祭者之德之香腥。

［传解］ 与经意同。

［原文］ 《象》曰：“东邻杀牛”，“不如西邻”之时也。“实受其福”，吉大来也。

《广雅·释诂》：“时，善也。”②传意：爻辞云“东邻杀牛，不如西邻之禴祭”，言东邻杀牛之厚祭不如西邻用饭菜之薄祭之美善也。云“实受其福”，言其吉福将大来也。

［原文］ 上六：濡其首厉，厉。

［经意］ 厉，危也。此亦指渡水而言。渡水而水沾湿其首，虽未溺死，然亦险矣。

［传解］ 与经意同。

［原文］ 《象》曰：“濡其首厉”，何可久也。

传意：爻辞云“濡其首厉”，盖渡水而水已沾湿其首，生命在顷刻之间，不可在水中久延，故为危险也。

[附考]

①《既济》曰：“亨小利贞。”《彖传》曰：“《既济》亨，小者亨也。利贞，刚柔正而位当也。”《集解》引虞翻曰：“柔得中，故亨小。”陆德明曰：“亨小绝句。”乃读经文“亨小”为一句，利贞为一句。郭京本传文重小字，全句是“《既济》亨小，小者亨也。”谓《既济》卦辞云“亨小”者，言其小事亨通也。此一说也。朱熹注经文曰：“亨小当为小亨。”注传文曰：“济下疑脱小字。”乃谓经文当作“小亨利贞。”传文当作“《既济》小亨，小者亨也。”此二说也。亨按经文本作“小亨”，故《彖传》释之曰“小者亨也”；如经文作“亨小”，则传文当“亨者小也”。如《小过彖传》曰：“《小过》，小者过。……”《大过彖传》曰：“《大过》，大者过也。”《大壮彖传》曰：“《大壮》大者壮也。”可为例证。今从朱说。　②《象传》：“东邻杀牛，不如西邻之时也。”王弼曰：“在于合时，不在于丰也。”注家多从之。亨按此说不确。殷王之祭，既肯杀牛以敬鬼神，岂能失时以慢鬼神哉。殷王不得鬼神之保佑，非因祭之失时，周王能得鬼神之保佑，非因祭之合时，可断言也。考《广雅·释诂》：“时，善也。”此时谓祭品之善也。古语谓食品祭品之善为时。《诗·鱼丽》曰：“物其有矣，维其时矣。”《頍弁》曰：“尔酒既旨。尔殽既时。”《生民》曰：“孔臭亶时。”时皆食品祭品美善之义。并其证。“东邻杀牛，不如西邻之时也”，乃“东邻杀牛，不如西邻之禴祭之时也”之省文，言殷王之厚祭不如周王之薄祭之善也。即谓殷王之德恶，祭品虽厚，而鬼神不飨；周王之德美，祭品虽薄，而鬼神飨之也。

# 《未济》第六十四

䷿(下坎上离)

[原文] 《未济》:亨。小狐汔济,濡其尾,无攸利。

[经意] 《未济》,卦名。亨即享字,祭也。汔疑借为迄,直行也。济,渡水。濡,沾湿。狐不能游水,老狐冬时过河,听冰下无水声而后过。小狐无知,遇水直渡,尾长,负尾以渡,水濡其尾,是全身已没于水中,此是喻庸人无能而蛮干以招祸。卦辞言:筮遇此卦,可举行享祭,小狐遇水直渡,水深濡其尾,势将溺死,无所利,人如无能而蛮干,亦无所利。

[传解] 《未济》,卦名。济,成也;《未济》,事未成也。亨,通也。余与经意同。此言:事尚未成功,而进行则通顺,但庸人任事,如小狐汔济,濡其尾,则无所利。

[原文] 《彖》曰:"《未济》亨",柔得中也。"小狐汔济",未出中也。"濡其尾无攸利",不续终也。虽不当位,刚柔应也。

本卦名曰《未济》,其义为事未成。而卦辞云"亨"者,亨,通也。《未济》之六五为阴爻,为柔,居上卦之中位,是为"柔得中",象大臣居高位,得正道,如此则行事通顺矣。云"小狐汔济"者,以小狐无游水之技能,遇水而直渡,喻庸人无任事之才力,遇事而蛮干,此未出于正道也。云"濡其尾,无攸利"者,以小狐没身濡尾,不能续渡,不能终渡,喻庸人任事,中途颠仆,不能继之,不能终之,此无所利也。(《史记·春申君传》载黄歇上书说秦昭王曰:"《诗》曰:'靡不有初,鲜克有终。'《易》曰:'狐涉水,濡其尾。'此言始之易终之难也。"所引《易》文与今本不同。所谓"终之难"与《彖传》所谓"不续终"意同。)综之,小狐之喻乃举事未成、行亦不通,以其失正道也。进而言之,本卦卦名《未济》,是事不成之义,卦辞云"亨",是行而通之义。卦之爻象正有此二义。初六、六三、六五皆为阴爻,为柔,居阳位。九二、九四、上九皆为阳爻,为刚,居阴位。是为刚柔"不当位",象君臣上下所处之地位皆不适当,才德皆不称其职,如此则其事不成,故卦名曰《未济》。但其三双同位爻,初六与九四、九二与六五、六三与上九,皆是一刚一柔。是为"刚柔应",象臣下皆应和其君上,如此则行而通,故卦辞曰"亨"。

[原文] **《象》曰:火在水上,《未济》。君子以慎辨物居方。**

俞樾曰:"辨物者分别其物品也。居方者处置其方位也。"①《未济》之上卦为离,下卦为坎。离为火。坎为水。然则《未济》之卦象是火在水上。火在水上,亦指以水救火而言。即发生火灾,浇之以水,而火势压倒水势,火炎在上,水浸在下,水未能灭火,是救火之功未成,是以卦名曰《未济》。水火具有矛盾相剋之性质,其斗争之胜负,在其势力之大小与方位之上下。(水势大,火势小,如水在火上,则水能胜火;如水在火下,则水不能胜火。水势小,火势大,无论水在火上或水在火下,水均不能胜火。此是一般情况。)其它事物之矛盾斗争,其胜负亦在两方之性质、势力、位置等条件与因素。君子观此卦象及卦名,从而以谨慎态度,分清事物之性质与势力等,审处其方位,以求行事有成。故曰:"火在水上,《未济》。君子以慎辨物居方。”

[原文] 初六：濡其尾，吝。

[经意] 濡，沾湿。尾，人衣后之假尾。（说见《既济》卦）吝，难也。此指人渡水而言。人渡水，水不深，仅濡其假尾，可平安渡过，但徒步以涉，水湿衣裳，亦有艰难。

[传解] 与经意同。

[原文] 《象》曰："濡其尾"，亦不知极也。

亨按极当作儆，形近而误。儆与下文正字谐韵。《说文》："儆，戒也。"儆与警，又同。[2]传意：爻辞云："濡其尾"，因其不知儆戒也。如其知儆戒，则渡此浅水，再上提其衣，使假尾临于水上，何致濡其尾哉。

[原文] 九二：曳其轮，贞吉。

[经意] 曳，以手引之。轮，汉帛书《周易》作纶。按轮借为纶，腰带之穗，衣饰之贵者。贞，占问。此亦指渡水而言。人渡水，水不深，手曳其纶，以免濡湿，是重其衣饰之贵者，重其所当重，结果必吉。是以占得此爻则吉。

[传解] 贞，正也。人渡水，曳其纶，是其行正，故吉。

[原文] 《象》曰："九二""贞吉"，中以行正也。

传意：爻辞云"曳其轮，贞吉"，以其合乎中道以行其正，故吉也。《象传》此释乃以九二之爻位为据。九二居下卦之中位,象人之行事合乎正中之道。

[原文] 六三:未济,征凶,利涉大川。

[经意] 济,渡过也。利上当有不字,转写脱去。(《讼》云:“不利涉大川。”此文当与彼同。)人遇大水,未能渡过,遇险难,未能克服,如此,征伐他国则凶,涉大川亦不利。

[传解] 与经意同。

[原文] 《象》曰:“未济征凶”,位不当也。

传意:爻辞云“未济征凶”,因其所处之地位与环境不适当,即处于不利之地位与环境也。面临大河,不具有适当之条件,未能渡过,正如征伐他国,处于不利之地位与形势,自有战败之凶祸矣。《象传》此释乃以六三之爻象爻位为据。六三为阴爻,居阳位(第三爻为阳位),是为位不当。象人所处之地位或环境不适当。

[原文] 九四:贞吉,悔亡,震用伐鬼方,三年,有赏于大国。

[经意] 贞,占问。震,当是人名,周君或周臣也。鬼方,国名。大国指殷国。《既济》九三曰:“高宗伐鬼方,三年克之。”与此文所记为一事。盖周人助殷伐鬼方,三年胜之,故殷王赏之。[3]爻辞言:筮遇此爻,所占之事吉,其悔可亡,因其遇震伐鬼方、三年战胜,受赏于殷之兆也。

[传解] 贞，正也。贞吉，行事正而得吉。余与经意同。

[原文] 《象》曰："贞吉悔亡"，志行也。

志行，志愿得行，即目的得达。

[原文] 六五：贞吉，无悔。君子之光有孚，吉。

[经意] 贞，占问。君子，贵族与士之通称。孚，古俘字。筮遇此爻，所占之事吉，可以无悔，君子之光荣是在战争中有所俘虏，是吉矣。

[传解] 贞，正也。贞吉，行事正而得吉。孚，信也。君子之光有孚吉，谓君子之光荣是言行有信，所以得吉。

[原文] 《象》曰："君子之光"，其晖"吉"也。

《释文》："晖字又作辉。"《说文》："晖，光也，从日，军声。煇，光也，从火，军声。"晖、煇、辉疑是一字。传意：爻辞云"君子之光有孚吉"，言君子之光是言行有信，人亦从而信任之，故其光辉得吉利之结果也。

[原文] 上九：有孚于饮酒，无咎。濡其首，有孚失是。

[经意] 孚，罚也。有孚于饮酒，谓周王朝曾下令禁酒，加罚于饮酒之人。（见《书·酒诰》篇）是，正也。爻辞言：加罚于饮酒之人，则人无嗜酒废事、酗酒闹事之现象，可以无咎。饮酒之人，往往醉后志乱，泼酒淋漓，致濡其首，是失其正矣。有罚于

饮酒，意在罚人之失正。

[传解]

孚，信也。余与经意同。爻辞言：有信于饮酒，或请人来饮，或应人招饮，均按时而行，不失其信，则不开罪于人，可以无咎。但若饮酒过量，大醉乱动，致酒濡其首，则虽有信，而失其正矣。

[原文]

《象》曰："饮酒濡首"，亦不知节也。

不知节，不知节制也。

[附考]

①《象传》："君子以慎辨物居方。"俞樾曰："物之所处谓之居。处置其物亦谓之居。《考工记》舆人曰：'凡居材，大与小无并'。弓人曰：'居干之道，菑栗不迤，则弓不发。'居皆处置之义也。是故辨物者，分别其物品也。居方者，处置其方位也。辨物居方，相对成义。"按俞说是也。 ② 初六《象传》曰："濡其首，亦不知极也。"九二《象传》曰："九二贞吉，中以行正也。"朱熹曰："极字未详，考上下韵亦不叶，或恐是敬字之误。"王引之曰："正与极不得为韵，窃疑正当为直，传写者误书作正，而韵遂不谐矣。"亨按朱说近之。余谓极当作儆，形似而误。儆与正谐韵。《说文》："儆，戒也，从人，敬声。"《说文》又曰："警，戒也，从言，敬声。"是儆警二字同义。亦不知儆也，言其人不知警惕也。朱改极为敬，不甚确切。王改正为直，正直形不相近，无由致误，其说非也。

③ 九四："震用伐鬼方，三年，有赏于大国。"震当是人名，周君或周臣也。《既济》九三曰："高宗伐鬼方，三年克之。"两爻辞所记为一事，甚明。则震当与殷高宗同时。高宗名武丁。《竹书纪年》："殷……武丁三十二年伐鬼方，次于荆（非荆楚之荆），三十四年王师克鬼方。"又："武乙三十五年周公季历伐西落鬼戎，俘二十翟王。"（《后汉书·西羌传》李注引古本《竹书纪年》文同）依《竹书纪年》两事相距一百余年，则震非季历也。王应麟《困学纪闻》卷一引《竹书纪年》："武丁三十五年周王季伐西落鬼戎。"以证《易经》此文。按季历不可能与武丁同时，王引《竹书纪年》恐有误字，其说亦非。

# 周易大传今注卷五

## 《系辞》上

《系辞》上下两篇乃《易经》之通论，以论《易经》之义蕴与功用为主。其中心论点：《易经》以阳阴两爻象宇宙事物之刚柔两性，以八经卦象宇宙之刚柔异性之八类事物，以六十四别卦象宇宙事物之关系，以爻与卦之变化象宇宙事物之变化，以卦爻辞说明具体事物之旨趣与人类行动之吉、凶、悔、吝、厉、咎。所以《易经》包罗万象，能启示人去认识宇宙事物之种种矛盾与发展，指出人事之是非、得失、利害、福祸之所在。人能善于运用，可以预见未来，趋吉避凶，兴利除害，崇德广业，得天神之佑助。今按《易经》本是筮书，卦爻象数本是一种巫术，无丰富之义蕴，对人事亦无指导之功用。《系辞》作者特夸大其词，玄秘其说，以神化其书，予以远离其实之推崇，甚无谓也。但《系辞》作者阐述宇宙事物之矛盾与发展，往往有精义，具有古朴之辩证法因素，尚属可贵。此外所论述者，有伏羲画八卦与古人观象制器之事，则是唯心之历史观。又有《周易》筮法及选释《易经》爻辞等，无庸具论。以余观之，此两篇长文，结构不甚谨严，有文句前后相重者，有文意前后相复者，又有似随意记录或简篇错乱者。如选释《易经》爻辞共十九条，分置三处（上篇两处，下篇一处），皆与上下文不相联，此其显著者也。

［原文］　天尊地卑，乾坤定矣。

尊，高也。卑，下也。乾为天，坤为地，天尊地卑，则乾尊坤卑因之以定。

［原文］ **卑高以陈，贵贱位矣。**

以与已同。陈，列也。位犹立也。天高为贵，地卑为贱，天高地卑之势既陈，则天贵地贱之位因之以立。

［原文］ **动静有常，刚柔断矣。**

《集解》引虞翻曰：“断，分也。”古人认为天体常动，支配地，故为刚；地体常静，顺承天，故为柔。天动地静既各有常，则天刚地柔，因之以分。上六句讲天地之矛盾对立。

［原文］ **方以类聚，物以群分，吉凶生矣。**

亨按方当作人，篆文人作[illegible]，方作[illegible]，形似而误。①人有异类，各以其类相聚。物有异群，各以其群相分。异类异群矛盾对立，于是吉凶生。此三句讲人及物之矛盾对立。

［原文］ **在天成象，在地成形，变化见矣。**

在天者有日月风雷云雨之象，在地者有山泽草木鸟兽之形，皆因时而变化。此三句讲天地万物之变化。

［原文］ **是故刚柔相摩，**

刚柔，指阳阴两爻所象刚柔两类物质。

［原文］ **八卦相荡。**

八卦，指八经卦所象天地雷风水火山泽及其它（如《说卦》所记）之八种物质。荡，冲激也。此二句讲天地万物之矛盾斗争。

[原文] **鼓之以雷霆,**

鼓,动也。之,指万物。霆,电也。[2]八卦:震为雷,离为电。

[原文] **润之以风雨。**

八卦:巽为风,坎为雨。

[原文] **日月运行,一寒一暑。**

八卦:离为日,坎为月。

[原文] **乾道成男,坤道成女。**

乾,天也。坤,地也。成犹为也。(与下文"坤作成物"之成异义)《易传》以天比男,以地比女,故言天道为男,地道为女。

[原文] **乾知大始,坤作成物。**

王念孙曰:"知犹为也,为亦作也。"[3]"乾知大始",谓天之所为是创始万物。"坤作成物",谓地之所作是养成万物。上八句讲天地生育万物之功能。

[原文] **乾以易知,坤以简能。**

此易字乃平易之易,平易犹平常也。此知字当读为智,智犹巧也。[4]天创始万物,可谓巧矣;然其应时而变化,皆有规律,不是神秘,而是平常。天以平常成其巧,故曰:"乾以易知。"地养成万物,可谓能矣;然其顺天以生育,亦有规律,不是复杂,而是简单。地以简单成其能,故曰:"坤以简能。"

［原文］ **易则易知，简则易从。**

上易字乃平易之易，下两易字乃容易之易。此知字乃知晓之知。“易则易知”，谓天道平易，故人易于认识。“简则易从”，谓地道简约，故人易于遵从。

［原文］ **易知则有亲。易从则有功。**

天道易知，则人能适应而亲依之。地道易从，则人能利用而有生产物质之功。

［原文］ **有亲则可久。有功则可大。**

天道为人所亲依，则可以成为永恒规律。地道有生产物质之功，则可以增大其生产。

［原文］ **可久则贤人之德。可大则贤人之业。**

天道可以成为永恒规律，则贤人适应之以成其德。地道可以增大生产，则贤人利用之以成其业。

［原文］ **易简而天下之理得矣。天下之理得，而成位乎其中矣。**

成犹定也。易简二字足以说明天地之道，而得天下万物之理。既得天下万物之理，则能定其阳阴刚柔上下贵贱之分位于其中矣。

以上第一章。此章首言：天地及万物之矛盾对立与运动变化，用八卦可以象之；次言：天道平常，地道简单，贤人之德在适应天道之规律。贤人之业在利用地道之功能。

［原文］ **圣人设卦观象系辞焉，而明吉凶。**

《释文》："虞本更有悔吝二字。"依下文，虞本是也。设卦，创立八卦及六十四卦。观象，观卦爻象。系辞，系卦辞于卦下，系爻辞于爻下。

［原文］ **刚柔相推而生变化。**

阳爻为刚，阴爻为柔。一卦六爻，其中一爻或数爻由刚变柔或由柔变刚，则其卦亦由此卦变彼卦，故曰："刚柔相推而生变化。"《易经》以此象事物之矛盾相推而生变化。

［原文］ **是故吉凶者，失得之象也。**

人行事得当则吉，失当则凶，故《易经》所谓吉凶乃人行事得失之象也。

［原文］ **悔吝者，忧虞之象也。**

悔，小不幸也。吝，难也。俞樾曰："《广雅·释诂》曰：'虞，惊也。'然则忧虞犹言忧惊也。"《易经》所谓悔吝乃人遇悔吝之事而心中忧惊之象也。

［原文］ **变化者，进退之象也。**

《易经》卦爻之变化象事物之变化。事物变化（包括人之活动）是旧者退而去，新者进而来，故卦爻变化乃事物进退之象也。

［原文］ **刚柔者，昼夜之象也。**

《易》之阳爻为刚，象昼；阴爻为柔，象夜。刚柔相推，象昼夜交替。故曰："刚柔者，昼夜之象也。"但刚不仅象昼，柔不仅象夜,此云昼夜者,盖以昼夜代表阳阴也。说见后。

[原文] 六爻之动,三极之道也。

三极,天、地、人也。《说文》:“极,栋也。”屋上最高之梁称极,引申为至高之义。《广雅·释诂》曰:“极,至也。”又曰:“极,高也。”天、地、人乃宇宙万类之至高者,故曰三极。《易》卦六爻刚柔之变化乃象天道地道人道之变化,故曰:“六爻之动,三极之道也。”

[原文] 是故君子所居而安者,《易》之象也。

安读为按或案,观察也。象原作序,《释文》引虞翻本作象,《集解》本同,今据改。⑤此言君子平居而观察者乃《易》之卦爻象也。

[原文] 所乐而玩者,爻之辞也。

玩谓揣摩也。爻之辞即爻辞。

[原文] 是故君子居则观其象而玩其辞,动则观其变而玩其占,是以自天祐之,吉无不利。

《说文》:“祐,助也。”今字作佑。

以上第二章。此章论述《易经》之卦爻及其变化乃象宇宙事物之运动变化,卦爻辞乃指告人事之得失进退,故君子学《易》,以为行动之指针。

[原文] 彖者,言乎象者也。

《系辞》作者称卦辞为彖,非《彖传》之彖也。彖亦断也。卦辞根据卦象以论断吉凶,故曰:“彖者,言乎象者也。”

[原文] **爻者，言乎变者也。**

《系辞》作者称爻辞为爻，非爻画之爻也。因爻辞属于爻画，故简称曰爻。依《周易》筮法，筮遇一卦，其中某一爻变，或阳爻变阴爻，或阴爻变阳爻，则以某一爻爻辞为主，论断吉凶。《易经》各卦各爻之爻辞皆指变爻而言。故曰："爻者，言乎变者也。"

[原文] **吉凶者，言乎其失得也。悔吝者，言乎其小疵也。无咎者，善补过也。**

《易经》所谓"吉凶"出于人行事之得失，"悔吝"出于人德行之有小疵，"无咎"出于人善补救其过失。

[原文] **是故列贵贱者存乎位，**

位，六爻之位次。《易传》认为：爻位象人所处之社会地位，如初爻为卑位，上爻为高位，二爻为臣位，五爻为君位等。故序列人之贵贱在于爻位。

[原文] **齐小大者存乎卦，**

俞樾曰："齐犹言列也。"⑥《集解》引王肃曰："阳卦大。阴卦小。"按乾震坎艮为阳卦，坤巽离兑为阴卦。阳卦象君，象男，象君子，故为大；阴卦象臣民，象女，象小人，故为小。六十四卦皆合两卦而成，上下两卦为阳卦则为大，为阴卦则为小，故序列人之大小在于卦。

[原文] **辩吉凶者存乎辞，**

辩借为辨，别也。辞指卦爻辞。

[原文] **忧悔吝者存乎介，**

介当读为忿。《说文》："忿，忽也。"此谓人遇悔吝而忧之者，在于对事忽略而不警惕。⑦

[原文] **震无咎者存乎悔。**

《集解》引虞翻曰："震，动也。"此悔乃追悔之悔，非悔吝之悔也。此言人动而无咎者，在于追悔往事之过失，惩前毖后。

[原文] **是故卦有小大，辞有险易。**

易，平易也。

[原文] **辞也者，各指其所之。**

之，往也。人走向吉利之途，则得吉利；走向凶咎之途，则得凶咎。卦爻辞所指告者此也。

以上第三章，此章论述《易经》对人事之指导意义。

[原文] **《易》与天地准，故能弥纶天地之道。**

《释文》引京云："准，等也。弥，遍也"。《集解》引虞翻曰："纶，络也。"弥纶即普遍包络。此二句言《易经》所讲之道与天地齐等，普遍包络天地之道。按此二句当在下文。

[原文] **仰以观于天文，俯以察于地理，是故知幽明之故。**

由"仰以观于天文"至"故能爱"诸句，皆言精于《易经》之人即所谓"圣人"能善于认识处理宇宙事物。此三句言"圣人"观天察地，故知天上光明、地下幽隐之故。

[原文] 原始反终,故知死生之说。

《管子·戒》篇:“春出原农事之不本者谓之游。”尹注:“原,察也。”反犹求也。此言“圣人”考察万物之始,故知其所以生;究求万物之终,故知其所以死。

[原文] 精气为物,游魂为变,是故知鬼神之情状。

精气犹灵气也。灵气不附于实物,而自成为灵物,是为神。游魂离去人身,而成为人之变化,是为鬼。“圣人”明乎此,故知鬼神之情状。

[原文] 与天地相似,故不违。

此言“圣人”之德与天地相似,故不违背天地之道。(《乾文言》曰:“夫大人者与天地合其德。”)

[原文] 知周乎万物,而道济天下,故不过。

《尔雅·释诂》:“济,成也。”过,过失也。此言“圣人”能知万物,利天下。

[原文] 旁行而不流,乐天知命,故不忧。

旁当读为方,二字古通用。方,正直也。乐天知命,则认为贫贱富贵皆由天命,处之泰然。此言“圣人”行为方正,安于天命。

[原文] 安土敦乎仁,故能爱。

安土,安于所居之地。敦,厚也。此言“圣人”能仁爱。

[原文] **范围天地之化而不过。**

上文"《易》与天地准,故能弥纶天地之道"二句当在此句上。范围用做动词,犹包括也。此言《易经》包括天地之变化而不超过。

[原文] **曲成万物而不遗。**

曲犹俱也。⑧成读为盛,用器纳物为盛,《诗·采蘋》:"于以盛之,维筐及筥。"是其例。遗,漏也。此言《易经》普遍容纳万物而不遗漏。

[原文] **通乎昼夜之道而知。**

焦循曰:"昼夜之道即一阴一阳之道也。"知读为智。此言《易经》贯通阳阴对立转化之规律而有智慧,能预知吉凶。

[原文] **故神无方而易无体。**

神,玄妙之道也。(下文曰:"阴阳不测之谓神。")无方,无定方也。无体,无定体也。玄妙之道变化多端,故无定方。《易经》反映玄妙之道,亦变化多端,故无定体。

以上第四章。此章首言《易经》包括天地万物之理,次言善于学《易》之人能深通天地万物之理,可以济天下,成万物。一片虚夸之词。

[原文] **一阴一阳之谓道。**

一阴一阳,矛盾对立,互相转化,是谓规律。

[原文] **继之者,善也。**

阴阳交替,来者继往者,来者为善;后者继前者,后者为善。

［原文］ **成之者，性也。**

阴成为阴，阳成为阳，是其本性。

［原文］ **仁者见之谓之仁，知者见之谓之知，**

知读为智。阴阳之道，复杂而多变化。人面临具体现象，往往有不同之认识，仁者见之则谓之仁，智者见之则谓之智。

［原文］ **百姓日用而不知，**

百姓指庶民。百姓日日利用此阴阳之道，但对之无所认识。

［原文］ **故君子之道鲜矣。**

《释文》引马、郑、王肃云："鲜，少也。"君子之道，认识全面之道也。仁者智者之道，认识片面之道也。百姓之道，无所认识之道也。君子之人少，故君子之道亦少矣。（卑视百姓，美化君子。）

［原文］ **显诸仁，藏诸用，**

诸，"之于"之合音。阴阳之道，其显明易见者乃其生育万物之仁，其隐藏难知者乃其所以能生育万物之作用。

［原文］ **鼓万物而不与圣人同忧。**

圣人为济世利民而忧虑者也。阴阳能鼓动万物，但无所用心，不与圣人同其忧虑。

[原文] 盛德大业至矣哉。富有之谓大业。日新之谓盛德。

此赞扬阴阳生育万物之盛德大业。

[原文] 生生之谓易。

阴阳与万物皆新陈代谢,生生不已,是谓变易。《系辞》作者认为《易经》之易即变易之义,以其讲阴阳万物变易之道也。

[原文] 成象之谓乾。效法之谓坤。

乾,天也。坤,地也。《系辞》下曰:"仰则观象于天,俯则观法于地。"亦以天象、地法并言。《礼记・曲礼》上:"效马效羊者右牵之。"郑注:"效犹呈见。"此言天成其象,地呈其法,均可知也。(或曰:"效法之谓坤,指地道顺承天道。"亦通。)

[原文] 极数知来之谓占。

极,尽也。占,筮也。用《易经》占筮,尽蓍策之数以成一卦,尽卦爻之数以观其象,以求预知来事。

[原文] 通变之谓事。

通事物之变化,采取行动,是谓之事。

[原文] 阴阳不测之谓神。

阴阳之变化,有其必然性而可测者,有其偶然性而不可测者;其道理亦有可知者,有不可知者。其不可测者则谓之神。

以上第五章。此章要点是论述天地间阴阳之道。

[原文] 夫《易》广矣大矣,以言乎远则不御;

《集解》引虞翻曰:“御,止也。”以《易经》论远处之事物,则通而无阻。

[原文] **以言乎迩则静而正;**

《说文》:“迩,近也。静,审也。”以《易经》论近处之事物,则精审而正确。

[原文] **以言乎天地之间则备矣。**

以《易经》论天地之间之事物,则无所不包。

[原文] **夫乾,其静也专,其动也直,是以大生焉。**

乾,天也。专借为团。《说文》:“团,圆也。”⑨天静而晴明,其形为圆;天动而降雨雪,其势直下。圆形则无不包,直下则无不至,是以能大生。

[原文] **夫坤,其静也翕,其动也辟,是以广生焉。**

坤,地也。《集解》引宋衷曰:“翕犹闭也。”陆德明曰:“辟,开也。”⑩地静而不生草木,则土闭;地动而生草木,则土开。唯其能闭能开,是以能广生。

[原文] **广大配天地,变通配四时,阴阳之义配日月,易简之善配至德。**

易,平易也。至德,天地之至德也。此四句言《易经》之道可配天地四时日月,冒下文“《易》其至矣乎”而言。

[原文] **子曰:“《易》,其至矣乎。**

子,孔丘,此是假托孔丘,下文同。

［原文］ **夫《易》，圣人所以崇德而广业也。知崇礼卑，崇效天，卑法地。**

知读为智。圣人，其智崇高，其礼卑谦，崇高效天，卑谦法地。

［原文］ **天地设位，而《易》行乎其中矣。**

设，立也。天地立其上下之位，易道即运行于天地之间。

［原文］ **成性存存，道义之门。”**

以《易》道论万物之性，则能成其性而不伤其性。以《易》道论万物之存，则能存其存而不毁其存。道义出于此。[11]

以上第六章。此章亦虚夸《易经》之功用。

［原文］ **圣人有以见天下之赜，而拟诸其形容，象其物宜，是故谓之象。**

赜，杂也。[12]拟，比拟也。诸犹乎也。万物之性各有其宜，故曰“物宜”。此言圣人有以见到天下事之复杂，从而用《易》卦比拟其形态，象征其物宜，所以谓卦体曰象。

［原文］ **圣人有以见天下之动，而观其会通，以行其典礼，系辞焉以断其吉凶，是故谓之爻。**

爻谓爻画。爻，仿效也。此言圣人有以见到天下事物之运动变化，而观察其会合贯通之处，从而推行社会之典章制度，于是在各爻下系上爻辞，以论断吉凶，所以谓爻画曰爻，爻者以爻之阴阳、位次、变化仿效事物也。

[原文] 言天下之至赜而不可恶也。言天下之至动而不可乱也。

言,论述也。恶疑借为谔。《说文》:“谔,妄言也。”⑬论述天下事物之至杂,不可妄谈也。论述天下事物之至动,不可乱说也。

[原文] 拟之而后言,议之而后动,拟议以成其变化。

成犹定也。此言用《易经》之卦爻比拟天下至杂至动之事物,而后谈说,加以讨论而后行动,通过比拟讨论,以定事物之变化。亨按下文“大衍之数五十”一章,当紧接此章。彼章云:“此所以成变化而行鬼神也。”又云“知变化之道者,其知神之所为乎。”正承此文“拟议以成其变化”而言,即其证。此两章中间有释《易经》爻辞一章,乃错简也。

以上第七章。此章言圣人作《易经》在于象天下最复杂常运动之事物。

[原文] “鸣鹤在阴,其子和之。我有好爵,吾与尔靡之。”

此引《中孚》九二爻辞。爵,饮酒器,形制如雀。靡,共也。

[原文] 子曰:“君子居其室,出其言善,则千里之外应之,况其迩者乎;居其室,出其言不善,则千里之外违之,况其迩者乎。言出乎身,加乎民。行发乎迩,见乎远。言行,君子之枢机。枢机之发,荣辱之主也。

枢机谓弩弓之枢机也。弩弓正中有臂,臂之下端置机,名曰弩机。弩机以铁制成,略似小匣。中有枢柱与其它机件。射时动其枢柱,则箭发出,故曰枢机。⑭弩机之发或中或否,犹言行之发或得或失。得则荣至,失则辱来,故为荣辱之主。

[原文] **言行,君子之所以动天地也,可不慎乎。”**

以上第一节。

[原文] **“同人先号咷而后笑。”**

此引《同人》九五爻辞。同人,经意原为聚众,《易传》释为与人同心同行。号咷,大哭也。

[原文] **子曰:“君子之道,或出或处,或默或语。二人同心,其利断金。**

利,锋利也。断金,斩断金属之物。此二句言二人同心,则无物不胜。

[原文] **同心之言,其臭如兰。”**

臭,气味也。如兰,喻其香也。《系辞》之意:人与人同心同行,彼此互助,则能转祸为福,转悲为喜,故经曰:“同人先号咷而后笑。”

以上第二节。

[原文] **“初六:藉用白茅,无咎。”**

此引《大过》初六爻辞。藉,垫也。此指用白茅垫祭品。

[原文] **子曰:“苟错诸地而可矣,**

《释文》:“错本亦作措。”错借为措。《说文》:“措,置也。”

[原文] **借之用茅,何咎之有?慎之至也。夫茅之为物**

**薄，而用可重也。慎斯术也以往，其无所失矣。”**

“慎斯术”之慎，《释文》云：“一本作顺。”此慎字当读为顺，遵循也。《释文》又引郑云：“术，道也。”此言用茅垫祭品，使祭品洁净，是对祭事慎重之至。遵循慎重之道以行事则无过失矣。

以上第三节。

［原文］ **“劳谦，君子有终，吉。”**

此引《谦》九三爻辞。劳谦，有功劳而谦也。终，古语谓好结果为终。

［原文］ **子曰：“劳而不伐，有功而不德，厚之至也。**

伐犹夸也。《左传》襄公十二年：“小人伐其技。”杜注：“自称其能为伐。”此德字是动词，自以为有功德也。此言有劳而不自夸，有功而不自居，是忠厚之至。

［原文］ **语以其功下人者也。德言盛。礼言恭。**[15]

言读为焉，犹则也。此言劳谦谓以其功自卑，甘居人下，功德则盛，礼则恭。

［原文］ **谦也者，致恭以存其位者也。”**

存犹保也。谦是致恭以保其位，故君子有终吉。

以上第四节。

［原文］ **“亢龙有悔。”**

此引《乾》上九爻辞。

[原文] 子曰："贵而无位，高而无民，贤人在下位而无辅，是以动而有悔也。"

此释与《乾文言》同，故不重注。按《文言》与《系辞》非一人所作，故文有重复。

以上第五节。

[原文] "不出户庭，无咎。"

此引《节》初九爻辞。

[原文] 子曰："乱之所生也，则言语以为阶。君不密则失臣，臣不密则失身，几事不密则害成。

几读为机。

[原文] 是以君子慎密而不出也。"

《系辞》之意：人不出户庭，可以保密，故无咎。（此释大非经意。且保密在于不言，不在于不出户庭，此释亦甚牵强。）

以上第六节。

[原文] 子曰："作《易》者，其知盗乎。《易》曰：'负且乘，致寇至。'

此引《解》六三爻辞。经意：且犹而也。人负物而乘车，是以其物之珍贵示人，将招贼寇来劫。

[原文] 负也者，小人之事也。乘也者，君子之器也。

小人，庶民也。君子，贵族大官也。此乘字谓车也。《左传》隐公元年："具卒乘。"杜注："车曰乘。"

［原文］　**小人而乘君子之器，盗思夺之矣。**

此言小人本宜负物，而今乘车，非其分也，故盗思夺之矣。（所释不合经意）

［原文］　**上慢下暴，盗思伐之矣。**

此推论国家致寇之由。《说文》："慢，惰也。"国家如君上骄惰，下民强暴，则盗寇思伐之矣。

［原文］　**慢藏诲盗。**

此推论人致盗之由。慢藏，懒于收藏财物。诲盗，诱诲盗者来盗。

［原文］　**冶容诲淫。**

此推论女子致淫之由。《一切经音义》八引刘瓛曰："冶，妖冶也。"冶容，妖冶其容貌。诲淫，诱诲淫者来淫。

［原文］　**《易》曰：'负且乘，致寇至。'盗之招也。"**

"盗之招也"乃"招盗也"之倒装句。

以上第七节。

以上第八章。此章记孔丘释《易经》爻辞之言凡七条。

［原文］　**大衍之数五十，其用四十有九。**

《释文》引郑云："衍，演也。"先秦人称算卦为衍。汉人称算卦为演。衍与演古字通也。金景芳说："当作'大衍之数五十有五'，转写脱去'有五'二字。"(《易通》)是也。《正义》引姚信董遇云："天地之数五十有五，者其六以象六爻之数（者当作省），故减之而用四十九。"足证姚董本作"大衍之数五十有五”。此言用《易经》演算，备蓍草五十五策，但只用四十九策。所以备五十五策者，下文曰：“凡天地之数五十有五。”此以天地之数定大衍之数也。所以余六策而不用者，以此六策标明六爻之数也。

[原文] **分而为二以象两。**

两谓两仪，天地也。筮时，将四十九策蓍草分为两部分，一部分横置于上方，以象天；一部分横置于下方，以象地。

[原文] **挂一以象三。**

三谓三才，天地人也。筮时，在“分二”之后，从上方之蓍草中抽出一策，竖置于上下两部分之间，以象人立于天地之间。竖置之一策若悬挂于横置之两部分之间，故曰“挂一”。如此则三才备具，故曰“以象三”。(《集解》引孔颖达曰：“分挂其于最小指间。”非也。)

[原文] **揲之以四，以象四时。**

陆德明曰：“揲犹数也。”《说文》：“揲，阅持也。”揲者，手持而分数之也。筮时，在“挂一”之后，将上方之蓍草每四策为一组分数之，是为揲之以四。揲过之策仍置于上方。揲之以四，乃象四时。

[原文] **归奇于扐以象闰。**

《管子·禁藏》篇：“旁入奇利。”尹注：“奇，余也。”扐疑借为肋。肋者胸之两旁，此指所挂蓍草之两旁。闰，闰月也。筮时，在“揲四”之后，将所余之蓍草(或一策，或二策，或三策，或四策。)置于所挂蓍草之左旁，乃象闰月也。(《释文)引马云:"扐,指间也。"后人皆从之。按如将余策夹在指间,则不能再揲矣,故知其说非也。)

[原文] **五岁再闰,故再扐而后挂。**

五岁再闰,古历法五年之中有两次闰月。筮时,在"归奇"之后,再取下方之蓍草,揲之以四,揲过之策仍置于下方,将所余之蓍草(或一策,或二策,或三策,或四策)置于所挂蓍草之右旁。是为再归奇于扐,乃象五年之中有两次闰月也。然后取两次"归奇"之策竖置于上下两部分之间,即所谓"后挂"。

以上为一变。再将上下两部分蓍草并而为一(挂在中间之蓍草不动),如上法数之,是为二变。又将上下两部分蓍草并而为一(挂在中间之蓍草不动),如上法数之,是为三变。三变始得一爻。其结果上下两部分蓍草之策数有四种:㈠九揲,三十六策,是为老阳之爻,是为可变之阳爻,《易经》爻题"九"字即九揲之九,标明其为可变之阳爻也。㈡七揲,二十八策,是为少阳之爻,是为不变之阳爻。㈢六揲,二十四策,是为老阴之爻,是为可变之阴爻。《易经》爻题"六"字即六揲之六,标明其为可变之阴爻也。㈣八揲,三十二策,是为少阴之爻,是为不变之阴爻。六爻始成一卦。

[原文] **天一,地二;天三,地四;天五,地六;天七,地八;天九,地十。**

此二十字原在后文"子曰《易》有圣人之道四焉此之谓也"之下。《汉书·律历志》引《易》曰:"天一,地二;天三,地四;天五,地六;天七,地八;天九,地十。天数五。地数五。五位相得而各有合。天数二十有五。地数三十。凡天地之数五十有五。此所以成变化而行鬼神也。"可证班固所见本此二十字在此处。今据移正。(此例足以证明今本《系辞》中确有错简)《易经》以阳爻一画象天,故天数为一;以阴爻两画象地,故地数为二。一为奇数,推之则奇数三、五、七、九亦皆为天数。二为偶数,推之则偶数四、六、八、十亦皆为地数。

[原文] **天数五。地数五。**

天数五,天数五个奇数也。地数五,地数五个偶数也。

[原文] **五位相得而各有合,天数二十有五,地数三十。**

相得犹相加也。合犹和也,即和数也。天数一、三、五、七、九,五位奇数相加,其和数为二十五。地数二、四、六、八、十,五位偶数相加,其和数为三十。

[原文] **凡天地之数五十有五。**

二十五加三十,共为五十五。

[原文] **此所以成变化而行鬼神也。**

成犹定也。行犹通也。依《周易》筮法:筮得一卦,每爻不外四种:㈠蓍草九揲(每揲四策),是为可变之老阳爻,标以“九”字。㈡蓍草七揲,是为不变之少阳爻,标以“七”字。㈢蓍草六揲,是为可变之老阴爻,标以“六”字。㈣蓍草八揲,是为不变之少阴爻,标以“八”字。四种数代表揲数。将六爻揲数相加,得其总数。从五十五中减去总数,得其余数。然后从初爻往上数,数至上爻,再由上爻往下数,数至初爻,如此往还数之,数至某爻而彼余数尽,则某爻为宜变之爻。宜变之爻为“九”,则其阳爻变为阴爻,为“六”,则其阴爻变为阳爻,爻变卦亦变。宜变之爻为“七”为“八”,则其爻不变,卦亦自不变。

然则爻卦之变化以天地五十五之数而定。故曰:"此所以成变化而行鬼神也。"(详见《周易古经今注》之《通说》中《周易筮法新考》)

[原文] **《乾》之策二百一十有六,《坤》之策百四十有四,**

《易经》六十四卦皆用变爻占事。《乾》卦六爻皆为可变之老阳爻,每爻蓍草九揲,每揲四策,共二百一十六策。《坤》卦六爻皆为可变之老阴爻,每爻蓍草六揲,每揲四策,共一百四十四策。

[原文] **凡三百有六十,当期之日。**

期,一年为期。《乾坤》两卦合为三百六十策,与一年三百六十日(约数)之数相当。《乾》为天。《坤》为地。天地变化一年一循环,故《乾坤》两卦之策数乃象天地变化一循环之日数也。

[原文] **二篇之策万有一千五百二十,当万物之数也。**

战国时,《易经》已分为上下两篇,故曰二篇。《易经》六十四卦,每卦六爻,共三百八十四爻,阳爻与阴爻各为一百九十二爻。一阳爻蓍草九揲三十六策。一百九十二阳爻合为六千九百一十二策。一阴爻蓍草六揲二十四策。一百九十二阴爻合为四千六百零八策。两者相加共一万一千五百二十策,与万物(约数)之数相当。此言《易经》之总策数乃象万物之数也。

[原文] **是故四营而成《易》。**

四营，古有两说：（一）《集解》引荀爽曰："四营者谓七、八、九、六也。"七指少阳之爻。八指少阴之爻。九指老阳之爻。六指老阴之爻。下文曰"《易》有四象"，四象即此四种爻象。《易》指《易经》。《易》卦皆由四种爻构成，爻之阴阳性与变否亦由四种爻而定，故曰"四营而成《易》"，四营谓爻象之四个营区也。（二）《集解》又引陆绩曰："'分而为二以象两'，一营也。'挂一以象三'，二营也。'揲之以四以象四时'，三营也。'归奇于扐以象闰'，四营也。"韩康伯说同。孔颖达疏曰："营谓经营，谓四度经营蓍策，乃成《易》之一变也。"按两说均通。依前说，四营即四象。《易经》六十四卦皆由四种爻象构成，故曰："四营而成《易》。"依后说，四营是四次布策之方法。四次布策为一变，二变成一爻，六爻成一卦。《易经》六十四卦皆用四次布策之方法，故曰："四营而成《易》。"

[原文] 十有八变而成卦。

筮时，三变成一爻，一卦六爻，故十八变成一卦。变谓蓍草之策数变也。

[原文] 八卦而小成。

八卦仅能象各孤立之事物，不能象各种事物之关系，故为小成。

[原文] 引而伸之，

伸当读为申。《尔雅·释诂》："申，重也。"引而申之，谓重八卦为六十四卦。

[原文] 触类而长之，

触犹遇也。长，增长也。触类而长之，谓遇同类之事物，则扩大卦象以象之也。

［原文］ **天下之能事毕矣。**

毕，尽也。天下之能事尽在《易经》中矣。

［原文］ **显道神德行，**

《易经》能显示道、神、德、行。

［原文］ **是故可与酬酢，可与祐神矣。**

王引之曰："与犹以也。"古代宴会之礼，主客以酒回敬，谓之酬酢，因而应付他人与事物，亦谓之酬酢。祐与佑同，助也。

以上第九章。此章论述《易经》筮法。作者认为：筮法上每一动作及蓍策之数字皆与天地万物之道相应，以明《易经》包罗万象，亦虚夸之词也。

［原文］ **子曰："知变化之道者，其知神之所为乎。《易》有圣人之道四焉：以言者尚其辞，**

以，用也。用《易经》以论事，则尚其卦爻辞，以判断是非。

［原文］ **以动者尚其变，**

用《易经》以行动，则尚其卦爻之变化，以决定进退。

［原文］ **以制器者尚其象，**

用《易经》以创造器物，则尚其卦象，以悟得方法，如《系辞》下篇所云"为耒耜，盖取诸《益》。为舟楫，盖取诸《涣》。"等是。

[原文] **以卜筮者尚其占。”**

用《易经》以卜筮，则尚其占得之结果，以预知吉凶。

[原文] **是以君子将有为也，将有行也，问焉而以言。**

筮时，将所占之事告蓍而问之。

[原文] **其受命也如响，**

孔颖达曰：“谓蓍受人命，报人吉凶，如响之应声也。”

[原文] **无有远近幽深，遂知来物。**

物，事也。

[原文] **非天下之至精，其孰能与于此。**

亨按与，及也。其孰能与于此，犹言其孰能及于此，其孰能至于此。

[原文] **参伍以变，**

参读为三。伍读为五。三五代表较小而不定之数字。变指爻变从而卦变。《易经》各卦六爻之变三五不定。

[原文] **错综其数，**

错，交错。综，综合。数指爻之位次。《易经》各卦六爻之数交错综合，形成爻位与爻位之关系。

[原文] **通其变，遂成天下之文。**

成犹定也。事物必有变，《易经》以卦爻之变反映事物之变,故通《易经》卦爻之变,则能定天下事物之文。

[原文] **极其数,遂定天下之象。**

极,尽也。事物必有关系,《易经》以卦爻之数反映事物之关系,故尽《易经》卦爻之数,则能定天下事物之象。

[原文] **非天下之至变,其孰能与于此。**

至变,最善变化者也。与,及也。

[原文] **《易》无思也,无为也,寂然不动,**

寂,静也。《易经》本身无思无为,寂静不动。

[原文] **感而遂通天下之故。**

故,事也。人用《易经》占事,以诚感之,则《易经》能通天下之事。

[原文] **非天下之至神,其孰能与于此。**

与,及也。

[原文] **夫《易》,圣人之所以极深而研几也。**

《释文》引郑云:"几,微也。"此言圣人穷究《易》之深奥,研求《易》之几微。

[原文] **唯深也,故能通天下之志。唯几也,故能成天下之务。唯神也,故不疾而速,不行而至。**

《广雅·释诂》:"疾,急也。"《易》道深奥,所以能贯通天下人之思想。《易》道几微,所以能定天下之事务。《易》道神妙，所以能响应人之要求。

［原文］ **子曰："《易》有圣人之道四焉"者，此之谓也。**

以上第十章。此章亦虚夸《易经》之作用，认为：《易》之本身则有三至，即"至精"、"至变"、"至神"，故圣人于《易》有四尚，即"尚其辞"、"尚其变"、"尚其象"、"尚其占"。

［原文］ **子曰："夫《易》何为者也？夫《易》开物成务，冒天下之道，如斯而已者也。"**

开物，揭开事物之真象。成务，确定事务之办法。韩康伯曰："冒，覆也。"按冒犹包也。冒天下之道，包括天下事物之道理。

［原文］ **是故圣人以通天下之志，以定天下之业，以断天下之疑。是故蓍之德圆而神，卦之德方以知，**

德，形体性质皆谓之德。知读为智。蓍之形体则圆，其性质则神。卦之形体则方，其性质则智。因蓍与卦能预知来事，故为神智也。

［原文］ **六爻之义易以贡。**

易，变也。韩康伯曰："贡，告也。"按《系辞》下曰："八卦以象告。爻象以情言。变动以利言。"此句谓六爻之义乃变化以告人也。"[16]

［原文］ **圣人以此洗心，**

《释文》："洗，京、荀、虞、董、张、蜀才作先，石经同。"《集解》本亦作先。王引之曰："作先之义为长。盖先犹导也。"[17]

按洗借为先。此句言圣人以《易经》启导其心也。即心有所疑，则以《易》筮之，因以知吉凶，决进退也。

[原文] **退藏于密，**

《集解》引陆绩曰："而退藏之于心也。"可通。亨按此谓占筮之后，记其事，退而藏之于密处，以为来日之借鉴也。甲骨卜辞即殷王朝所藏之卜事记录，是其证。

[原文] **吉凶与民同患。**

亨按凶可言患，吉不可言患，则患非忧患之患也。患当读为贯。《尔雅·释诂》："贯，事也。"此言圣人吉凶与民同事，以民之吉为吉，以民之凶为凶也。⑱

[原文] **神以知来。知以藏往。**

下知字读为智。藏往谓记其往事而藏之，以为来日之借鉴也。此二句谓圣人利用《易经》以成其神，以预知来事；又利用《易经》以成其智，以记藏往事。

[原文] **其孰能与此哉！古之聪明睿知神武而不杀者夫！**

与，及也。《说文》："睿，深明也。"知读为智。睿知，慧智也。杀，残暴也。此二句言唯有古之聪明慧智神武而不残暴之人始能至于此境也。

[原文] **是以明于天之道，而察于民之故，是兴神物以前民用。**

《广雅·释诂》："兴，举也。"神物指蓍草。前，先导也。

此句言圣人取此神物蓍草以占事,作人民用以占事之先导。

[原文] **圣人以此斋戒,以神明其德夫。**

《广雅·释诂》:“斋,敬也。”戒,警惕也。圣人用《易经》以肃敬警惕,以神明其德。

[原文] **是故阖户谓之坤。辟户谓之乾。**

阖,闭也。辟,开也。坤为地,此坤谓地气,即阴气也。乾为天,此乾谓天气,即阳气也。秋冬之时,万物入,宇宙之门闭,是地之阴气当今,故曰:“阖户谓之坤。”春夏之时,万物出,宇宙之门开,是天之阳气当令,故曰:“辟户谓之乾。”

[原文] **一阖一辟谓之变。**

宇宙之门一闭一开,万物一入一出,是谓之变。

[原文] **往来不穷谓之通。**

闭开入出,往来不穷,是谓之通。

[原文] **见乃谓之象。形乃谓之器。**

见读为现。器犹物也。出现于宇宙者谓之象。具有形体者谓之物。

[原文] **制而用之谓之法。**

人用其智慧与力量,制裁宇宙之象与物而利用之,皆有方道可以遵循,故谓之法。

[原文] **利用出入,民咸用之谓之神。**

咸，皆也。人利用其法，不永守旧规，而或出或入，有所改进，民皆用之，此谓之神。

以上第十一章。此章言圣人用《易经》以启其智，以明其德，以决其疑，以成其业，以制其法，以利其民，皆虚夸之词。然其论阴阳阖辟之道尚可取也。

［原文］ **是故《易》有太极。**

太极者，宇宙之本体也。宇宙之本体，《老子》名之曰“一”，《吕氏春秋·大乐》篇名之曰“太一”，《系辞》名之曰“太极”。盖《系辞》称最高之物为极，故前文称三才为三极。宇宙之本体是包括天地之最大最高之物，故称为“太极”。以筮法言之，前文曰：“大衍之数五十有五。”即象太极，故曰：“《易》有太极。”

［原文］ **是生两仪。**

两仪，天地也。《国语·周语》：“百官轨仪。”韦注：“仪，法也。”天地各有法象，下文曰：“法象莫大乎天地。”故称天地为两仪。宇宙之本体太极分而为天地，故曰：“是生两仪。”以筮法言之，上文曰：“分而为二以象两”，即象两仪也。

［原文］ **两仪生四象。四象生八卦。**

四象，四时也。四时各有其象，故谓之四象。天地生四时，故曰：“两仪生四象。”以筮法言之，筮得一爻，蓍草七揲者为少阳之爻，以象春也。由春往夏，是阳之增长，故七揲为不变之阳爻。蓍草九揲者为老阳之爻，以象夏也。由夏往秋，是由阳变阴，故九揲为可变之阳爻。蓍草八揲者为少阴之爻，以象秋也。由秋往冬，是阴之增长，故八揲为不变之阴爻。蓍草六揲者为老阴之爻，以象冬也。由冬往春，是由阴变阳，故六揲为可变之阴爻。少阳、老阳、少阴、老阴四种爻乃象四时。八卦由此四种爻构成，故曰："四象生八卦。"

［原文］ 八卦定吉凶。吉凶生大业。

八卦相重，吉凶之象以定。人趋吉避凶，大业以生。

［原文］ 是故法象莫大乎天地。变通莫大乎四时。县象著明莫大乎日月。

县，古悬字。《小尔雅·广诂》："著，明也。"

［原文］ 崇高莫大乎富贵。备物致用，立功成器，以为天下利，莫大乎圣人。

功字今本脱，《汉书·货殖传》引《易》曰："立功成器。"今据增。[19]

［原文］ 探赜索隐，钩深致远，以定天下之吉凶，成天下之亹亹者，莫大乎蓍龟。

赜，杂也。索，求也。《小尔雅·广诂》："钩，取也。"用钩钓鱼，所以取鱼也，故钩可训取。致犹推也。亹亹，奋勉前进也。大，超过也。(《释文》大作善，云："本亦作大。"古书引此多作善。义均可通。[20])此言探讨事物之复杂，索求事物之隐晦，钩取事物之深奥，推致事物之辽远，从而决定天下事之吉凶，促成天下人之奋勉前进者，无有超过蓍龟者也。古人筮用蓍草，卜用龟甲。《易经》作者认为此二物是神物，占事最为灵验。

[原文] **是故天生神物,圣人则之。**

神物指蓍龟。《广雅·释诂》:"则,法也。"此言天生蓍龟两种神物,圣人取法于蓍,以造筮法;取法于龟,以造卜法。

[原文] **天地变化,圣人效之。**

效,亦法也。此言天地万物多变化,圣人作八卦及六十四卦,以卦之变化象征天地万物之变化。象征即仿效也。

[原文] **天垂象,见吉凶,圣人象之。**

此言上天垂象,有吉有凶,圣人摹仿之,作六十四卦,卦象亦有吉有凶。

[原文] **河出图,洛出书,圣人则之。**

河,黄河。洛,洛水。汉人说:伏牺时有龙马出于河,身有文如八卦,伏牺取法之,以画八卦。夏禹时有神龟出于洛,背上有文字,禹取法之,以作书,即《尚书·洪范》之起原。[21]

[原文] **《易》有四象,所以示也。**

四象,少阳、老阳、少阴、老阴四种爻象也。四象以示事物之阴阳刚柔及其变化与否。

[原文] **系辞焉,所以告也。**

系辞,写上卦爻辞。

[原文] **定之以吉凶,所以断也。**

以上第十二章。此章言圣人受河图之启示,借蓍草之神灵,制定筮法,创作《易经》,以仿效宇宙形成之过程,象征天地日月四时诸种现象之变化，探求复杂隐晦深奥遥远之事物，定其吉凶，以指导人之行动，亦虚夸之词也。

[原文] 《易》曰："自天祐之，吉无不利。"

此引《大有》上九爻辞。祐与佑同。

[原文] 子曰："祐者，助也。天之所助者，顺也；人之所助者，信也。履信，思乎顺，又以尚贤也，是以自天祐之，吉无不利也。"

此言思顺则得天助，履信则得众人之助，尚贤则得贤人之助，三者备始吉无不利。所释甚超经意。

以上一节与上下文不相联，当是错简。

[原文] 子曰："书不尽言，言不尽意。"

此述孔丘之言以为发问之前提。

[原文] 然则圣人之意，其不可见乎？子曰："圣人立象以尽意，设卦以尽情伪，

《系辞》下篇曰："情伪相感而利害生。"孔颖达曰："情谓情实。伪谓虚伪。"情伪犹诚伪也。

[原文] 系辞焉以尽其言，变而通之以尽利，鼓之舞之以尽神。"

神是最高智慧之称。此言《易经》鼓舞人以尽其智慧。

[原文] 乾坤，其《易》之缊邪？

乾坤，天地也。《易经》讲阴阳矛盾对立与变化之道者也。

《集解》引虞翻曰："缊，藏也。"唐石经缊作蕴。今通用蕴字。邪读为耶。此言天地乃阴阳矛盾对立与变化之《易》道之所蕴藏。

［原文］ **乾坤成列，而《易》立乎其中矣。**

成列犹定位也。天列于上，地列于下，阴阳矛盾对立与变化之《易》道存于其中矣。此言有天地则有《易》道。

［原文］ **乾坤毁，则无以见《易》。**

如天地毁灭，则无以见阴阳矛盾对立与变化之《易》道。此言无天地则无《易》道。

［原文］ **《易》不可见，则乾坤或几乎息矣。**

如阴阳矛盾对立与变化之《易》道不可见，则天地或几乎息灭。此言无《易》道则无天地。

［原文］ **是故形而上者谓之道。形而下者谓之器。**

器，物也。形而上者如思想学术理论方法制度等是也。形而下者如天地动物植物器械等是也。此将天地间之一切分为道器两类，其义尚简单。

［原文］ **化而裁之谓之变。**

化，改也。裁，制也。道与器加以改制，是谓之变。

［原文］ **推而行之谓之通。**

道与器予以推行，是谓之通。

［原文］ **举而错之天下之民谓之事业。**

举犹取也。错借为措。《释文》:“错本又作措。”《集解》本亦作措。措,施也。取道与器施之于天下之民,是谓之事业。

［原文］　**是故夫象,**

亨按夫当作爻,形似而误。此乃举爻象二字以起下文。下文正是分释爻象二字,故曰:“是故谓之象”,“是故谓之爻”。则夫当作爻,明矣。

［原文］　**圣人有以见天下之赜,而拟诸其形容,象其物宜,是故谓之象。圣人有以见天下之动,而观其会通,以行其典礼,系辞焉以断其吉凶,是故谓之爻。**

此九句重述上文。赜,杂也。余注见上。

［原文］　**极天下之赜者存乎卦。**

极,尽也。存乎,在于也。

［原文］　**鼓天下之动者存乎辞。化而裁之存乎变。推而行之存乎通。神而明之存乎其人。默而成之,不言而信,存乎德行。**

此六句言《易经》对人之事业之指导功用。

以上第十三章。此章言《易经》能充分反映人之思想、言论与活动,又能反映天地万物之变化,而人类事业在于利用道与器而加以变通,《易经》之卦爻象及卦爻辞足以指导人去作此种事业。

［附考］　①“方以类聚,物以群分,吉凶生矣。”《集解》引《九家易》曰:“方,道也。”乃谓方指人之道术,不切。《礼记·乐记》曰:“方以类聚,物以群

分，则性命不同矣。”郑注：“方谓行虫也。物谓殖生者也。”古人称动物为虫。殖读为植。然则郑玄认为方是动物，物是植物。依《乐记》，方与物皆有性命，则方亦物类，其义甚明，非方术之方也。但郑玄释方为动物，不见古书，亦不可从也。余谓《系辞》与《乐记》之方皆当作人。古文人作，方作，形相似，故误。人以类聚，得其类则吉，失其类则凶。物以群分，得其群则吉，失其群则凶。故《系辞》曰：“吉凶生矣。”人以类聚，物以群分，乃以其性命不同，故《乐记》曰：“则性命不同矣。”

② “鼓之以雷霆。”《释文》：“霆，蜀才云：‘疑为电。’”孔颖达曰：“又鼓动之以震雷离电。”王引之曰：“孔颖达本霆作电，是也。”按孔氏乃以电释霆，非其所据本霆作电也。何秋涛曰：“霆之训不一，或以为雷，或以为电，而言雷者又分为数解。有径以霆为雷者，《易》刘瓛注也。（见《一切经音义》所引）有以为雷之余声铃铃所以挺出万物者，许氏《说文》也。有以为迅雷卒如火之耀者，即所谓霹雳，此唐王冰《素问》注所言，本《苍颉篇》所说者也。（《一切经音义》引《苍颉篇》：‘霆，礔砺也。’礔砺即霹雳。）……今参考众说，知《易》之霆字本当训电，故别本作电。《左氏襄十四年传》：‘畏之如雷霆。’《释文》：‘霆本亦作电。’即其证也。《谷梁隐九年传》云：‘电，霆也。’此必相承古训。《庄子·天运》篇：‘吾惊之以雷霆。’《释文》：‘霆，电也。’《系辞》以雷霆与风雨对文。风雨既非一物，雷霆岂得相溷。惟训霆为电，则卦象文义均为允惬矣。……《淮南子·兵略训》云：‘疾雷不及塞耳。疾霆不暇掩目。’盖以霆为电，用《谷梁》之说。……”（《一镫精舍甲部稾霆辨》）　③ “乾知大始。坤作成物。”朱熹曰：“知犹主也。乾主始物，而坤作成之。”王念孙曰：“知犹为也。为亦作也。乾知大始，万物资始也。坤作成物，万物资生也。《周语》：‘知晋国之政。’韦昭注曰：‘知政谓为政也。’《吕氏春秋·长见篇》：‘三年而知郑国之政。’高诱注曰：‘知犹为也。’”按朱王之训不同，其义一也。盖主其事即为其事，故知训主训为，其意不异。但以王训为切。古书常用知字为此义。《左传》宣公四年：‘楙也知政。’襄公二十六年：‘子产将知政矣。’二十七年：‘子荡将知政矣。’哀公二十七年：‘郑人俘酅魁，赂之以知政。’《战国策·秦策》：‘使此知秦国之政也。”皆其例。后世“知府”、“知州”、“知县”等官名之知皆由此而来。《系辞》下篇：

“夫乾，天下之至健也，德行恒易，以知险。夫坤，天下之至顺也，德行恒简，以知阻。”二知字亦当训为。 ④“乾以易知。坤以简能。”《系辞》下篇曰：“危者使平。易者使倾。”《集解》引陆绩曰：“易，平易也。”此易亦平易之义。此知字与能相对，当读为智，巧也。《淮南子·原道》篇：“不设智故。”高注：“智故，巧饰也。”《览冥》篇：“道德上通而智故消灭也。”高注：“智故，巧诈。”《管子·心术》篇：“去智与故。”《韩非子·解老》篇：“诸夫饰智故以至于伤国者。”智皆巧也，故皆诈也。此智有巧义之证。盖智慧之表现为巧，故智可训巧。此二句言天以平易成其巧，地以简约成其能。 ⑤“是故君子所居而安者，《易》之象也。”今本象作序。《释文》：“序虞本作象。”《集解》本亦作象。引虞翻曰：“旧读象误作厚，或作序，非也。”按序当作象，字之误也，今据改。又按安字于义不合。安当读为按，为案，观察也。《礼记·月令》：“按度程。”《淮南子·时则》篇作“案度程”。高注：“案，视也。”《后汉书·钟离意传》：“府下记案考之。”李注：“案，察之也。”《史记·卫将军骠骑传》：“按榆谿旧塞。”《集解》引或曰：“按，行也。”按乃巡视之义。此按案通用，并有观察之义之证。安案古亦通用。《荀子·劝学》篇：“安特将学杂识志。”杨注：“安或作案。”《史记·秦始皇纪》：“安土息民。”《索隐》：“贾谊书安作案。”并其证。此言君子平居而观察者，《易》之卦象也。故下文曰：“君子居则观其象。” ⑥“是故列贵贱者存乎位。齐小大者存乎卦。”俞樾曰：“齐犹言列也。《淮南子·原道》篇：‘齐靡曼之色。’高注曰：‘齐，列也。’是齐可训列。《庄子·盗跖》篇：‘齿如齐贝。’齐贝犹列见也。列贵贱者存乎位，齐小大者存乎卦，曰列曰齐，辞异而义同。”

⑦“忧悔吝者存乎介。震无咎者存乎悔。”《释文》：“介，王肃、干、韩云：‘纤介也。’”《集解》引虞翻说同。此解固通而不确切。介当读为忿。二字同声系，古可通用。《说文》：“忿，忽也，从心，介声。《孟子》曰：‘孝子之心不若是忿。’”（所引见《孟子·万章》篇，赵岐注本忿作恝。恝即忿之别字。）忧悔吝者存乎忿，谓人忧其遇悔吝之事，在于其忽略而不警惕，以致有小悔吝也。下句“震无咎者存乎悔”，忿与悔皆自心理言之，忽略则生悔吝，追悔则可无咎，义甚通恰。 ⑧“曲成万物而不遗。”按曲犹遍也。《荀子·天论》篇：“其行曲治。其养曲适。”《正名》篇：

“散名之加于万物者则从诸夏之成俗曲期。”梁启雄曰：“曲字有周遍之义。”(《荀子简释》)此曲字亦同。　⑨“夫乾，其静也专，其动也直，是以大生焉。”《释文》：“专陆作抟。”俞樾曰：“按下文云：‘夫坤，其静也翕，其动也辟。’翕与辟正相对。此云：‘夫乾，其静也专，其动也直。’专与直亦必相对。专当作抟。《说文·手部》：‘抟，圜也。’《考工记》梓人：‘抟身而鸿。’郑注曰：‘抟，圜也。’又庐人、弓人注并同。《楚辞·橘颂》篇：‘圆果抟兮。’王逸注曰：‘抟，圜也。楚人名圆为抟。’然则其静也抟犹言其静也圜。圜者，乾之本体也。抟直、翕辟皆言其状。抟作专者，叚(假)字耳。《史记·秦始皇纪》：‘抟心壹志。’叚抟为专也。此云：‘其静也专。’叚专为抟也。……”俞说是也。但抟者，以手搓物使圜也，故字从手。此文之专乃借为团。《说文》：“团，圆也，从口，专声。”团者，形体之圆也。俞读犹未深究。　⑩“夫坤，其静也翕，其动也辟，是以广生焉。”朱骏声曰：“翕叚为阖。”(《说文通训定声·临部》)是也。《说文》：“阖，闭也。辟，开也。”　⑪“成性存存，道义之门。”孔颖达曰：“此明易道……能成其万物之性，存其万物之存。”朱熹曰：“存存谓存而又存，不已之意也。”俞樾曰：“《尔雅·释训》曰：‘存存，在也。’……是存存重言，非有两义。”按孔说较长。余又疑存存当作存材，材存形似而误。存材谓存其万物之材也。　⑫“圣人有以见天下之赜。”《释文》：“赜京作啧。”朱熹曰：“赜，杂乱也。”按赜啧同字。(赜从𦣝。𦣝，古颐字。啧从口。)啧可训杂。《左传》定公四年：“啧有烦言。”犹云杂有烦言也。《荀子·正名》篇：“啧然而不类。”犹云杂然而不类也。并其例也。此云“天下之赜”，谓天下事物之复杂也。下文曰：“探赜索隐。”探赜谓探求复杂之事物也。　⑬“言天下之至赜而不可恶也。”言，论述也。《释文》：“恶荀作亚。”朱熹曰：“恶犹厌也。”来知德曰：“恶，厌也。朝此饮食，暮此饮食，月此饮食，年此饮食，得之则生，不得则死，何尝厌恶。”俞樾曰：“恶之言麤(粗)也。《国语·齐语》：‘恶金以铸鉏夷斤斸。’韦昭注曰：‘恶，麤也。’《仪礼·既夕》记：‘主人乘恶车。’亦取麤恶之义。天下之理至赜，必详悉言之，方能共晓，故曰：‘言天下之至赜而不可恶也。’谓不可粗略也。……”此二说皆不切合。亨按恶亚古通用，疑皆借为谔。《说文》：“谔，妄言也，从言，雩声。”言天下之至赜而不可谔也,谓论述天下至杂之事物不可妄谈也。下句云:“言天下之至动而不可乱也。”不可谔与不可乱,其意略同。恶亚与谔乃一声之转。《礼记·礼器》:“必先有事于恶池。”郑注:“恶当作呼。”《庄子·在宥》篇:“鸿蒙仰而视之曰吁!”《释文》:“吁亦作呼。”此亚乎于三声系相通之证。然则恶亚可读为谔矣。又谔与诬亦一声之转,故不可恶即不可谔,亦即不可诬也。 ⑭“言行,君子之枢机。枢机之发,荣辱之主也。”《左传》襄公二十五年孔疏引郑注云:“枢,户枢也。机,弩牙也。……”王引之曰:“郑解枢字则是,解机字则非。书传机字与括并言者,弩牙也。《缁衣》引《大甲》曰:‘若虞机张,往省括于厥度则释。’《庄子·齐物论》曰:‘其发若机括。’是也。与枢并言者,门梱也。《淮南子·人间》篇:‘晓然自以为智存亡之枢机(智与知同)、祸福之门户。’庄二十四年《公羊传》注说妻事夫曰:‘枢机之内(机之内谓梱以内也。’蔡邕《司徒夫人灵表》曰:‘不出其机。’言不出于梱也。)寝席之上,朋友之道。’续《汉书·五行志》注引蔡邕对灵帝曰:“陛下枢机之内,衽席之上。’《广雅》:‘机,朱也。’朱与梱同。《说文》:‘梱,门橜也。’《说苑·政理》篇:‘政橛机之礼,壹妃匹之际。’是机为门橜,与梱同也。枢为户枢,所以利转。机为门梱,所以止扉。故以枢机并言。枢机为门户之要,犹言行为君子之要。若弩牙则不与户枢为类,不得与枢并言矣。”亨按王说亦误。门开闭则枢动,枢可云发。若机为门梱,门梱不动,何得云发乎。余谓古书所谓枢机有二义:一为门户之枢机,如王氏所言是也;一为弩弓之枢机,如《易传》所言是也。《国语·周语》:“耳目,心之枢机也。”《鬼谷子·飞拑》篇:“料气势,为之枢机,以迎之随之。”亦谓弩弓之枢机也。弩弓之枢机通称为弩机。弩弓有臂。弩机以铁为之,形略似小匣,中有枢柱及其它机件,置于弩臂之末,扣其弓弦。动其枢机则箭射出。弩弓枢机之发或中或否,犹人言行之发或得或失。得则荣来,失则辱至。故曰:“言行,君子之枢机。枢机之发,荣辱之主也。” ⑮“德言盛。礼言恭。”按言当读为焉。言焉古通用。《诗·大东》:“睠言顾之。”《荀子·宥坐》篇引言作焉。即其证。焉犹则也。(《经传释词》有此例)此二句谓其德则盛,其礼则恭,谦之表现也。 ⑯“六爻之义易以贡。”《释文》:“贡,京、陆作工,荀作功。”韩康伯曰:“贡,告也。”按贡与控古通用。控亦训告。《诗·载驰》:“控于大邦。”谓告于大邦也。《左传》襄公八年:“无所控告。”犹言无所诉告也。六爻之义易以贡,言六爻之义在变易以告也。王引之曰:“《尔雅》曰:‘功,成也。’《管子·五辅》篇:‘士修身功材。’《庄子·天道》篇:‘帝王无为而天下功。’《荀子·富国》篇:‘百姓之力待之而后功。’皆谓成为功也。六爻之义刚柔相易,乃得成爻,所谓‘道有变动故曰爻’也。故曰:‘六爻之义易以功。’作工作贡皆借字耳。”王氏此释可备一说。　⑰“圣人以此洗心。”《释文》:“洗,京、荀、虞、董、张、蜀才作先,石经同。”《集解》本亦作先。王引之曰:“作先之义为长。盖先犹导也。(大司马:‘以先恺乐献于社。’郑注曰:‘先犹道也。’《释文》:‘道音导。’)圣人以此先心者,心所欲至,而卜筮先知,若为之前导然。……班固《幽通赋》曰:‘神先心以定命。’义本《系辞》传也。先或作洗,乃字之假借,犹先马之通作洗马矣。(《汉书·百官公卿表》:大子大傅少傅属官有先马。如淳注曰:‘先或作洗。’引《越语》曰:‘句践亲为夫差先马。’《韩非子·喻老》篇作‘洗马’。)……”惠栋、焦循、姚配中等说略同。按此说是也。此言圣人以《易经》启导其心也。　⑱“吉凶与民同患。”亨按患当读为串。患串古通用。《诗·皇矣》:“串夷载路。”《释文》:“串一本作患。”《韩非子·五蠹》篇:“其患御者积于私门。”卢文弨、俞樾皆读患为串。(见《韩非子集解》)并其证。串即毌字。《说文》:“毌,穿物持之也,从一横贯,象宝货之形。读若冠。”又曰:“贯,钱贝之贯也,从毌贝。”朱骏声曰:“毌实即贯之古文。”(《说文通训定声·乾部》)是也。然则同患即同毌,即同贯也。《尔雅·释诂》:“贯,事也。”同贯犹言同事矣。《韩非子·显学》篇:“今商官技艺之士亦不垦而食,是地不垦与磐石一贯也。儒侠无军功显而荣者,则民不使,与象人同事也。”《易传》之同贯与《韩非子》之一贯同意。吉凶与民同贯,言圣人之吉凶与民一致,圣人以民之吉为吉,以民之凶为凶也。　⑲“备物致用,立功成器,以为天下利,莫大乎圣人。”今本无功字。《汉书·货殖传》引此四句,亦无功字。但宋祁校说曰:“一本作立功成器。”是宋本《汉书》或有功字。又《汉书·翟进传》曰:“备物致用,立功成器,以为天下利。”正用《易传》此文。按有功字是也。今据增。　⑳“以定天下之吉凶,成天下之亹亹者,莫大乎蓍龟。”《系辞》下篇亦云:“定天下之吉凶,成天下之亹亹者。”亹亹《集解》本均作娓娓。二字古通用。其说有三:《集解》引侯果曰:“亹,勉也。”孔颖达曰:“《释诂》云:‘亹亹,勉也。’……”按训亹为勉,可读亹为勉。二字古通用。《诗·棫朴》:“勉勉我王,纲纪四方。”《白虎通·三纲六纪篇》引勉勉作亹亹。即其证。成天下之勉勉,谓蓍龟能促成天下人之奋勉也。此一说也。下篇《集解》引虞翻曰:“娓娓,进也。”按《广雅·释训》曰:“亹亹,进也。”《诗·文王》:“亹亹文王。”《文选·吴都赋》李注引《韩诗》云:“亹亹,水流进貌。”《楚辞·九辩》:“时亹亹而过中兮。”王注:“亹亹,进貌。”成天下之亹亹,谓蓍龟能促成天下人之前进也。此二说也。《文选·广绝交论》李注引王弼曰:“亹亹,微妙之意也。”《一切经音义》引刘瓛曰:“亹亹犹微妙也。”于省吾曰:“亹娓微古亦音近字通。《论语》‘微生高’,《国策》作‘尾生高’。《书·尧典》:‘鸟兽孳尾。’《史记·五帝纪》作‘鸟兽字微’。《庄子·盗跖》:‘尾生与女子期于梁下。’《释文》:‘尾本作微。’《说文》:‘尾,微也。’然则亹亹娓娓并微微之假字。《荀子·解蔽》:‘养一之微,荣矣而未知。’注:‘微,精妙也。’古以蓍龟为神物,故曰成天下之微妙者莫大乎蓍龟。赜隐深远正与微妙之意相贯。……”此三说也。三说均通。余谓前二说可合为一。亹亹者,奋勉前进也。其次,《释文》大作善,云:“本亦作大。”《汉书·艺文志》、《白虎通·蓍龟》篇、《公羊传》定公八年何注、《孔子家语·礼运》篇王注、《群书治要》、《仪礼·士冠礼》贾疏、《后汉书·方术传》李注、《文选·广绝交论》李注引大皆作善。惠栋(《九经古义》)王引之皆谓大当作善。按大者,超过也。莫大乎蓍龟,谓莫超过于蓍龟也。前文“莫大”二字凡四见,则此句亦以作莫大为长。不必改字也。 ㉑“河出图,洛出书,圣人则之。”亨按此二事是先秦时代之神话。《书·顾命》曰:“大玉夷玉天球河图在东序。“《文选典引》蔡邕注引《尚书》曰:“颛顼河图雒书在东序。”《论语·子罕》篇:“子曰:‘凤皇不至,河不出图,吾已矣夫!’”《史记·孔子世家》载《论语》此文,“河不出图”下有“雒不出书”一句。据此,河图洛书始见于《顾命》,孔丘已认为是天赐之祥瑞。《礼记·礼运》:“河出马图,凤皇麒麟皆在郊。”《管子·小匡》篇:“昔人之言受命者,龙龟假,河出图,雒出书,地出乘黄。今三祥未有见者。”亦均认为河出图洛出书是天赐之祥瑞。《汉书·五行志》曰:"《易》曰:'河出图,雒出书,圣人则之。'刘歆以为:虙羲(伏牺)氏继天而王,受河图,则而画之,八卦是也。禹治洪水,赐雒书,法而陈之,《洪范》是也。"《书·顾命》伪孔安国传曰:"伏牺氏王天下,龙马出河,遂则其文,以画八卦,谓之河图。"又《洪范》曰:"天乃赐禹《洪范》九畴。"伪孔安国传曰:"天与禹,洛出书,神龟负文而出,列于背,有数至于九,禹遂因而第之,以成九类。"此皆汉人始创之说也。先秦神话是否如此,不可考见。余谓河图洛书之原意:河图是黄河之图,洛书是洛水之图,皆是古代地理书。西周王朝重视其书,故宝藏之,载入《顾命》。但在春秋战国时代已演为神话矣。

# 《系辞》下

[原文]　八卦成列，象在其中矣。

八卦象天地雷风水火山泽等物，故曰“象在其中”。

[原文]　因而重之，爻在其中矣。

八卦重为六十四卦，而后论爻，故曰“爻在其中”。

[原文]　刚柔相推，变在其中矣。

阳爻为刚。阴爻为柔。相推谓互变也，刚变柔是刚推去柔，柔变刚是柔推去刚。

[原文]　系辞焉而命之，动在其中矣。

《尔雅·释诂》：“命，告也。”《易经》作者系卦爻辞于卦爻之下，以告人，人之行动即在其中。

[原文]　吉凶悔吝者，生乎动者也。

吉凶悔吝皆出于人之行动。

[原文]　刚柔者，立本者也。

阳为刚。阴为柔。爻之阴阳为六十四卦之本，事物之阴阳为天地万物之本。

[原文]　变通者，趣时者也。

趣读为趋，急走也。时，《易传》所谓时指当时之具体形势、环境与条件。人之行事有变通,乃急趋以应当时之需要也。天地万物之变通亦在趣时。

[原文] **吉凶者,贞胜者也。**

《集解》引虞翻曰:"贞,正也。"贞胜,以正取得胜利也。人事之吉凶在其事之正否,正则胜而吉,否则败而凶,要之,正则胜也。

[原文] **天地之道,贞观者也。**

朱熹曰:"观,示也。"《尔雅·释言》:"观,示也。"贞观,以正示人也。天地之道有其规律。规律者,正也。故天地之道以正示人者也。

[原文] **日月之道,贞明者也。**

贞明,以正而明也。日月运行,以其规律之正明照天下。

[原文] **天下之动,贞夫一者也。**

《校勘记》曰:"古本夫作于。"裴学海曰:"夫犹于也。"(《古书虚字集释》)贞夫一,正于一也。天下人之动皆正于一,例如春耕夏耘秋收冬藏,正于一也。遵循制度法律伦理道德,正于一也。

[原文] **夫乾确然,示人易矣。**

乾,天也。《释文》引马云:"确,刚貌。"韩康伯训同。易,平易也。此言天道刚健,示人以平易。

［原文］ **夫坤隤然，示人简矣。**

坤，地也。《释文》引马云："隤，柔貌也。"韩康伯训同。王引之曰："隤字兼有顺义。"按隤乃柔顺之貌。此言地道柔顺，示人以简约。①

［原文］ **爻也者，效此者也。象也者，像此者也。**

此指天地之道。

［原文］ **爻象动乎内，吉凶见乎外，功业见乎变。**

爻象变于卦内，吉凶见于卦外，功业见于爻象之变。因人依据爻象之变，采取趋吉避凶之措施，始能成其功业也。

［原文］ **圣人之情见乎辞。**

情谓思想感情。辞指卦爻辞。

［原文］ **天地之大德曰生。圣人之大宝曰位。**

圣人有位则有政权，有政权则能建功业；无位则无政权，无政权则不能建功业。故位是圣人之大宝。

［原文］ **何以守位曰仁。**

《释文》仁作人，云"人，王肃、卞伯玉、桓玄、明僧绍作仁。"《集解》本作仁。据此，马融、郑玄等本皆作人。下句曰："何以聚人曰财。"正承此人字而言。作人是也。有人而后能守其位，故曰："何以守位曰人。"

［原文］ **何以聚人曰财。**

人有财富，足以养生，则聚；无财富，不能养生，则散。故曰:“何以聚人曰财。”

[原文] **理财正辞,禁民为非曰义。**

辞指制度法令之条文。

以上第一章。此章首论《易经》之义蕴与功用,次论圣人守位治民之要点。

[原文] **古者包牺氏之王天下也,**

《释文》:“包,孟、京作伏。牺字又作羲。”古书多作伏牺或伏羲,乃传说中原始社会人物。

[原文] **仰则观象于天,俯则观法于地,观鸟兽之文与地之宜,近取诸身,远取诸物,于是始作八卦,**

法,法则也。地之宜谓植物也。植物生于地上各有其宜,故曰地之宜。物谓器物也。此言包牺画八卦时,观察天象、地法、鸟兽、草木、人身、器物等,分为八类,画八卦以象之。

[原文] **以通神明之德,**

通,会而通之也。神,妙也。明,显也。德,性质也。包牺画八卦,对性质有相同点之物,则以同一卦形代表之,以会通天地万物之神妙明显之性质。

[原文] **以类万物之情。**

类,分类也。情,情况也。包牺画八卦对情况不同之物,则以不同之卦形代表之,以区分天地万物之情况。据《系辞》所述,古人画八卦,乃通过对宇宙万物之观察、分析、综合,制出此八个符号,以代表八类物质。何人重为六十四卦,《系辞》

未言。王弼、虞翻、陆德明、孔颖达等皆谓伏羲所重，合于传意。下文谓包牺“结绳而为罔罟，……盖取诸《离》(指重卦之《离》)”又曰：“神农氏作，斲木为耜，揉木为耒，……盖取诸《益》。日中为市，……盖取诸《噬嗑》。”等语句，足证《系辞》作者认为重卦之人亦是包牺。

[原文] **作结绳而为罔罟，**

古书引此句多无作字。王念孙曰：“作字涉上文‘作八卦’而衍。”②是也。罔，古网字。《释文》引马、姚云：“罟犹网也。”

[原文] **以佃以渔，**

《释文》：“佃本亦作田。”《集解》本作田。田佃古通用，猎也，捕鸟兽也。古代捕鸟兽亦常用网罗。渔，捕鱼也。

[原文] **盖取诸《离》。**

盖，疑而未定之词。《离》指六十四卦之《离》(䷝)。按八卦之离，古代当有离为绳之说，《说卦》未载。因离为火，古人常用草绳之类以保存火种，故离又为绳也。两离相重象结绳为罔罟，故曰：“盖取诸《离》。”言包牺创造罔罟，殆取象于《离》卦。(下文亦有离为绳之例)

[原文] **包牺氏没，神农氏作，**

神农亦传说中原始社会人物。

[原文] **斲木为耜，揉木为耒，**

《说文》：“斲，斫也。”即砍削也。耜，《说文》作相，云：“臿也。"《汉书·沟洫志》:"举臿为云。"颜注:"臿,锹也。"古之木锄形似锹,此文之耜即锄也。(或释耜为耒端,即犁头,非是。)揉,揉之使曲也。《说文》:"耒,手耕曲木也。"耒即犁,耒与犁一声之转。

[原文] **耒耨之利,以教天下。**

《释文》引马云:"耨,钼也。"(钼即锄)依上文,耨当作耜,转写之误。《汉书·食货志》引耨作耜,是其证。

[原文] **盖取诸《益》。**

《益》(䷩)是上巽下震。《说卦》曰:"巽为木。"又曰:"震,动也。"然则《益》之卦象是木动也。耒耜以木制成,动而耕田,神农创造耒耜盖取象于《益》卦。

[原文] **日中为市,致天下之民,聚天下之货,交易而退,各得其所。**

亨按所是代词,代人所需之物。

[原文] **盖取诸《噬嗑》。**

《噬嗑》(䷔)是上离下震。《说卦》曰:"离为日。"又曰:"震,动也。"然则《噬嗑》之卦象是人在日下动也。日中为市,众人在日下往来,神农创造市场,盖取象于《噬嗑》卦。

[原文] **神农氏没,黄帝、尧、舜氏作,**

黄帝、尧、舜亦皆传说中原始社会人物。

[原文] **通其变,使民不倦;神而化之,使民宜之。**

此言黄帝、尧、舜通于事物之变化(包括前人之创造),使民利用不厌,加以神妙之改作,使民利用皆宜。

［原文］ **易,穷则变,变则通,通则久。是以自天祐之,吉无不利。**

此举《易》道以明变化之必要。

［原文］ **黄帝、尧、舜垂衣裳而天下治,**

《集解》引《九家易》曰:"黄帝以上,羽皮革木以御寒暑,至乎黄帝始制衣裳,垂示天下。"亨按垂当借为缀。缀,缝也。《说文》:"缀,合箸也。"箸,附也。合箸即联合二物使相附箸,是缀即缝义。其古字作叕。《说文》:"叕,缀联也。"缀衣裳谓缝制衣裳也。垂缀乃一声之转。

［原文］ **盖取诸乾坤。**

乾为天。坤为地。《集解》引《九家易》曰:"衣取象乾,居上覆物。裳取象坤,在下含物也。"此言黄帝、尧、舜创制衣裳乃取象于乾坤两卦。此乾坤似指八经卦之乾坤。

［原文］ **刳木为舟,剡木为楫,**

《说文》:"刳,判也。剡,锐利也。"按刳,劈开也,亦剜空也。剡,削尖也。楫,拨船长竿也。

［原文］ **舟楫之利,以济不通致远,以利天下。**

《尔雅·释言》:"济,渡也。"

［原文］ **盖取诸《涣》。**

《涣》(䷺)是上巽下坎。《说卦》曰:"巽为木。坎为水。"然则《涣》之卦象是木在水上也。黄帝尧舜以木为舟楫,浮行于水上,盖取象于《涣》卦。

[原文] **服牛乘马,引重致远,以利天下。**

服乘,皆驾也。此谓用牛马驾车,以运重物,行远路。《睽》六三:"见舆曳,其牛掣,其人天且劓。"《书·酒诰》:"肇牵牛车远服贾。"是用牛驾车,由来已古。劳动人民多用牛驾车,剥削阶级则用马驾车。

[原文] **盖取诸《随》。**

《随》(䷐)是上兑下震,即前兑后震。按古代当有"兑为畜牲"之说,《说卦》未载。因兑为泽,泽处于最卑下之地位,畜牲为卑下之物,故兑为畜牲也。又古代有震为车之说,《说卦》亦未载。《国语·晋语》:"震,车也。"是其证。然则《随》之卦象是畜牲在车之前,即牛马引车也。黄帝尧舜驾牛马以引车,盖取象于《随》卦。

[原文] **重门击柝,以待暴客,**

《释文》引马云:"柝,两木相击以行夜。"柝即今语所谓更梆也。暴客指盗贼。

[原文] **盖取诸《豫》。**

《豫》(䷏)是震上坤下。《说卦》曰:"震为雷。"又曰:"震,动也。"雷者,动而有声之物也。坤为地。然则《豫》之卦象是动而有声之物在地上也。人击柝以巡行于地上,亦是动而有声之物在地上。黄帝、尧、舜创立击柝巡夜,盖取象于《豫》卦。

[原文]　**断木为杵，掘地为臼，**

《说文》："臼，舂也。古者掘地为臼，其后穿木石。……"

[原文]　**臼杵之利，万民以济。**

《尔雅·释言》："济，益也。"言万民得其益。

[原文]　**盖取诸《小过》。**

《小过》(䷽)是上震下艮。震为雷，动而有声之物也。《说卦》曰："艮为果蓏。"《集解》引宋衷曰："木实谓之果。草实谓之蓏。"百谷亦草类，故百谷之实亦蓏也。可见艮为谷实。然则《小过》之卦象是动而有声之物在谷实之上也。置谷实于臼中，持杵捣之，正是动而有声之物在谷实之上。黄帝、尧、舜创制杵臼，盖取象于《小过》卦。

[原文]　**弦木为弧，剡木为矢，**

弦木，加弦于木上也。弧，弓也。

[原文]　**弧矢之利，以威天下。**

按原始社会初造弓矢，用于射猎，其后乃用于部族间之战争，故曰："弧矢之利，以威天下。"

[原文]　**盖取诸《睽》。**

《睽》(䷥)是上离下兑。离为绳。前文曰："结绳而为罔罟，盖取诸《离》。"同此。《周易集解》引虞翻注，有"兑为小木"一说，尚合于古意。小木者，较小之木干木枝木板也。但余谓兑又为竹，竹亦小木之类也。盖竹多生于泽边，故兑又为竹,引申之,兑又为小木。③然则《睽》之卦象是绳在小木(或竹)之上也。弦木为弧,正是绳加于小木(或竹)弓之上。黄帝、尧、舜创造弓矢,盖取象于《睽》卦。(下文亦有兑为小木为竹之例)

[原文] **上古穴居而野处,后世圣人易之以宫室,上栋下宇,以待风雨。**

后世圣人,言其非黄帝、尧、舜也。栋,屋梁也。《集解》引虞翻曰:"宇谓屋边也。"《说文》:"宇,屋边也。"屋边谓屋之四边墙壁。

[原文] **盖取诸《大壮》。**

《大壮》(䷡)是上震下乾。《说卦》曰:"震为雷。乾为天,为圜。"人自下观之,天体穹隆似圆盖,覆于地上,其色青苍,故西周人已称天为穹苍。《诗·桑柔》:"以念穹苍。"是也。上古宫室,自两侧观之,非作形,而作形。《释名·释宫室》曰:"宫,穹也,屋见于垣上,穹隆然也。"(今北方民房犹多是此形)是其证也。然则《大壮》之卦象是上有雷雨,下有穹隆似天体之物,雷雨不能侵入也。古人创建宫室,以御风雨,盖取象于《大壮》卦。

[原文] **古之葬者,厚衣之以薪,**

衣,包裹之也。薪,草柴也。

[原文] **葬之中野,不封不树,**

中野,野中也。《礼记·王制》记葬礼曰:"庶人……不封不树。"郑注:"封谓聚土为坟。"树,植树也。

［原文］ **丧期无数。**

服丧之期无日数月数年数。

［原文］ **后世圣人易之以棺椁。**

棺之内一层曰棺，外层曰椁。《庄子·天下》篇："古之丧礼：贵贱有仪，上下有等，天子棺椁七重，诸侯五重，大夫三重，士再重。"（椁椁一字）按庶人有棺而无椁。

［原文］ **盖取诸《大过》。**

《大过》（䷛）是外兑内巽。兑为泽，引申之，兑又为洼坑。巽为木。然则《大过》之卦象是木在洼坑之内也。掘地为墓穴，纳棺椁于其中，正是木在洼坑之内。古人始造棺椁，以葬死人，盖取象于《大过》卦。

［原文］ **上古结绳而治，**

上古结绳记事，最初当用绳结记物之数量，进而则能表示物之性质与关系等。部落酋长等亦用结绳之法记部落大事，故曰："结绳而治。"

［原文］ **后世圣人易之以书契，**

书谓文字。契谓刻划。

［原文］ **百官以治，万民以察。**

百官用书契治理其政。万民用书契明察其事。

［原文］ **盖取诸《夬》。**

《夬》(䷪)是上兑下乾。古代当有“兑为小木，为竹”之说，前文曰：“弦木为弧，剡木为矢，盖取诸《睽》。”同此。《说卦》曰：“乾为金。”刀者金属之物也，此乾卦乃指刀。然则《夬》之卦象是竹与刀也。古人创造文字，用刀刻于木简或竹简之上以记事。故作书契盖取象于《夬》卦。《系辞》上篇曰：“《易》……以制器者尚其象。”以上所述“为罔罟，盖取诸《离》。为舟楫，盖取诸《涣》。”等凡十二条，皆是观六十四卦之象以制器物之事。(只有“日中为市”之市不是器物。)故理解此文，必须依据卦象，否则失《易传》之原意。然《说卦》所言八卦卦象，颇有缺漏。此文所用卦象有为《说卦》所未载者，如乾为刀，震为车，离为绳，兑为畜牲，为小木，为竹，为洼坑等。余寻索文意，提出新说，只有震为车见于《国语》，其它先秦古书无征。姑备一解，未必是也。(汉儒之逸象说实不足为据)

以上第二章。此章论述包牺作八卦及古人观象制器之事。作者将传说中原始社会人物视为历史上之帝王，将劳动人民之创造发明记在此辈帝王圣人名下，将劳动人民之智慧与实践归功于卦象之启示，纯是唯心主义之历史观。此乃由于作者之阶级立场与历史局限也。

[原文]　**是故《易》者，象也。象也者，像也。**

《易经》之内蕴是卦象，卦象是以卦象事物。

[原文]　**彖者，材也。**

《系辞》称卦辞为彖。彖，断也。卦辞断一卦之吉凶，故《系辞》称为彖。材读为裁，裁亦断也。

［原文］ **爻也者，效天下之动者也。**

爻指六爻及爻辞。《易经》各卦六爻皆变爻也，即皆爻之动也。以爻之动仿效天下事物之动，以爻辞指告人之行动，故曰："爻也者，效天下之动者也。"

［原文］ **是故吉凶生而悔吝著也。**

著，显出也。

以上第三章。此章言《易经》之卦爻象及卦爻辞可以体现人事之吉凶悔吝。

［原文］ **阳卦多阴，阴卦多阳，其故何也？**

阳卦指震(☳)坎(☵)艮(☶)三卦，皆两阴爻、一阳爻，故曰多阴。阴卦指巽(☴)离(☲)兑(☱)三卦，皆两阳爻、一阴爻，故曰多阳。

［原文］ **阳卦奇。阴卦耦。**

此答上问。耦即奇偶之偶。震坎艮三卦，其爻皆五画，五为奇数，奇数为阳数，故此三卦为阳卦。巽离兑三卦，其爻皆四画，四为偶数，偶数为阴数，故此三卦为阴卦。乾(☰)为纯阳之卦，其爻三画，亦奇数。坤(☷)为纯阴之卦，其爻六画，亦为偶数其义甚明，故《系辞》未说。

［原文］ **其德行何也。**

阳卦多阴，阴卦多阳，代表社会上何种德行？

［原文］ **阳一君而二民，君子之道也。阴二君而一民，小人之道也。**

阳指阳卦。阴指阴卦。君子指统治者。小人指庶民。震坎艮三阳卦皆一阳爻、两阴爻。阳爻象君。阴爻象民。此象一君统治多数民,乃统治者之道也。巽离兑三阴卦皆两阳爻、一阴爻。此象一民受多数君之层层统治,乃小人之道也。

以上第四章。此章解释阳卦阴卦。

［原文］ **《易》曰:"憧憧往来,朋从尔思。"**

此引《咸》九四爻辞。经意:憧憧,往来貌。朋,朋友。思,语气词。《系辞》释思为思想。

［原文］ **子曰:"天下何思何虑?天下同归而殊涂,一致而百虑。天下何思何虑?**

殊,异也。涂读为途,路也。致读为至。传意:经云:"朋从尔思。"尔之所思,朋之所从,何在哉?天下人同归于一地,而所走之路多异;同至于一处,而所抱之想法有百种。如儒墨道法各家同在追求社会治安,而其主张各异。然则天下人何思何虑,何去何从哉?《易传》提出必由之路如下。

［原文］ **日往则月来,月往则日来,日月相推而明生焉。寒往则暑来,暑往则寒来,寒暑相推而岁成焉。往者屈也,来者信也,屈信相感而利生焉。**

《释文》:"信本又作伸。"按信借为伸。往者屈而退也。来者伸而进也。屈伸相感交替,而后有利于物,有利于人。

［原文］ **尺蠖之屈,以求信也。**

《说文》:"蠖,尺蠖,屈申虫也。"《尔雅翼》曰:"尺蠖,状如蚕而细小,行则促其腰,使首尾相就,乃能进步,屈中有申,故曰屈申虫。”

［原文］ **龙蛇之蛰，以存身也。**

《集解》引虞翻曰：“蛰，潜藏也。”此言龙蛇亦是屈以求伸。

［原文］ **精义入神，以致用也。**

精义，精于事物之义理。入神，进入神妙之境地。精义入神，学也。致用，用也。此句言学中有用。

［原文］ **利用安身，以崇德也。**

利用，利用其所学。崇德，提高才德。利用安身，用也。崇德，学也。此句言用中有学。

［原文］ **过此以往，未之或知也。**

超出上述往来、屈伸、学用以外之事，吾皆不知也。

［原文］ **穷神知化，德之盛也。”**

穷神，穷究事物之神妙。知化，认识事物之变化。有此二者，是为盛德。《易传》认为：《易经》所谓“憧憧往来，朋从尔思”，所思虑者宜是天下事物往与来、屈与伸之矛盾转化，是人之学与用之矛盾相成，最高目标是穷神知化。按所释非经意也。

以上第一节。

［原文］ **《易》曰：“困于石，据于蒺藜，入于其宫，不见其妻，凶。”**

此引《困》九三爻辞。经意：困，绊倒也。据，手抓也。蒺藜，刺木也。

[原文] 子曰："非所困而困焉，名必辱。非所据而据焉，身必危。既辱且危，死期将至，妻其可得见耶？"

其犹岂也。按所释合于经意。

以上第二节。

[原文] 《易》曰："公用射隼于高墉之上，获之，无不利。"

此引《解》上六爻辞。经意：隼，鹰也。墉，城墙也。

[原文] 子曰："隼者，禽也。弓矢者，器也。射之者，人也。君子藏器于身，待时而动，何不利之有。动而不括，是以出而有获。语成器而动者也。"

姚配中曰："括，闭也。"《方言》十二："括，闭也。"《广雅·释诂》："括，塞也。"动而不括，谓其行通而无阻也。出而有获，谓其出有所得也。语成器而动，谓《易经》所云是言人挟有成器而后动也。要之，《易传》认为：《易经》所云"公射隼获之"，乃由于有弓矢之器，此喻人行动有成功，乃由于有才能也。按所释超出经意。

以上第三节。

[原文] 子曰："小人不耻不仁，不畏不义，不见利不劝，不威不惩。

小人，无才德之人。《说文》："劝，勉也。"即努力也。威，临之以刑威也。惩，戒也。

［原文］

**小惩而大诫，此小人之福也。**

诫读为戒，《集解》本正作戒。小惩而大诫，谓受小惩罚而警惕于大事也。

［原文］

**《易》曰：'屦校灭趾，无咎。'此之谓也。**

此引《噬嗑》初九爻辞。屦今本作履，本卦经文作屦，《释文》及《集解》本与经文同。按履字误，今据改。屦，曳也。校，加于足上之刑具也。灭，掩盖也。趾，足也。屦校灭趾，刑之轻者，故传曰"小惩"。按所释尚合经意。

以上第四节。

［原文］

**善不积，不足以成名。恶不积，不足以灭身。**

此紧接上文"子曰"，仍是孔丘之言。

［原文］

**小人以小善为无益而弗为也，以小恶为无伤而弗去也，故恶积而不可揜，罪大而不可解。**

揜读为掩，盖也。

［原文］

**《易》曰：'何校灭耳，凶。'"**

此引《噬嗑》上九爻辞。何，今通用荷字，负荷也。校，枷也，加于颈上之刑具。何校灭耳，刑之重者。受此重刑是凶矣。按《易传》释此爻辞，尚接近经意。

以上第五节。

［原文］

**子曰："危者，安其位者也。亡者，保其存者也。乱者，有其治者也。**

统治者之身家与国，总是安转变为危，存转变为亡，治转变为乱。故今日之危、亡、乱者在昔日则是安于其位、则保持其存、具有其治者也。

［原文］ **是故君子安而不忘危，存而不忘亡，治而不忘乱，是以身安而国家可保也。**

不忘者，常存警惕之心也。安、存、治可转变为危、亡、乱，但君子处安、存、治之境，警惕危、亡、乱之来，可免于危、亡、乱之祸。

［原文］ **《易》曰：‘其亡！其亡！系于苞桑。’”**

此引《否》九五爻辞。其犹将也。系疑借为毄，坚固也。苞，茂也。爻辞言：人常警惕，曰：“将亡！将亡！”则固于苞桑，不能亡也。《易传》释此爻辞，合于经意。

以上第六节。

［原文］ **子曰：“德薄而位尊，知小而谋大，力少而任重，**

知读为智。谋大，计谋大事。力少原作力小，《集解》本、唐石经、《潜夫论》等书引均作力少。力少与知小相对为文。作力少是也。今据改。④

［原文］ **鲜不及矣。**

鲜，少也。及，及于祸难也。及于祸难，古语只曰及。免于祸难，古语只曰免。语之简省者也。

［原文］ **《易》曰：‘鼎折足，覆公𫗧，其形渥，凶。’言不胜其任也。”**

此引《鼎》九四爻辞。覆，倾倒也。𫗧，米粥或菜汤也。渥，汁液濡地之貌。(其形渥有异文异说，见本卦。)《易传》释此爻辞，合于经意。

以上第七节。

[原文] **子曰："知几，其神乎。君子上交不谄，下交不渎，**

谄，甘言媚人曰谄。渎借为嬻，轻侮人曰嬻。

[原文] **其知几乎。几者，动之微，吉凶之先见者也。**

几，微也。今本无凶字。孔颖达曰："诸本或有凶字者，其定本则无也。"《汉书·楚元王传》引有凶字。按几字兼括吉凶而言，有凶字是也。今据补。

[原文] **君子见几而作，不俟终日。**

作犹行也。俟，待也。

[原文] **《易》曰：'介于石，不终日，贞吉。'**

此引《豫》六二爻辞。经意：介借为砎，坚也。王引之曰："于犹如也。"贞，占问也。人坚刚如石，但其坚刚不过一日，即变为柔和，则所占者吉。《易传》训贞为正，谓刚柔得其正则吉。

[原文] **介如石焉，宁用终日，断可识矣。**

王引之曰："宁犹何也。"此言坚刚如石，何可用之终日，断然可知也。

[原文] 君子知微知彰，知柔知刚，万夫之望。”

微，隐微也。彰，明显也。望，仰望也。此言君子既知微彰之事，又知刚柔之宜，故为万夫之所仰望。按《易传》释此爻辞，尚合于经意。

以上第八节。

[原文] 子曰：“颜氏之子，其殆庶几乎。

颜氏之子指颜回，孔丘之高材弟子。殆犹今语所谓“大概”也。庶几，近也，古成语，犹今语所谓“差不多”，赞扬之词。

[原文] 有不善未尝不知，知之未尝复行也。

不善谓过失。颜回有过必知，知过必改。《论语·雍也》篇记孔丘赞颜回曰：“不贰过。”亦此意也。

[原文] 《易》曰：‘不远复，无祇悔，元吉。’”

此引《复》初九爻辞。祇，大也。元吉，大吉也。爻辞言：出行不远而还，则无大悔且大吉，盖古人认为在家千日好，出门百事难也。《易传》释为及时改过，非经意也。

以上第九节。

[原文] 天地絪缊，万物化醇。

《释文》：“絪本又作氤。缊本又作氲。”絪缊借为氤氲，阴阳二气交融也。醇，纯也，均也。天之阳气与地之阴气交融，则万物之化均遍。⑤

[原文] 男女构精，万物化生。

孔颖达曰："构，合也。"亨按男女构精，仅是人类化生，而此云"万物化生"，何也？盖男女代表动物之阳阴两性，人类之男女、兽类之牡牝，鸟类之雄雌，皆在含义之中也。（植物之雄蕊雌蕊，先秦人尚未发现。）

［原文］ **《易》曰："三人行，则损一人；一人行，则得其友。"**

此引《损》六三爻辞。经意：筮遇此爻，三人行，则失去一人；一人行，则得其友。

［原文］ **言致一也。**

致一，归于一，谓合作也。天地男女合作，而万物生，人与人合作而事业成。经云"三人行则损一人"，因其不能合作也。云"一人行则得其友"，因其能合作也。前者言不致一之害，后者言致一之利，故经之所言在致一而已。按《易传》此释非经意也。

以上第十节。

［原文］ **子曰："君子安其身而后动，**

君子之动，不行险以侥幸。

［原文］ **易其心而后语，**

易，平也。君子之言，平心静气。

［原文］ **定其交而后求。**

君子之求助，必向有交谊之人。

［原文］ 君子脩此三者，故全也。

脩借为修，《集解》本正作修。全，安全也。

［原文］ 危以动，则民不与也。惧以语，则民不应也。无交而求，则民不与也。

民犹人也。上与字，助也。下与字，予也。此言人冒危险以动，怀恐惧以语，无交谊而求，则人皆不助之也。

［原文］ 莫之与，则伤之者至矣。

无人助之，孤立无援，则有人伤之矣。

［原文］ 《易》曰：'莫益之，或击之，立心勿恒，凶。'"

此引《益》上九爻辞。经意：无人助益之，有人攻击之，不可坚持己见，因其为凶也。《易传》指出：莫益之与或击之之原因是其人危以动、惧以语、无交而求，所释尚不背经意。

以上第十一节。

以上第五章。此章记孔丘释《易经》爻辞共十一条。

［原文］ 子曰："乾坤，其易之门邪。

乾坤指八经卦之《乾》卦《坤》卦。《易传》认为《乾》《坤》两卦是《易经》之门，明晓乾坤之义蕴，则可贯通《易经》之全部。

［原文］ 乾，阳物也。坤，阴物也。

乾为天，天为阳物。坤为地，地为阴物。

［原文］ 阴阳合德，

天阳地阴，阴阳之德相配合。

［原文］ **而刚柔有体。**

阳为刚。阴为柔。天刚地柔，各有体性。

［原文］ **以体天地之撰，以通神明之德。**

《周礼·天官·序官》："体国经野。"郑注："体犹分也。"此体字即划分之义。《广雅·释诂》："撰，具也。"天地之撰，谓天地所具有之一切事物也。⑥此二句言：运用天地是阴阳两性之物，阴阳合德，刚柔有体三大要点，去分析天地所具有之一切事物，区别其异；会通其神妙而明显之性质，综合其同。如此分析会通，则能认识天地万物。《易经》正是以卦爻象阴阳刚柔，掌握天地之三大要点，去分析综合万物之异同，故乾坤为《易》之门。

［原文］ **其称名也，杂而不越。**

其，指《易经》。称名，举辞也。《易经》卦爻辞甚杂，然不相逾越。

［原文］ **于稽其类，其衰世之意邪？**

王引之曰："于，语助也。"俞樾说："于犹爰也。"按发语词也。⑦《集解》引虞翻曰："稽考也。"孔颖达曰："类谓事类。"衰世指殷纣之时。此言考察《易经》卦爻辞所言之事类，盖是衰世之意味。

［原文］ **夫《易》彰往而察来，而微显阐幽，**

朱熹曰："而微显恐当作微显而。"亨按此句似当作"显微而阐幽”。《广雅·释诂》:“彰,明也。”韩康伯曰:“阐,明也。”彰往,表明往事也。察来,观察来事也。显微,显示微细之事也。阐幽,阐明幽隐之事也。

[原文] **开而当名辨物,正言断辞,则备矣。**

开谓开《易经》之书也。当名犹正名也。此言开《易经》而读之,则正名辨物,正言断辞,皆已备具。

[原文] **其称名也小,其取类也大。**

称名,举事物之名而言之也。取类,取类似之事物以为喻也。《易经》常举小事物以喻大事物。

[原文] **其旨远。其辞文。其言曲而中。**

中谓合于事实,如射之中的也。或曰:“中,正也。”

[原文] **其事肆而隐。**

《集解》引虞翻曰:“肆,直也。”

[原文] **因贰以济民行,**

朱熹曰:“贰,疑也。”《尔雅·释诂》:“贰,疑也。”济,成也。《易经》因人有所疑惑而占筮之,从而告以吉凶,以成其行。

[原文] **以明失得之报。”**

《易经》在说明人行事得则有吉报,行事失则有凶报。

以上第六章。此章首言《易经》卦爻之阴阳可以象天地万物之阴阳两性,次言卦爻辞之特点及其功用。

[原文] **《易》之兴也，其于中古乎？作《易》者，其有忧患乎？**

此言《易经》经文之写作时代。下文曰："《易》之兴也，其当殷之末世，周之盛德邪？当文王与纣之事邪？"据此，《系辞》作者认为《易经》成书可能在文王之时，但亦未敢肯定。

[原文] **是故《履》，德之基也。**

《履》谓《履》卦。《系辞》认为《履》之义为礼。《履象传》曰："君子以辩上下，定民志。"辩上下者，等级之礼也。《序卦》曰："《履》者，礼也。"其说同。德以礼为基础，仁义忠信诸德皆建筑在礼上，故《履》为德之基。（经意：履是步履或鞋履。）

[原文] **《谦》，德之柄也。**

《谦》谓《谦》卦。谦虚始能执德，骄傲则必失德，故《谦》为德之柄。

[原文] **《复》，德之本也。**

《复》谓《复》卦。《系辞》认为《复》是返归善道。上文释《复》初九爻辞"不远复"曰："有不善未尝不知，知之未尝复行也。"是其证。返归善道，始能有德，故《复》为德之本。（经意：复是返归故居。）

[原文] **《恒》，德之固也。**

《恒》谓《恒》卦。《系辞》认为《恒》是坚持德操，久而不易。《恒象传》曰："君子以立不易方。"其说同。有恒，其德乃固,故《恒》为德之固。

[原文] 《损》,德之脩也。

《损》谓《损》卦。脩借为修。《集解》本正作修。《系辞》认为《损》是人减损其之恶念与过行。《损象传》曰:“君子以惩忿窒欲。”其说略同。减损恶念与过行,乃所以修德,故《损》为德之修。

[原文] 《益》,德之裕也。

《益》谓《益》卦。裕,扩充也。《系辞》认为《益》是人增益其善念与美行。《益象传》曰:“君子以见善则迁,有过则改。”其说略同。增益善念与美行,乃所以扩充其德,故《益》为德之裕。

[原文] 《困》,德之辨也。

《困》谓《困》卦。《系辞》认为《困》是人处于穷困之境。《困象传》曰:“君子以致命遂志。”言君子穷困,虽死亦不屈其志。其说同。人处于穷困之境,则其人或有德或无德,或德厚或德薄,可立辨矣。故《困》为德之辨。

[原文] 《井》,德之地也。

《井》谓《井》卦。地疑当作施,形似而误。《系辞》认为井是以水养人,《井象传》曰:“井养而不穷也。”其说同。井以水养人,似人以德施人,故《井》为德之施。

[原文] 《巽》,德之制也。

《巽》谓《巽》卦。《说文》:“制,裁也。”《系辞》认为:

《巽》，逊也，退让也。《彖传》常以巽释巽，即以谦逊释经卦之巽，其说同。(逊即退也)退让必以德制裁之，故《巽》为德之制。

［原文］ **《履》，和而至。**

《履》，礼也。和，不争也。至，施加于人也。《礼记·乐记》曰："礼至则不争。"

［原文］ **《谦》，尊而光。**

王引之说：尊读为撙，自贬损也。(说见《谦》卦)

［原文］ **《复》，小而辨于物。**

《复》，返归善道也。小谓小事也。王引之曰："辨读曰遍。"⑧返归善道，从小事作起，以遍及一切事物。

［原文］ **《恒》，杂而不厌。**

王引之曰："杂当读为帀。帀，周也，一终之谓也。《恒》之为道，终始相巡，而无已时，故曰：'帀而不厌。'……"⑨

［原文］ **《损》，先难而后易。**

《损》，减损其恶念与过行也。韩康伯曰："刻损以脩身，故先难也。身脩而无患，故后易也。"

［原文］ **《益》，长裕而不设。**

亨按设字殊不易解，疑当读为鷙，困顿也。⑩益，增益其善念与美行也。增益其善念与善行，则长久宽裕，而不困顿。

[原文] 《困》，穷而通。

韩康伯曰："处穷而不屈其道也。"朱熹曰："身困而道亨。"（亨，通也。）

[原文] 《井》，居其所而迁。

井体永居其处，井水可迁移以养人。以喻人居于其位，而能施德于人。

[原文] 《巽》，称而隐。

《巽》是退让。而犹且也。君子退让，有所称述，又有所隐讳，不敢处处直言，所以避免招祸也。

[原文] 《履》以和行。

《履》，礼也。人之利害有矛盾，皆循礼而行，其行始能和而不争，故曰："《履》以和行。"

[原文] 《谦》以制礼。

此制字非创制之义。《淮南子·氾论》篇："圣人作法，而万物制焉。"高注："制犹从也。"制礼谓从礼也。《谦》以礼为准，故曰："《谦》以制礼。"

[原文] 《复》以自知。

《复》是返归善道。自知犹自觉也。《复》在于自觉。

[原文] 《恒》以一德。

《恒》者不二三其德。

［原文］ 《损》以远害。

《损》是减损其恶念过行，如此则远害矣。

［原文］ 《益》以兴利。

《益》是增益其善念美行，如此则兴利矣。

［原文］ 《困》以寡怨。

困而不为非义之事，则怨之者少。

［原文］ 《井》以辨义。

辨原作辩。《校勘记》曰："岳本、闽、监、毛本作辨。"《集解》本亦作辨。按当作辨，与本章上文一致。今据改。井者以水养人，损己以利人，是义也。辨别义与非义，当以井为准，故曰："《井》以辨义。"

［原文］ 《巽》以行权。

《巽》是退让。常用之道为经。一时之计为权。退让者称而隐，乃行其一时之计也。故曰："《巽》以行权。"

以上第七章。此章言《易经》作者似有忧患，以《履》、《谦》、《复》、《恒》、《损》、《益》、《困》、《井》、《巽》九卦之卦义说明其论点。按其所说卦义多不合经意。

［原文］ 《易》之为书也不可远，为道也屡迁，变动不居，周流六虚，

不居犹不停也。韩康伯曰："六虚，六位也。"谓《易》卦六爻之位也。变动不居，周流六虚，言爻之变动不固定于一位，而周流于六位，六爻皆可变也。

［原文］ **上下无常，**

六爻之变或在上位，或在下位，本是无常。

［原文］ **刚柔相易，**

阳爻为刚。阴爻为柔。六爻之变或刚变为柔，或柔变为刚，是为相易。

［原文］ **不可为典要，**

《尔雅·释言》："典，经也。"又《释诂》："典，常也。"六爻之变或在上位，或在下位，或刚变为柔，或柔变为刚，不可提出经常之纲要。

［原文］ **唯变所适。**

适，往也。依筮法，得变之所往在某爻，则某爻变。如得老阳之爻（蓍草九揲），则可变为阴爻；得老阴之爻（蓍草六揲），则可变为阳爻，此变之所往在爻性者也。又得第几爻当变，此变之所往在爻位者也。故曰："唯变所适。"

［原文］ **其出入以度外内，使知惧，**

度，计量也。依筮法，爻变则卦变。先得之卦谓之本卦，后变之卦谓之变卦（古人称为"之卦"）。出入者，出于本卦，入于变卦也。内外者，本卦为内，变卦为外也。此句言以其卦之出此入彼之变化，计量其内卦外卦之联系，以定吉凶，要在使人知所警惕也。

［原文］ **又明于忧患与故。**

韩康伯曰:“故,事故也。”此句紧承上句“使知惧”之使字而言,谓《易经》使人又明于忧患与事故也。

[原文] **无有师保,如临父母。**

无当作尤,形似而误。尤读为犹,似也。古代贵族之子弟皆有师保。《礼记·文王世子》曰:“入则有保,出则有师。”师保负教育辅导之责。此二句言《易经》能指导人之行事,人有之似有师保,如临父母也。

[原文] **初率其辞而揆其方,既有典常。**

《尔雅·释诂》:“率,循也。”《说文》:“揆,度也。”《广雅·释诂》:“方,义也。”此言寻索《易经》卦爻辞而度其义理,则有其典常。(至于卦爻之变化则不可为典要如上文所云)

[原文] **苟非其人,道不虚行。**

王引之曰:“苟犹若也。”

以上第八章。此章言《易经》卦爻之变化无常,卦爻辞之义理有常,可以指导人事,但在人之善于体会运用。

[原文] **《易》之为书也,原始要终,以为质也。**

原,察也。(说见上篇)要,求也。韩康伯曰:“质,体也。”

此言《易经》乃观察事物之始,探求事物之终,表明事物由始至终之整个情况(不一定是过程),以成一卦之体,即用一卦之体象一事物之整体也。

[原文] **六爻相杂,唯其时物也。**

唯犹是也。(《经传释词》有此例)杂,错综也。一卦六爻，阴阳相错综，卦有卦象，爻有爻象，其所象者是在一定时间内之事物也。

［原文］　**其初难知，其上易知，本末也。**

初指初爻。上指上爻。当占筮之时，仅得初爻，难知全卦，既得上爻，易知全卦。盖初爻如树之本，上爻如树之末，仅见其本，难知全树，既见其末，易知全树也。以喻人事，仅有开端，难知全部，既有结果，易知全部也。

［原文］　**初辞拟之，卒成之终。**

初辞，初爻之辞也。卒下承上句省辞字。卒，终也。卒辞，上爻之辞也。成犹定也。此言初爻之辞乃拟其事物之开端，上爻之辞乃定其事之结局。

［原文］　**若夫杂物撰德，辩是与非，则非其中爻不备。**

撰，具列也。辩借为辨，《集解》本正作辨。中爻指二、三、四、五诸爻也。此言错杂其事物，具列其德性，辨别其是非，则非中间四爻不能完备也。

［原文］　**噫亦要存亡吉凶，则居可知矣。**

王引之曰："噫与抑通。"裴学海曰："抑，转语词也。"⑪要亦求也。此言用《易经》求人事之存亡吉凶，则安坐可知矣。

［原文］　**知者观其彖辞，则思过半矣。**

知读为智，《集解》本正作智。彖辞，卦辞也。卦辞据一卦之象，断一卦之吉凶，故智者观其卦辞，所考虑者已过其半矣。此言卦辞之重要。

[原文] **二与四同功而异位，**

二指第二爻。四指第四爻。《小尔雅·广诂》:“功，事也。”位，爻位也。第二爻与第四爻，其爻位之序数均为偶数，偶数为阴数，阴为柔，因而此两爻皆为阴位。处于阴位，则以柔顺从命为事。故曰:“二与四同功。”又第二爻居下卦之中位。第四爻居上卦之偏位。两爻之位既有下卦上卦之分，又有中偏之别，故曰:“而异位。”

[原文] **其善不同，二多誉，四多惧，近也。柔之为道不利远者。**

《说文》:“善，吉也。”近上疑当有远字，转写误脱。此言第二第四两爻均为吉善，因其同功也；但其吉善不同，第二爻爻辞多誉，第四爻爻辞多惧，因其爻位有远近也。第二爻居于内卦在近处，故多誉。第四爻居于外卦在远处，故多惧。此两爻均以柔顺从命为事。柔之为道用于远者，易招凌辱，故第四爻多惧也。

[原文] **其要无咎，其用柔中也。**

其指第二爻。要，概要也。用犹以也。中谓中位。此言第二爻爻辞，其概要是无咎，因其以柔顺从命为事，又居下卦之中位也。居中位象人得正中之道，故无咎也。

[原文] **三与五同功而异位。**

三指第三爻。五指第五爻。第三爻与第五爻，其爻位之序数均为奇数，奇数为阳数，阳为刚，因而此两爻皆为阳位。处于阳位，则以刚健自主为事。故曰:“三与五同功。”又第三爻居下卦之偏位。第五爻居上卦之中位。两爻之位既有下卦上卦之分,又有偏中之别,故曰:“而异位。”

[原文] **三多凶,五多功,贵贱之等也。**

此功谓功绩。第三爻爻辞多凶,以其居下卦之偏位,处卑贱之位,而刚健自主,故多凶也。第五爻爻辞多功,以其居上卦之中位,处尊贵之位,宜刚健自主,故多功也。此两爻多功多凶之区别在于处贵处贱之差等。

[原文] **其柔危,其刚胜邪?**

阴爻为柔。阳爻为刚。第三爻与第五爻如为柔,则其象为危险,因柔象人之才德弱,第三第五两爻为阳位,是职事自主之位,以才德弱之人处职事自主之位,则危险,故曰:“其柔危。”(此即阴爻居阳位,是为位不当,象人之才德不称其职位。)第三爻与第五爻如为刚,则其象为胜利,因刚象人之才德强,第三第五两爻为阳位,是职事自主之位,以才德强之人处职事自主之位,则胜利,故曰:“其刚胜。”(此即阳爻居阳位,是为位当,象人之才德称其职位。)此言第三爻之凶不凶,第五爻之功不功,亦视其爻为刚为柔以定之,为柔则危,为刚则胜也。以上第九章。此章言六爻之特点,但均非通例,《易经》本少有通例。

[原文] **《易》之为书也,广大悉备,有天道焉,有人道焉,有地道焉。兼三材而两之,故六。六者非它也,三材之道也。**

三材《集解》本作三才,《说卦》亦作三才。材才古通用。此言《易》卦六爻乃象天地人三材,上五两爻象天,四三两爻象人，二初两爻象地。

[原文] **道有变动，故曰爻。**

《说文》："爻，交也。"《小尔雅·广诂》："交，易也。"天地人之道有变动，阴阳两爻之交换乃象道之变动，故谓之爻。

[原文] **爻有等，故曰物。**

韩康伯曰："等，类也。"爻有阴阳两类，乃象阴阳两类之物，是爻之实亦物也，故亦谓之物。

[原文] **物相杂，故曰文。**

阴阳两类爻相杂以成《易》卦之文，乃象阴阳两类物相杂以成自然界或社会之文，故《易》卦亦谓之文。

[原文] **文不当，故吉凶生焉。**

亨按"文不当"只为凶不为吉，何得云"吉凶生"哉。"文不当"疑本作"文当不"，转写误倒。不否古通用，当不即当否也。[12]物相杂为文，物相杂而当，即文之当也。文当则生吉。物相杂而不当，即文之不当也。文不当则生凶。故曰："文当否，故吉凶生焉。"

以上第十章。此章言《易经》包括天地人之道，能示人以吉凶。按多虚夸之词。

[原文] **《易》之兴也，其当殷之末世、周之盛德邪？当文王与纣之事邪？**

《系辞》作者只疑《易经》作于殷之末代，反映文王与纣之事，未言为文王所作。

［原文］ **是故其辞危，**

辞，卦爻辞也。危，自危也。

［原文］ **危者使平，易者使倾。**

易，平易也。倾，倾覆也。《易经》之旨趣：自以为危险者，使之平安；自以为平安者，使之倾覆。即知惧则平安，不知惧则倾覆也。

［原文］ **其道甚大，百物不废。**

百物不废，谓一切事物不能除外。

［原文］ **惧以终始，其要无咎。**

以犹于也。（杨树达《词诠》、裴学海《古书虚字集释》均有此例）要，概要也。此言人警惧于事之终始，其概要是无咎。

［原文］ **此之谓《易》之道也。**

以上第十一章。此章言《易经》可能作于殷之末世，与文王之事有关，故多警惕自危之词。

［原文］ **夫乾，天下之至健也，德行恒易，以知险。**

乾，天也。易，平易也。以犹而也。知犹为也。（说见《系辞》上“乾知大始”句下）天创始万物，是宇宙之至健者，其德行常是平易，因其有正常之规律也；而有时间作出险难，是其偶然之现象，如久旱、久雨、暴雷、狂风等是也。

［原文］ **夫坤，天下之至顺也，德行恒简，以知阻。**

坤，地也。知亦为也。地承天以养万物，是宇宙之至顺者，其德行常是简约，因其亦有正常之规律也；而有方域作出险阻，成其复杂之现象，如高山、峻岭、大川、巨泽等是也。

［原文］ **能说诸心，**

亨按说乃借为阅。《说文》："阅，具数于门中也。"物具列于前，览而数之，是为阅。能阅诸心，谓能将天地之道具数之于心中，即用心阅察天地之各种现象。

［原文］ **能研诸侯之虑，定天下之吉凶，成天下之亹亹者。**

司马光、朱熹并谓："侯之"二字是衍文。亨按此文当作"能研诸虑，侯之，定天下之吉凶，……"乃侯之二字误窜入上句，非无端而衍也。侯借为候。《说文》，"候，伺望也。"引申为预占之义。《列子·周穆王》篇："梦有六候。"张注："候，占也。"然则侯之即占之也。⑬亹亹，奋勉前进也。此四句言：能将天地之道研究之于思虑中，因而占筮之，以定天下之吉凶，以促成天下人之奋勉前进者。

［原文］ **是故变化云为，吉事有祥。**

云为，孔颖达曰："或口之所云，或身之所为也。"

［原文］ **象事知器。占事知来。**

用《易经》象事，则知制器之方法。用《易经》占事，则知来日之结果。

［原文］ **天地设位，圣人成能。**

圣人循天地之道，法天地之道，以成其能。

［原文］ **人谋鬼谋，百姓与能。**

人谋，由人谋之。鬼谋，通过卜筮，由鬼神谋之。与，助也。

［原文］ **八卦以象告。爻彖以情言，**

爻谓爻辞。彖谓卦辞。

［原文］ **刚柔杂居，而吉凶可见矣。**

阳爻为刚。阴爻为柔。杂居，杂处也。

［原文］ **变动以利言，**

事之变动以利为准，以利论定。

［原文］ **吉凶以情迁，**

事之吉凶因其情况而转移。

［原文］ **是故爱恶相攻，而吉凶生。**

人与人以爱恶之情相攻击，吉凶由此而生。

［原文］ **远近相取，而悔吝生。**

人与人以亲疏远近之关系相争取，悔吝由此而生。

［原文］ **情伪相感，而利害生。**

情，感情也。伪读为为，行为也。人与人以感情与行为相感触，利害由此而生。

[原文] **凡《易》之情,近而不相得则凶,**

人与人相近而不相得,则相憎恶,相贼害,是凶矣。

[原文] **或害之,悔且吝。**

或害之谓有人害之。有人害之,则悔吝至矣。

[原文] **将叛者,其辞慙。**

慙即惭字。亨按慙当读为渐。渐,诈也。此言将叛者,其辞诈伪,故誓忠诚,以掩其阴私也,旧注多释慙为愧,非也。⑭

[原文] **中心疑者,其辞枝。**

枝当读为歧,分歧也。中心疑者,对于事物不敢论定孰是孰非,模棱两可,故其辞分歧。

[原文] **吉人之辞寡。**

《说文》:"吉,善也。"

[原文] **躁人之辞多。**

躁,浮躁也。

[原文] **诬善之人,其辞游。**

诬蔑善人之人,捏造事实,不敢坚定言之,故其辞游移。

[原文] **失其守者,其辞屈。**

失其操守之人,附声附和,不敢坚持己见,故其辞屈服。

以上第十二章。此章言天道易中有险,地道简中有阻,人须研究此种现象,方能占其吉凶。《易经》能告人以吉凶,但吉凶在于人之才德及人与人之关系。末言人之心术不同,则其辞不同,听其言可以知其人。

[附考] ①“夫坤隤然,示人简矣。”《释文》:“隤,马、韩云:‘柔貌也。’陆、董、姚作妥。”王引之曰:“隤字兼有顺义。《檀弓》:‘颓乎其顺也。’郑注曰:‘颓,顺也。’颓与隤同。《曲礼》注曰:‘弓有往来体,皆欲今其下曲,隤然顺也。’《说卦》曰:‘坤,顺也。’故于坤曰隤然。《后汉书·黄宪传》论:‘隤然其处顺。’李贤注曰:‘隤,柔顺貌。’是也。”亨按隤妥古通用。此处之隤妥皆借为倭。妥倭古通用。《诗·南山》:“冠緌双止。”《太平御览》六九八引緌作绥。《礼记·祭统》:“而下有冻馁之民也。”《释文》馁作喂。《尔雅·释草》:“荧,委萎。”《释文》萎作荽。并妥委声系相通之证。《说文》:“倭,顺貌,从人,委声。” ②“作结绳而为罔罟。”王念孙曰:“作字涉上文‘作八卦’而衍。结绳而为罔罟,文义已明,加一作字则赘矣。下文‘斲木为耜。揉木为耒。’若云作斲木,作揉木,其可乎?‘结绳而治’,亦不云作结绳也。《正义》述经文有作字,及他书引此或有作字,皆后人依已衍之经文加之也。案《正义》论重卦之人云:‘伏牺结绳而为罔罟。’是孔所见本无作字。又虞注云:‘结绳为罟。’何注桓四年《公羊传》云:‘《易》曰:结绳罔以田鱼。’《说文》云:‘网,庖牺所结绳以田以渔也。’《潜夫论·五德志》篇云:‘伏羲作八卦,结绳为网以渔。’《风俗通义·皇霸》篇云:‘《易》称伏羲氏始作八卦,……结绳为网罟,以佃以渔。’是王、许、何、应、虞诸人所见本皆无作字。又《乾凿度》引孔子曰:‘伏羲氏始作八卦,结绳而为网罟,以畋以渔。’亦无作字。又刘逵《吴都赋》注、《北堂书钞》帝王部十七、《艺文类聚》。帝王部一、《初学记》武部、《太平御览》皇王部三、资产部十三、十四(所引《御览》乃影宋钞本,非刻本也。)、《一切经音义》十二,引此亦皆无作字。自唐石经始衍作字,而各本皆沿其误。”王说是也。 ③“弦木为弧,剡木为矢,……盖取诸《睽》。”《睽》卦(☲☱)是上离下兑。离为绳,兑为小木,为竹。此不见于《说卦》,即所谓逸象。

《周易集解》引虞翻注，说八卦之象，其为逸象者甚多。虞氏传孟喜之易学，其所述盖孟喜之遗说也。惠栋撰《易汉学》加以辑录。马国翰撰《目耕帖》，又补充而综合之。其中有一条曰："兑为小木。"尚合于古意。小木者，较小之木干木枝木板也。余谓古当又有"兑为竹"之说，亦不见于《说卦》。竹与小木乃同类之物也。《睽》之卦象是绳加于木竹之上。古人为弓，正施绳于木竹之上以为弦也。古代以柘木桑木等为弓矢，亦以竹为弓矢，此有明证。《周礼·考工记》弓人："凡取干之道七：柘为上，檍次之，檿桑次之，橘次之，木瓜次之，荆次之，竹为下。"是竹可为弓干。《吴越春秋·句践阴谋外传》载上古弹歌曰："断竹续竹，飞土逐宍。""宍，古肉字。"是竹可为弹弓。《韩非子·显学》篇："夫必恃自直之箭，百世无矢。"(《说文》："箭，矢竹也，从竹，前声。"今本矢下无竹字，此据《艺文类聚》八九引补之。)《说苑·建本》篇："南山有竹，弗揉自直，斩而射之，通于犀革。"是竹可为矢。　④"知小而谋大。力少而任重。"力少原作力小，《集解》本作力少，唐石经同。《潜夫论·贵忠》篇、《群书治要》、《汉书叙传》颜注、《后汉书·朱冯虞郑周传》赞李注并引作力少。今据改。此采钱大昕(《十驾斋养新录》)及王念孙说。⑤"天地絪缊，万物化醇。"焦循曰："醇与淳同，不偏化一物也。《素问》曰：'化淳而守诚。'《史记》言：'淳化鸟兽虫蚁。'亦此义。"按醇犹均也。　⑥"以体天地之撰。"《集解》引《九家易》曰："撰，数也。"韩康伯注同。此解可通，但不甚切。按《广雅·释诂》："撰，具也。"《论语·先进》篇："异乎三子者之撰。"《集解》引孔曰："撰，具也。"(《释文》："撰郑作僎。")撰与巽僎古通用。《说文》："巽，具也。僎，具也。"以体天地之撰，谓以阴阳刚柔划分天地所具有之事物也。天地所具有之事物谓之天地之撰，犹《论语》称三子所具有之志愿为三子者之撰矣。　⑦"于稽其类，其衰世之意邪？"王引之曰："于，语助也。"俞樾曰："按《尔雅·释诂》：'爰粤，于也。'《诗·桑中》：'爰采唐矣。'《仪礼·士冠礼》：'爰字孔嘉。'毛传、郑注并曰：'爰，于也。'《汉书叙传》：'尚粤其几。'应劭曰：'粤，于也。'然则于稽其类犹云爰稽其类，粤稽其类耳。"按于、爰、粤皆发语词。　⑧"《复》，小而辨于物。"王引之曰："辨读曰徧(遍)。古字辨与徧通。定八年《左传》：'子言辨舍爵于季氏之庙而出。'杜注曰：

‘辨犹周徧也。’僖三十一年《公羊传》：‘不崇朝而徧雨乎天下。’《论衡·明雩》篇徧作辨。亦通作辩。《尧典》：‘徧于群神。’《史记·五帝纪》徧作辩。《乡饮酒礼》：‘众宾辩有脯醢。’郑注曰：‘今文辩皆作徧。’……” ⑨“《恒》，杂而不厌。”王引之曰：“杂当读为帀。帀，周也，一终之谓也。《恒》之为道，终始相巡，而无已时，故曰：‘帀而不厌。’《恒彖传》曰：‘利有攸往，终则有始也。’（有与又同）终则帀矣，终而又始，是帀而不厌也。襄二十九年《左传》曰：‘复而不厌。’杜注曰：‘常日新。’复犹帀也。古字杂与帀通。《吕氏春秋·圜道》篇：‘圜周复杂。’高注曰：‘杂犹帀也。’《淮南子·诠言》篇：‘以数杂之寿，忧天下之乱。’高注曰：‘杂，帀也。人生子，从子至亥为一帀。’《说苑·修文》篇：‘圣人之与圣也，如矩之三杂，规之三杂，周则又始，穷则反本也。’亦以杂为帀。” ⑩“《益》，长裕而不设。”《周礼·考工记·桃氏》孔疏引《易》郑注云：“设，大也。”惠栋、姚配中从之。郑氏所谓大盖谓自大，长裕而不设，谓德长裕而不自大也。此解不甚切合。亨按设疑当读为鷙。设鷙古通用。《荀子·大略》篇：“设衣不踰祭服。”杨注：“设，宴也。”朱骏声说：“设借为亵。”（《说文通训定声·履部》）即设鷙通用之佐证。《说文》：“鷙，马重貌。”《左传》僖公十五年记晋秦之战曰：“晋戎马旋泞而止。”《史记·晋世家》述其事曰：“惠公马鷙不行。”可见鷙是马困顿之义。许说未恰当。长裕而不鷙，言其长裕而不困顿也。 ⑪“噫亦要存亡吉凶，则居可知矣。”《释文》：“噫，王肃云：‘辞也。’马同。”王引之曰：“马、王注是也。噫与抑通，字或作意，又作亿。《小雅·十月》篇：‘抑此皇父。’郑笺曰：‘抑之言噫。’《释文》：‘抑，辞也。徐音噫，《韩诗》曰意也。’《论语·学而》篇：‘求之与？抑与之与？’汉石经抑作意。《庄子·外物》篇：‘噫其非至知厚德之任与？’《新序杂事》篇：‘噫将使我追车而赴马乎？投石而超距乎？逐麋鹿而搏虎豹乎？噫将使我出正辞而当诸侯乎？决嫌疑而定犹豫乎？’《韩诗外传》噫作意。字并与抑同。噫亦即抑亦也。《大戴礼·武王践祚》篇曰：‘黄帝颛顼之道存乎？意亦忽不可得见与？’《荀子·脩身》篇曰：‘将以穷无穷，逐无极与？意亦有所止之与？’《秦策》曰：‘诚病乎？意亦思乎？’《史记·吴王濞》传：‘愿因时循理，弃躯以除患害于天下，亿亦可乎？’《汉书》亿作意。字并与抑亦同。……"裴学海曰:"抑,转语词也。"(《古书虚字集释》) ⑫"物相杂,故曰文。文不当,故吉凶生焉。"亨按"不当"宜作"当不",转写误倒。不读为否。不否古通用,古书常见,《易》中亦有之。《师》初六曰:"师出以律,否臧凶。"《音训》引晁氏曰:"否,刘、荀、陆、一行作不。"《遯》九四曰:"君子吉,小人否。"《音训》引晁氏曰:"否,古文作不。"是其例。"文当不"即"文当否"。物相杂之文当,则吉,不当则凶,故曰:"文当不,故吉凶生焉。"如作文不当,则只有凶而无凶,何得云吉凶生哉。然则"不当"二字是误倒,明矣。 ⑬"能说诸心,能研诸侯之虑,定天下之吉凶,成天下之亹亹者。"亨按说非论说之说,亦非借为喜悦之悦,当读为阅。《说文》:"阅,具数于门中也,从门,兑声。"具数者,具列事物于前,一一数之,一一察之也。(故阅引申为阅览之义)能阅诸心,谓能阅察天地之种种现象于心中也。说阅古通用。《诗·邶风·谷风》:"我躬不阅。"《左传》襄公二十五年引阅作说,即其证。能研诸侯之虑,义不可通。司马光曰:"王辅嗣《略例》曰:'能研诸虑。'则侯之衍字也。"《音训》引晁氏曰:"王昭素云:'剩侯之二字。'"(剩犹衍也)朱熹曰:"侯之二字衍。"亨按此处不能无端而衍侯之二字。余谓当作"能研诸虑,侯之"转写误窜。能研诸虑,谓能研究天地之种种现象于思考中也。侯借为候。(候本当作帿)《广雅·释诂》:"侯,候也。"盖侯候古通用,故训侯为候。《周礼·春官·小祝》:"将事侯禳祷祠之祝号。"郑注:"侯之言候也。"亦读侯为候。候,占也。《列子·周穆王》篇:"梦有六候。"张注:"候,占也。"(《周礼·春官·占梦》:"占六梦之吉凶。"《列子》本于《周礼》,是占与候同义。)《汉书·艺文志》记有"《泰壹杂子候岁》二十二卷。《子赣杂子候岁》二十六卷。"候岁即占岁,此占问年谷丰歉之书也。《后汉书·郎顗传》:"父宗能望气,占候吉凶。"占候犹占问也。皆候有占义之证。此文之"侯之"即"候之",谓占之也。能阅诸心,能研诸虑,候之,定天下之吉凶,成天下之亹亹者,言人对于天地之种种现象,能用心阅察,用思考研究,又以《易经》占之,以定天下事之吉凶,促成天下人之奋勉前进者也。 ⑭"将叛者,其辞惭。"旧注多训惭为惭愧。然则其辞惭者,谓其人口出惭愧之言也。夫将叛者,心有惭愧之情,面有惭愧之色,则诚然矣;何能口出惭愧之言,以自露其叛迹哉。以此知旧注非也。亨按慚当读为渐。二字同声系，古通用。渐，诈也。将叛者其辞渐，谓将叛者，其言诈伪，故誓忠诚，以掩其阴私也。渐可训诈。《书·吕刑》："民兴胥渐。"《庄子·胠箧》篇："知诈渐毒。"《荀子·不苟》篇："小人知则攫盗而渐。"《正论》篇："上幽险，则下渐诈矣。"《韩非子·问辩》篇："人主顾渐其法令。"《诡使》篇："下渐行如此。"皆其例也。字亦作暂。《书·盘庚》中篇："暂遇奸宄。"暂，诈也。遇，奸巧也。（渐暂为诈义，乃王引之说，见《经义述闻》卷三。）

# 周易大传今注卷六

## 《说卦》

《说卦》一篇之主要内容乃记述八卦所象之事物，故名《说卦》。八卦有基本卦象，即“乾（☰）为天，坤（☷）为地，震（☳）为雷，巽（☴）为风，坎（☵）为水，离（☲）为火，艮（☶）为山，兑（☱）为泽”也。此盖八卦之原始卦象，传统之说法，自先秦以来，言《易》者皆遵用之。有引申卦象，如“乾为马，坤为牛，震为龙，巽为鸡，坎为豕，离为雉，艮为狗，兑为羊，”等等，《说卦》所记者甚多。《易经》本为筮书，占筮本为巫术，八卦之引申卦象，筮人可以由基本卦象触类旁通，灵活运用，甚至信口雌黄，提出个人之说法。所以先秦人言《易》，关于引申卦象之说法，已有歧异。①《说卦》所记之引申卦象，只是一家之言，不可专信，吾人解《易》，遇必要时可以越其藩篱。其次，此篇所述有琐碎而无用者，如云：“巽，其于人也为寡发，为广颡，为多白眼。”“坎，其于马也为美脊，为亟心，为下首，为薄蹄。”等是。此种无助于解经，似亦无助于占事也。但此篇所述，亦多有用处，可据以解《易经》及《彖》、《象》、《系辞》诸传，唯未能满足研究经传之需要，为可憾也。

［原文］ 昔者圣人之作《易》也，幽赞于神明而生蓍，

《集解》引荀爽曰：“幽，隐也。”《小尔雅·广诂》：“赞，佐也。”神明，神祇也。《说文》：“神，天神。祇，地祇。”天神曰神。地神曰祇亦曰明。古说相传，蓍为神草。《系辞》上：“蓍

之德圆而神。"又曰:"天生神物,圣人则之。"(神物指龟蓍)是其证。汉人说更为夸饰。《本草》曰:"蓍,生少室山谷。"唐苏颂《本草图经》曰:"其生如蒿,作丛,高五六尺,一本二三十茎,至多者五十茎,生便条直,异于众蒿,秋后有花出于枝端,红紫色,形如菊花。结实如艾实。"然则蓍无所谓神奇。②幽赞于神明而生蓍,言圣人作《易》,暗中受神明之赞助,故生蓍草,以为占筮之用。非圣人幽赞神明,乃神明幽赞圣人;非圣人生蓍草,乃神明生蓍草。此于字乃表示被动之介词。(旧注多误)

[原文] **参天两地而倚数,**

《集解》引虞翻曰:"参,三也。"韩康伯曰:"参,奇也。两,耦也。"此乃以三代表奇数,以两代表偶数。《集解》又引虞翻曰:"倚,立也。"此句言《易经》以奇数为天之数,以偶数为地之数,而立其卦爻之数也。盖卦之基本为阴阳两爻。阳爻为天,其画一。阴爻为地,其画二。《系辞》上曰:"天一,地二;天三,地四;天五,地六;天七,地八;天九,地十。"筮时,蓍草九揲七揲为阳爻,六揲八揲为阴爻。此参天两地而倚数之主要内容。

[原文] **观变于阴阳而立卦,**

天地万物(包括人)有阴有阳,阴阳常有变化。作《易》者观察物之阴阳变化,因而立卦之阴阳两种,象物之阴阳两类,以卦之变化象物之变化。如乾震坎艮为阳卦,象阳物之天雷水山等,坤巽离兑为阴卦,象阴物之地风火泽等是。故曰:"观变于阴阳而立卦。"

[原文] 发挥于刚柔而生爻，

阳为刚。阴为柔。万物有刚有柔。作者发挥物之刚柔两性，因而创出刚柔两种爻以象之。

[原文] 和顺于道德，而理于义，

天地万物各有其道，各有其德，各有其义。（义者，宜也。）作《易》者作《易经》，以和顺于道德，董理于义。

[原文] 穷理尽性以至于命。

天地万物各有其理，各有其性，各有其命。作《易》者作《易经》以穷究其理性与命。

[原文] 昔者圣人之作《易》也，将以顺性命之理，是以立天之道曰阴与阳，立地之道曰柔与刚，立人之道曰仁与义。

仁以爱人，主于柔。义以制事，主于刚。

[原文] 兼三才而两之，故《易》六画而成卦。

六画，六爻也。六爻象三才，上两爻象天，下两爻象地，中间两爻象人。

[原文] 分阴分阳，迭用柔刚，故《易》六位而成章。

章，文章也。六爻有阴柔，有阳刚，两者迭用，交错成文。

以上第一章。此章言圣人取象于天地人之道以作《易经》。

[原文] 天地定位，山泽通气。雷风相薄，水火不相射。

此言八卦所象之天与地、山与泽、雷与风、水与火，皆矛盾对立也。薄借为搏。《广雅·释诂》:“搏，击也。”③不字疑衍。射即射箭之射。射以杀伤对方，故相射犹言相克也。天地之位定，天上地下之矛盾见矣。山泽之气通，山高泽卑之矛盾见矣。雷风相搏，雷风之矛盾见矣。水火相射，水火之矛盾见矣。观此文，《说卦》作者对于此八物之每两物彼此矛盾对立，仅有初步之认识。

[原文] **八卦相错。**

八卦指上文之天地山泽雷风水火八物。错，交错也。言此八物交错于宇宙之中，非彼此孤立，乃彼此联系。观此句，《说卦》作者对于此八物之矛盾统一，仅有模糊之概念。

[原文] **数往者顺，知来者逆，是故《易》逆数也。**

《易》卦六爻，其顺序如自上而下数之，是顺数也；今自下而上数之，是逆数也。六爻何为逆数哉？因用《易》卦以占知来事也。人之数往者皆自远而近，如云“夏、商、周、秦、汉”是也。自远而近，是顺数也，故曰:“数往者顺。”人之知来者皆自近而远，如云“今后一年、二年、三年、四年”是也。自近而远，是逆数也，故曰:“知来者逆。”用《易经》占事，在于知来，所以六爻逆数。亨按此三句当在前文“故《易》六位而成章”句下，盖断简误置此处。④

[原文] **雷以动之。风以散之。雨以润之。日以烜之。**

之指万物。雷，震也。风，巽也。雨，坎也。日，离也。释文引京云:“烜，干也。”谓晒干也。此言雷以震动万物，风以吹散万物，雨以润泽万物，日以晒干万物。此四句用物名，不用卦名。

［原文］ **艮以止之。兑以说之。乾以君之。坤以藏之。**

艮，山也。兑，泽也。乾，天也。坤，地也。说读为悦。此言山以栖止万物，泽以喜悦万物，天以君临万物，地以容藏万物。此四句用卦名，不用物名。以上八句说明八卦所象八物之功用。其文或用物名，或用卦名，殊不一致。

［原文］ **帝出乎震，齐乎巽，相见乎离，致役乎坤，说言乎兑，战乎乾，劳乎坎，成言乎艮。**

此八句皆承上文指万物而言，"帝出"下省万物二字。帝，天帝也。帝出乎震，谓天帝出万物于震，非天帝自出于震也。下文曰："万物出乎震。"即其证。（旧注皆误）两言字皆当读为焉。二字古通用。（说见《系辞》上）此八句是纲要，下文有说解。

［原文］ **万物出乎震。震东方也。**

《集解》引虞翻曰："出，生也。"《说卦》以八卦配四时。古代历法，约言之，一年四时共三百六十日。用八除之，得四十五日。《说卦》分一年为八季节，每卦配一季节，占四十五日。震为正春四十五日之季节。此季节万物皆生出，故曰："万物出乎震。"《说卦》又以八卦配八方，震为东方，故曰："震，东方也。"（两者有联系）

［原文］ **齐乎巽。巽，东南也。齐也者言万物之絜齐也。**

齐乎巽谓万物齐于巽也。《荀子·不苟》篇："君子絜其辩。”杨注:“絜,修整也。”絜齐即整齐之义。《说卦》以八卦配四时,巽为春末夏初四十五日之季节。此季节万物上长整齐,故曰:“齐乎巽。”《说卦》又以八卦配八方,巽为东南方,故曰:“巽,东南也。”《说卦》又自释齐字,齐者整齐也,故曰:“齐也者言万物之絜齐也。”

[原文] **离也者,明也,万物皆相见,南方之卦也。圣人南面而听天下,向明而治,盖取诸此也。**

此释上文“相见乎离”。后文曰:“离为日。”日光明照天下,故曰:“离也者,明也。”《说卦》以八卦配四时,离为正夏四十五日之季节。此季节草木皆盛长,鸟兽皆出动,昆虫皆生出,万物彼此相见,故曰:“万物皆相见。”《说卦》又以八卦配八方,离为南方,故曰:“南方之卦也。”朱熹曰:“向(鄉)读作向。”《说卦》认为帝王南面向明以上朝听政,亦因离为明为南方而取象焉。故曰:“圣人南面而听天下,向明而治,盖取诸此也。”

[原文] **坤也者,地也,万物皆致养焉,故曰:致役乎坤。**

此释上文“致役乎坤”。致,使之至也,即取到、得到之义。凡言致福致祸,致利致害,皆此义。《广雅·释诂》:“役,助也。”坤为地,万物皆取到养于地,即取到资助于地,故曰:“致役乎坤。”(以八卦配四时,坤为夏末秋初四十五日之季节。以八卦配八方,坤为西南。《说卦》未言。)

[原文] **兑,正秋也,万物之所说也,故曰:说言乎兑。**

此释上文“说言乎兑”。说读为悦。言读为焉。《说卦》以八卦配四时,兑为正秋四十五日之季节,故曰:“兑,正秋也。

此季节万物皆长成而喜悦,故曰:"万物之所说也。"(以八卦配八方,兑为西方。《说卦》未言。)

[原文] **战乎乾。乾,西北之卦也,言阴阳相薄也。**

此释上文"战乎乾"。薄借为搏。《说卦》以八卦配八方,乾为西北,故曰:"乾,西北之卦也。"以八卦配四时,乾为秋末冬初四十五日之季节。此季节阴气与阳气相搏斗,故曰:"言阴阳相搏也。"阴阳相搏斗,万物自在阴阳搏斗之中,故曰:"战乎乾。"

[原文] **坎者,水也,正北方之卦也,劳卦也,万物之所归也,故曰:劳乎坎。**

此释上文"劳乎坎"。劳,疲劳也。《集解》引虞翻说:"归,藏也。"坎为水。《说卦》以八卦配八方,坎为正北方,故曰:"正北方之卦也。"以八卦配四时,坎为正冬四十五日之季节。此季节万物在战乎乾之后,皆已疲劳,因而坎为劳卦,故曰:"劳卦也。"万物因疲劳而皆归藏休息,故曰:"万物之所归也。"(《国语·晋语》:"坎,劳也。"与《说卦》之说同。)

[原文] **艮,东北之卦也,万物之所成终,而所成始也,故曰:成言乎艮。**

此释上文"成言乎艮"。而犹且也。《说卦》以八卦配八方,艮为东北,故曰:"东北之卦也。"以八卦配四时,艮为冬末春初四十五日之季节。冬末是万物成其终之时,春初是万物成其始之时,故曰:"万物之所成终,而所成始也。"自"帝出乎震"至此,《说卦》提出以八卦配四时及八方之说,盖筮人常用之巫术,以定八卦所象之时节与方位也。其文理不密,逻辑性不强。

[原文] **神也者,妙万物而为言者也。**

妙万物,视万物为神妙也,仅知其当然,不知其所以然也。不知其所以然,则无法解释之,因而提出神字以为言,以概括万物神妙之意义,故曰:"神也者,妙万物而为言者也。"

[原文] **动万物者莫疾乎雷。**

《广雅·释诂》:"疾,急也。"

[原文] **桡万物者莫疾乎风。**

桡读为挠。挠,吹拂也。

[原文] **燥万物者莫熯乎火。**

《释文》:"熯徐作暵,云:'热暵也。'"熯暵古字通用。莫熯于火,谓莫热于火。

[原文] **说万物者莫说乎泽。润万物者莫润乎水。终万物始万物者莫盛乎艮。**

王引之曰:"盛当读为成就之成。莫盛乎艮,言无如艮之成就者。上文曰:'成言乎艮。'又曰:'艮,东北之卦也,万物之所成终,而所成始也。故曰:成言乎艮。'此文曰:'终万物始万物者莫盛乎艮。'其义一也。……"⑤亨按上文曰:"艮,东北方之卦也,万物之所成终,而所成始也。"乃以八卦配八方四时之说也。此文雷风火泽水皆用物名,皆言其物性,然则此文云"终万物始万物者莫盛乎艮",当是以艮代山,言山之物性,明矣。盖山之为物,高大坚实,山上之动物可以始终栖居,山上之植物可以始终繁殖,故曰:“终万物始万物者莫盛乎艮。”与上文意不同。王引之合而同之,不合于传旨。

[原文] **故水火不相逮,**

今本脱不字。《释文》作“水火不相逮”,云:“郑、宋、陆、王肃、王廙无不字。”可见陆德明所据王弼本及子夏、孟喜、京房、费直、马融诸家本均有不字。按有不字是也,今据补。《尔雅·释言》:“逮,及也。”水火不相逮,谓水火不在一处,不相及,则可以并存也。

[原文] **雷风不相悖,**

亨按悖当读为勃。《说文》:“勃,排也。”⑥雷风不相勃,谓雷风可以同时并作,不相排而相容也。

[原文] **山泽通气,**

山泽之气交流。

[原文] **然后能变化,既成万物也。**

俞樾曰:“既训为尽。《广雅·释诂》曰:‘既,尽也。’既成万物犹言尽成万物也。”按由故字以下实为一句,言水火可以并存,雷风可以相容,山泽通气,然后能形成天地万物之变化,尽成万物也。

以上第二章。此章是八卦卦象之总论,阐述八卦象天地雷风水火山泽及配八方四时之意义。

[原文] **乾,健也。**

乾为天,天道刚健,故乾为健。

［原文］　**坤，顺也。**

坤为地，地道柔顺，故坤为顺。

［原文］　**震，动也。**

震为雷。雷能自动，又能动万物，故震为动。

［原文］　**巽，入也。**

巽为风，风吹万物，无孔不入，故巽为入。⑦

［原文］　**坎，陷也。**

坎为水，水存于洼陷之处，故坎为陷。（《说文》："臽，小阱也。"《广雅·释水》："窞、臽，坑也。"陷臽窞古字通用。）

［原文］　**离，丽也。**

丽，附也。（说见《离》卦）离为火，火必附丽于可燃之物，故离为丽。

［原文］　**艮，止也。**

艮为山，山是静止不动之物，故艮为止。

［原文］　**兑，说也。**

说借为悦。兑为泽，湖也。水草生于泽，鱼游于泽，鸟飞于泽，兽饮于泽，人取养于泽，泽为万物所悦，故兑为悦。

以上第一节，记八卦所象之事。

［原文］　**乾为马。**

乾为天。天行健，马为家畜中之行健者，故乾为马。

[原文] **坤为牛。**

坤为地。地道柔顺，能载物，牛性柔顺，亦能载物，故坤为牛。

[原文] **震为龙。**

震为雷。雷动于云中，古人视为神物，龙能飞于云中，古人亦视为神物，故震为龙。

[原文] **巽为鸡。**

巽为风。风吹而万物动，鸡晨鸣而人与鸟兽等起而活动，故巽为鸡。

[原文] **坎为豕。**

坎为水。豕喜处有水之洼渎中，故坎为豕。

[原文] **离为雉。**

离为文明（《彖传》常见）。雉有鲜明之文章，故离为雉。

[原文] **艮为狗。**

艮，止也。狗守家，所以禁止外人，故艮为狗。

[原文] **兑为羊。**

兑，说（悦）也。羊性柔顺，为人所喜悦，故兑为羊。

以上第二节，记八卦所象之动物。

[原文] **乾为首。**

乾为天。天尊,为宇宙之最上部分,首贵,为人身之最上部分,故乾为首。

［原文］ **坤为腹。**

坤为地。地柔,载藏万物,腹柔,载藏食物,故坤为腹。

［原文］ **震为足。**

震,动也。足主行动,故震为足。

［原文］ **巽为股。**

巽为木。(见下文)股似木干,故巽为股。

［原文］ **坎为耳。**

坎,陷也,洼坑也。耳是头部之洼坑,故坎为耳。

［原文］ **离为目。**

离为火,为日,为明。目之明能视物,故离为目。

［原文］ **艮为手。**

艮为山。山有峰。手之掌与指似山峰,故艮为手。

［原文］ **兑为口。**

兑为泽。泽之在地如口之在身,泽吞吐河流如口吞吐饮食,故兑为口。

以上第三节,记八卦所象身之肢体器官。

［原文］ **乾,天也,故称乎父。坤,地也,故称乎母。**

称，比也。《易传》以天比父，以地比母。

［原文］**震一索而得男，故谓之长男。巽一索而得女，故谓之长女。**

震坎艮皆为阳卦，故皆为男。巽离兑皆为阴卦，故皆为女。凡阳卦皆一个阳爻，以阳爻为主爻。凡阴卦皆一个阴爻，以阴爻为主爻。（阴阳卦之分见《系辞》下）《释文》引马云："索，数也。"震（☳）之第一爻为阳爻，阳爻象男，故一索而得男。巽（☴）之第一爻为阴爻，阴爻象女，故一索而得女。

［原文］**坎再索而得男，故谓之中男。离再索而得女，故谓之中女。**

坎（☵）之第二爻为阳爻，故再索而得男。离（☲）之第二爻为阴爻，故再索而得女。

［原文］**艮三索而得男，故谓之少男。兑三索而得女，故谓之少女。**

艮（☶）之第三爻为阳爻，故三索而得男。兑（☱）之第三爻为阴爻，故三索而得女。

以上第四节，记八卦象父母子女。

［原文］**乾为天，为圜，**

圜，圆也。目睹之天形是圆盖，故乾为圜。

［原文］**为君，**

《易传》作者有尊君思想，以天比君，故乾为君。

［原文］ **为父，**

说见前文。

［原文］ **为玉，为金，**

天道刚，其体清明。玉金之性刚，其体清明，故乾为玉，为金。

［原文］ **为寒，为冰，**

以八卦配四时，乾为秋末冬初四十五日之季节，天寒，水结冰，故乾为寒，为冰。（又按此四字似当在下文"坤为地为母"之下，误窜于此。寒为阴气，冰为阴物，故坤为寒，为冰。）

［原文］ **为大赤，**

《集解》引虞翻曰："太阳为赤。"天以太阳为主，故天为大赤。又上文曰："乾以君之。"谓天为万物之君也。《礼记·檀弓》上曰："周人尚赤。"是赤为五色之君。故乾为大赤。

［原文］ **为良马，为老马，为瘠马，为驳马，**

上文曰："乾为马。"此又申言之。瘠与膌同。《说文》："膌，瘦也。驳，马色不纯也。"然则瘠马即瘦马，驳马即花马。良马以材力言，老马以年齿言，瘠马以体肉言，驳马以毛色言。

［原文］ **为木果。**

乾为圜。木果亦圆形，故乾为木果。

《释文》："荀爽《九家集解》本，乾后更有四：'为龙，为直，为衣，为言。’”按《易经乾》卦爻辞有六条言龙，故曰“乾为龙”。但与上文“震为龙”之说不合。《系辞》下曰：“黄帝尧舜垂衣裳而天下治，盖取诸乾坤。”可证乾为衣。

以上第五节，记乾卦所象之几种事物。

[原文] **坤为地，为母，为布，**

地平（对山泽而言）而有草木之文，布亦平而有织文，故坤为布。

[原文] **为釜，**

釜，锅也。地之生物能成熟之，以供人食，釜之煮物亦能熟之，以供人食，故坤为釜。

[原文] **为吝啬，**

地生养草木，草木固植于一处，不能自移，且离地则死，是地保守其财物也。地又深藏金银铜铁之矿质，不以示人，是地保守其宝货也。故坤为吝啬。

[原文] **为均，**

均，平均也。地之于万物无不载之，无不育之，故坤为均。

[原文] **为子母牛，**

子读为牸。《广雅·释兽》：“牸，雌也。”牸母牛即牝牛之俗称也。或曰：“子母牛谓子牛与母牛也。上文曰：‘坤为牛。’牛兼牝牡而言，此又分举之，母牛即牝牛，子牛即童牛，牛犊也。”

［原文］ **为大舆，**

舆，车也。地载万物，大车能载人载物，故坤为大舆。

［原文］ **为文，**

地有草木之文，故坤为文。

［原文］ **为众，**

众指臣民。《易传》作者以天比君，以地比臣民，故坤为众。

［原文］ **为柄，**

万物附于地上，花果附于柄上，刀剑之身亦附于柄上，故坤为柄。

［原文］ **其于地也为黑。**

地，土也。土有白黑赤青黄诸色。⑧天象阳明，地象阴暗，黑是阴暗之色，故曰："坤，其于地也为黑。"

《释文》："荀爽《九家集解》本，坤后有八：'为牝，为迷，为方，为囊，为裳，为黄，为帛，为浆。"按《坤文言》曰："坤……至静而德方。"可证坤为方。《系辞》下曰："黄帝尧舜垂衣裳而天下治，盖取诸乾坤。"可证坤为裳。《坤文言》又曰："天玄而地黄。"可证坤为黄。坤为黄之说与"坤，其于地也为黑"之说相矛盾。不详论。

以上第六节，记坤卦所象之几种事物。

［原文］ **震为雷，为龙，为玄黄，**

玄黄谓玄黄混合之色。（说见《坤文言》）玄黄混合近于青色。以八卦与八方四时五行五色相配，震为东方，为正春，为木为青色，故震为玄黄。

[原文] **为旉，**

《释文》："旉本又作专。"《集解》本作专。《释文》引干云："旉，花之通名。"震为正春之季节，此季节百花齐放，故震为旉。此一说也。《说文》："专，纺专。……"纺专是纺线锤，以手转之以纺线。震，动也。专亦转动，故震为专。此二说也。[9]两说均通，未知孰是。

[原文] **为大涂，**

涂，古途字。大途，大路也。震，动也。大路为人与车马行动之道，故震为大途。

[原文] **为长子，**

说见上文。

[原文] **为决躁，**

决借为赽。《广雅·释诂》："赽、躁，疾也。"（疾，急也。）震为雷，雷之动迅速，越躁是行动迅速，故震为赽躁。[10]

[原文] **为苍筤竹，**

《集解》引《九家易》曰："苍筤，青也。"以八卦与八方四时五行五色相配，震为东方，为正春，为木，为青。竹为木类，苍筤为青色，故震为苍筤竹。

[原文] **为萑苇。**

《释文》引《广雅》云:“萑,薍也。”薍即荻。萑苇同类,萑茎细而中实,苇茎粗而中空。萑苇竹类,其色青,故震为萑苇。

[原文] **其于马也,为善鸣,为馵足,为作足,为的颡。**

善鸣,鸣声宏大也。《尔雅·释畜》曰:“厀上皆白惟馵。”(厀与膝同)馵足,白马而膝下为它色也。作疑借为踖。《说文》:“踖,长胫行也。”踖足,胫长也。[11]《集解》引虞翻曰:“的,白;颡,额也。《诗》云:‘有马白颠。’是也。”的颡,额上有白处也。震为雷,雷之动迅速,此四种马行亦迅速,故曰:“其于马也,为善鸣,为馵足,为作足,为的颡。”

[原文] **其于稼也,为反生。**

稼,庄稼,包括菜蔬。反生,倒生也,果实在地下,茎叶在地上,如葱、蒜、萝卜、地瓜、土豆、山药等是。震(☳)是两阴爻在上,一阳爻在下,即两柔在上,一刚在下。反生之稼,茎叶柔而在上,果实刚而在下。故曰:“震……其于稼也,为反生。”

[原文] **其究为健,**

孔颖达曰:“究,极也。”震为雷。雷之动极健,故曰:“其究为健。”

[原文] **为蕃鲜。**

《说文》:“蕃,草茂也。”鲜,新鲜也。以八卦配四时,震为正春之季节,此季节草木茂盛而新鲜。故曰:“为蕃鲜。”此句承“其究”而言。

《释文》:“荀爽《九家集解》本,震后有三:‘为玉,为鹄,为鼓。’按上文曰:“乾为玉。”震为玉之说与彼歧异。

以上第七节，记震卦所象之几种事物。

［原文］ **巽为木，为风，**

巽为风。风吹而木动，木动而知风，故巽为木。巽为木之说多见《彖传》《象传》及《系辞》下。而以八卦与五行相配，震亦为木，彼此歧异。卦象之说本属巫术，有所歧异，不足怪。

［原文］ **为长女，**

其说见前。

［原文］ **为绳直，**

巽为木。匠人制木为器或斲木盖屋，引绳为准以取直，故巽为绳直。

［原文］ **为工，**

巽为木。工人制木为器或斲木盖屋，故巽为工。

［原文］ **为白，**

巽为木。木去其皮，其色白，故巽为白。

［原文］ **为长，**

长，空间之长远也。巽为风，风行百里，故巽为长。

［原文］ **为高，**

巽为风，风上至云霄，故巽为高。

［原文］ **为进退，**

巽为风，风常转变方向，时而进向此方，时而退向彼方，故巽为进退。

［原文］ **为不果，**

巽为风，风或东或西，或急或徐，或大或小，或强或弱，多转变，不果决，故巽为不果。

［原文］ **为臭，**

臭，气味也。巽为风，风吹则物之气味远闻，故巽为臭。

［原文］ **其于人也，为寡发，为广颡，为多白眼，**

寡发，天生发少也。《释文》："寡又作宣。黑白杂为宣发。"《集解》本亦作宣。此又一说也。广额，头额宽也。多白眼，目中多白也。巽为木。《论语·子路》篇："刚毅木讷近仁。"《集解》引王注："木，质朴也。"盖古代相面术谓此三种人性木朴。故曰："其于人也，为寡发，为广颡，为多白眼。"（春秋战国时已有相面术，《荀子》有《非相》篇。）

［原文］ **为近利市三倍，**

巽为木。人栽植树木，树木长成，或售其果，或卖其材，可得近于三倍之利于市，故巽为近利市三倍。

［原文］ **其究为躁卦。**

究，极也。躁，动而不止也。巽为风，风之为物动而不止，故巽之终极为躁卦。

《释文》："荀爽《九家集解》本，巽后有二：'为杨，为鹳。'"

以上第八节，记巽卦所象之几种事物。

［原文］ **坎为水，为沟渎，**

《说文》："渎，沟也。"沟渎为水之所存，故坎为沟渎。

［原文］ **为隐伏，**

坎为水。水亦隐伏于地中，掘地深则得水，故坎为隐伏。

［原文］ **为矫輮，**

《释文》："矫一本作挢。輮宋衷、王廙作揉。"矫与挢、輮与揉皆通用字。孔颖达曰："使曲者直为矫。使直者曲为輮。水之流也可直可曲，矫木輮木，亦必须以水浸湿，故坎为矫輮。"

［原文］ **为弓轮，**

上句曰："坎为矫輮。"弓轮皆矫輮而成之物，故坎为弓轮。

［原文］ **其于人也，为加忧，为心病，**

上文曰："坎，陷也。"陷，险也。人在险难，则增加忧虑，增加忧虑，则成心病，故坎为加忧，为心病。

［原文］ **为耳痛，**

坎为水，又为耳，耳中有水，则成耳病，故坎为耳痛。

［原文］ **为血卦，为赤，**

坎为水。血亦水之类，其色赤，故坎为血卦，为赤。上文曰："乾为大赤。"此文曰"坎为赤。"两说分歧。盖以赤与大赤不同也。

[原文] **其于马也,为美脊,为亟心,为下首,为薄蹄,**

《说文》:“亟,敏疾也。”(疾,速也。)亟心谓马性敏捷也(好偷懒)。下首谓马常低头也(精神不振)。薄蹄谓马蹄薄也(走路足易痛)。坎为水,水一般是流行较慢,易于决导,此四种马行路较慢,易于控制,故曰:“其于马也,为美脊,为亟心,为下首,为薄蹄。”上文曰:“乾为马。”乾下又举四种马,震下坎下又各举四种马。然则乾震坎皆可为马,惟其种类不同。马之分种盖出于相马术。(春秋战国时已有相马术,伯乐以善相马著名,见《国语·晋语》、《列子·说符》篇等。)

[原文] **为曳,**

曳,引也。坎为水。水遇物,其力胜物,则冲之走,投物于水中,水亦能冲之走,故坎为曳。

[原文] **其于舆也,为多眚,**

《集解》引虞翻曰:“眚,败也。”坎为沟渎,为坑陷,车遇沟渎坑陷,或阻而不能行,或陷而不能出,甚至倾覆,皆常有之事,是为多挫败,故曰:“其于舆也,为多眚。”

[原文] **为通,**

坎为水。水流则曲折前进,终能通达,故坎为通。

[原文] **为月,**

坎为水,水寒白有光,月亦寒白有光,水流行于地上,月运行于天上,故坎为月。

[原文] **为盗,**

上文曰："坎为隐伏。"盗是隐伏以窃物之人，故坎为盗。

［原文］　**其于木也，为坚多心。**

坎（☵）是一阳爻在内，两阴爻在外，即内刚而外柔。木坚多心，其榦是内刚而外柔。故曰："坎……其于木也，为坚多心。"《释文》："荀爽《九家集解》本，坎后有八：'为宫，为律，为可，为栋，为丛棘，为狐，为蒺藜，为桎梏。'"

右第九节，记坎卦所象之几种事物。

［原文］　**离为火，为日，为电，**

火、日、电皆光明之物。

［原文］　**为中女，**

说见上文。

［原文］　**为甲胄，为戈兵，**

胄，盔也。兵，兵器。离（☲）是两阳爻在外，一阴爻在内，即外刚保卫内柔。甲胄戈兵为刚，人身为柔。以甲胄戈兵保卫人身，正是外刚保卫内柔。故离为甲胄，为戈兵。

［原文］　**其于人也，为大腹，**

离（☲）之中爻为阴，上下两爻为阳，即中柔而上下刚。腹在人身之中部，无骨而柔。其上为头颈胸臂，其下为股胫足，皆有骨而刚。是人身亦中柔而上下刚。离之三爻齐均，中爻象腹部，与其上下两部相等，是大腹矣，故曰：离……其于人也，为大腹。"（与上文"坤为腹"有别）

[原文] **为乾卦,**

乾(干),乾(干)燥也。离为火,为日。火日能使物乾(干)燥,故离为乾(干)卦。

[原文] **为鳖,为蟹,为蠃,为蚌,为龟,**

《释文》、《集解》鳖作鼈。《释文》又云:"蠃京作螺。"按鳖鼈一字,蠃螺一字。离(☲)是两阳爻在外,一阴爻在内,即外刚保卫内柔。鳖蟹蠃蚌龟皆是外有硬壳,内有肉身,外刚保卫内柔。故曰:"离……为鳖,为蟹,为蠃,为蚌,为龟。"

[原文] **其于木也,为科上槁。**

亨按科借为棵,木干也。棵上槁,木干之上部枯槁也。⑫离(☲)是两阳爻在外,一阴爻在内,即外刚而内柔。木干外刚而内柔,则外实而内空,俗谓之空心木。空心木之上部枝叶必枯,故离为木之科上槁。

《释文》:"荀爽《九家集解》本,离后有一:'为牝牛。'"按《左传》昭公五年:"纯离为牛。"可证古有离为牛之说,与上文"坤为牛"之说歧异。上文又曰:"坤为子母牛。"与离为牝牛之说亦不合。

以上第十节,记离卦所象之几种事物。

[原文] **艮为山,为径路,**

径路,小路也。山上之路皆小路,故艮为径路。

[原文] **为小石,**

艮为山,山上多小石,故艮为小石。

[原文] **为门阙,**

《说文》:"阙,门观也。"门之两旁筑台,其台谓之阙,亦谓之观。艮为山。门阙高崇,似两山对峙,故艮为门阙。

[原文] **为果蓏,**

《释文》引应劭云:"木实曰果。草实曰蓏。"《集解》引宋衷曰:"木实谓之果。"草实谓之蓏。(草实包括谷类瓜类之实)艮为山,山体坚实,果蓏之体亦较坚实,故艮为果蓏。

[原文] **为阍寺,**

《集解》引宋衷曰:"阍人主门。寺人主巷。艮为止。此职皆掌禁止者也。"上文曰:"艮,止也。"阍人守门,寺人守巷,禁止人妄入门巷,故艮为阍寺。

[原文] **为指,**

上文曰:"艮为手。"艮为山,山之峰如手之指,故艮为指。

[原文] **为狗,**

解见上文。

[原文] **为鼠,**

鼠亦兽类,有多种,原皆居于山中,田野之鼠,家中之鼠,本皆由山中来。故艮为鼠。

[原文] **为黔喙之属,**

《集解》引马融曰:"黔喙,肉食之兽,谓豺狼之属。黔,黑也。"《小尔雅·广诂》:"黔,黑也。"《说文》:"喙,口也。"《一切经音义》七引《通俗文》曰:"兽口曰喙。"豺狼之属,其口黑色,故称为黔喙之属。艮为山。此类居于山中,故艮为黔喙之属。

[原文] **其于木也,为坚多节。**

艮为山。山体坚刚,山势一起一伏,以山比木,则是坚而多节,故艮为木之坚多节。上文曰:"巽为木。"坎离艮下又各举一种木。然则坎离艮亦为木,但其种类不同。

《释文》:"荀爽《九家集解》本,艮后有三:'为鼻,为虎,为狐。'"

以上第十一节,记艮卦所象之几种事物。

[原文] **兑为泽,为少女,**

说见上文。

[原文] **为巫,**

古称女巫为巫,男巫为觋。《国语·楚语》:"在男曰觋。在女曰巫。"《汉书·郊祀志》、《说文》并同。兑为女,为口。女巫恃口取食,故兑为巫。

[原文] **为口舌,**

上文曰:"兑为口。"

[原文] **为毁折,为附决,**

兑为泽。泽水振荡,冲毁冲断其边岸,故兑为毁折。亦或在附岸之处溃决而流出,故兑又为附决。

［原文］

**其于地也，为刚卤。**

陆德明曰：“卤，咸（鹹）土也。”兑为泽，泽水所停之地，则坚硬而含咸质，故兑为刚卤之地。

［原文］

**为妾，**

兑为泽，泽之位卑下。兑又为少女。少女在家庭中处卑下之位者是妾也。故兑为妾。

［原文］

**为羊。**

说见上文。

《释文》：“荀爽《九家集解》本，兑后有二：‘为常，为辅颊。’”常为旗之一种。

以上第十二节，记兑卦所象之几种事物。

以上第三章。此章分记八卦所象之八类事物。

［附考］

① 八卦所象之事物，其引申卦象，先秦人已有不同之说法。（后代从略）其证有三：《晋书·束晳传》曰：“汲冢竹书有《卦下易经》一篇，似《说卦》而异。”似说卦者，谓汲冢此篇亦记八卦所象之事物也。而异者，谓此篇所记八卦卦象与《说卦》不同也。（当非尽不同）其证一。《左传》《国语》记有春秋时人谈《周易》之事，其所举八卦卦象与《说卦》有同有异。（基本卦象皆同，引申卦象或同或异。）《左传》闵公元年解《周易》，以坤为马。而《说卦》曰：“乾为马。”其异一。又闵公元年及僖公十五年解《周易》，以震为车。《国语·晋语》亦曰：“震，车也。”而《说卦》曰：“坤为大舆。”其异二。又闵公元年及宣公十二年解《周易》，以坎为众。《国语·晋语》亦曰：“坎，众也。”而《说卦》曰：“坤为众。”其异三。昭公五年解《周易》曰：“纯离为牛。”而《说卦》曰：“坤为牛。”其异四。又昭公五年解《周易》，以艮为言。而《说卦》无某卦为言之说。其异五。（《周易释文》引荀爽《九家集解》本，《说卦》乾后有“为言”一条，与《左

传》异。)僖公十五年解《周易》,以兑为輹,又以兑为旗。宣公十二年解《周易》,以兑为弱。而《说卦》无某卦为輹为旗为弱之说。其异六。(《周易释文》引荀爽《九家集解》本,《说卦》兑后有"为常"一条。常,旗也。此与《左传》合。)可见《左传》《国语》所举卦象有不同于《说卦》者,有超乎《说卦》者。其证二。《彖传》《象传》所用之引申卦象亦与《说卦》有所不同。例如《彖传》以乾为朝廷,又以乾为君子,以坤为小人,以巽为命令,又以巽为巽(下巽字乃谦逊之义),以离为文明,以艮为贤人,以兑为庶民。(详见通说"《彖传》中之八卦卦象")《象传》释乾为天而以天比朝廷,释震为雷而以雷比刑,释巽为风而以风比号令或德教,释坎为水而以水比群众或美德,又释坎为雨而以雨比恩泽,释艮为山而以山比贤人,释兑为泽而以泽比庶民。其所比者等于卦象也。(详见通说"《象传》中之八卦卦象")《说卦》曰:"坤为文,为众。"与《彖传》《象传》不同。上举《彖传》《象传》其它诸说皆为《说卦》所无。可见《彖传》《象传》所用卦象有与《说卦》不同者,有超乎《说卦》者。其证三。(此因《彖传》《象传》《说卦》非一人所作)此三证者充分说明先秦人讲八卦卦象,除其基本卦象外,余皆或同或异,甚有分歧。《说卦》所记仅是一家之言,不可专信。　②"幽赞于神明而生蓍。"亨按古语称天神为神,地神为明。《庄子·天道》篇:"天尊地卑,神明之位也。"《天下》篇:"神何由降?明何由出?"是其证。然则神明犹言神祇矣。又按汉人之言蓍草颇有虚夸之词。《尚书大传》:"蓍,百年一本生百茎。"《论衡·状留》篇"蓍生七十岁生一茎,七百岁生十茎。"《说文》:"蓍,蒿属,生十岁百茎。(小徐本作生千岁三百茎)"《史记·龟策传》:"余至江南,问其父老,云:'蓍百茎共一根,又其所生,兽无虎狼,草无毒螫。'"褚少孙补曰:"闻蓍生满百茎者,其下必有神龟守之,其上常有青云覆之。"此多出于传说,不可信。《诗·曹风·下泉》曰:"洌彼下泉,浸彼苞蓍。"毛传:"蓍,草也。"未用浮说。盖蓍类于竹,其茎直,其寿久,有异味,兽与虫不喜近之,此其特征也。　③"雷风相薄。"亨按下文曰:"战乎乾,……言阴阳相薄也。"以相薄释战字。则薄乃借为搏。二字古通用。《诗·车攻》:"搏兽于敖。"《文选·东京赋》薛注引搏兽作薄狩。即其证。
④"数往者顺,知来者逆,是故易逆数也。"亨按此三句当在上文"故

《易》六位而成章”句下。其证有二：上文曰：“故《易》六画而成卦。……故《易》六位而成章。”皆讲六爻。此三句讲六爻之数法。文意紧密相联。依今本，中间有“天地定位”五句，则文意隔断矣。证一。“天地定位”至“八卦相错”五句，与下文“雷以动之”八句，皆讲八卦之义。文意紧密相联。依今本，中间有“数往者顺”三句，则文意亦隔断矣。证二。此盖简编之误。　⑤“终万物始万物者莫盛乎艮。”王引之曰：“盛当读为成就之成。……古字多借盛为成。《系辞》传：‘成象之谓乾。’蜀才本成作盛。《左氏春秋》庄八年：‘师及齐师围郕。’《公羊》郕作成，隐五年、文十二年并作盛。《左传》文十八年：‘以诬盛德。’《正义》本盛作成，引服虔注曰：‘成德谓成就之德。’”《秦策》：‘今王使成桥守事于韩。’《史记·春申君传》成作盛。《封禅书》：‘七曰日主，祠成山。’《汉书·郊祀志》成作盛。《荀子·王霸》篇：‘以观其盛者也。’杨倞注曰：‘盛读为成，观其成功也。’《臣道》篇：‘明主尚贤使能，而飨其盛。’谓享其成也。《吕氏春秋·悔过》篇：‘我行数千里以袭人，未至而人已先知之矣，此其备必已盛矣。’谓其守备已成也。《淮南子·道应》篇作‘其备必先成。’”　⑥“雷风不相悖。”亨按悖乃悖谬之悖。此悖字借为勃。悖勃古通用。《左传》庄公十一年：“其兴也悖焉。”《韩诗外传》三引悖作勃。《庄子·庚桑楚》篇：“彻心之勃。”《释文》：“勃本又作悖。”并其证。《说文》：“勃，排也，从力，孛声。”相勃犹相排也。　⑦“巽，入也。”《易传》中巽有三义：（一）巽，入也。除《说卦》此文外，《序卦》亦曰：“《巽》者，入也。”《井彖传》曰：“巽乎水而上水，《井》。”《鼎彖传》曰：“以木巽火，亨饪也。”《巽彖传》曰：“刚巽乎中正而志行。”巽皆入也。（二）巽，伏也。《杂卦》曰：“《兑》见而《巽》伏也。”是也。（三）巽，巽也，谦逊也。《小畜彖传》曰：“健而巽。”《观彖传》曰：“顺而巽。”《升彖传》曰：“巽而顺。”《恒彖传》曰：“巽而动。”《益彖传》曰：“动而巽。”等是也。三者厘然有别。俞樾见《彖传》常以巽（谦逊）释巽，欲改《说卦》之“巽，入也。”为“巽，巽也。”非是，今不录其说。　⑧“坤……其于地也为黑。”地之土多黄色，故《坤文言》曰：“天玄而地黄。”然亦有它色者。《书·禹贡》曰：“冀州，厥土惟白壤。兖州，厥土黑坟。青州，厥土白坟。徐州，厥土赤埴坟。梁州，厥土青黎。雍州，厥土惟黄壤。”此说不尽合实际，但可说明土有几种色。　⑨“震……为旉。”《释文》：“旉本又作专。”《集解》本亦作专。《释文》引干云：“旉，花之通名。……”依干说，旉借为蒪。旉正字作尃。尃蒪同声系，古通用。《说文》：“蒪，华叶布，从艸，傅声。读若傅。”又《说文》：“葩，华也，从艸，皅声。”蒪葩古音一声之转。其作专者，《说文》：“，纺专，从寸，叀声。”甲骨文作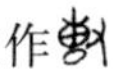，（《殷虚书契前编》卷五第十二叶）作，（同上）专是纺线锤，象形，又以持之。又，手也。篆文误从寸，许解未尽是。　⑩震……为决躁。”决借为趹。二字同声系，古通用。《说文》：“趹，马行貌。”谓马急行也。《淮南子·脩务》篇：“敕蹻趹。”高注：“趹，趣也。”或用赽字。《广雅·释诂》：“赽，疾也。”《庄子·逍遥游》篇：“我决起而飞。”《释文》引李云：“决，疾貌。”《齐物论》篇：“麋鹿见之决骤。”其义同。皆借决为趹。　⑪“震……为作足。”亨按作疑借为踖。作踖古通用。《说文》：“齰或作齚。”谱读若笮。矠读若笮。《系辞》上：“可与酬酢。”《释文》：“酢京作醋。”《礼记·内则》：“鱼曰作之。”《尔雅·释鱼》作作斮。并乍昔两声系之字相通之证。《说文》：“踖，长胫行也，从足，昔声。”是踖有长胫之义。踖足谓马足长也。　⑫“离……其于木也，为科上槁。”亨按科，木榦也。《广雅·释诂》：“科，本也。”又《释木》：“本，榦（榦）也。”是科亦木榦之称。以今字言之，则科借为棵。《释名·释典艺》曰：“科，课也，课其不如法者罪责之也。”可证科课古音同通用，则科棵可通用矣。又科与柯笴一音之转。《广雅·释木》：“柯，茎也。”木茎即木榦也。《说文》：“柯，斧柄也。”斧柄即斧茎也。《一切经音义》十引《字林》：“笴，箭茎也。”《仪礼·乡射礼》记：“物长如笴。”郑注：“笴，矢幹也。”是木榦为柯，竹榦为笴。科上槁，谓木幹（干）之上部枝叶枯槁也。

# 《序卦》

《序卦》一篇释《易经》六十四卦之顺序，故题曰《序卦》。《序卦》释《乾》《坤》《咸》《震》四卦以卦象为据，释其它诸卦皆以卦名为据，或合乎经意，或不合经意。今揭出两事：其一，《序卦》作者与《彖传》《象传》作者当是三人。《序卦》释卦名多与《彖传》《象传》相同。如《蹇》卦之蹇，《彖传》曰："《蹇》，难也。"《象传》意同。《序卦》亦曰："《蹇》者，难也。"《萃》卦之萃，《彖传》曰："《萃》，聚也。"《象传》意同。《序卦》亦曰："《萃》者，聚也。"是其例。但《序卦》释卦名亦或有与《彖传》《象传》不同者，如《蒙》卦之蒙，《彖传》《象传》皆释为蒙昧不明。《序卦》曰："蒙者，蒙也，物之稺也。"乃读蒙为萌芽之萌。《临》卦之临，《彖传》《象传》皆释为临民治国。《序卦》曰："《临》者，大也。"是其例。可证《序卦》作者乃别一人也。其二，《序卦》中含有古朴而简单之辩证法因素。认为客观事物总是运动变化，有时向正面发展，有时向反面转化。如释《恒》、《遯》、《大壮》、《晋》、《明夷》之顺序曰："恒者，久也。物不可以久居其所，故受之以《遯》。《遯》者，退也。物不可终遯，故受之以《大壮》。物不可以终壮，故受之以《晋》。《晋》者，进也。进必有所伤，故受之以《明夷》。夷者，伤也。"又如释《睽》、《蹇》、《解》、《损》、《益》、《夬》之顺序曰："《睽》者，乖也。乖必有难，故受之以《蹇》。《蹇》者，难也。物不可以终难，故受之以《解》。《解》者，缓也。缓必有所失，故受之以《损》。损而不已必益，故受之以《益》。益而不已必决，故受之以《夬》。《夬》者，决也。"皆谓事物或向正面发展，或向反面转化,有其必然之规律也。此种观点,研究先秦思想史,宜予以注意。惟其所论甚为简单,均近于概念化,且有牵强之言,不可予以过高之评价。

[原文]　有天地,然后万物生焉。

《易经》始于《乾》《坤》两卦者,因乾为天,坤为地,有天地而后有万物也。《序卦》未举卦名。

[原文]　盈天地之间者唯万物,故受之以《屯》,《屯》者,盈也。

《广雅·释诂》曰:“受,继也。”又曰:“屯,满也。”(《彖传》释《屯》为难。《象传》释《屯》为聚。《序卦》与彼不同。)

[原文]　《屯》者,物之始生也。物生必蒙,故受之以《蒙》。《蒙》者,蒙也,物之稺也。

屯篆文作屯。《说文》:“屯,难也,象草木之初生屯然而难。从屮贯一。一,地也。尾曲。”是屯有物初生之义。《集解》引郑玄曰:“蒙,幼小之貌,齐人谓萌为蒙也。”据此,《序卦》释蒙为萌。“蒙者,蒙也。”即“蒙者,萌也。”蒙与萌古通用也。《释文》:“稺本或作稚。”《集解》本作穉。稺穉稚是一字。《说文》:“稺,幼禾也。”引申之,物之幼小者皆可谓之稺。草木等在萌芽之时,皆幼小,故蒙为物之稚也。

[原文]　物稺不可不养也,故受之以《需》。《需》者饮食之道也。

陆德明曰:“《需》,饮食之道也,训养。”(《需》卦《释文》)按《序卦》确释《需》为养。盖《需》犹畜也。(《彖传》《象传》

皆释《需》为待。《序卦》独不同。)

[原文] **饮食必有讼,故受之以《讼》。讼必有众起,故受之以《师》。《师》者,众也。众必有所比,故受之以《比》。《比》者,比也。**

《彖传》曰:"《比》,辅也。"按"《比》者,比也。"谓《比》卦之比乃比辅之义。

[原文] **比必有所畜,故受之以《小畜》。**

《释文》:"畜本亦作蓄。下及《杂卦》同。"畜读为蓄,积蓄也。比必有所蓄,谓辅佐人者必受封土或谷禄,积蓄财物也。

[原文] **物畜然后有礼,故受之以《履》。《履》者,礼也。**

"《履》者礼也"一句,今本无,注文有。乃传文误入注文。《集解》本及王弼《易略·例卦》篇并有此句。今据补。礼是等级制度之类。其中规定人占有享用财物之等级。《荀子·富国》篇:"礼者,贵贱有等,长幼有差,贫富轻重皆有称者也。"是以有财物而后有礼。故曰:"物畜然后有礼。"

[原文] **履而泰然后安,故受之以《泰》。《泰》者,通也。物不可以终通,故受之以《否》。**

《否》,闭塞不通也。

[原文] **物不可以终否,故受之以《同人》。**

《同人》,与人同心同行也。人处否则思泰,思泰则同人,以争取人之协助,故《否》卦之后继以《同人》。

［原文］ 与人同者，物必归焉，故受之以《大有》。

《大有》，所有者大，所有者多也。

［原文］ 有大者不可以盈，故受之以《谦》。有大而能谦必豫，故受之以《豫》。

《豫》，安乐也。富贵而不骄，则安乐矣。

［原文］ 豫必有随，故受之以《随》。

《随》，追随也。有随，有人追随之。

［原文］ 以喜随人者必有事，故受之以《蛊》。《蛊》者，事也。

有事，为人干事也。

［原文］ 有事而后可大，故受之以《临》。《临》者，大也。

《广雅·释诂》："临，大也。"是临可训大。

［原文］ 物大然后可观，故受之以《观》。可观而后有所合，故受之以《噬嗑》。嗑者，合也。

有所合，有合于人之意，有合于人之用也。（《易经》之《噬嗑》本是吃物而合其口，《彖传》《象传》所释与经同。《序卦》独不同。）

［原文］ 物不可以苟合而已，故受之以《贲》。《贲》者，饰也。

《贲》,饰之以文也。

［原文］ 致饰然后亨则尽矣,故受之以《剥》。《剥》者,剥也。

致犹极也。亨,美也。物加文饰,宜恰到好处,如极其饰,则失其质之美,粉黛多则美女失其故貌,花绣多则美帛失其原色,故曰:“致饰然后亨则尽矣。”剥,落也。“《剥》者,剥也。”谓《剥》卦之剥乃剥落之义。

［原文］ 物不可以终尽剥,穷上反下,故受之以《复》。

亨按尽字疑涉上文“亨则尽”而衍。传之上下文此类语句皆只用终字,是其证。[1]反借为返,还也。穷上返下谓穷于上位而剥落,必返自下位而复升也。

［原文］ 复则不妄矣,故受之以《无妄》。

昔者以有妄谬之行,致招剥落之运,今者由剥而复,惩前毖后,不敢再逞其妄谬,故曰:“复则不妄矣。”

［原文］ 有无妄,物然后可畜,故受之以《大畜》。

今本无物字,《集解》本有,是也。今据补。物谓财物也。畜亦借为蓄,积蓄也。人有不妄谬之行,而后财物方可积蓄。故曰:“有无妄,物然后可蓄。”

［原文］ 物畜然后可养,故受之以《颐》。《颐》者,养也。不养则不可动,故受之以《大过》。

不养其身则身病。不养其家则家败。不养其臣则臣叛。夺民之养则民乱。是以不养则不可有所作为,是过之大者,故

《颐》卦之后继以《大过》。

［原文］　**物不可以终过，故受之以《坎》。《坎》者，陷也。**

陷，阱也，坑也。人不可以终有过行，有过行，则将遇坎坷，遭险难。故《大过》卦之后继以《坎》卦。

［原文］　**陷必有所丽，故受之以《离》。《离》者，丽也。**

《彖传》曰："《离》，丽也。"丽谓附丽、依附也。人遇坎坷，遭险难，必附丽他人以为援，故《坎》卦之后继以《离》卦。

以上第一章。此章释上经三十卦之顺序。

［原文］　**有天地然后有万物，有万物然后有男女。有男女然后有夫妇。有夫妇然后有父子。有父子然后有君臣，有君臣然后有上下。有上下然后礼义有所错。**

《集解》引干宝曰："错，施也。"按错借为措。传意：《易经》下篇始于《咸》卦者，因《咸》之卦象是男女结为夫妇，夫妇是社会制度之起点，有夫妇而后有父子君臣上下与礼义也。《咸》(䷞)之上卦为兑，下卦为艮。兑为少女。艮为少男。然则《咸》之卦象是少男居少女之下。古代婚礼，男子以卑下之礼尊敬女子。（详见《咸》卦）故《咸》之卦象是男女结为夫妇。《咸彖传》曰："《咸》，感也。……男下女。……"《荀子·大略》篇："《易》之《咸》见夫妇。夫妇之道不可不正也，君臣父子之本也。《咸》，感也。……以男下女，……亲迎之道，重始也。"《序卦》正用"有夫妇"解《咸》卦，但未举卦名。

[原文] 夫妇之道不可以不久也，故受之以《恒》。《恒》者，久也。物不可以久居其所，故受之以《遯》。《遯》者，退也。物不可以终遯，故受之以《大壮》。

《遯》者，其势衰微也。衰微者必有盛壮之时，故《遯》卦之后继以《大壮》卦。

[原文] 物不可以终壮，故受之以《晋》。《晋》者，进也。

《彖传》曰："《晋》，进也。"物不可终止于壮，壮则前进，壮于羽者则飞，壮于足则走，故《大壮》卦之后继以《晋》卦。

[原文] 进必有所伤，故受之以《明夷》。夷者，伤也。

《小尔雅·广言》："夷，伤也。"明夷谓光明受损伤也。(《彖传》《象传》皆释《明夷》为光明隐没。《序卦》之说稍异。)

[原文] 伤于外者必反于家，故受之以《家人》。

反亦借为返。

[原文] 家道穷必乖，故受之以《睽》。《睽》者，乖也。

《广雅·释言》："睽，乖也。"

[原文] 乖必有难，故受之以《蹇》。《蹇》者，难也。物不可以终难，故受之以《解》。《解》者，缓也。

困难解除，则缓和矣。

[原文] 缓必有所失，故受之以《损》。

常处于缓和之环境，则麻痹大意，必招致损失。

[原文] 损而不已必益，故受之以《益》。益而不已必决，故受之以《夬》。《夬》者，决也。

决犹溃也，即河水决口之决。水益而不止，则河必溃决，故曰："益而不已必决。"（《彖传》曰："《夬》，决也。"其义为决定。《彖传》亦释《夬》为决溃。《序卦》之说与《彖传》稍异。）

[原文] 决必有遇，故受之以《姤》。姤者，遇也。

《彖传》曰："《姤》，遇也。"

[原文] 物相遇而后聚，故受之以《萃》。《萃》者，聚也。聚而上者谓之升，故受之以《升》。升而不已必困，故受之以《困》。困乎上者必反下，故受之以《井》。

井处于卑下之位者，以喻人处于卑下之位也。

[原文] 井道不可不革，故受之以《革》。

井年久，则井水浊秽或井壁损毁，必须淘治旧井或别穿新井，故白："井道不可不革。"

[原文] 革物者莫若鼎，故受之以《鼎》。

鼎煮生物为熟物，改生为熟，故曰："革物者莫若鼎。"

[原文] 主器者莫若长子，故受之以《震》。

鼎为宝器。古代王侯大夫之国与邑亦称之为器,《老子》曰:“天下神器,不可为也。”(天下实际是国)是其例。古代宗法世袭制度,王侯大夫之国与邑原则上由长子继承,故曰:“主器者莫若长子。”《说卦》曰:“震为长子。”故《鼎》卦之后继之以《震》卦。

[原文] 《震》者,动也。物不可以终动,止之,故受之以《艮》。《艮》者,止也。

《校勘记》曰:“岳本、古本、足利本,止上有动必二字。”按“止之”作“动必止之”,其义较胜。

[原文] 物不可以终止,故受之以《渐》。《渐》者,进也。

《彖传》曰:“《渐》之进也。”(之字衍)

[原文] 进必有所归,故受之以《归妹》。

《归妹》,女子归夫家也。

[原文] 得其所归者必大,故受之以《丰》。《丰》者,大也。

《彖传》曰:“《丰》,大也。”

[原文] 穷大者必失其居,故受之以《旅》。

《说文》:“穷,极也。”《旅》,作客也。极大者则骄奢淫暴,必覆败而失其所,逃外作客,故《丰》卦之后继以《旅》卦。

[原文] 旅而无所容,故受之以《巽》。《巽》者,入也。

旅客无所容身，必入于一处，故《旅》卦之后继以《巽》卦。

［原文］ **入而后说之，故受之以《兑》。《兑》者，说也。**

说借为悦。旅客入于一处，得所栖宿，则喜悦之，故《巽》卦之后继以《兑》卦。

［原文］ **说而后散之，故受之以《涣》。《涣》者，离也。**

旅客喜悦其寓所，亦不能久居，必离散而去，故《兑》卦之后继以《涣》卦。

［原文］ **物不可以终离，故受之以《节》。**

《节》，制度也。一家之人离心离德，其家必破。一国之人离心离德，其国必亡。有制度以维制之，则不相离，故《涣》卦之后继以《节》卦。

［原文］ **节而信之，故受之以《中孚》。**

中借为忠，诚也。孚，信也。有制度必须以忠信守之，否则制度等于虚设，故《节》卦之后继以《中孚》卦。

［原文］ **有其信者必行之，故受之以《小过》。**

事物因时而变，人有其信而必行其言，则言行可能不合时宜，造成小过失，故《中孚》卦之后继以《小过》卦。

［原文］ **有过物者必济，故受之以《既济》。**

物犹事也。济，成也。人行事有小过，取得教训，改过自新，惩前毖后，则事必有成，故《小过》卦之后继以《既济》卦。

［原文］

**物不可穷也，故受之以《未济》。**

宜作之事不可尽也。此一事既成，彼一事犹未成也；今日之事既成，明日之事犹未成也。既成者有数，未成者正多，故《既济》卦之后继以《未济》卦。

［原文］

**终焉。**

六十四卦至此而终。

以上第二章。此章释下经三十四卦之顺序。

［附考］

① "物不可以终尽剥。"亨按尽字疑涉上文"亨则尽"而衍。《序卦》上下文此类语句只用终字，不用尽字。上文曰："物不可以终通。""物不可以终否。"下文曰："物不可以终过。""物不可以终遯。""物不可以终壮。""物不可以终难。""物不可以终动。""物不可以终止。""物不可以终离。"皆无尽字。可证此文尽字是衍文。

# 《杂卦》

《杂卦》一篇分别论述《易经》六十四卦之意义。其论述不尽依各卦之顺序，错综交杂其卦而说之，故题曰《杂卦》。所言甚简，每卦仅用一两字多至一两句（只有一卦用三句）揭出其卦之特点或要旨。其说有合于经意者，如云"《乾》刚《坤》柔。""《谦》轻而《豫》怠也。"是其例。有不合于经意者，如云"《比》乐《师》忧。"而《比》六三曰："比之匪人。"（《释文》引王肃本人下有凶字）上六曰："比之无首凶。"是《比》亦有忧也。《师》九二曰："在师中吉无咎，王三锡命。"上六曰："大君有命，开国承家。"是《师》亦有乐也。是其例。又其说有与《彖传》《象传》《序卦》相同者，如云"《恒》，久也。""《蹇》，难也。"是其例。有与《彖传》《象传》《序卦》不同者，如"《比》乐《师》忧"之说，彼三传皆无之。又如"《离》上而《坎》下也。"彼三传亦无之。是其例。又此篇反映作者对于事物之矛盾对立具有简单而粗浅之认识。如云"《损》《益》，盛衰之始也。""《否》《泰》，反其类也。""《革》，去故也。《鼎》，取新也。"是亦极古朴之辩证法因素也。全篇皆用韵语。

[原文] 《乾》刚《坤》柔。

《乾》为天，天道刚健。《坤》为地，地道柔顺。

[原文] 《比》乐《师》忧。

《比彖传》曰："《比》，辅也。"《比》乐谓《比》卦之义为臣辅其君，乐得爵禄也。《师》，军旅也。《师》忧谓《师》卦之义为师旅出征，忧其战败也。

［原文］

《临》《观》之义或与或求。

此言《临》卦之义为与，《观》卦之义为求也。与，施也。《临》是临民。临民者施其政，故为与。《观》是观民。观民者求其情，故为求。

［原文］

《屯》见而不失其居。

见，现也。《序卦》曰："《屯》者，物之始生也。"此言《屯》卦之义是物初生出现于地上，各居其所。

［原文］

《蒙》杂而著。

杂，错杂也。著，显明也。《序卦》曰："《蒙》者，蒙（萌）也，物之稺（稚）也。"此言《蒙》卦之义是万物之萌芽错杂而显著。

［原文］

《震》，起也。《艮》，止也。

《史记·乐书》："粗厉猛起。"《正义》："起，动也。"《说卦》曰："震，动也。艮，止也。"重之，《震》仍为动，《艮》仍为止。

［原文］

《损》《益》，盛衰之始也。

《序卦》曰："损而不已必益。"益则盛矣。故《损》为盛之始。又曰："益而不已必决。"决则衰矣。故《益》为衰之始。

［原文］

《大畜》，时也。

畜亦作蓄（见《序卦》释文），积蓄也。亨按时疑借为庤。

时庤同声系，古通用。《说文》："庤，储置屋下也，从广，寺声。"是庤乃积储之义。《大畜》卦之义为积蓄，故《杂卦》释之"曰庤"也。

［原文］

**《无妄》，灾也。**

亨按《易经》之《无妄》，谓人之行事无妄谬也。岂得言灾哉。《序卦》释《复》、《无妄》、《大畜》三卦之顺序曰："《复》则不妄矣，故受之以《无妄》。有无妄然后可畜，故受之以《大畜》。"亦谓《无妄》得善果，不为灾也。余疑灾上当有不字，窜入下句，转写之误也。无妄，不灾也，谓人之行事无妄谬，则不灾也。

［原文］

**《萃》聚而《升》不来也。**

《萃彖传》曰："《萃》，聚也。"《序卦》曰："《萃》者，聚也。"升不来义不可通。余谓不字当在上句灾字上。《升》，上进也。来当读为倈。《广雅·释诂》："倈，伸也。"①上升即是上伸，故曰："而升倈也。"

［原文］

**《谦》轻而《豫》怠也。**

亨按轻借为劲。轻劲同声系，古通用。《说文》："劲，彊也。"《广雅·释诂》："劲，强也。"（彊强通用）《尔雅·释诂》："强，勤也。"《豫》卦之豫经意为享乐。《彖传》《象传》《序卦》亦皆释为享乐。人谦虚则勤奋自强，故曰"《谦》劲"。享乐则怠惰偷安，故曰"《豫》怠"。②

［原文］

**《噬嗑》，食也。**

经文之《噬嗑》是以齿嚼物而合其口。《噬嗑彖传》曰：

“颐中有物曰《噬嗑》。”故曰:“《噬嗑》,食也。”

[原文] 《贲》,无色也。

《贲》,杂色成文以为饰也。《序》卦释《贲》、《剥》二卦之顺序曰:“《贲》者,饰也。致饰然后亨则尽矣,故受之以《剥》。”(亨,美也。剥,落也。)贲饰太过,则失其美,多色等于无色,故曰:“《贲》,无色也。”③

[原文] 《兑》见而《巽》伏也。

见,现也。《说卦》曰:“兑,说(悦)也。”重之,《兑》仍为悦。人能为他人所喜悦,则能出仕为官,显身扬名。故曰“《兑》见”。经文之巽原为伏义。《巽》九二、上九并曰:“巽在床下。”谓伏于床下也。故此文曰“《巽》伏”,谓《巽》卦之义为隐居也。

[原文] 《随》,无故也。《蛊》则饬也。

《广雅·释诂》:“故,事也。”《随象传》曰:“泽中有雷,《随》。君子以向晦入宴息。”是《随》之卦义为无事而休息。王弼曰:“饬,整治也。”《蛊》所以整治其事也。”《序卦》曰:“《蛊》者,事也。”《蛊象传》曰:“山下有风,《蛊》。君子以振民育德。”是《蛊》之卦义为有事而治之。

[原文] 《剥》,烂也。《复》,反也。

剥,落也。烂,腐烂也。腐烂者必剥落。反借为返。此言《剥》卦之义为腐烂。《复》卦之义为返归也。按《易传》以复为返归善道。《系辞》下曰:“《复》,德之本也。”又曰:“《复》小而辨于物。”是其证。返归善道,则不腐烂剥落。故此两条义亦相对也。

［原文］ **《晋》，昼也。《明夷》，诛也。**

《晋象传》曰："《晋》，进也。明出地上。"《象传》略同。古语称日为明。《晋》（䷢）之上卦为离，下卦为坤。离为日。坤为地。然则《晋》之卦象是日出地上，故曰："《晋》，昼也。"《明夷象传》曰："明入地中，《明夷》。"《象传》同。夷犹没也。《礼记杂记》："不敢辟诛。"郑注："诛犹罚也。"《明夷》（䷣）之上卦为坤，下卦为离。坤为地。离为日。然则《明夷》之卦象是日入地中。以喻人事，则是贤人受罚而被囚拘也。故曰："《明夷》，诛也。"俞樾曰："此亦参互以见义也。知《晋》之为昼，则《明夷》之为晦可知矣。知《明夷》之为诛，则《晋》之为赏可知矣。"（《古书疑义举例》卷一）

［原文］ **《井》通而《困》相遇也。**

亨按遇犹遏也。《小过》九四曰："弗过，遇之。"上六曰："弗遇，过之。"遇皆遏止之义。《井象传》曰："木上有水，《井》。"《井》（䷯）之下卦为巽，上卦为坎。巽为木。坎为水。然则《井》之卦象是木上有水，即以木瓶汲水而出，井水通于地上，人得其利，故曰"《井》通"。《困象传》曰："泽无水，《困》。"《困》（䷮）之上卦为兑，下卦为坎。兑为泽。坎为水。然则《困》之卦象是泽水渗入泽下，即泽水困遏于地下，泽中之物亦困遏于泽中，故曰"《困》相遇"。

［原文］ **《咸》，速也。《恒》，久也。**

《咸象传》曰："《咸》，感也。天地感而万物化生。圣人感人心而天下和平。"是感之效果甚速，故曰："《咸》，速也。"《恒象传》曰:“《恒》,久也。”《序卦》曰:“《恒》者,久也。”

[原文] **《涣》,离也。《节》,止也。**

《序卦》曰:“《涣》者,离也。”《节象传》曰:“天地节而四时成。节以制度,不伤财,不害民。”《象传》曰:“君子以制数度,议德行。”是节有制止之义。故曰:“《节》,止也。”

[原文] **《解》,缓也。《蹇》,难也。**

《序卦》曰:“《解》者,缓也。”《蹇彖传》:“《蹇》,难也。”《序卦》曰:“《蹇》者,难也。”

[原文] **《睽》,外也。《家人》,内也。**

《序卦》曰:“《睽》者,乖也。”《广雅·释诂》:“乖,离也。”《睽》九四、上九并有“睽孤”一词,《易传》释为离家在外之孤子。然则《睽》卦之义是人离家在外也。

[原文] **《否》《泰》,反其类也。**

否,闭塞也。泰,通达也。其事类相反。

[原文] **《大壮》则止,《遯》则退也。**

事物至于大壮,则其壮终止,将进入衰老。《序卦》曰:“《遯》者,退也。”

[原文] **《大有》,众也。《同人》,亲也。**

《大有》是所有者多。《同人》则彼此相亲。

[原文] **《革》,去故也。《鼎》,取新也。**

《革》是去其故旧。《鼎》是煮生成熟，取得新食。

[原文] **《小过》，过也。《中孚》，信也。**

中读为忠。孚，信也。

[原文] **《丰》，多故也。亲寡《旅》也。**

《丰彖传》曰："《丰》，大也。"《序卦》曰："《丰》者，大也。"故，故旧也，谓故旧之人也。《丰》者家大业大，官大势大，则故旧之人多来亲近攀附，故曰："丰，多故也。"④"亲寡《旅》也"一句有误。此篇释六十四卦，其六十三卦皆先举卦名，后列解说，此句乃释《旅》卦，独先列解说，后举卦名，其误显然。何楷引或曰："'亲寡《旅》'当作'《旅》寡亲'，于韵亦协。"是也。亲与上文亲、新、信协韵。寡亲与多故相对成文。《旅》，作客也。人在外作客，则少有亲人，故曰："《旅》，寡亲也。"

[原文] **《离》上而《坎》下也。**

离为火，重离仍为火。火动向上。坎为水，重坎仍为水。水动向下。

[原文] **《小畜》，寡也。《履》，不处也。**

畜亦作蓄，积蓄也。小蓄是积蓄者少，故曰"寡"。《履》卦之履，经文是践履（或是鞋履），即足踏地而行，非静居不动，故曰"不处"。

[原文] **《需》，不进也。《讼》，不亲也。**

《需彖传》曰："需，须也。"须，待也。《需》是停驻有所待，故曰"不进"。《讼》是相争，故曰"不亲。"

[原文] **《大过》,颠也。**

《集解》引虞翻曰:"颠,殒也。"殒,覆亡也。《象传》曰:"泽灭木,《大过》。"《大过》(䷛)之上卦为兑,下卦为巽。兑为泽。巽为木。木,舟也。然则《大过》之卦象是舟覆而沉于泽底,则舟中之人亡矣。故曰:"《大过》,颠也。"

[原文] **《姤》,遇也,柔遇刚也。**

《姤彖传》曰:"《姤》,遇也,柔遇刚也。"《序卦》曰:"《姤》者,遇也。"《姤》(䷫)之初爻为阴,为柔,上五爻皆为阳,为刚。是柔一出而遇五刚,故曰"柔遇刚"。

[原文] **《渐》,女归待男行也。**

归,出嫁也。《渐》卦辞曰:"女归吉。"《彖传》曰:"《渐》之进也,女归吉也。"(之字衍)《渐》(䷴)之上卦为巽,下卦为艮。巽为长女。艮为少男。然则《渐》之卦象是以男下女,即女子出嫁,待男亲迎而行也。

[原文] **《颐》,养正也。**

《颐》卦辞曰:"贞吉。"(《易传》训贞为正)《彖传》曰:"《颐》贞吉,养正则吉也。"《序卦》曰:"《颐》者,养也。"《颐》卦之义为养,但谓养正,非谓养邪也。

[原文] **《既济》,定也。**

济,成也。《吕氏春秋·仲冬纪》:"以待阴阳之所定。"高注:"定犹成也。"《淮南子·天文》篇:"秋分蕈定。"高注:"定者,成也。"是定亦成义。《既济》谓事既成,故曰"定也"。

［原文］ **《归妹》，女之终也。**

妹，少女之称。《归妹》是遣嫁少女，乃女得其终身归宿，故曰“女之终”。

［原文］ **《未济》，男之穷也。**

《未济》谓事未成，即男子志未达，行未通，业未立，功未成，是穷矣。故曰“男之穷”。

［原文］ **《夬》，决也，刚决柔也，君子道长，小人道忧也。**

《集解》本忧作消。忧当读为消，古音相近而通用也。（《泰彖传》曰：“君子道长，小人道消也。”可证。）《夬彖传》曰：“《夬》，决也，刚决柔也。”《序卦》曰：“《夬》者，决也。”《夬》（䷪）之下五爻为阳，为刚，上爻为阴，为柔。刚之势力众盛，柔之势力孤微，刚足以决定柔。刚为君子。柔为小人。然则此乃君子道长，小人道消之象。故曰：“《夬》，决也，刚决柔也，君子道长，小人道忧也。”按自“《大过》颠也”以下诸句，语序错乱。《周易》作者乃将六十四卦分为三十二偶。《颐》与《大过》为一偶。《渐》与《归妹》为一偶。《夬》与《姤》为一偶。《既济》与《未济》为一偶。（说见通说）《杂卦》虽不依六十四卦之顺序，但每一偶卦相连作解，则当为全篇之通例。前五十六卦皆然，独此八卦不然，其有错乱，明矣。宋人蔡渊加以改定，元吴澄、明何楷皆从之。今录于下：“《大过》，颠也。（颠与上文亲协韵）《颐》，养正也。《既济》，定也。（正定协韵）《未济》，男之穷也。《归妹》，女之终也。（穷终协韵）《渐》，女归待男行也。《姤》，遇也，柔遇刚也。（行刚协韵）《夬》，决也，刚决柔也，君子道长，小人道忧也。（柔忧协韵）”如此改定，既合偶卦相连作解之例，又不失其韵，盖是也。

［附考］ ①“《萃》聚而《升》不来也。”亨按不字当在上句灾字上。来当读为倈。来倈古通用。《诗·常武》：“徐方既来。”《汉书·武昭宣元成功臣表》引来作倈。《尔雅·释训》：“不俟，不来也。”《释文》：“来本或作倈。”即其证。《广雅·释诂》：“倈，伸也。”《升》卦之升是上进，上进即向上伸展，故曰：“而升倈也。” ②“《谦》轻而《豫》怠也。”《释文》：“怠虞作怡。”《集解》本亦作怡。盖怠怡古字通用也。《尔雅·释诂》：“怡，乐也。”《豫》卦之豫，经文用为享乐之义。《彖传》《象传》《序卦》所释与经意合。然则此文从怡字而训为乐，亦通。但《豫》怠与《谦》轻相对为义。轻借为劲，勤奋自强也。则释怠为怠惰，更为切合。
③“贲，无色也。”亨又按无疑当作尨，形似而误。《左传》闵公二年：“衣之尨服。”杜注：“尨，杂色。”《国语·晋语》：“以尨衣纯。”韦注：“杂色曰尨。”《周礼·地官·牧人》：“凡时祀之牲必用牷物。（纯色为牷）凡外祭毁事用尨可也。”郑注：“尨谓杂色。”是杂色为尨。《贲》卦之贲乃杂色成文以为饰，故曰：“《贲》，尨色也。”此解更切，但改字不如不改，故附记于此。 ④“《丰》，多故也。”此故乃故旧之故，谓故旧之人也。今语所谓亲故，古语亦有之。《周礼·天官·大宰》：“一曰亲亲。二曰敬故。”郑注：“敬故，不慢旧也。”此例甚多，不再举。韩康伯曰：“丰大者多忧故也。”韩氏所谓忧故，谓忧患之事故也。忧患灾难之事，称为故，古语确有之。《周礼·天官·宫正》：“国有故。”郑注引郑司农云：“故谓祸灾。”《春官·大宗伯》：“国有大故。”郑注：“故谓凶烖。”（灾烖皆同災）是其例。韩以为丰大而富贵者多不祥之事故。《序卦》释《丰》《旅》二卦之顺序曰：“《丰》者，大也。穷大者必失其居，故受之以《旅》。”即此意。此解亦可取。但“《丰》多故”乃与“《旅》寡亲”相对为义，故释多故为多故旧之人较胜。

# 附录一

## 先秦诸子之《周易》说

杨树达先生撰有《周易古义》一书,将先秦两汉三国时人之《周易》说散见于古籍者辑录叙列,可谓备矣。余研究之范围限于先秦时代之《周易》学。十年前写有《〈左传〉〈国语〉的〈周易〉说通解》一文,编入拙作《周易杂论》中。今采摘杨著,稍加增减,编成此篇,附《易传》今注之后。以便读者之进一步探讨。此处所谓诸子指各家学派之人物而言,不限于一般概念中之诸子书也。

[原文]

《周易》

《周礼·春官·大卜》:"掌三易之灋(法):一曰《连山》,二曰《归藏》,三曰《周易》。其经卦皆八,其别皆六十有四。"按《连山》《归藏》亦筮书之名,《周礼》作者当以写作之先后排列,其具体之时代不可考。《北堂书钞·艺文部》引桓谭《新论》云:"《厉山》(即《连山》)藏于兰台。《归藏》藏于太卜。"《太平御览·学部》引《新论》云:"《连山》八万言。《归藏》四千三百言。"据此,两书汉代犹存。(余不多述)

《周礼·春官·簭(筮)人》:"掌三易以辨九簭之名:一曰《连山》,二曰《归藏》,三曰《周易》。九簭之名:一曰巫更,二曰巫咸,三曰巫式,四曰巫目,五曰巫易,六曰巫比,七曰巫祠,八曰巫参,九曰巫环,以辨吉凶。"按《山海经·海内西经》记有六巫,曰:"巫彭、巫抵、巫阳、巫履、巫凡、巫相。"《大荒西经》记有十巫，曰："巫咸、巫即、巫盼、巫彭、巫姑、巫真、巫礼、巫抵、巫谢、巫罗。"《周礼》之九巫亦当为人名。巫咸与《山海经》同。《书·君奭》篇："在太戊时，则有若……巫咸七王家。"《世本作》篇："巫咸作筮。"即此人。巫易当作巫昜，即《山海经》之巫阳，又见《楚辞·招魂》篇。又《君奭》篇："在祖乙时则有若巫贤。"巫环似即巫贤。又巫更似即《山海经》之巫彭，巫式似即《山海经》之巫即。兹不详论。盖古说九巫对于三易之卦名卦象筮法等有异说，故《周礼》曰："以辨九簭之名。"

《论语·述而》篇："子曰：加我数年，五十以学《易》，可以无大过矣。"

《礼记经解》篇："絜静精微，《易》教也。……《易》之失贼。……其为人也，絜静精微而不贼，则深于《易》者也。"

《管子·山权数》篇："《易》者，所以守凶吉成败也。"

《庄子·天下》篇："《易》以道阴阳。"

荀子大略篇："善为《易》者不占。"

［原文］ 《坤》六四：括囊，无咎无誉。

《荀子·非相》篇："凡言不合先王，不顺礼义，谓之奸言；虽辩，君子不听。法先王，顺礼义，党学者；然而不好言，不乐言，则必非诚士也。故君子之于言也，志好之，行安之，乐言之，故君子必辩。凡人莫不好言其所善，而君子为甚，故赠人以言，重于金石珠玉；观人以言，美于黼黻文章；听人以言，乐于钟鼓琴瑟。故君子之于言无厌。鄙夫反是，好其实而不恤其文，是以终身不免埤污庸俗。故《易》曰：'括囊，无咎无誉。'腐儒之谓也。"

[原文]　《蒙》:初筮,告;再三渎,渎则不告。

《礼记·表记》篇:"子曰:无辞不相接也,无礼不相见也:欲民之毋相亵也。《易》曰:'初筮,告;再三渎,渎则不告。'"

[原文]　《小畜》初九:复自道,何其咎?吉。

《荀子·大略》篇:"《易》曰:'复自道,何其咎?'《春秋》贤穆公,以为能变也。"按穆公指秦穆公。秦穆公出兵袭郑,晋人败之于殽,穆公能悔过自责。事见《左传》僖公三十三年。穆公死于鲁文公六年。《公羊传》文公十二年:"秦伯使遂来聘。遂者何?秦大夫也。秦无大夫,此何以书?贤缪公也。何贤乎缪公?以为能变也。……"(缪穆古字通)

《吕氏春秋·务本》篇:"安危荣辱之本在于主,主之本在于宗庙,宗庙之本在于民,民之治乱在于有司。《易》曰:'复自道,何其咎?吉。'以言本无异则动卒有喜。"

[原文]　《履》九四:履虎尾,愬愬,终吉。

《群书治要》引《尸子·发蒙》篇:"孔子曰:'临事而惧,希不济。'《易》曰:'若履虎尾,终之吉。'若群臣之众皆戒慎恐惧,若履虎尾,则何不济之有乎?"

《吕氏春秋·慎大览》篇:"武王胜殷,得二虏而问焉。曰:'若国有妖乎?'一虏对曰:'吾国有妖,昼见星而天雨血,此吾国之妖也。'一虏对曰:'此则妖也;虽然,非其大者也。吾国之妖甚大者,子不听父,弟不听兄,君令不行,此妖之大者也。'武王避席再拜之。此非贵虏也,贵其言也。故《易》曰:'愬愬,履虎尾,终吉。'"

[原文]　《蛊》上九:不事王侯,高尚其事。

《礼记·表记》篇:"子曰:事君,军旅不辟难,朝廷不辞贱。处其位而不履其事,则乱也。故君使其臣,得志则慎虑而从之;否则孰虑而从之,终事而退,臣之厚也。《易》曰:'不事王侯,高尚其事。'"

[原文] 《贲》

《吕氏春秋·壹行》篇:"孔子卜得《贲》。孔子曰:'不吉。'子贡曰:'夫《贲》亦好矣,何谓不吉乎?'孔子曰:'夫白而白,黑而黑,夫《贲》又何好乎。'"

[原文] **《无妄》六二:不耕获,不菑畬,则利有攸往。**

《礼记·坊记》篇:"子云:礼之先币帛也,欲民之先事而后禄也。先财而后礼则民利;无辞而行情则民争。故君子于有馈者弗能见,则不视其馈。《易》曰:'不耕获,不菑畬,凶。'以此坊民,民犹贵禄而贱行。"

[原文] **《大畜》:利贞。不家食,吉。**

《礼记·表记》篇:"子曰:事君大言入则望大利,小言入则望小利。故君子不以小言受大禄,不以大言受小禄。《易》曰:'不家食,吉。'"

[原文] 《咸》

《荀子·大略》篇:"《易》之《咸》见夫妇。夫妇之道不可不正也,君臣父子之本也。《咸》,感也。以高下下,以男下女,柔上而刚下。聘士之义,亲迎之道,重始也。"

[原文] **《恒》九三:不恒其德,或承之羞,贞吝。**

六五：恒其德，贞妇人吉，夫子凶。

《论语·子路》篇："子曰：南人有言曰：'人而无恒，不可以作巫医。'善夫！'不恒其德，或承之羞。'子曰：不占而已矣。"

《礼记·缁衣》篇："子曰：南人有言曰：'人而无恒，不可以为卜筮。'古之遗言与？龟筮犹不能知也，而况于人乎。《诗》云：'我龟既厌，不我告犹。'《兑命》曰：'爵无及恶德。'民立而正事，纯而祭祀，是为不敬。事烦则乱，事神则难。《易》曰：'不恒其德，或承之羞。''恒其德，侦，妇人吉，夫子凶。'"（《诗》文见《小雅·小旻》篇。《兑命》文被编入伪《尚书·说命》中篇。《缁衣》此文解南人之言与《论语》不同。《论语》"人而无恒，不可以作巫医"，谓人如无恒，则其业不精，虽作巫人医生亦不可。《缁衣》"人而无恒，不可以为卜筮，"谓人如无恒，朝三暮四，则不可为之卜筮。爻辞之贞，《缁衣》作侦，亦仅见者。）

［原文］ 《涣》六四：涣其群，元吉。

《吕氏春秋·召类》篇："赵简子将袭卫，使史默往睹之，期以一月。六月而后反。赵简子曰：'何其久也？'史默曰：'谋利而得害，犹弗察也。今蘧伯玉为相，史鰌佐焉，孔子为客，子贡使令于君前，甚听。《易》曰："涣其群，元吉。"涣者，贤也。群者，众也。元者，吉之始也。"涣其群元吉"者，其佐多贤也。'赵简子按兵而不动。"（《说苑·奉使》篇史默作史黯）

［原文］ 《既济》九五：东邻杀牛，不如西邻之禴祭实受其福。

《礼记·坊记》篇:“子云:敬则用祭器。故君子不以菲废礼,不以美没礼。故食礼。主人亲馈,则客祭;主人不亲馈,则客不祭。故君子苟无礼,虽美不食焉。《易》曰:‘东邻杀牛,不如西邻之禴祭实受其福。’《诗》云:‘既醉以酒。既饱以德。’以此示民,民犹争利而忘义。”(《诗》文见《大雅·既醉》篇)

[原文] **《未济》:亨。小狐汔济,濡其尾,无攸利。**

《战国策·秦策》四记黄歇说秦昭王曰:“《诗》云:‘靡不有初,鲜克有终。’《易》曰:‘狐涉水,濡其尾。’此言始之易终之难也。何以知其然也?智氏见伐赵之利,而不知榆次之祸也。吴见伐齐之便,而不知干隧之败也。此二国者非无大功也,设利于前,而易患于后也。吴之信越也,从而伐齐,既胜齐人于艾陵,还为越王禽于三江之浦。智氏信韩魏,从而伐赵,攻晋阳之城,胜有日矣,韩魏反之,杀智伯瑶于凿台之上。”(《史记·春申君列传》、《新序善谋》上篇并录《战国策》文。今本《战国策》“狐”下无“涉水”二字,据《史记新序》补。《诗》云二句见《大雅·荡》篇。)

[原文] **《坤》六二:直方大不习,无不利。《象》曰:六二之动,直以方也。**

《礼记·深衣》篇:“袂圜以应规,曲袷如矩以应方,负绳及踝以应直,下齐如权衡以应平。故规者行举手以为容,负绳抱方者以直其政,方其义也。故《易》曰:‘六二之动,直以方也。’”

《隋书·音乐志》引沈约曰:“《礼记·中庸》、《表记》、《坊记》、《缁衣》皆取《子思子》。”据此,儒家子思一派亦长于《易》学,故《表记》、《坊记》、《缁衣》引《易》之处独多。

# 附录二

## 本书引用《周易》注释书目

周易注疏　魏王弼晋韩康伯注　唐孔颖达疏　阮刻十三经注疏本　易经及彖传象传文言王弼注。系辞说卦序卦杂卦韩康伯注。疏原名正义。

经典释文　唐陆德明撰　抱经堂丛书本　此书卷二为周易音义。今注引用概称释文。释文采录子夏、孟喜、京房、费直、马融、荀爽、郑玄、刘表、宋衷、虞翻、陆绩、董遇、王肃、王弼、姚信、王廙、张璠、干宝、黄颖、蜀才（范长生）、尹涛、费元珪、荀爽九家、谢方、韩伯（韩康伯）、袁悦之、桓玄、卞伯玉、荀柔之、徐爰、顾懽、明僧绍、刘瓛众家异文与音义。详见释文叙录。除王弼、韩康伯注外，其书皆佚。

周易集解　唐李鼎祚撰　雅雨堂丛书本　集解采录子夏、孟喜、京房、焦赣、马融、荀爽、郑玄、刘表、宋衷、虞翻、陆绩、王肃、王弼、何晏、姚信、王廙、张璠、干宝、向秀、韩康伯、蜀才、沈驎士、刘瓛、卢氏（当即北魏卢景裕，见洛阳伽蓝记）、伏曼容、翟玄、九家易、何妥、侯果、崔憬、王凯冲、姚规、蔡景君、朱仰之、孔颖达、崔觐众家之解说。除王弼、韩康伯注及孔颖达疏外，其书皆佚。

周易举正　唐郭京撰　津逮秘书本　京自序谓“曾得王辅嗣、韩康伯手写真本，比校今世流行本及国学乡贡人等本，举正其谬。所改正者一百三处，二百七十三字。”

宋晁公武郡斋读书志、清惠栋九经古义皆言其伪托古本。

温公易说　宋司马光撰　丛书集成初编本

易传　宋程颐撰　丛书集成初编本　程氏仅注易经及彖传象传文言

古周易章句外编　宋程迥撰　余未见此书、录自目耕帖。

周易本义　宋朱熹撰　清同治间山东书局刻本

周易玩辞　宋项安世撰　通志堂经解本

古易音训　宋吕祖谦撰　金华丛书本　此书采录前代注家异文异说甚多。又宋晁说之尝撰录古周易八卷,其书久佚。吕氏常引用之。今注引用简称音训。

周易卦爻经传训解　宋蔡渊撰　四库全书珍本初集本

易纂言　元吴澄撰　通志堂经解本

周易集注　明来知德撰　坊刻本

古周易订诂　明何楷撰　坊刻本

周易稗疏　清王夫之撰　清经解续编本

仲氏易　清毛奇龄撰　清经解本

周易述　清惠栋撰　清经解本

经学卮言　清孔广森撰　清经解本

周易虞氏义　清张惠言撰　茗柯全书本

目耕帖　清马国翰撰　玉函山房丛书本

易章句　清焦循撰　清经解本

经义述闻　清王引之撰　清经解本　书中有王念孙说。

经传释词　同上　中华书局排印本　同上

周易校勘记　清阮元撰　附阮刻十三经注疏后

周易姚氏学　清姚配中撰　清经解续编本

群经平议　　清俞樾撰　春在堂全书本

易经新证　　于省吾撰　石印本

周易时代的社会生活　　郭沫若撰　中国古代社会研究之一篇

周易义证类纂　　闻一多撰　闻一多全集本

朴堂杂识　　同上

周易校释　　李镜池撰　　岭南大学岭南学报第九卷第二期

**图书在版编目(CIP)数据**

周易大传今注／高亨著. —济南：齐鲁书社，2009.4
(2021.3 重印)
(齐鲁文化经典文库)
ISBN 978-7-5333-2173-4

Ⅰ. 周…　Ⅱ. 高…　Ⅲ. ①周易—评论②周易—注释　Ⅳ. B221

中国版本图书馆 CIP 数据核字(2009)第 015524 号

齐鲁文化经典文库
**周易大传今注**
高亨 著

| | |
|---|---|
| **主管单位** | 山东出版传媒股份有限公司 |
| **出版发行** | 齊魯書社 |
| **社　　址** | 济南市英雄山路 189 号 |
| **邮　　编** | 250002 |
| **网　　址** | www.qlss.com.cn |
| **电子邮箱** | qilupress@126.com |
| **印　　刷** | 山东临沂新华印刷物流集团有限责任公司 |
| **开　　本** | 720mm×1020mm　1/16 |
| **印　　张** | 38.25 |
| **插　　页** | 3 |
| **字　　数** | 532 千 |
| **版　　次** | 2009 年 4 月第 1 版 |
| **印　　次** | 2021 年 3 月第 7 次印刷 |
| **标准书号** | ISBN 978-7-5333-2173-4 |
| **定　　价** | **76.00 元** |